Kompendium der Sicherheitspolitik

Kompendium der Sicherheitspolitik

Zweite, erweiterte Auflage

Klaus-Peter Saalbach

Verlag Dirk Koentopp

Saalbach, Klaus-Peter:
Kompendium der Sicherheitspolitik
Osnabrück: Verlag Dirk Koentopp, 2011
ISBN 978-3-938342-26-8

Titelfoto:
"Hacking for Password" von Yong Hian Lim (Fotolia.com)

ISBN 978-3-938342-26-8

Herstellung: Books on Demand GmbH

Printed in Germany

Inhaltsverzeichnis

Tabellenverzeichnis

Vorwort

Die Sicherheits- und Gefährdungslage hat sich seit dem kalten Krieg grundlegend gewandelt. Eine Darstellung der Sicherheitspolitik erfordert nicht nur die Darstellung der Bedrohungen, sondern auch der dahinter stehenden Organisationen und Ideen, um in Anlehnung an Clausewitz die zwei grundlegenden strategischen Probleme lösen zu können, nämlich:

1. Wer sind wir, was wollen wir und wie erreichen wir dieses Ziel?
2. Wer sind unsere Gegner, was wollen und was können sie, welche Schwächen haben sie und wie können wir diese ausnutzen?

Die Vielzahl der Bedrohungen und beteiligten Akteure macht es jedoch immer schwieriger, die Übersicht zu behalten.
Genau diesen Problemen widmet sich dieses Buch, das einen kompakten und schnellen Überblick über die aktuelle Sicherheitspolitik bietet. Bei der einführenden Darstellung der Gefährdungslage werden bewusst auch die elementaren Grundlagen dargestellt, um den Einstieg in die Materie zu erleichtern. Dabei werden auch neueste Entwicklungen und Diskurse, insbesondere im Bereich des Internets erörtert.

Nach einer Einführung in die wesentlichen Bedrohungen wird das Selbstverständnis des Westens und seiner Gegenspieler untersucht, zu denen neben den Großmächten Russland und China auch Staaten und Strömungen aus der islamischen Sphäre zählen. Dabei werden auch wichtige Formen postkommunistischer und antiwestlicher Konzepte vorgestellt.

Davon ausgehend werden die gegenwärtigen Machtkonstellationen in den strategisch wichtigen Weltregionen dargestellt, um so die Reaktionen der sicherheitspolitischen Akteure auf diese Entwicklungen analysieren zu können. Ein besonderes Augenmerk gilt hier den Herausforderungen und Problemen der stetig wachsenden Rolle des

Internets und einer verstärkten Kooperation der Sicherheitsbehörden und Nachrichtendienste.

Mein ganz besonderer Dank gilt Herrn Christoph Reichel vom Fachbereich Geographie der Universität Osnabrück für die Kartenerstellung.

1. Sicherheitspolitik im 21. Jahrhundert

Die Sicherheits- und Gefährdungslage hat sich seit dem kalten Krieg grundlegend gewandelt, wobei an die Stelle der Auseinandersetzung zwischen den politischen Systemen eine Vielzahl möglicher Bedrohungen getreten ist, die häufig auch noch asymmetrisch angelegt sind, d.h. die großen Staaten bzw. Sicherheitsorganisationen stehen sich einer Vielzahl von staatlichen und nicht-staatlichen Akteuren mit zum Teil sehr unterschiedlichen Interessen und Motiven gegenüber[1]. Dies erfordert wiederum neue Sicherheitsstrukturen und -konzepte, um weiterhin Frieden und Stabilität gewährleisten zu können.

1.1 Aktuelle Gefährdungen

Welche Gefahren sind sicherheitspolitisch bedeutsam[2]?

Zu den meistdiskutierten Gefahren, die später noch eingehender betrachtet werden, gehören:

- **Massenvernichtungswaffen**, d.h. atomare, biologische oder chemische Waffen. Hier gilt vor allem die Proliferation, d.h. die Ausbreitung von waffenfähiger Nukleartechnologie in Staaten wie Nordkorea als Herausforderung
- **Terrorismus**, d.h. alle politischen Aktivitäten, bei denen mit Hilfe von Anschlägen Angst und Schrecken erzeugt werden soll[3].
- **Organisierte Kriminalität/Piraterie**, insbesondere Geldwäsche, Drogen und Menschenhandel
- **Failed States/asymmetrische Kriege**, d.h. unzureichend funktionierende oder gar zerfallende Staaten, in denen asymmetrische Kriege geführt werden, d.h. bei denen eine Vielzahl von Akteuren mit sehr unterschiedlichen Motiven und Größenordnungen beteiligt ist, was Verhandlungen schwierig, mitunter unmöglich macht

---

[1] vgl. Beck 2010

[2] vgl. Kamp 2010, S.7

[3] vgl. auch den Terrorismus-Report der Europäischen Union TE-SAT 2009

- **Wachsende Rohstoff- und Energieabhängigkeit**, die insbesondere die im Vergleich zur Wirtschaftskraft ressourcenarme Europäische Union trifft, so dass die Sicherung der Transportwege, Ressourcen und Kommunikation mit den Förderstaaten vordringlich ist
- **Regionalisierung/multipolare Weltordnung**, d.h. statt einer bipolaren Ordnung mit zwei konkurrierenden Blocken (West und Ost) oder einer führenden Supermacht wie den USA interagieren jetzt mehrere Mächte miteinander
- **Klimawandel**: die Zunahme der globalen Durchschnittstemperatur hat eine Reihe von Nebeneffekten wie die Entstehung neuer Seerouten, regionale Wasserknappheit oder Überflutungen von Inseln, wodurch auch Klimaflüchtlinge zu erwarten sind[4]
- **Demographie/Migration**: Während die südlichen Staaten oft eine schnell wachsende Bevölkerung versorgen müssen, ist der demographische Wandel, die Alterung der Bevölkerung ein großes Problem auf der Nordhalbkugel
- **Digitaltechnologie**: die zunehmende Vernetzung und Abhängigkeit von Telekommunikation und Computern schafft neue Risiken und Angriffsflächen[5].

Die Lage

ist insgesamt durch eine wachsende **Vermischung der Bedrohungsarten** (Kriminalität-Spionage-Terrorismus-Zollvergehen-Geldwäsche) gekennzeichnet, so dass es immer schwieriger ist, die Zuständigkeiten zu klären. Wenn z.B. jemand mit Drogen handelt, das Geld dann in Scheinfirmen reinwäscht und anschließend Waffen kauft, um irgendwelche Rebellen zu finanzieren, wer genau ist dafür vorrangig zuständig: der Zoll, die Finanzbehörden, die Polizei oder wegen des politischen Aspektes ein Geheimdienst?

Die Auflösung klassischer Frontstellungen in sog. asymmetrischen Kriegen, bei denen schlecht organisierte oder gar konkurrierende Rebellengruppen statt regulärer Armeen agieren und die zunehmende

---

[4] vgl. auch Köhler 2008

[5] vgl. auch Lange 2006

Zahl der nicht-staatlichen Akteure machen Verhandlungen und Kontrolle immer schwieriger. Auch auf der digitalen Ebene werden die Bedrohungen zunehmend diffuser, d.h. wer greift wen wie wann an und warum (sog. Attributionsproblem)?
Dieses Verschwimmen der Bedrohungen und der beteiligten Gruppen hat die Frage nach dem Sinn der Unterscheidung zwischen innerer und äußerer Sicherheit aufgeworfen, da viele Vorgänge häufig beide Dimensionen haben.

1.2 Der erweiterte Sicherheitsbegriff

Es gibt in der Literatur eine Vielzahl von Sicherheitsbegriffen und Definitionen. Eine besonders einfache Definition beschreibt Sicherheit als Schutz (Vorbeugung und Abwehr) von Gefahren. Die Sicherheitspolitik befasst sich mit allen dazugehörigen Aspekten.

Wann besteht ein ausreichender Schutz?
Nach dem klassischen 'engen' Sicherheitsbegriff ist ein Staat oder ein politisches System genau dann sicher, wenn die Sicherheitsapparate personell und materiell gut ausgestattet sind und umfangreiche Befugnisse besitzen. Mittlerweile setzt sich in sicherheitspolitischen Diskursen ein **erweiterter Sicherheitsbegriff** durch, nach dem ein Staat oder politisches System nur dann stabil sind, wenn diese in ein stabiles Umfeld eingebettet sind[6].
Daher ist eine Analyse der technischen, ökonomischen und sozialen Entwicklungen erforderlich, bei der Fragen nach den Stabilitätsbedingungen von Staat und Gesellschaft in einer durch Knappheit dominierten Zukunft im Mittelpunkt stehen. Dazu kommen Fragen wie die der Sicherheit der Versorgung und des Internets.
Stabilität ist zum zentralen Begriff geworden. Militärdiktatoren brauchen z.B. die Armee als Machtbasis, werden aber auch allzu oft von dieser aus dem Amt entfernt. Die kommunistischen Staaten verfügten über leistungsfähige Geheimdienste, die jedoch den Zusammenbruch

---

[6] vgl. auch Uhrlau 2009

des Systems nicht stoppen konnten, als die wirtschaftlichen Kräfte verbraucht waren. Im Konzept des erweiterten Sicherheitsbegriffs ist bei Militärmissionen die wichtigste Frage nicht mehr, wie man in ein Land *hinein*kommt, sondern wie man wieder *heraus*kommt und, welche Ziele man nach einem (anfänglichen) Sieg mit der Mission erreichen will. Die Erweiterung des Sicherheitsbegriffes wird auch durch das Phänomen der **Versicherheitlichung** begünstigt, wonach ein Thema bei der Öffentlichkeit mehr Aufmerksamkeit erlangt, wenn es als Sicherheitsproblem präsentiert wird.

1.3 Neue Strukturen und Konzepte

Der Wandel der Sicherheitsprobleme hat auch zu konsequenten Anpassungen auf der militärischen und zivilen Ebene geführt.
Im zivilen Sektor steht die zunehmende Kooperation zwischen Behörden im Zentrum und zwar sowohl zwischen In- und Ausland als auch zwischen den Behördenarten (Polizei, Zoll, Geheimdiensten). Diese Kooperation umfasst u.a. die Schaffung von Informationsverbünden durch Errichtung und Vernetzung Datenbanken und -stäben, die Erweiterung von Aufgaben und Kompetenzen sowie die personelle und materielle Aufstockung. Aspekte der Kooperationsdebatte sind insbesondere Fragen der Persönlichkeitsrechte, der Verhältnismäßigkeit der Maßnahmen und das mögliche 'Verschwimmen' der Kompetenzen. Dies wird insbesondere in Kapitel 3.6 eingehend betrachtet.

Im militärischen Sektor sind insbesondere drei Prozesse hervorzuheben, nämlich die **Transformation der Streitkräfte** die **vernetzte Kriegführung** und die **Integration militärischer und ziviler Zielsetzungen**. Dieser Wandel wird ebenfalls in Kapitel 3 noch eingehend besprochen werden.

Der Übergang von Szenarien mit großangelegten Konflikten wie im Kalten Krieg zu kleinen asymmetrischen Kriegen mit vielen staatlichen und nicht-staatlichen Akteuren hat in vielen Teilen der Erde zu einer **Streitkräftetransformation** geführt, bei denen an die Stelle großer ortsständiger Verbände zunehmend kleinere, mobile Einheiten getreten sind. Mit der Transformation haben sich aber auch die Einsatzziele gewandelt; es geht nicht mehr nur darum, militärische Konflikte zu gewinnen, sondern auch um die Schaffung stabiler politischer und gesellschaftlicher Rahmenbedingungen nach dem Ende des unmittelbaren Konfliktes.

Die Lageerfassung, -auswertung und -beurteilung sowie die Kommunikation wird zunehmend durch die **vernetzte Kriegführung** bestimmt, bei der die **C4ISR** (Command, Control, Computers, Communications, Information for intelligence, surveillance, and reconnaissance), d.h. die Vernetzung aller Führungs-, Informations- und Überwachungssysteme zur Gewinnung eines genauen Lagebildes und Verbesserung der Entscheidungsfindung und Führungsfähigkeit im Mittelpunkt steht.

Die **zivil-militärische Zusammenarbeit** (ZMZ) (civil-military cooperation, CMC oder CIMIC) beschreibt das Zusammenwirken von staatlichen oder nichtstaatlichen zivilen Organisationen mit militärischen Einrichtungen, um die politischen Ziele eines Einsatzes zu erreichen[7]. Im weiteren Sinne gehört auch die gezielte **Einbettung der Medien** in den politisch-militärischen Kontext dazu, um den Informationsfluss und die -politik in einer für den Einsatz günstigen Weise zu lenken. Auch die Skala militärischer Einsätze verschiebt sich von großangelegten Einsätzen zu **small wars** und der Aufstandsbekämpfung (*counter-insurgency; military operations other than war; stability and support operations*[8]). So sind im Jahr 2010 Spezialkräfte der USA in 75 Ländern mehr oder minder verdeckt mit einem Aufgabenspektrum von Informationsbeschaffung bis hin zu gezielten Tötungen tätig[9].

---

[7] vgl. Paul 2007
[8] vgl. Hippler 2006
[9] vgl. Rüb 2010, S.5

2. Die gewandelte Sicherheits- und Gefährdungslage

2.1 Die zunehmende Bedeutung des Internets

2.1.1 Einführung

Die Digitaltechnologie gilt nach einhelliger Meinung der sicherheitspolitischen Akteure wie z.B. der amerikanischen und chinesischen Streitkräfte zu den größten Herausforderungen der Zukunft.
Das Internet erweist sich als janusköpfig. Einerseits ermöglicht es den Sicherheitsbehörden einen erheblich verbesserten Informationsaustausch mit entsprechend verkürzten Reaktionszeiten, andererseits stellt es aber auch die Quelle vieler bis dahin unbekannter Sicherheitsprobleme dar. Die Zunahme privater Spionagekapazitäten und Datensammlungen durch das Internet und die verbesserte Digitaltechnologie, einschließlich des Abhörens und Ortens von modernen Handys führen zu einem Bedeutungszuwachs nicht-staatlicher Akteure.
Neben der wachsenden Abhängigkeit vom Internet ist auch ein Zusammenwachsen der Technologien (Computer, Telefon, Fernsehen, Fax usw.) und der Anwendungen (**Internet of Things IOT**) zu beobachten, das die Angriffsfläche ständig vergrößert.

Das US Army War College hat insbesondere vier Probleme identifiziert[10]:

- Das Internet dient als Sammlungsraum und Plattform für Terroristen und ihre Anhänger
- Die Informationssammlung wird zunehmend leichter, Reisen und physische Präsenz werden immer weniger nötig
- Das Internet ermöglicht asymmetrische Attacken, d.h. auch kleine Akteure können großen Einrichtungen erheblichen Schaden zufügen

---

[10] vgl. Megill 2005

- Aus all diesem folgt, dass private und nicht-staatliche Akteure ebenfalls immer leichter agieren können.

Für die zukünftige Kriegsführung spielt der **Cyberwar** eine wichtige Rolle, weil der Angriff von jedem Ort aus möglich ist und deshalb der Schutz der **kritischen Infrastrukturen** wie z.B. Kraftwerke oder ähnlich wichtigen Strukturen, vordringlich ist[11][12].
Das Internet wird auch für den Aufbau von illegalen/feindlichen Netzwerken verwendet, wobei es eine *erhebliche Spannbreite* gibt: Musiktauschbörsen, Kinderpornographie, Extremismus[13] bis hin zum Terrorismus. Während man im kalten Krieg einigermaßen sicher sein konnte, dass Angriffe vor allem von der Gegenseite zu erwarten waren, ist die Spannbreite der Bedrohungen immer größer geworden, von kommerziellen Datensammlungen bis hin zum bis Terrorismus.
Ein weiteres Problem ist, dass nicht alle Überwachungsmotive illegitim sind (z.B. Dokumentationspflichten, Nachverfolgung von Akteneinträgen im sogenannten *audit trail*, *digital rights management*

---

[11] Quelle BSI: „Kritische Infrastrukturen sind Organisationen oder Einrichtungen mit wichtiger Bedeutung für das staatliche Gemeinwesen, bei deren Ausfall oder Beeinträchtigung nachhaltig wirkende Versorgungsengpässe, erhebliche Störungen der öffentlichen Sicherheit oder andere dramatische Folgen eintreten würden. In Deutschland zählen folgende Sektoren zu den Kritischen Infrastrukturen: Transport und Verkehr (Luftfahrt, Bahn, Straße, Wasserwege), Energie (Elektrizität, Atomkraftwerke, Mineralöl, Gas), Gefahrenstoffe (Chemie- und Biostoffe, Rüstungsgüter), IT und Telekommunikation, Finanz-, Geld- und Versicherungswesen, Versorgung (Notfall- und Rettungswesen, Wasserversorgung, Entsorgung), Behörden, Verwaltung und Justiz (einschließlich Polizei, Zoll und Bundeswehr), Sonstiges (Medien, Großforschungseinrichtungen, Kulturgut) In den genannten Infrastrukturen sind aufgrund der Abhängigkeit von der Informationstechnik u. a. folgende Systeme als besonders kritisch einzustufen: Leitstellen, Prozessleittechnik, Management- sowie Kommunikationssysteme.

[12] Angriffe auf kritische Infrastrukturen beschränken sich natürlich nicht auf virtuelle Angriffe, physische Attacken z.B. auf die Wasserversorgung sind nach wie vor denkbar, vgl. Copeland 2008.

[13] vgl. auch bpb 2010

DRM für urheberrechtlich geschütztes Material), sich legitime und illegitime Überwachung aber technisch ähneln und neue Technologien natürlich auch jeweils für illegale Zwecke verwendet werden können.
Die Internetsicherheit bleibt jedoch in der Praxis weiter schwierig: Physische Vernetzung macht Systeme anfälliger, Abschottung hemmt aber den Informationsfluss, bremst mitunter die wirtschaftliche und technische Entwicklung und ist im Alltag umständlich, so dass die Sicherheit oft im Alltag scheitert.

2.1.2 Geschichte des Internets

Die Geschichte des Internets lief bisher in 4 Phasen ab, bei denen die neuen Entwicklungen zu den alten hinzutraten, die Komplexität des Geschehens wächst daher ständig.

Phase 1 militärisch
Als Antwort auf den Sputnikschock wurde in den USA die **DARPA (Defence Advanced Research Projects Agency)** gegründet, die amerikanische Agentur, die die militärisch nutzbare Forschung beobachtet, analysiert und fördert. Hierdurch rückten Computer als Kommunikations- statt nur als Rechenmaschinen ins Blickfeld. Im Jahre 1969 wurde aus 4 Computern das ARPAnet (dezentrales Netz gegen Atomschläge) gebildet, mit dessen Hilfe die USA verhindern wollten, dass ihre Zentrale durch einen gezielten Atomschlag ausgelöscht werden könnte[14].
Auch die europäische Großforschungsanlage CERN hat historisch einen militärischen Hintergedanken, nämlich die Nutzung kernphysikalischer Erkenntnisse zum Bau neuer Bomben, sie entwickelte sich jedoch auch aufgrund der anfallenden Datenmengen und Größe der Experimente zu einem Kommunikationsnetzwerk, das ringförmig angeordnet war.
1973 forderte die DARPA die Erstellung eines Netzprotokolls, durch das man Daten auch zwischen größeren Computernetzwerken nach einem einheitlichen Muster transportieren konnte. Dieses Verfahren ist

[14] vgl. Carter 1985, S.42ff.

das 1983 geschaffene **Internetprotokoll IP/TCP**, bestehend aus technischen Regeln zur Verbindung von Rechnern (Internet Protocol IP) und zum Datentransfer (Transmission Control Protocol TCP). Dank IP/TCP konnten nun Daten paketweise durch Leitungen geschickt werden, wobei der Zielrechner diese wieder richtig zusammenbauen kann und zwar unabhängig von den verwendeten Computern und Verbindungswegen. Dadurch konnten Teilnetze wie das ARPAnet und das Netz der europäischen Teilchenphysikforschung CERN usw. zusammengeschaltet werden und es begann die eigentliche Geschichte des Internets und seine akademische Phase[15].

Phase 2 akademisch

Das CERN und damit verbundene Projekte schufen 1989 das **http (hypertext transfer protocol)**, d.h. Hypertexte/Links, die mit Browsern angesteuert werden können) und die **URLs (Uniform Resource Locators)**, d.h. ein universelles Benennungsformat zum Bezeichnen einer Internetressource.

Der Durchbruch kam mit dem **World Wide Web WWW**, das erstmals die Möglichkeit bot, einfache Hinweise auf andere Seiten (**Internetlinks**) zu setzen, so dass man durch Klicken auf den link zur anderen Seite springen konnte. Diese sogenannten unidirektionalen Links ermöglichten das Surfen im Internet[16]. Bis zur Schaffung des WWW war das Internet eine Randerscheinung. Das WWW war anfangs noch nicht frei zugänglich, aber 1993 wurde durch das CERN die

---

[15] Nachdem immer mehr Universitäten und Forschungsinstitute das ARPA-Net nutzten, wurde 1983 der militärische Teil ins sogenannte **MILNET** ausgegliedert.

[16] Es gab zwar schon vorher die Möglichkeit, links zu bilden, dies war aber technisch sehr viel komplizierter und erst mit dem Hypertext Transfer Protocol http in Verbindung mit dem Word Wide Web WWW war der Durchbruch geschafft, so dass viele Internetadressen mit dem klassischen http://www anfangen. Navigationsleisten, die **Internet Browser**, erleichterten zusätzlich das Leben, wobei Microsoft es schaffte, den zunächst führenden Netscape Navigator zu verdrängen. WWW und Internet sind nicht dasselbe, Dienste wie E-Mail und ftp (file transfer über Ports) gehören zum Beispiel nicht zum www.

Freigabe des WWW für alle beschlossen, sodass 1994 das Internet im heutigen Sinne als Massenmedium entstand.

Man erkannte, dass ein solches System nicht mehr von Einzelpersonen oder Gruppen gepflegt werden konnte. So entschlossen sich die bestehenden Gruppen, insbesondere die **Internet Engineering Task Force IETF**, 1992 die **Internet Society ISOC** ins Leben zu rufen, in der Firmen, Behörden und Universitäten gemeinsam das Netz pflegen.

Phase 3 kommerziell

Es entstanden auf der ‚Datenautobahn' rasch neben akademischen und privaten Seiten auch kommerzielle Angebote. Die freie Zugänglichkeit der Webseiten machte es jedoch schwierig, Nutzer zu identifizieren und zur Kasse zu bitten. Die resultierende Gratiskultur führte zur Bildung von Firmen, die ihre Ausgaben mit Werbemitteln finanzierten. Um diese Gratiskultur herum bildete sich die Philosophie der **New Economy**, in der auch immaterielle Werte und die Zukunftsfähigkeit eines Unternehmens als werthaltige Faktoren angesehen wurden. Zur selben Zeit traten **Suchmaschinen** wie *Yahoo* und *lycos* aufs Feld, aber mittlerweile hat die 1998 gegründete Firma *Google* die Marktführerschaft übernommen. Das Internet förderte eine Firmengründungseuphorie, man sprach wegen der Endung '.com', englisch 'dot com', auch von der **Dotcom-Blase,** die im März 2000 nach der Pleite des Versandhaus *boo.com* platzte.
Nur solche Firmen überlebten, denen es gelang, nachhaltige Einnahmen zu generieren; oft waren es zugleich jene, die schon frühe, wenn auch sehr geringe Gewinne erzielten. So setzte sich das Versandhaus *Amazon* ebenso durch wie *Google*, das es schaffte, über *Google adwords* und andere Applikationen Wertschöpfung zu produzieren.

Phase 4 sozial

Schon früh zeigte sich, dass sich auch private Nutzer im Internet zusammenschließen bzw. austauschen können. Die Entwicklung fand an mehreren Stellen unabhängig voneinander statt. Hierzu gehören nun

- **Online-Gaming**: In der Frühphase kam es zum ortsunabhängigen Zusammenschluss von Spielern, wodurch Videospiele einen starken Schub erhielten. In den letzten Jahren tritt auch zunehmend das Glücksspiel in Form von Online-Games in Erscheinung.
- **Weblogs**: Internettagebücher, die mitunter journalistischen Status erlangen. **Twitter** als Mikroblog (Austausch von Kurznachrichten) hat die Kommunikation intensiviert[17].
- **Chatrooms** und Internetforen: Das Internet als Chance, Menschen mit gleichen Interessen kennenzulernen. Das Internet wandelt sich vom technischen Instrument zum Träger von Beziehungsnetzwerken.
- **Social Networks**: Mit *Facebook*, *Orkut*, *LinkedIn*, *Xing* und in Deutschland den *VZ-Netzwerken* wachsen insbesondere bei den Jüngeren die Nutzer-Zahlen ständig an, Mitte 2010 wurde die Zahl der aktiven Facebook-Nutzer auf 470 Millionen Menschen geschätzt.
- Auch Online-Enzyklopädien, insbesondere das auf open source- und Spendenaktivität basierende **Wikipedia,** spielen eine besondere Rolle. Sicherheitspolitisch spielt das in Schweden basierte und vom Australier Assange gegründete **Wikileaks** eine wichtige Rolle, da es sich um eine Plattform für die anonyme Preisgabe vertraulicher Dokumente handelt. In Schweden stellte die Piratenpartei Wikileaks Server bereit, so dass dieser Standort gewählt wurde[18]. Diese wurde 2006 gegründet und wurde im Winter 2009/2010 schon einmal vom Netz genommen und danach mit weniger Dateien neu gestartet. Durch

---

[17] Tweets (Twitter Botschaften) sind wegen ihres Echtzeitcharakters und ihrer Spontaneität auch ein Sicherheitsrisiko. So war das Ergebnis der Bundespräsidentenwahl 2009 durch Tweets schon vor der offiziellen Bekanntgabe durchgesickert.

[18] Schweden ist auch Ursprungsland der Piratenpartei als Internetpartei, historisch benannt nach der Tauschbörse *The Pirate Bay*, die auf der schwer verfolgbaren Bit Torrent-Technologie beruht; vgl. auch Bomsdorf 2010, S.13

Veröffentlichung von US-Militärunterlagen geriet Wikileaks 2010 in die öffentliche Diskussion.

2.1.3 Technische Entwicklung

2.1.3.1 Aufbau des Internets

Die folgende Übersicht zeigt den grundlegenden Aufbau des Internets:

Tab. 1 Die Internetgrobstruktur

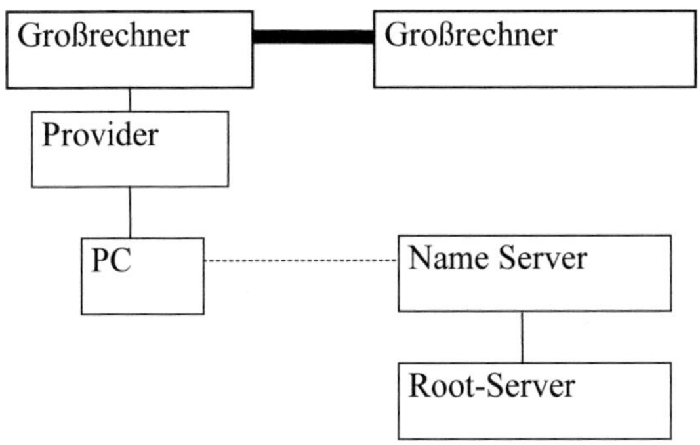

Normalerweise versucht im Internet ein Computer Kontakt mit einem anderen Computer aufzunehmen. Zugang zum Internet bekommt man typischerweise über den Server eines Anbieters (**Provider**, z.B. *t-online, arcor, freenet*, Uni- oder Firmenrechner usw. usw.), mit dem der Computer über ein Modem, kabellos (wireless local area network WLAN) oder in größeren Einrichtungen über einen Switch/Router (=Verteiler) verbunden ist[19]. Die Server der Provider sind miteinander über das Rückgrat (**Backbone[20]**) des Internets verbunden, das aus Großrechnern mit Hochgeschwindigkeitsleitungen besteht.

[19] vgl. Martin-Jung 2008

[20] Das backbone besteht aus riesigen Kabeln, die von Schiffen mit Seilwinden auf den Meeresboden hinabgelassen werden. Es gibt zum Beispiel ein Kabel, das in einem Stück Nordeuropa mit Südostasien verbindet und eines, das rund um ganz Afrika gelegt wurde. Satelliten können einfach noch nicht genug Daten übertragen, um auf solche

Eine bestimmte Website kann man durch Aufruf ihres Namens (**Domain**) erreichen, z.B. http://www.icann.org oder stattdessen mit der **IP-Adressse**, d.h. der Nummer, mit der der Zielcomputer im Netz arbeitet. Diese Nummer hat zur Zeit noch die Form ‚xxx.xxx.xxx.xxx', wobei xxx 1-255 sein kann, www.icann.org ist z.B. http://192.0.34.163.
Wenn ein Rechner die Adresse nicht kennt, kann ihm auf automatische Anfrage ein **Nameserver** (Domain Name Server DNS) helfen, die Rechnernummer zu finden, Nameserver sind quasi Internet-Telefonbücher. Es gab ursprünglich dreizehn Haupt-Nameserver, die **Root-Server**, von denen 10 in den USA stehen. Durch die Blockade der Root-Server kann das Internet teilweise oder ganz lahmgelegt werden, weil dann immer mehr Rechner ungelöste Anfragen vor sich herschieben, so dass dies eine Achillesferse des Internets ist.
Die Kontrolle über das Internet-Adresssystem (Root-Server) und die Namensvergabe (Domains) liegt seit 1998 bei der Internet Corporation for Assigned Names and Numbers (ICANN). Die ICANN ist mit dem US-Handelsministerium über ein Memorandum of Understanding MoU (formal: Joint Project Agreement) verknüpft. Die anderen Regierungen der Welt haben bei ICANN lediglich einen Beraterstatus, sie sind in dem „Regierungsbeirat" Governmental Advisory Committee (GAC) vertreten.
Die USA sind aus Sicherheitsgründen nicht bereit, die Kontrolle abzugeben und de facto wird dies auch noch länger so bleiben, obwohl Berge an Papier mit Alternativszenarien produziert wurden. Auch die ICANN-Reformen 2009, bei denen das GAC erweiterte Mitspracherechte bekam, änderten im Kern nichts.

Übertragungsmethoden verzichten zu können. Das backbone wurde vielen erst bewusst, als Anfang 2008 ein Schiff versehentlich ein Kabel vor Afrika durchtrennte und einige Staaten vorübergehend vom Netz nahm. Der backbone-Markt ist von mangelndem Wettbewerb bedroht, so dass die EU und USA der Bildung des größten backbone-Anbieters MCI Worldcom durch Fusion nur sehr zögerlich zustimmten: MCIWorldcom (Verizon); SprintLink, AT&T Worldnet, Cable&Wireless, Genuity kontrollieren den weltweiten backbone-Markt als die „big five".

1992 wurde von den bis dahin für die Betreuung der Internettechnik aktiven Gruppen als Dachorganisation die **Internet Society ISOC** ins Leben gerufen, in der Firmen, Behörden und Universitäten in gemeinsamer Kooperation technische Fragen des Internets erörtern und das Internet pflegen.

Während im technischen Bereich gleichberechtigte Kooperationen von staatlichen und nicht-staatlichen Akteuren im Governance-Modus durchaus üblich sind, wird bei sicherheitsrelevanten Fragen nach wie vor auf Hierarchie und Kontrolle gesetzt. Das Internet-Adresssystem (mit Name- und Root-Servern) ist wie gesagt eine Achillesferse des Internets, weil eine Unterbrechung oder Störung des Systems das Internet in Teilen lahmlegen kann.

2.1.3.2 Entwicklungslinien des Internets

Fünf Prozesse treiben die Entwicklung des Internets voran, nämlich die Digitalisierung, Standardisierung, Miniaturisierung, Vernetzung und die Liberalisierung, die zusammen auf der politisch-administrativen Ebene die Entwicklung von **eGovernment**-Projekten möglich machten.

- **Digitalisierung**: Übergang von Analogdaten auf Nullen und Einsen.
- **Standardisierung**: Dazu gehört die Vereinheitlichung von Geräten, Dateiformaten, Schnittstellen
- **Miniaturisierung** (Chiptechnologie): Kleinere Chips, aber auch stärkere Akkus bedeuten auch kleinere Geräte, die leichter genutzt werden können.
- Die **Vernetzung** bezieht sich nicht nur auf die Computer, sondern durch das Vordringen von kabellosen (wireless local area network WLAN) Technologien zunehmend auch auf Handys und Maschinen[21].

---

[21] **Virtual Private Networks (VPNs)**, bei denen die Nutzer sich über externe Computer in Netzwerke einloggen können, ermöglichen seit den 1990er Jahren die allmähliche Entkoppelung von Netzwerken und Computern.

- **Liberalisierung**: viele Dinge waren früher schlicht nicht erlaubt (Privatfernsehen) oder wie das Internet lange Zeit auf die akademische Gemeinschaft, d.h. den CERN-Arpanet-Komplex und die angeschlossenen Universitäten beschränkt.

E-Government

Auf politisch-administrativer Ebene wurden mehrere Projekte zum computer- und internetgestützten **E-Government** entwickelt, die wichtigsten Prozesse in Deutschland sind:

- **ELSTER**: Elektronische Einkommenssteuererklärung. Vorbereitend wurde 2008 die lebenslange einheitliche Steuernummer eingeführt
- **ELENA** (elektronischer Entgeltnachweis): zentrale Arbeitnehmerdatenerfassung[22] ab 2012, die aber evtl. wegen des Aufwands und aus Kostengründen noch reduziert oder gestoppt werden könnte
- **ePass**: umgesetzt wurde bereits der biometrisch lesbare Ausweis
- der neue **Personalausweis** soll zusammen mit einer Geheimzahl eine Identifikation bei staatlich geprüften Unternehmen ermöglichen, 30 Unternehmen nahmen an einem ersten erfolgreichen Test teil, weitere 160 Unternehmen haben sich beworben[23]
- **eGK**: die elektronische Gesundheitskarte ist immer noch im Versuchsstadium. Die Speicherung aller Gesundheitsdaten würde eine umfassende Kontrolle über das Krankheitsgeschehen ermöglichen, weshalb die Zugriffsrechte im Zentrum der Debatte stehen

---

[22] wegen der Mange der gespeicherten Daten wurde das Verfahren von den Firmen kritisiert, wegen der Inhalte (Name, Geburtsdatum, Versicherungsnummer, Adresse etc. erfragt, sondern auch Fehlzeiten, Abmahnungen, mögliches „Fehlverhalten“ und nach ursprünglicher Planung auch Streikbeteiligung) von Datenschützern und Gewerkschaften, vgl. Luetge 2010, S.25.

[23] vgl. Goebbels 2010, S.10. Das für die Geheimzahl benötigte Lesegerät stellt jedoch in der einfachen Version eine Sicherheitslücke dar, vgl. Truscheit 2010b, S.9.

- **De-Mail**: Behördenbriefe und Einschreiben per E-Mail. Das System soll kryptographisch sicher sein, die Entwicklung dauert noch an[24]. Seit Juli 2010 bietet die Deutsche Post den **E-Brief (EPostbrief)** an[25].
- Experimente mit **elektronischen Rathäusern** sind schon länger im Gange (elektronische Bauakte etc.)

Die Projekte zur Schaffung von elektronischen Karten werden auch unter dem Begriff der **eCard-Strategie** zusammengefasst[26]. Die Zunahme von e-government-Aktivitäten wird die Angriffsfläche für Missbrauch erheblich vergrößern.

Eine wichtige Rolle spielen in dem Zusammenhang RFID-Chips.
RFID-Transponder (RFID = **R**adio**f**requenz-**Id**entifikation) sind kleine Chips, die Signale empfangen und die Energie des eintretenden Signals nutzen können, um die Antwort zu liefern, d.h. es wird keinerlei Batterie mehr benötigt, die RFID-Chips sind, wenn sie nicht angefunkt werden, sehr klein und absolut passiv. Sie ermöglichen nicht nur die funktechnische Identifikation und Ortung eines Objekts, sondern könnten in Zukunft auch durch die Kenntnis der Routeninformation seine Logistik steuern. Die Chips werden zum Beispiel bei wertvollen Pferden eingepflanzt, aber auch schon bei Kindern als Entführungsschutz. Die kabellose Datenübertragung, wie sie auch schon im WLAN realisiert ist, ermöglicht also zusammenfassend die *Ablösung des Internets vom klassischen Computer*.
Abgesehen von der Nachverfolgbarkeit dieser Gegenstände von außen (durch unbefugtes Ansprechen solcher Chips) sieht die europäische Agentur ENISA auch die Risiken unautorisierter Nutzung solcher Signale und die absichtliche Umleitung auf andere Chips.
Ab dem 01.11.2010 neu ausgegebene Personalausweise werden mit einem RFID-Chip zur Datenspeicherung ausgestattet sein. Um die Daten vor nicht autorisiertem Zugriff zu schützen, hat das **Bundesamt für Sicherheit in der Informationstechnik BSI** das PACE (Password

[24] vgl. Wendel 2009, S.8
[25] vgl. Bernau 2010, S.33
[26] vgl. BSI 2009

Authenticated Connection Establishment)-Protokoll entwickelt. Dennoch haben kommerzielle Anwender schon eine Ausweisschutzhülle gegen unbefugtes Auslesen (pointprotect®) entwickelt.

2.1.4 Internetsicherheit

2.1.4.1 Angriffe auf Computer, Netzwerke und Menschen

Der größte Teil moderner Angriffe auf Computer erfolgt über Netzwerke und das Internet, *so* dass Internetsicherheit auch Computersicherheit ist, die Achtziger Jahre, wo man Viren eigentlich nur über verseuchte Disketten einschleppte, sind längst vorbei. Es gibt drei potentielle Schwachstellen, nämlich den Menschen, den Computer und das Netzwerk zwischen den Computern. Ein Sonderproblem ist die freiwillige Preisgabe von Daten und Hinterlassung von Datenspuren, insbesondere in sozialen Netzwerken, die auch zu einem erheblichen Bedeutungszuwachs kommerzieller Akteure bei der Informationsgewinnung und -auswertung geführt hat. Die Vorstellung privater Computer ist ohnehin nur eine technische Illusion. Als Privatperson lässt man den Virenschutz in seinen Computer, an der Uni oder der Firma zumindest die IT-Administration. Die Frage ist also nicht, OB man jemand in seinen Computer schauen lässt, sondern nur WEN. Die wichtigsten Bedrohungen lassen sich in folgenden Gruppen zusammenfassen[27]:

2.1.4.1.1 Computer, Smartphones und andere Endgeräte

Da sind zunächst die Versuche, in Computer einzudringen, um Passwörter, persönliche Identifikationsnummern (PINs), kurz ‘Geheimzahlen’, oder sonstige Informationen einzusehen. Dies geschieht mit Hilfe von Schadprogrammen wie **Viren** (Programmen, die sich im Computer festsetzen), **Trojanern** (Programmen, die Vorgänge auf dem Computer nach draußen melden) und **Würmern** (Programmen,

[27] vgl. auch Klett 2007, EC 2007, BSI 2009

die sich ohne Computerwirt im Netz verbreiten können). Der Trend geht hin zur ständigen 'Verschlimmbesserung', z.B. Tastendruckmeldeprogrammen (**keyloggern**) wie EnCaSe, die jeden Tastendruck weitermelden und so eine komplette Übersicht über die Aktivitäten am Computer geben, wobei natürlich nach und nach sämtliche Passwörter anfallen[28].

Machten sich Viren oft früher rasch durch Störungen bemerkbar, laufen moderne Programme immer häufiger im Rechnerhintergrund mit stiller Informationsübermittlung[29]. Das Eindringen in fremde Computer und Erforschen fremder Festplatten ist im Prinzip ebenfalls für jedermann möglich, da es die nötigen Anwendungen im Internet gibt[30].

Man kann Computer mit Hilfe eingeschleuster Programme[31] für fremde Zwecke unter Kontrolle bringen und sie als Arbeitscomputer ('**Bot**' abgeleitet von Robot) verwenden, wobei die Computer die Arbeit sogar tun können, während andere Programme weiterlaufen, der Nutzer wundert sich dann vielleicht, warum heute sein Rechner 'wieder so lahm' ist.... In **Botnetzen** werden andere Rechner infiziert, um ihre Rechnerleistung im Hintergrund für Spamversendung (Spam-Bots) oder für Angriffe auf andere Computer zu verwenden. Illegale Botnetze können inzwischen auch 'gemietet ' werden[32].
Mit geeigneten Programmen lassen sich Computer auch zur Beobachtung umfunktionieren, z.B. durch Anschalten von Mikrofonen

---

[28] vgl. Stark 2009, Schmitt 2009, S.83
[29] vgl. Hier und im folgenden auch EU-ISS 2007, Chaillot Paper No. 76
[30] Bornhoeft 2007, S.44-45
[31] Manchmal gebiert Gutes auch Böses. Das erste große Botnetz bestand aus Freiwilligen, die sich ein Programm auf den Rechner luden, um dem **SETI** (Search for Extraterrestrial Intelligence)-**Projekt** bei der Suche nach ausserirdischem Leben zu helfen. Die Rechner werteten nebenher Signale aus dem All aus. Das brachte andere dann auf dunkle Ideen.
[32] vgl. FAZ 225/2009, 5 Dollar kosten Rechner im Tausenderpack in Fernost, um dann für hundert Dollar weiterverkauft zu werden. Das Botnet Conficker hatte angeblich 5 Millionen Computer in 122 Ländern unter Kontrolle, vgl. Wegner 2009

oder Kameras[33]. So können bei Computern die Kamerafunktionen von **Webcams** heimlich aktiviert werden, so dass der Angreifer sieht, was der Computer ‚sieht'[34]. Diese Aspekte werden im Kapitel Cyberwar noch weiter vertieft.

Beim **Datenkidnapping** hackt sich der Eindringling in fremde Computer ein, verpackt dessen Daten des Opfers (Zippen von Dateien), und verlangt dann Geld für Entpacken (Entzippen), da das Opfer sonst nicht mehr an seine eigenen Daten kommt.
Die Gefahr kann auch von Zubehörteilen wie infizierten Universal Serial Bus (USB)-Sticks oder manipulierten Verteilern (Routern)[35] ausgehen. Auch Computerzugänge (Ports) können vom Netz aus durch spezielle **Portscanner** auf Schwächen untersucht werden.

Das zunehmende online-Banking (private banking), d.h. die Abwicklung von Bankgeschäften über das Internet, macht die systematische Infiltration von Computern zur Gewinnung von Persönlichen Identifikationsnummern (**PINs**) und Transaktionsnummern (**TANs**) immer profitabler und attraktiver[36]. Mittlerweile hat sich ein Handel mit Computerzugängen entwickelt, bei denen der Preis u.a. von der ‚Jungfräulichkeit' des Zugangs (d.h. noch niemand hat den Zugang

---

[33] vgl. FAZ 31/2007. Daneben gibt es natürlich auch noch Programme, die von Arbeitgebern eingesetzt werden, die z.B. regelmäßig den Bildschirm der Arbeitnehmer, wie er gerade ist, als eine Art Foto (*screenshot*) abspeichern.

[34] So gelang es z.B. einem Hacker aus dem Raum Aachen, 150 Mädchen in ihren Kinderzimmern auszuspionieren. Zunächst knackte der Angreifer das Nutzerkonto eines Schülers, dann versandte er mit dessen Adresse ein Bild. Wer es öffnete, lud sich einen Trojaner auf den Computer, der dann die Webcam aktivierte, vgl. SZ online 17.07.2010

[35] vgl. Gaycken 2010a

[36] Ein weiteres Problemfeld sind Kreditkarten mit Chips. Durch Auflage einer weiteren dünnen Karte auf eine solche Karte kann man Lesegeräten vortäuschen, es sei die richtige PIN eingegeben worden, egal welche. In Ländern, wo die Technologie eingeführt wurde, haben die illegalen Abbuchungen bereits zugenommen, vgl. Kurz 2010a

vorher benutzt, das Opfer ist demnach nicht alarmiert) und der Menge des (noch) zu klauenden Betrages abhängt[37].

Aber auch das herkömmliche Geldabheben an Bankautomaten wird immer häufiger zum Problem. Durch kleine Kameras oder manipulierte Leseschächte werden die Daten der Scheckkarten abgeschöpft (**Skimming**) und für Geldabhebungen verwendet. Die Menge der Transaktionen macht es auch immer leichter, **unautorisierte Abbuchungen** von Konten vorzunehmen[38], weshalb man mit der Preisgabe von Bankverbindungen vorsichtig sein sollte.

Um diesen Praktiken zu begegnen, werden von Ermittlern zunehmend **Internetfallen (honeypots)** verwendet, bei denen verdeckte Ermittler naive Internetnutzer mimen und den Betrug gerichtsfest protokollieren[39].

Darüber hinaus gewinnt der Diebstahl und Missbrauch kompletter Identitäten (**Identitätsdiebstahl**) eine wichtige Rolle und die zunehmende Nutzung sozialer Netzwerke erleichtert diese Diebstähle, weil illegale Zugänge z.B. zu einem Konto für soziale Netzwerke wie *facebook* einen kompletten Überblick in das Leben der anderen erlaubt[40]. Mit Hilfe der falschen Identität kann dann online im Namen des Opfers im Prinzip alles gemacht werden[41].

Ein besonderes Problem stellen auch **gestohlene oder verlorene Datenträger** dar und dies um so mehr, wie das Speichervolumen von CDs, DVDs und USB-Sticks gewachsen ist[42]. Auch das **unautorisierte Herunterladen von Daten** auf Speichermedien durch Firmenmitarbeiter ermöglicht Datendiebstähle in früher ungeahntem Ausmaß.

---

[37] vgl. Peer 2008, S.65

[38] Zuweilen werden nur kleinste Beträge abgebucht, so dass es nicht auffällt oder die Nachprüfung nicht lohnend erscheinen lässt. Die Masse dieser Vorgänge bringt den Profit.

[39] Leider arbeiten Kriminelle zum Teil mit denselben Methoden, um in das Netzwerk der Behörden zu gelangen, vgl. Welchering 2010c, S.T2

[40] Spehr, S.V10

[41] Garfinkel 2009, S.90f., Spehr 2009, S.V10

[42] So wurden der Lotteriegesellschaft SKL einmal 2,5 Mio. Datensätze geklaut (Peer 2008)

Auch bei mobilen Endgeräten wie Palmtops (Blackberry) und internetfähigen Handys wie den UMTS-Handys (und in Zukunft die Long Term Evolution LTE Handys), die auch als **Smartphones** bezeichnet werden, gibt es Viren, Würmer, Trojaner und Hintertürchen (**backdoors**)[43], deren Gefährlichkeit immer mehr zunehmen wird, wenn die Menschen vermehrt mit ihrem Handy bezahlen wollen[44].
Handys und Telefonspinnen haben eine **Mithörfunktion**, in die sich Firmen (und insofern auch illegale Angreifer) einwählen können, um z.B. eine neue Software auf das Gerät des Kunden zu spielen[45].

2.1.4.1.2 Netzwerk/Kommunikationsverbindungen

Computer oder Teile des Internets können durch sog. **Denial of Service DoS**-Angriffe lahmgelegt werden, bei dem Computer durch zahlreiche sinnlose Anfragen auf die Knie zwingt. Dies kann man z.B. nutzen, um Root-Server und somit gezielt Teile des Internets lahmzulegen. Damit kann man in der Folge Institutionen lahmlegen, denen man feindlich gesonnen ist, wobei dies wie während des Streites zwischen Russland und Estland 2007 oder des Krieges zwischen Russland und Georgien politische Gründe haben kann, es kann aber auch schlicht der kriminellen Erpressung dienen[46]. Man kann **DoS** auch mit Hilfe andere Computer über Umwege auch als verteilten Angriff (**Distributed DoS**) durchführen.

---

[43] Am bekanntesten ist *FlexiSpy*, eine Software, welche auf dem Handy installiert werden muss, so dass man Gesprächsdaten einsehen kann, vor allem mit welchen Nummern telefoniert wurde oder wie lange, vgl. Opfer 2010. Zudem können SMS-Texte komplett gelesen werden. Eine weitere auch in der Polizeiarbeit genutzte technische Möglichkeit ist, das infizierte Handy als Wanze zu nutzen und Gespräche im Umkreis des Handys mitzuhören. Dabei hebt das Programm den Hörer ab, ohne dass der Nutzer es merkt.

[44] BSI 2006, u.a. S.23

[45] In Grossbritannien hatten 2006 Reporter von "News of the World" die Handymailboxen Hunderter Prominenter geknackt, um an Nachrichten zu kommen, vgl. von Rohr 2010, S.168

[46] vgl. Koenen/Hottelet 2007, S.2

Zunehmend spielen auch **Man-in-the middle attacks** eine Rolle, bei der sich Dritte in den Datenverkehr einschalten, so wie früher beim klassischen Abhören von Telefonleitungen[47].
Die Überwachung des Datenstroms (**sniffen**) fällt bei kabellosen WLAN-Verbindungen oft leicht, beim Fahren durch die Großstadt werden die Computer mit ungeschützten WLAN-Verbindungen geradezu überschüttet. Handys oder Laptop abzuhören ist technisch gesehen einfach, denn alles, was funkt, kann auch von einer einzelnen Antenne ausgelesen werden, was auch ein Hauptproblem der Kommunikationssicherheit (**ComSec**) ist[48]. Aber auch herkömmliche Festnetz-Computer strahlen ihre Daten einige Meter ab, weshalb die **Abstrahlsicherheit** in schutzwürdigen Bereichen ein großes Thema ist.

Bei der **Ortung von Handys** kann es auch um die bloße Erstellung von Bewegungsprofilen gehen. Smartphones sind oft *permanent online*, dadurch ist eine Funkzellenüberwachung leicht möglich.
Inzwischen wird die Verfolgung von Handys zum Alltag; wer ab Juni 2010 das neue Handy-Betriebssystem iOS4 für das **iPhone** erwirbt, stimmt in den Nutzungsbedingungen zu, dass Apple, die Partner und Lizenzpartner genaue Standortdaten sammeln, benutzen und teilen dürfen[49].
Apple hat bereits weitere Spionagemöglichkeiten zum Patent angemeldet: In Zukunft sollen die Smartphones unbemerkt Photos vom Nutzer schießen, Stimmproben nehmen und Herztöne aufzeichnen und weiterleiten können. Außerdem wird die Fernkontrolle des Gerätes mit

---

[47] Welchering 2009, S.T1. Im August 2008 scannten russische Datendiebe ca. 430 Knotenrechner im Internet, um Geldströme des private bankings zu suchen, dabei konnten sie 25 Mio. Euro abzweigen. Weltweit befassen sich 30.000 Schwachstellenanalytiker mit den Problemen und verkaufen ihr Know-how (an wen auch immer…).
[48] vgl. Rooch 2009, S.36, Funkschlüsselsignale können noch auf 100 Meter Entfernung abgefangen und entschlüsselt und dann ggf. missbraucht werden.
[49] vgl. Kuhn 2010b, S.17

Eingriffsmöglichkeiten wie das Löschen von Dateien des Nutzers möglich werden[50].

Der ehemalige Verfassungsrichter Jürgen Kühling konstatierte im Handelsblatt 2010: „Bei uns wird buchstäblich jedes Gespräch abgehört – vom Staat oder von Geheimdiensten“ wobei er jedoch hier insbesondere ausländische Geheimdienste meinte, so dass man aus diesem Grunde das Fernmeldegeheimnis „als Totalverlust abschreiben“ könne[51].

2.1.4.1.3 Die Blackberry-Krise

Palmtops und internetfähige Handys, also Smartphones sind ebenfalls leicht abzuhören.

Blackberrys nutzen den verschlüsselten E-mail-Service des kanadischen Herstellers **Research in Motion RIM**. Die Verschlüsselung macht es Regierungen zunächst unmöglich, die E-mails mitzulesen[52], so dass RIM and Blackberry Mitte 2010 unter starken Druck mehrerer Staaten gerieten, ihre Technologie für Mitleser zu öffnen[53]. Regierungen, die dieses Ansinnen stellten, waren u.a. Saudi-Arabien, Indien und andere Golfstaaten wie Abu Dhabi, mit der Begründung, dass diese Technologie Terroristen die Kommunikation erleichtern würde. Die Regulierungsbehörde der Vereinigten Arabischen Emirate TRA hatten 2009 erfolglos versucht, eine Spionagesoftware zu installieren[54].

Jedoch ist vieles im Detail umstritten. Die Blackberrymails können in den in Kanada und Großbritannien befindlichen RIM-Servern

---

[50] vgl. FAZ 2010n, S.15. Damit versucht Apple auch dem *jail-breaking*, d.h. der Nutzung fremder Technologien/Programme auf Apple-Plattform Herr zu werden.

[51] vgl. Scheidges/Sigmund 2010, S.4

[52] vgl. Dworschak/Müller/Rosenbach 2010, S.122-123

[53] Schlüter/Laube 2010, S.8

[54] Standard online 02.08.2010

entschlüsselt werden[55]. Dies öffnet zumindest den Diensten, in deren Ländern die Server stehen, Zugang zu der Kommunikation, denn Vorschriften zur Bereitstellung von Abhörmöglichkeiten wie in der deutschen Telekommunikations-Überwachungsverordnung (TKÜV) sind inzwischen internationaler Standard, weshalb sich die Bundesregierung ebenfalls gegen die Nutzung von Blackberrys und iPhones durch ihre Mitarbeiter ausgesprochen hat, beim Blackberry bestand die Empfehlung des BSI schon seit 2005[56]. Aus diesem Grunde wollen nun auch andere Staaten RIM-Server bei sich aufgestellt haben[57].

Daher liegt die Vermutung nahe, dass es den anderen Staaten nur um Waffengleichheit beim Abhören geht, auch wenn der Spiegel nahelegte, dass die Aussage der französischen und deutschen Regierungen, Blackberrys seien nicht sicher, auch dazu dienen sollte, eigene Technologien zu fordern (Thales in Frankreich, Simko in Deutschland), die natürlich dem jeweiligen nationalen Geheimdienst einen technischen Heimvorteil bieten[58].
Im Endergebnis ist RIM auf die Regierungen zugegangen und will ihnen den Zugang zu der Kommunikation erleichtern.[59]

Zur Abwehr solcher Bedrohungen gibt es **Kryptohandys**, wie sie von der Bundesregierung verwendet werden. Ein Beispiel für Kryptohandys sind **secusmart-Handys[60]**. Aber auch Kryptohandys sind mitunter anfällig, weil für eine beidseitige Verschlüsselung (End zu Endverschlüsselung) zwei gleichartige Handys miteinander

---

[55] Schlüter/Laube 2010, S.8
[56] Die Zeit online 5.8.2010 - 08:03 Uhr
[57] vgl. Handelsblatt 2010b, S.1/4
[58] Handelsblatt 2010c, S.4
[59] FAZ 2010t, S.9; Hauschild 2010, S.3
[60] vgl. Opfer 2010. Die Technologie ist für Verschlusssachen der Stufe Vs- nur für den Dienstgebrauch zugelassen

kommunizieren müssen[61]. Hilfreich können insgesamt **anonyme Handys** sein, wenngleich diese schwer zu beschaffen sind[62].

2.1.4.1.4 Die ‚Schwachstelle Mensch'

Anstelle des Computers kann auch der Mensch angegriffen werden. Man kann einen unaufmerksamen Moment zum **Laptopdiebstahl** nutzen oder den Menschen durch Irreführung zur Preisgabe von Informationen verleiten (**social engineering**) [63].
Immer häufiger versucht man, das Opfer durch **manipulierte Internetseiten** hereinzulegen[64]: Beim **Phishing** lockt man Verbraucher per E-Mail auf eine Website und überredet ihn, seine PIN etc. einzugeben[65], beim komplizierter durchzuführenden **Spoofing** wird der Computer des Konsumenten trotz richtiger Adresseingabe auf die falsche Website geleitet. Beim **Cross-site-scripting** wird der Nutzer unbemerkt auf eine andere Seite geführt, beim **drive-by download** werden unbemerkt Schadprogramme von einer scheinbar seriösen Website auf den Rechner geladen[66]. Beim **Defacement** werden Veränderungen am Inhalt einer Website vorgenommen, um u. a. Propaganda zu schalten.

---

[61] vgl. Drissner 2008
[62] Im Prinzip ist es auch möglich, ausserhalb vorgegebener Frequenzen zu telefonieren. Dies ist aber wegen der resultierenden Störungen technischer Geräte gefährlich und unzulässig und das BSI scannt deshalb andere Frequenzen auf solche Kommunikationen.
[63] Eine Methode ist z.B., sich in großen Firmen als Netzwerk-Administrator am Telefon auszugeben, um ein Passwort zu erlangen, vgl. Wiele 2007
[64] Früher wurden den Nutzer auch teure Einwahlprogramme ins Netz, sogenannte **Dialer** untergeschoben. Nach dem Verbot und dem technischen Wandel stehen nun **Abofallen** im Vordergrund, bei denen den Nutzern vermeintlich kostenlose Services angeboten werden, die dann im Kleingedruckten mit teuren Abonnements enden, wenn die Nutzer ihre persönlichen Daten angegeben hatten, vgl. BSI 2009.
[65] z.B. durch eine Warnung, dass das Passwort abgelaufen ist oder deaktiviert wurde, vgl. Cranor 2010
[66] Postinctt, Schuermann 2009

Der Mensch ist wegen seiner begrenzten Gedächtnisleistung, aber auch aus Bequemlichkeit oft eine Schwachstelle.
Dies liegt z.B. an Passwörtern für Online-Dienste (z.B. *hrglm7pfh*), die sehr komplex und schwer zu knacken sind, die sich aber aus demselben Grunde niemand merken kann und die von den Nutzern deshalb oft durch simple und zu leicht zu knackende Passwörter wie 'eigener Name', 'Name Freund/in', 'Name der Firma', 'Name Kind', 'Name Haustier', 'Name Monat', 'Name Hobby' oder das Wort 'Passwort' (!), nur um die Klassiker zu nennen, ersetzt werden.

Durch einen Zufall konnten 32 Millionen geklaute Passwörter in den USA von einer Sicherheitsfirma analysiert werden. Das am häufigsten benutzte sechsstellige Passwort war *123456*, unter den Top 20 fanden sich auch *qwerty*, *abc123* und *princess*[67]. Das Knacken von Passwörtern wird zunehmend automatisiert durchgeführt, um mehrere hundert Anläufe in kurzer Zeit durchführen zu können. Der Einsatz geballter Datenmacht wird generell als **brute force** (also ‚mit der Brechstange') bezeichnet.[68]

Die Terrorbekämpfung kann für Geschäftsleute zum Sicherheitsproblem werden, denn der US-Zoll kann bei Verdacht Laptops und Handys bei Einreise in die USA einbehalten und deren Inhalte kopieren. Dabei sind die Anlässe und Entscheidungsbefugnisse bewusst offen gehalten, damit sich potentielle Terroristen nicht darauf vorbereiten können, was aber für Geschäftsreisende bedeutet, dass man auch ihnen den Laptop legal abnehmen kann.

2.1.4.1.5 Preisgabe von Daten und Datenspuren

Die größte Gefahr für die Nutzer ist immer noch die **Preisgabe von Daten** durch sie selbst.
Auch Internettagebücher (blogs) können automatisch gefiltert werden. Je jünger die Nutzer werden, desto freigiebiger sind sie mit der

---

[67] vgl. Vance 2010, S.5
[68] Spehr, S.V10

Offenlegung von Daten im Web 2.0 *(StudiVZ; SchülerVZ, Myspace, Wer-kennt-wen, Lokalisten, Xing, facebook)*[69]. Dabei werden z.B. auf *YouTube* auch peinliche Videos hochgeladen, die man nachher nicht wieder loswird.

Personensuchmaschinen wie *yasni, 123people* und *pipl* nehmen einen deutlichen Aufschwung[70]. Im Personalwesen nutzt man sogenannte **B-Profile**, bei der Einträge im Netz systematisch zusammengestellt werden und die als inoffizielle Akte, daher 'B'-Profil, angelegt werden. Man kann sich natürlich fragen, wer 10 Jahre später noch nach einem leichtfertigen Interneteintrag der Sorte „Saufen ist geil" sucht. Aber wenn man wirklich Karriere macht, werden sich schon Konkurrenten finden, die nach so etwas suchen (und fündig) werden. Aus diesem Grunde forderte Bundesinnenminister De Maizière im Juni 2010 die Entwicklung eines **digitalen Radiergummis**, bei dem die Nutzer die Daten mit einem Verfalls- bzw. Löschdatum versehen können[71].

Festplatten auf alten PCs werden oft nicht oder nicht richtig gelöscht[72] und auch der kommerzielle Weiterverkauf von Datensätzen boomt zur Zeit.

Soziale Netzwerke wie das weltweit führende *facebook* mit ca. 470 Millionen Nutzern erleichtern die Kommunikation mit anderen Menschen erheblich, jedoch geht dies auch mit zum Teil neuartigen Sicherheitsproblemen einher[73].

- **Cybermobbing** ist ein neues globales Phänomen, bei dem die technische Distanz zur Zielperson die Hemmschwelle für Beschimpfungen und üble Nachrede abbaut. Besonders ungünstig ist beim Cybermobbing, dass sich die einmal gemachten Aussagen auch bei Rücknahme und Reue weiter im Netz halten können.

---

[69] Hamann 2008, Darnstaedt 2007
[70] Schmidt 2008, S.21
[71] FAZ 142/2007, S.9
[72] Garfinkel 2009, S.90
[73] vgl. Blech et al. 2009

- Falsche Online-Freunde können die Nutzer analysieren und dann zum Beispiel mit Werbemüll belästigen
- Kinder sind dem Risiko der Beobachtung und Kontaktaufnahme durch Pädophile ausgesetzt. Regierungen können sich natürlich auch in soziale Netzwerke begeben, so wurden z.B. in Weißrussland Verabredungen zu spontanen Treffen (Flashmobs) auf diese Weise beobachtet, so dass die Behörden vorgewarnt waren[74].

Eine zunehmende Zahl von Menschen lässt sich über Mobiltelefone mit der über das GPS-Satellitensystem ermittelten Position orten, man kann dadurch aber auch zusätzliche Internetdienste einrichten und nutzen (**Location Based Services**) [75]. Die Nutzung des Handys als Bewegungsmelder ist der Anfang zu einer als **Geoweb** oder **Outernet** bezeichneten Entwicklung[76]. Bei *Google Latitude* handelt es sich um eine freiwillige Positionserkennung, beim *JuniorTel* meldet das Handy den Standort des Kindes, wenn es sich nicht von allein gemeldet hat.

Aber selbst, wenn Vorbehalte gegen fremde Technologien ungerechtfertigt wären, ist eine Abhängigkeit von fremden Systemen wie dem GPS mit einseitiger Kontrolle (hier durch die USA) nicht nur politisch, sondern auch im Störfall problematisch[77]. So wurde zur Jahrtausendwende diskutiert, ob das GPS gegen das sogenannte Jahr 2000 (englisch Y2K, year 2 kilo)-Problem, also Programm-Störungen beim Jahrtausendwechsel gefeit sei. Aber zum Glück hatten die USA recht und es gab keine Probleme mit GPS.
Die wachsende kommerzielle und militärische Bedeutung von GPS hat die Europäer dazu motiviert, ein eigenes Projekt in die Wege zu leiten, das Satellitensystem **Galileo**. Die Probleme bei dem Versuch, private Kooperationspartner einzubinden und Verzögerungen in der Entwicklung werden dazu führen, dass das System nicht vor 2013

---

[74] vgl. Morozov 2010, S.29
[75] vgl. Kuhn 2010b, S.17
[76] Kuhn 2010a, Jüngling 2009, Haupt 2010
[77] FAZ 177/2007, S.19

betriebsbereit sein wird[78]. Außerdem gibt es mit China Konflikte wegen der Frequenzen, mit denen China das eigene Satellitennetz Beidou aufbauen will[79].

Aber selbst Firmen finden immer weniger dabei, ihre Daten außerhalb der Firma in externen Rechnerfarmen zu lagern, man spricht von sogenannten **Cloud computing**. Der Vorteil ist, dass man auf große externe Rechner und Speicher zurückgreifen kann, der unvermeidliche Nachteil ist, dass man dem anderen seine Daten übergibt. Wegen der erhöhten Durchlässigkeit innerhalb der Cloud wird empfohlen, die Daten selbst zu verschlüsseln[80]. Es gibt cloud computing-Anbieter, die einem den Verbleib von Daten in bestimmten Ländern zusichern, aber auch hier muss man letztlich an das Gute im Menschen glauben[81]. Neben der technischen Abhängigkeit ist auch die Lagerungen von Daten in fremden Rechnern und somit fremden Rechtsräumen nicht unproblematisch, wenn es Haftungs- und Zugangsfragen geht[82]. Deshalb werden Lösungen wie die abgeschottete **private cloud** mit vordefinierten Nutzerkreisen diskutiert[83].

Das Hinterlassen von **Datenspuren** ist ein weiterer Problemkreis:
Da ist zunächst einmal die Speicherung von Internetsuchen durch kleine Programme (**cookies**) und die Speicherung alter Websites durch *archive.org*. Farbdrucker liefern nicht nur schöne Bilder, sondern drucken immer häufiger kleine Punkte mit aufs Bild (**Druckercodes**), die Rückschlüsse auf den Drucker, die Fabriknummer und den Zeitpunkt machen und so kriminaltechnischen Mehrwert produzieren[84].
Ein wenig beachtetes Problem sind auch **Kopierer mit Scanfunktion**. Die Kopien werden auf einer kopiererinternen Festplatte gespeichert und bleiben dann, zumindest bis der Speicher voll ist, auf dem Kopierer

---

[78] Bonse 2007, S.7
[79] Giersen 2010
[80] vgl. Schäfer 2010, S.4
[81] vgl. z.B. Handelsblatt 17 Dez 2008
[82] vgl. Postinett 2008, S.12
[83] vgl. Graf/Brychy 2010, S.7
[84] Schluzki-Haddouti, C. 04 Nov 2005, S.35

gespeichert. Diese Funktion kann helfen, illegale Kopien von vertraulichen Dokumenten (oder auch nur Privatkopien) nachträglich zu entdecken.
Auch der Einsatz von Karten wie z.B. Scheckkarten erzeugt Datenspuren, so können Verkäufer und Käufer eine Ware ggf. über eine Transaktionsnummer, die **Merchant ID** (MID), nachverfolgt werden[85] die auf den Standards des Payment Card Industry Data Security Council basiert.
Eine weitere Datenspur wird durch das elektronische Mautsystem **Toll Collect** gelegt, zudem registrieren einige Bundesländer Kfz-Kennzeichen, um sie mit Fahndungsdateien abzugleichen, aber die Rechtslage wird hier von den Ländern unterschiedlich beurteilt[86].

2.1.4.2 Wirtschaftsspionage

Wirtschaftsspionage wird sowohl von Staaten als auch von privaten Akteuren betrieben, um an Know-How und Technologien sowie an Wettbewerbsvorteile zu gelangen. Im Fokus stehen dabei Staaten wie China und Russland, die den Westen mit je drei Geheimdiensten 'bearbeiten'[87]. Eine bedeutende Sicherheitslücke sind leider auch eigene (Ex-)Mitarbeiter. Da beim Datendiebstahl die Daten in aller Regel nur kopiert, aber nicht entfernt werden, fällt ein solcher Vorgang mitunter auch nicht auf[88].

Neben der computermäßigen Bearbeitung gehören auch andere Methoden wie (unverbindliche) Gespräche, Teilnahme am Wirtschaftsleben, u.a. auch an Messen und Industrietagungen und Agenten auch in Gestalt von Studenten, Praktikanten dazu. Die

---

[85] vgl. Kohl 2007
[86] vgl. Wehrheim 2004
[87] LfV 2006, BfV 2008. Die russischen Dienste sind der zivile Auslandsaufklärungsdienst Slushba Wneschnej Raswedkij **SWR,** der militärische Auslandsaufklärungsdienst Glawnoje Raswediwatelnoje Uprawlenije **GRU** und der Inlandsnachrichtendienst Federalnaja Slushba Besopasnosti (föderale Sicherheitsbehörde) **FSB**
[88] vgl. Tillmann 2010c, S.11

Schwachstelle Mensch ist aber immer noch am wichtigsten, wobei das bereits angesprochene **social engineering** eine wichtige Rolle spielt. Dabei sammeln die Angreifer im Vorfeld der Attacken Informationen über die potenziellen Zielpersonen, z.B. Visitenkarten, Profile und Tätigkeitsfelder, berufliche und persönliche Kontakte, Interessen und Hobbys und genutzte Informationsquellen wie Zeitungen oder andere Veröffentlichungen. So kann der Angreifer sicherstellen, dass z.B. eine E-Mail zur Kontaktaufnahme durch ihre inhaltliche Gestaltung für die Empfänger interessant bzw. wichtig erscheint[89].

Manchmal verkaufen Unternehmen aber auch sensible Informationen oder Güter aus reiner Profitgier, sogar wenn ihnen der Gesetzesverstoß bewusst ist bzw. sie vom Verfassungsschutz vorab darauf hingewiesen wurden.

Geheimdienste versuchen auch mit Hilfe von Tarnfirmen, die bei Ausschreibungen mit günstigen Preisen locken, Zugang zu Objekten zu bekommen, auch der BND hat solche Firmen. Dies sind Bauunternehmen, Elektriker, Techniker, Teppichverleger oder Reinigungs- und Sicherheitskräfte, wobei die Firma durchaus ‚echt' ist und die meisten Mitarbeiter ahnungslos, bis auf ausgewählte, die z.B. die Abhörtechnologie installieren[90].

Neben den Staaten sind auch private Akteure aktiv, wobei dies unter den Begriffen **Competitive Intelligence (CI)** und **Business Intelligence (BI)**, zusammengefasst wird, wobei BI auch die systematische Gewinnung und Auswertung firmeninterner Informationen umfasst. Zur CI gehören u.a. die **waste archeology** bzw. das **trash trawling**, also die auch als **dumpster diving** bezeichnete Auswertung von Konkurrenzmüll. Es wird auch von fingierten Jobausschreibungen berichtet, um die Bewerber auszuhorchen. Eine weitere Methode sind **shills**, also Personen, die sich beim Konkurrenten anstellen lassen, um

---

[89] vgl. Bartl 2010

[90] vgl. Brambusch 2010

dann mit den Geschäftsgeheimnissen zum alten Arbeitgeber zurückzukehren.

Leider jedoch betreiben die westlichen Staaten untereinander ebenfalls Wirtschaftsspionage[91]. In den Neunziger Jahren wurde das Abhörsystem **Echelon** kritisch beobachtet, das mit Hilfe von Wörterbüchern Telefongespräche automatisch durchsucht und solche mit verdächtigen Schlüsselbegriffen für eine weitere Analyse aussondert[92]. Die EU hat zur Jahrtausendwende den Echelon-Bericht veröffentlicht, in dem die Anlage kritisch betrachtet wurde, unter anderem wurde der Verdacht geäußert, dass die USA unter anderem auf Basis des angloamerikanischen UKUSA-Abkommens von 1948[93] Wirtschaftsspionage gegen Verbündete vornehmen. So heißt es unter anderem, dass die europäischen Positionen während der Verhandlungen zur Freihandelsrunde GATT 1993 abgehört worden seien. Die USA räumen zwar ein, auch westliche Firmen abzuhören, aber vor allem, um den illegalen Export von **dual use**-Gütern (also solchen, die man nicht nur zivile, sondern auch militärisch nutzen kann) und Bestechungsversuche im internationalen Handel einzudämmen[94].
Aber wie dem auch sei, durch die zunehmende Verwendung von **Kryptographie** (verschlüsselte Botschaften), **Steganographie** (versteckte Botschaften in anderen Botschaften, z.B. in Bildern) usw. sind wörterbuchbasierte Überwachungsanlagen wie Echelon zunehmend

---

[91] vgl. Wiebe 2010, S.10
[92] vgl. Schroem 1999
[93] Bei diesem Abkommen unterstützten sich die Englisch sprechenden Länder USA, Kanada, Großbritannien, Australien und Neuseeland gegenseitig bei der nachrichtendienstlichen Informationsbeschaffung. Das Abkommen ist nach wie vor in Kraft, vgl Carmody 2005.
[94] Unter Präsident Clinton wurde das Advocacy Center des Wirtschaftsministeriums für US-Unternehmen eingerichtet, dass Handelsbarrieren, bürokratische Probleme und unfaire Handelspraktiken überwinden soll, errichtet, das aber mit dem Office of Executive Support kooperiert, das für den Kontakt zu den US-Geheimdiensten zuständig ist.

beeinträchtigt und nicht mehr so wichtig wie früher und so flaut die Echelon-Debatte immer mehr ab.

Ähnliche Vorbehalte werden auch gegen Großbritannien geäußert, dem man die wirtschaftliche Verwertung geheimdienstlicher Erkenntnisse vorwirft und auch Frankreich steht im Fokus der Kritik, so beklagte sich die Bundesregierung über die französische Industriepolitik und lehnte eine Kooperation im U-Bootbau mit der Begründung ab, die Franzosen wollten das Know-How ausplündern[95].
Frankreich dementierte, jedoch wirkten Aussagen wie die des damaligen französische Staatspräsidenten François Mitterrand aus dem Jahre 1988 *„Wenn wir die Weltwirtschaft betrachten, dann sehen wir ein Schlachtfeld, auf dem sich Unternehmen einen gnadenlosen Krieg liefern. Gefangene werden nicht gemacht.“* nicht unbedingt vertrauensbildend, ebenso die Einrichtung der **Ecole de guerre economique EGE**, in der die Methoden des Wirtschaftskrieges systematisch gelehrt werden[96].

Auf Seiten der Wirtschaft ist **die Arbeitsgemeinschaft für Sicherheit der Wirtschaft e.V. (ASW)** aktiv, die ursprünglich als Reaktion auf den RAF-Terrorismus gegründet wurde und die Zentralorganisation der Wirtschaft in Sicherheitsfragen ist. Sie wird getragen von den Spitzenorganisationen der deutschen Wirtschaft (DIHK, BDI, BDA), den regionalen Sicherheitsverbänden (VSWn) sowie mehreren Branchenverbänden.
Bereiche:

- Massendelikte, die die Wirtschaft tangieren (z.B. Diebstahl, Betrug, Untreue)
- Terroristische Bedrohungen im In- und Ausland
- Kriminalitätsphänomene in der EU
- Cybercrime (IT-Sicherheit, Hacker, Viren)
- Industrie- und Wettbewerbsspionage/Geheim- und Sabotageschutz

[95] vgl. u.a. Blaeske 2005, S.23
[96] vgl. Hecking 2008, S.29

- Korruption/Bestechung
- Qualifizierung in der Sicherheitswirtschaft

Der Bundesverband der deutschen Industrie BDI forderte eine intensivierte Kooperation zwischen Wirtschaft und Behörden[97]. Dies kann aber kann mit Blick auf die aktuelle industriepolitische Renaissance zur **administrative capture** führen, bei der man Gefahr läuft, dass Behörden zum Helfer im Konkurrenzkampf gegen ausländische Firmen mutieren. Eine verstärkte Kooperation bedurfte also einer sorgfältigen Planung und Umsetzung.
Das Bundesministerium des Innern hat die *Rahmenregelung für die Zusammenarbeit mit der gewerblichen Wirtschaft auf Bundesebene in Sicherheitsfragen* entwickelt, die auch die Grundlage der Kooperation zwischen der ASW und dem Bundesamt für Verfassungsschutz BfV bildet. Unterstützungsleistungen des BfV umfassen u.a. die Übermittlung sicherheitsrelevanter Informationen, die Bereitstellung von Analysen, Referenten und Hilfsmitteln für Fachtagungen und gemeinsame Sicherheitssymposien von ASW und BfV[98].
Inzwischen wurde mit dem **Ressortkreis Wirtschaftsschutz** ein übergeordnetes Gremium auf Bundesebene eingerichtet, mit dem ein unmittelbarer und stetiger Austausch über Fragen im Bereich des Wirtschaftsschutzes und eine Steuerung der Schutzmaßnahmen erfolgen kann[99].

Als weitere Institution wurde 2003 das **Sicherheitsforum**, ein Netzwerk der Sicherheitschefs großer Konzerne (Daimler, BMW, Porsche, VW, Bayer, Telekom, Post und Bahn) gegründet. Es ist kein Zufall, dass sich hier nur deutsche Firmen finden[100]. Es ist im internationalen Maßstab

---

[97] vgl. BDI 2006
[98] vgl. BfV 2008
[99] vgl. Bartl 2010
[100] FAZ 2010b, S.13. Es wurde beklagt, dass die Konzernsicherheiten ein Eigenleben entwickelt hatten. Andererseits jedoch wird der Druck auf die Firmen, die Compliance zu sichern und z.B. Korruption auch in kleinem Maßstab zu verhindern, ständig erhöht, d.h. nach mehr Kontrolle gerufen.

aber üblich, sich in wirklich relevanten Fragen nur auf die eigenen Landsleute zu verlassen, vom Ende der Nationalstaaten kann in machtbezogenen Bereichen überhaupt keine Rede sein[101]. Dabei wird aber nicht nur an den Patriotismus appelliert, das wäre naiv in einer Zeit, in der weniger ideologische Infiltration als *Sex*[102]*, Geld und Frust* (insbesondere von übergangenen Angestellten) die primären Motive für Geheimnisverrat darstellen, sondern man kann die eigenen Landsleute, notfalls auch wirksam sanktionieren.

Die Konzernsicherheiten befinden sich in einem strategischen Dilemma. Einerseits sollen sie ein sauberes Wirtschaften und die Einhaltung der Vorschriften (Compliance) sicherstellen helfen, andererseits aber auch Spionageaktivitäten im Vorfeld bekämpfen. Die Vorfeldbekämpfung erfordert es aber auch, ggf. auch anlassunabhängig tätig zu werden. Zudem muss aufgrund der vielfältigen Spionagemotive auch das Privatleben der Zielpersonen ins Auge genommen werden. Jedoch müssen die Maßnahmen effizient und angemessen ausfallen[103].

---

[101] Deshalb sollen (theoretisch zumindest) beim Neubau der BND-Zentrale in Berlin auch nur deutsche Arbeiter eingesetzt werden, vgl. Brambusch 2010

[102] vgl. auch Jess 2008, S.9. Politische Zuverlässigkeit schützt z.B. nicht davor, sich in die falsche Person zu verlieben. Ziel angreifender Dienste ist die Gewinnung von **Kompromaten**, d.h. belastbarem Erpressungsmaterial wie Bordellbesuchen, weshalb in der Sicherheitsdebatte die Brauchbarkeit herkömmlicher Überprüfungen zunehmend bezweifelt wird. Die Empfehlung läuft darauf hinaus, die Überprüfungen von Zeit zu Zeit zu wiederholen und einen ganzheitlichen Kontrollansatz zu fahren, der alle Lebensbereiche umfasst. Der Echelon-Bericht verweist noch auf Erpressung, Appell an Ideologien und Verleihung einer besonderen Bedeutung oder Ehre (Appell an Unzufriedenheit oder Minderwertigkeitsgefühle), vgl. Schmid 2001

[103] vgl. Leyendecker 2009 und Leyendecker/Ott 2009, S.20. Die Überwachung von Mitarbeitern kann eventuell aber auch ‚nur' der bloßen Kontrolle dienen, Methoden, die hier auf dem Vormarsch sind, sind u.a Ortungssysteme, z.B. im Dienstfahrzeug von Aussendienstlern, Gesprächsmitschnitte und heimliches Telefonmithören, vgl. Gaffron/Preu 2008

Sicherheitsfirmen der Wirtschaft sind insbesondere *KDM, ControlRisks, Prevent, DESA* und *Toribos*, z.B. *Control Risks* bietet an: Sicherheitssystemüberprüfungen, Eindringtests (physisch, IT), Suche undichter Stellen, bauliche Verbesserungen, Bewerbercheck, Risikobewertung im Ausland etc..[104]

2.1.5 Cyberwar

2.1.5.1 Grundlagen

Die Diskussion um die Computer- und Internetsicherheit haben in den letzten Monaten an Intensität zugenommen und der Cyberspace wird wegen der zunehmenden Bedeutung des Internets und der Informationstechnologie inzwischen als fünfte militärische Dimension neben Boden, See, Luftraum und Weltall betrachtet. Das folgende Kapitel unternimmt eine aktuelle Bestandsaufnahme und geht auf die theoretischen und praktischen Probleme des Cyberwar (Cyberkrieges) ein. Es wird zudem ein aktueller Überblick über Cyberwar-Aktivitäten seit 1998 gegeben und die Sicherheitsarchitektur im Cyberspace vorgestellt. Abschließend werden exemplarisch die Cyberwar-Strategien der USA und Chinas besprochen.

Die wachsende Abhängigkeit von Computern und die zunehmende Bedeutung des Internets durch die wachsende Zahl an Nutzern und verfügbaren Informationen sind allgemein bekannt. Hinzu kommt jedoch, dass die immer intensivere Nutzung netzabhängiger Technologien die Anfälligkeit von Staaten für Angriffe in den letzten Jahren gesteigert hat. Technologien, die die Angriffsfläche für Angriffe erheblich vergrößern, sind:

- Das Next oder **New Generation Network NGN**, bei dem Fernsehen, Internet und Telefon über das Internetprotokoll und Telefonieren via Internet (Voice over IP VoIP) über das

[104] vgl. Brambusch/Lambrecht 2008

Internetprotokoll (**Triple-Play**) mit paketweiser Verschickung von Daten arbeiten[105] [106]

- Das **Internet of Things IoT**, bei dem Gegenstände Internetadressen erhalten, was in Zukunft ihrer Nachverfolgung, Lokalisation und der Übermittlung von Zustandsmeldungen dienen kann bzw. soll. Im IoT kommunizieren Maschinen und mit **Radiofrequency Identification (RFID)**-Chips versehene Gegenstände mit Computern und auch miteinander[107]. Eine erhebliche geplante Erweiterung ist auch die Vernetzung von Kraftfahrzeugen zur car-to-car-communication[108].
- Die Fernwartung und –steuerung von Industriemaschinen über speicherprogrammierbare Steuerungen, auch als Industrial Control Systems ICS bzw. **Supervisory Control and Data Acquisition SCADA** bezeichnet. SCADA-Systeme ermöglichen die Kommunikation mit Maschinen über das Internet.
- Die Vernetzung von Waffen und Geräten in der **vernetzten Kriegführung** schafft bis dahin unbekannte Probleme, z.B. die Absicherung und Stabilisierung fliegender Computernetzwerke in der Luftwaffe[109]
- Weitere geplante Erweiterungen des Netzes sind intelligente Haushaltsgeräte und Stromzähler (**smart grid**) und die Nutzung externer Rechenzentren über das Internet anstelle der Vorhaltung eigener Kapazitäten (**cloud computing**[110]). Zudem werden

---

[105] ENISA 2007

[106] VoIP wird dieselben Probleme haben wie das Internet, nämlich Werbemüll, hier als **Spit** bezeichnet und **Phishing over VOIP = Vishing** (ENISA 2007, Hottelet, U. 2006)

[107] Die EU schätzte 2009, dass von den ca. 50-70 Milliarden für die machine-to-machine (M2M)-communication geeigneten Maschinen erst 1% vernetzt sind vgl. EU 2009a, S.2

[108] vgl. Quirin 2010, S.2f.

[109] vgl. Grant 2010

[110] vgl. Postinett 2008, S.12, Knop 2010, S.14. Risiken der Cloud bestehen u.a. darin, dass sich die Daten nicht nur auf fremden Rechnern befinden, sondern auch in fremden Rechtsräumen, wo sie zumindest dem Grundsatz nach auch politischen Einflüssen ausgesetzt sind, vgl. FAZ 2010f, S.17 Der Cloud computing-Anbieter selbst stellt eine für die

Smartphones mit Anwenderprogrammen (**Apps**) ein *computerloses Internet* ermöglichen, bei der Kommunikation und Datenaustausch nur noch über Handys erfolgen.

Aus all dem resultiert eine deutlich gestiegene Verwundbarkeit und informationstechnische Abhängigkeit kritischer Infrastrukturen (KRITIS)[111]. Auf der anderen Seite ist die Durchführung eines Angriffs erheblich vereinfacht[112].

- Dank des Netzes können die Angriffe nun auch aus großer Entfernung erfolgen. Sie erfordern ein gewisses technisches Know-How, aber wesentlich weniger materiellen und logistischen Aufwand als konventionelle Angriffe
- Dadurch sind auch asymmetrische Angriffe von kleinen Gruppen auf große Ziele wesentlich leichter möglich
- Sowohl die Erkennung eines Angriffes als auch die Identifizierung der Angreifer ist bei guter Vorbereitung des Angriffs wesentlich schwieriger als bisher (sog.

---

auslagernde Firma schwer kontrollierbare zusätzliche Eintrittspforte für Angriffe dar, vgl. Menn 2010, S.H12-H13.

[111] Quelle BSI: „Kritische Infrastrukturen sind Organisationen oder Einrichtungen mit wichtiger Bedeutung für das staatliche Gemeinwesen, bei deren Ausfall oder Beeinträchtigung nachhaltig wirkende Versorgungsengpässe, erhebliche Störungen der öffentlichen Sicherheit oder andere dramatische Folgen eintreten würden. In Deutschland zählen folgende Sektoren zu den Kritischen Infrastrukturen: Transport und Verkehr (Luftfahrt, Bahn, Straße, Wasserwege), Energie (Elektrizität, Atomkraftwerke, Mineralöl, Gas), Gefahrenstoffe (Chemie- und Biostoffe, Rüstungsgüter), IT und Telekommunikation, Finanz-, Geld- und Versicherungswesen, Versorgung (Notfall- und Rettungswesen, Wasserversorgung, Entsorgung), Behörden, Verwaltung und Justiz (einschließlich Polizei, Zoll und Bundeswehr), Sonstiges (Medien, Großforschungseinrichtungen, Kulturgut) In den genannten Infrastrukturen sind aufgrund der Abhängigkeit von der Informationstechnik u. a. folgende Systeme als besonders kritisch einzustufen: Leitstellen, Prozessleittechnik, Management- sowie Kommunikationssysteme.

[112] vgl. Megill 2005

Attributionsproblem), so dass auch die Abschreckung durch Bestrafung oder Gegenwehr erschwert wird.

- Die Autoren sind sich nicht einig, wann der erste Cyberwar stattgefunden hat, aber die ersten Aktivitäten, die man in diesem Kontext diskutierte, begannen schon im Jahr 1998 mit der Operation **Moonlight Maze**.

2.1.5.2 Definitionen

Der Begriff **Cyberwar** (auch cyber warfare) ist aus den Begriffen War und Cyberspace zusammengesetzt und bezeichnet die kriegerische Auseinandersetzung mit den Mitteln der Informationstechnologie. In der Praxis meint dies den Angriff auf Computer und die in ihnen enthaltene Information, die Computernetzwerke und die von den Computern abhängigen Systeme[113].
Da Krieg im klassischen Sinne die Auseinandersetzung zwischen 2 Staaten ist, wird zuweilen bezweifelt, ob es überhaupt schon Cyberwars gegeben hat und ob Cyberwar als eigenständige Konfliktform überhaupt denkbar ist[114].
Jedoch gehen die meisten Autoren davon aus, dass groß angelegte und komplexe Cyberangriffe wegen der benötigten Ressourcen und der möglichen Folgen nicht ohne Rückendeckung staatlicher Organisationen stattfinden, so dass eine Reihe von Vorfällen, bei denen sich der Urheber nicht klären ließ, in der Literatur dem Cyberwar zugeordnet werden.

Allgemein werden Angriffe auf Computer, Informationen, Netzwerke und computerabhängige Systeme auch als **Cyberattacken** bezeichnet.
Cyberattacken können auch privater, kommerzieller oder krimineller Natur sein, wobei bei allen Angriffen dieselben technischen Methoden zum Einsatz kommen, was die Identifikation des Urhebers und des Angriffsmotivs mitunter schwierig bis unmöglich macht. Hat die Attacke einen terroristischen Hintergrund, spricht man vom **Cyberterrorismus**, zielt der Angriff auf die Gewinnung von

[113] vgl. Wilson 2008, S.3ff.
[114] vgl. auch CSS 2010

Informationen ab, spricht man von **Cyberspionage**. Natürlich sind auch Cyberterrorismus und Cyberspionage illegal, zumeist wird der Begriff der Cyberkriminalität aber nur für konventionelle Straftaten wie den Diebstahl von Geld über den Zugriff auf fremde Onlinebankingdaten verwendet[115].
Im Unterschied zum Cyberwar erfolgt die Cyberspionage in der Regel *passiv*, d.h. es findet keine Sabotage oder Zerstörung des angegriffenen Systems statt, da dies ja auch den Informationsfluss an den Angreifer unterbrechen und den Angriff aufdecken würde. Großangelegte Spionageangriffe können jedoch auch zu Computer- und Netzwerkstörungen führen und werden dann mitunter in der Literatur ebenfalls dem Cyberwar zugerechnet.

Fazit: Die Begriffe sind fließend und die Einordnung eines Vorfalls kann insbesondere dann, wenn der Urheber unbekannt ist, schwierig sein. Schuldzuweisungen an Staaten sollten daher ohne konkrete Indizien unterbleiben.

2.1.5.3 Die Cyberwar-Konzeption der USA

Die Vernetzung von Computern in einer besonders geschützten Internetumgebung bildet zusammen mit der Verbesserung von Verschlüsselungen zum Schutz der Kommunikation, generellen Verbesserungen der Mustererkennung und dem Global Positioning System (GPS) die technische Grundlage für eine Vielzahl technischer und strategischer Neuerungen, die in den USA unter dem Begriff **Revolution in Military Affairs (RMA)** zusammengefasst werden[116].

Dazu gehört neben bereits etablierten Anwendungen

- wie dem Radarflugzeugsystem **Airborne Early Warning and Control System (AWACS)**, das der großräumigen Radarüberwachung aus der Luft dient,

---

[115] vgl. auch Mehan 2008, CSS 2010
[116] vgl. Neuneck/Alwardt 2008

- der Einsatz der vernetzten Kriegführung (**Network based warfare NBW**), bei der die **C4ISR** (Command, Control, Computers, Communications, Information for intelligence, surveillance, and reconnaissance) im Zentrum steht, d.h. die Vernetzung aller Führungs-, Informations- und Überwachungssysteme zur Gewinnung eines genauen Lagebildes und zur Verbesserung der Entscheidungsfindung und Führungsfähigkeit
- der Einsatz von **Lenkwaffen** wie smart bombs (intelligente Bomben)
- der Einsatz unbemannter Systeme wie der **Drohnen** (Unmanned Aerial Vehicles UAV[117]) oder auch Bombenentschärfer (PackBots[118])
- und die **integrierte Kriegführung**.

Die **Drohnen** dienen nicht mehr nur der Aufklärung, sondern können auch zur Terroristenbekämpfung eingesetzt werden, wie schon in Afghanistan und Pakistan erfolgreich geschehen[119]. Insgesamt sollen bei den Einsätzen, die unter der Obama-Administration deutlich zugenommen haben und die inzwischen auch bei CIA-Einsätzen verwendet werden, mehr als tausend Menschen getötet worden sein[120]. Der operative Erfolg der Drohnen hat die Nachfrage so steigen lassen, dass die Produktion inzwischen den Bedarf nicht mehr decken kann[121].

---

[117] vgl. Tillmann 2010b. Die Bundeswehr hat bei der Entwicklung von Kampfrobotern bisher noch keinen entscheidenden Durchbruch erzielt, wie die Leistungsschau **Elrob** in Hammelburg zeigte. Bisher setzt die Bundeswehr die Heron-Drohne ein, die geplante Entwicklung der EADS-Drohne **Talarion** steht aus Kostengründen auf der Kippe, vgl Handelsblatt 2010a, S.11

[118] vgl. Hürther 2010, S.33-34

[119] Rüb 2010, S.5

[120] vgl. Bacia 2010, S.3, Brinkbäumer/Goetz 2010, S.108-112. Die wachsende Zahl der Drohnen auch für polizeiliche Zwecke wie in Großbritannien hat bereits die Frage nach der Kontroll- und Luftraumsicherheit aufgeworfen, vgl. Stirn 2010, S.18

[121] vgl. FAZ 2010x, S.6

Zunehmend geht der Trend zur Miniaturisierung, wie z.B. beim Modell Rabe, das nur noch Spielzeuggröße hat[122].

Bei der **integrierten Kriegführung** werden zivile Ziele und Organisationen in die Planung und Durchführung des Krieges mit eingebunden und die Informationsführung während des Krieges systematisch geplant und ausgeführt. Die gezielte Einbettung der Medien in den politisch-militärischen Kontext soll den Informationsfluss und die -politik in einer für den Einsatz günstigen Weise lenken. Dieser ganzheitliche Ansatz wird auch als **Effects based operations EBO** bezeichnet und zielt auf die Erringung der **Informationsüberlegenheit** ab, die in Krieg und Frieden auf alle Akteure, also auch auf die Freunde eine Einflussnahme ermöglichen soll.

Mittlerweile hat das US-Verteidigungsministerium die Inhalte und Ziele der **informationellen Kriegsführung (Information Operations IO)** genauer klassifiziert[123]. Ziel der IO ist die Erlangung und Optimierung von 5 Kernfähigkeiten (core capabilites), nämlich

- der erfolgreichen psychologischen Kriegsführung (psychological operations PSYOP) zur Erringung der Informationsüberlegenheit
- der Irreführung des Gegners (military deception MILDEC), z.B. der gegnerischen Luftabwehr wie während des Irakkrieges
- der Sicherung der eigenen Operationen (**Operation Security OPSEC**), z.B. durch Verhindern des versehentlichen Ins-Netz-Stellens militärisch verwertbarer Informationen
- dem Cyberwar im engeren Sinne als **computer network operations (CNO)**, der sich in drei Gruppen gliedern lässt: Angriffe auf Computer, Informationen, Netzwerke und **computerabhängige Systeme (computer network attacks CNA)** bezeichnet[124], die Entwendung von Informationen als **computer network exploitation (CNE)** und die

---

[122] vgl. Singer 2010
[123] vgl. Wilson 2007
[124] vgl. Wilson 2008

Schutzmassnahmen gegen beides als **computer network defence (CND)**[125]

- die klassische elektronische Kampfführung (**electronic warfare EW**) mit Hilfe der Schädigung des Gegners durch Störsignale und ähnliche Maßnahmen.

In der Bundeswehr wird das Internet ebenfalls für die vernetzte Kriegführung genutzt, hier offiziell als **Netzwerk-basierte Operationsführung NetOpFue** bezeichnet[126]. Strategische Ziele sind leistungsfähige und interoperable Führungssysteme und –mittel und die verbesserte Fähigkeit zur weltweiten Aufklärung. Ein wichtiges Problem der Vernetzung ist die **Schnittstellenproblematik**, zum einen zwischen den Systemen untereinander, zum anderen zwischen den Teilstreitkräften, die zumindest teilweise eigene Lösungen entwickelt haben, die sich dann als schwer anschließbare Insellösungen erweisen können.

Auch das Internet of Things lässt sich militärisch nutzen. Die Bundeswehr hat sich aus diesem Grunde schon frühzeitig große Mengen an Internetadressen (IP-Adressen) gesichert, die durch den Übergang auf die neue leistungsfähigere Version 6 des IP-Protokolls **IPv6** verfügbar wurden. Diese IP-Adressen können dann für die Lokalisation, ggf. auch Steuerung und Wartung von Waffen nutzen lassen[127].

2.1.5.4 Methoden

Im Grundsatz werden vor allem drei Angriffsarten erörtert, nämlich die physische Zerstörung von Computern und ihren Verbindungen, die Zerstörung der Elektronik mit Hilfe eines elektromagnetischen Pulses

---

[125] vgl. CSS 2010

[126] vgl. hier und im folgenden auch Lange 2005

[127] vgl. Daum 2010. Selbst das IPhone kennt schon militärische Anwendungen, insbesondere die Applikation Bulletflight. Dieses Scharfschützen-App berechnet aus der GPS-Position des Handys und dem Wetter eine Empfehlung, wie das Gewehr für Schüsse bis aus zu 3.000 Metern Entfernung zu halten ist.

und der Angriff auf und die Manipulation von Computern und Netzwerken mit Hilfe von Schadprogrammen (Malware).[128]

Physische Zerstörung von Computern und ihren Verbindungen

Die geschieht durch Zerstören, Sabotage, Ausschalten von Hardware sowie Kabel-, Antennen- und Satellitenverbindungen. Die Vorstellung, dass z.B. durch einen Atomschlag die Kommandostrukturen der USA zerstört werden könnten, war der Auslöser zur Bildung des dezentralen Computernetzwerks ARPANET, das die Keimzelle des späteren Internets bildete. Da solche Zerstörungen aber auch unbeabsichtigt durch Brände oder Überschwemmungen entstehen können, ist es heute üblich, Grossrechneranlagen besonders zu sichern und ggf. ein Reservesystem (Back-Up) vorzuhalten.

Elektromagnetischer Puls EMP

Moderne Elektronik, also nicht nur Computer kann durch starke elektromagnetische Wellen, die auch als **elektromagnetischer Puls EMP** bezeichnet werden, zerstört werden. Ein solcher Puls tritt z.B. als Begleiteffekt einer Atombombenexplosion auf. Die Abschirmung (Härtung) der Elektronik gegen den EMP ist möglich, aber sehr teuer, so dass sie in der Praxis nur auf Teilsysteme beschränkt sein kann.

Der Angriff auf und die Manipulation von Computern und Netzwerken

Computer und Netzwerke können auf verschiedene Weise angegriffen werden, wobei dies technisch durch heimliche Platzierung von Programmen (Computerbefehlen) auf dem angegriffenen Computer oder durch Störung der Kommunikation zwischen den Computern geschieht. Angriffe im Cyberwar werden in aller Regel auf diese Weise durchgeführt.

---

[128] vgl. Wilson 2008, S.11

2.1.5.5 Der Angriff auf Computer

Das Muster der Angriffe ist im Grundsatz ähnlich. Zunächst geht es darum, Zugang zu den Computern und dem Netzwerk zu erlangen.
Danach wird dieser Zugang ausgenutzt, um Schadprogramme auf dem/den Computern zu installieren. Mit Hilfe dieser Programme können dem Computer Informationen entnommen und/oder die Informationen und/oder der Computer in irgendeiner Form manipuliert werden. Dadurch können wiederum weitere unerwünschte Aktionen eingeleitet werden, wobei hier die für den Cyberwar praktisch bedeutsamen Aktionen vorgestellt werden[129].

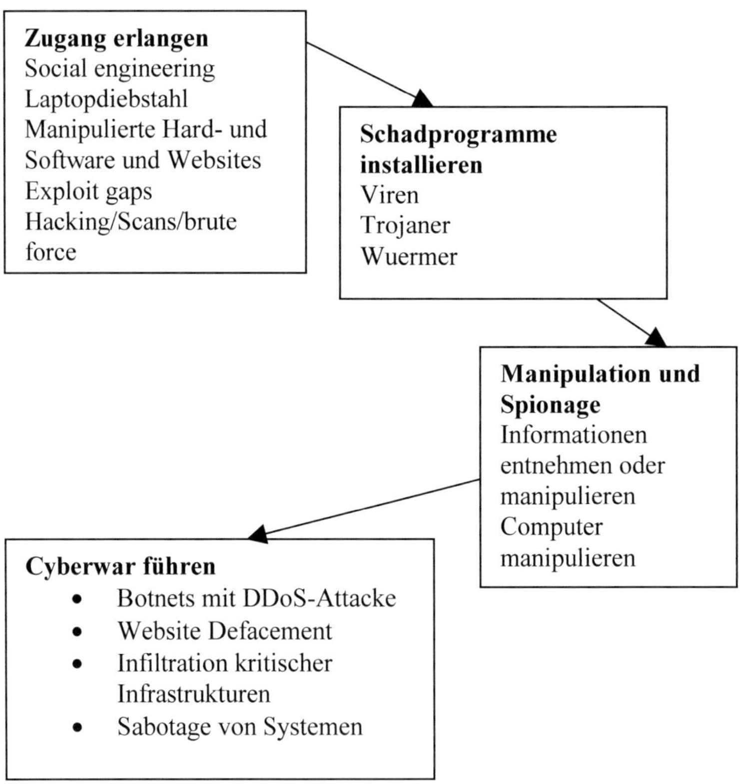

[129] vgl. Northrop Grumman TASC 2004

Zugang erlangen

Der Zugang kann auf verschiedenste Weise erlangt werden, insbesondere durch

- Ausnutzung von Sicherheitslücken in Computerprogrammen und Betriebssystemen wie z.B. Windows oder Adobe, man spricht auch vom **Exploit-Problem** (exploit = ausbeuten, ausnutzen), wobei die Überprüfung von Computern auf Schwachstellen auch automatisiert über Portscans[130] erfolgen kann
- durch Ausprobieren (**Hacken**) von Passwörtern, wobei dies inzwischen auch automatisiert unter Einsatz großer Rechnerkapazitäten (**brute force**) erfolgt
- durch Irreführung von Computernutzern durch **social engineering**, bei denen man den Nutzern unter einem Vorwand Zugangsdaten wie das Passwort entlockt
- Immer häufiger versucht man, das Opfer durch manipulierte e-Mails mit präparierten Anhängen oder Internetseiten hereinzulegen. Beim **Phishing** lockt man Verbraucher per E-Mail auf eine Website und überredet sie, die PIN etc. einzugeben, beim komplizierter durchzuführenden **Spoofing** wird der Computer der Nutzer trotz richtiger Adresseingabe auf die falsche Website geleitet. Beim **Cross-site-scripting** wird der Nutzer unbemerkt auf eine andere Seite weitergeführt, beim **drive-by download** werden unbemerkt Schadprogramme von einer scheinbar seriösen Website auf den Rechner geladen
- Die Platzierung von Schadprogrammen kann aber auch durch das Einlegen **infizierter Datenträger** (früher Disketten, heute insbesondere infizierte USB-Sticks) geschehen
- Es gibt immer wieder Debatten wegen schon vorher eingebauter Hintertüren (‘**backdoors**’), durch die sich Geheimdienste an allen Sicherungen vorbei Zugriff zum Rechner verschaffen können. Microsoft bestätigte 2007 offiziell eine Zusammenarbeit mit dem amerikanischen Geheimdienst National Security Agency

[130] Ein Portscanner überprüft werden kann, welche Dienste ein System über das Internetprotokoll anbietet, und welches Antwortverhalten es zeigt.

NSA bei Windows Vista, verneint aber die Existenz von Hintertüren. Microsoft hat das Government Security Program GSP ins Leben gerufen, bei denen Regierungen zumindest in 90% des Quellcodes (des Programmcodes) Einsicht nehmen dürfen, wovon bereits viele Staaten Gebrauch gemacht haben. Jedoch fürchten die USA selber Hintertüren, z.B. als versteckte Funktionen in Chips, weshalb keine asiatischen Chips mehr in sicherheitsrelevanter US-Technologie verwendet werden sollen. Aus demselben Grunde will das US State Department auch keine chinesischen Computer mehr verwenden[131].

Schadprogramme installieren

Während es bei der Computerspionage, die private, kommerzielle, kriminelle, politische oder militärische Grunde haben kann, um Versuche geht, in Computer einzudringen, um Passwörter, persönliche Identifikationsnummern (PINs), kurz 'Geheimzahlen', oder sonstige Informationen einzusehen, geht es beim Cyberwar in der Regel um aktive Manipulation von Computern, d.h. man versucht den Computer zu Handlungen zu bewegen, die nicht im Sinne des eigentlichen Besitzers sind. Hierzu dienen Schadprogramme, die auf einem oder mehreren unzureichend geschützten Computern installiert werden.

Schadprogramme (**malware**) werden allgemein in Viren (Programme, die sich im Computer festsetzen), Trojaner (Programme, die Vorgänge auf dem Computer nach draußen melden) und Würmer (Programme, die sich selbsttätig im Netz verbreiten können) unterteilt. In der Regel bestehen die Schadprogramme aus einem Teil, der die Installation im Computer bewerkstelligt und weiteren Teilen, die dann die vom Angreifer gewünschten Aktionen durchführen.

---

[131] Die USA und Indien haben 2010 den großen chinesischen Netzausrüster Huawei und dessen Wettbewerber ZTE beschuldigt, Spionagesoftware in ihren Produkten installiert zu haben, Huawei konnte jedoch zumindest die indische Regierung durch Offenlegung des Quellcodes und Zusicherung von Inspektionen von der Sicherheit seiner Produkte überzeugen, vgl. Mayer-Kuckuck/Hauschild 2010b, S.28

Beispiele für solche Schadprogramme sind Tastendruckmeldeprogramme (**keylogger**), die jeden Tastendruck weitermelden und so eine komplette Übersicht über die Aktivitäten am Computer geben, wobei natürlich nach und nach sämtliche Passwörter anfallen[132] und **Rootkits** (Programme, die dem Angreifer das heimliche Einloggen und Steuern des Computers ermöglichen).

Cyberwar führen

Eine zentrale Rolle im Cyberwar spielen sogenannte **Distributed Denial of Service (DDoS)**-Angriffe.

Beim Denial of Service (DoS) verweigern (denial) Computer(systeme) durch gezielte Überlastung, z.B. mit sinnlosen Anfragen von außen, ihren Dienst (service). Bei Distributed Denial of Service-Angriff wird ein Computer(system) von mehreren Rechnern koordiniert angegriffen, was selbst leistungsfähige oder gut gesicherte Computersysteme funktionsunfähig machen kann.

Das Werkzeug, um mit einer DDoS-Attacke anzugreifen, ist das **Botnetz**. Man kann Computer mit Hilfe eingeschleuster Programme[133] aber auch als Arbeitscomputer (‘**Bot**’ abgeleitet von Robot) verwenden, wobei diese Programme im Hintergrund laufen können. Die koordinierte Nutzung der Rechenleistung derart manipulierter Computer wird dann als Botnetz bezeichnet. Botnetze werden genutzt, um die Rechenleistung zahlreicher, mitunter tausender Computer gegen ein anderes System zu richten und spielen im Cyberwar eine große praktische Rolle. Illegale Botnetze können inzwischen auch ‘gemietet ‘ werden[134].

---

[132] vgl. Stark 2009, Schmitt 2009, S.83

[133] Manchmal gebiert Gutes auch Böses. Das erste große Botnetz bestand aus Freiwilligen, die sich ein Programm auf den Rechner luden, um dem **SETI** (Search for Extraterrestrial Intelligence)-**Projekt** bei der Suche nach ausserirdischem Leben zu helfen. Die Rechner werteten nebenher Signale aus dem All aus. Das brachte andere dann auf dunkle Ideen.

[134] vgl. FAZ 225/2009, 5 Dollar kosten Rechner im Tausenderpack in Fernost, um dann für hundert Dollar weiterverkauft zu werden. Das Botnet Conficker hatte angeblich 5 Millionen Computer in 122 Ländern

Die Dominanz der Botnetze hat mit folgendem zu tun:

1. befinden sich die Botnetze nicht unbedingt im selben Land wie der Computer, der sie steuert. Das erschwert die Lokalisation des Angreifers und macht in der Praxis einen direkten Gegenschlag praktisch unmöglich[135].
2. liefern Botnetze die großen Rechenkapazitäten, die man für einen Angriff benötigt
3. können Botnetze gezielt gegen ein anderes System gerichtet werden. Viren und Würmer können sich unkontrolliert verbreiten und mitunter auch die eigenen Systeme in Mitleidenschaft ziehen
4. die Botnetze können sich theoretisch in *jedem* Computer befinden, so dass es nicht möglich ist, sich von vornherein gegen bestimmte Computer zu wappnen.

Kurzum: In Übereinstimmung mit den Forderungen von Clausewitz an ein ideales Manöver können mit Hilfe der Botnetze massive, überraschende, effiziente, leicht und zentral koordinierbare Angriffe geführt werden[136].

Weitere tatsächlich praktizierte Methoden sind

- das **Website Defacement**, bei dem man das Aussehen (face) einer Internetseite zu propagandistischen Zwecken verändern
- die Infiltration und Manipulation **kritischer Infrastrukturen** wie Radarsysteme, Stromnetze und Steuerungen von Kraftwerken

---

unter Kontrolle, vgl. Wegner 2009. Mit geeigneten Programmen lassen sich Computer auch zur Beobachtung umfunktionieren, z.B. durch Anschalten von Mikrofonen oder Kameras. So können bei Computern die Kamerafunktionen von Webcams heimlich aktiviert werden, so dass der Angreifer sieht, was der Computer ‚sieht'

[135] Um den wachsenden staatlichen Kontrollfähigkeiten auszuweichen, wurde inzwischen das Konzept der DRDoS (Distributed-Reflected-Denial-of-Service)-Attacken entwickelt, bei denen der Angreifer wie bei einer Art Billiard unter der Internetadresse des Opfers Anfragen an Internetdienste schickt, die dann dem ahnungslosen Opfer haufenweise Antworten schicken. Wegen der falschen Internetadresse ist der wahre Ursprung des Angriffs für den Angegriffenen kaum noch ermittelbar

[136] WhiteWolfSecurity 2007

- und die **Sabotage** von Computersystemen, wobei dies oft als Begleiterscheinungen massiver Computerspionage und nachfolgenden Systemstörungen auftritt.

Wichtig ist jedoch, dass durch technische Entwicklungen bisherige Strategien quasi über Nacht wertlos werden können, so die Vergangenheit des Cyberwars nur begrenzte Prognosekraft für zukünftige Angriffe hat[137]. Gleichwohl ist zumindest vorläufig davon auszugehen, dass der Einsatz von Botnetzen vorerst ein Kernelement massiver Angriffe bleiben wird.

2.1.5.6 Cyberwar in der Praxis

In der Literatur werden *Cyberattacken mit Sabotagewirkung, bei denen man wegen ihrer Komplexität zumindest von der Unterstützung oder Duldung durch staatliche Stellen ausgehen* muss, als Cyberwar geführt. Die Besonderheit beim cyberwar ist, dass anders als bei einem herkömmlichen Konflikt die Informationen in aller Regel *nur von einer Seite* stammen, meistens dem Opfer, in Ausnahmefällen jedoch auch nur vom Angreifer. Dies erschwert die Beweisführung und insofern auch die Überprüfung des tatsächlichen Geschehens.

Vorgeschichte: Pipeline-Explosion in der Sowjetunion

Russland versuchte, an US-Hochtechnologiesysteme zur Steuerung der eigenen Pipelines zu gelangen, die ihnen die USA wegen des kalten Krieges nicht überlassen wollten. Die USA ließen die Entwendung dennoch zu, bauten aber in die Software ein Schadprogramm ein, der dazu führte, dass der Druck in der Pipeline über den zulässigen Höchstwert gebracht wurde. Es folgte eine Explosion von ca. 3 Kilotonnen Stärke, immerhin einem Fünftel der Hiroshima-Bombe[138]. Russland widersprach dieser Darstellung der Ereignisse.

---

[137] vgl Gaycken 2009

[138] vgl. Falliere 2010, Herwig 2010

Moonlight Maze 1998-2000

Im Zuge der ca. 2 Jahre andauernden Aktion **Moonlight Maze** wurden Computer des Pentagon, der NASA, des Energieministeriums und anderen Akteuren systematisch auf Schwachstellen abgeprüft und zehntausende von Dateien gestohlen, das Verteidigungsministerium vermutete Russland hinter dem Angriff, das jedoch dementierte[139].

Jugoslawienkrieg 1999

Als erste dem Cyberwar nahe kommende Maßnahme zählen manche Autoren die Sabotage jugoslawischer Telefonnetze im Jahre 1999 durch die NATO im Zuge des Kosovo-Krieges[140].

Der Hainan- oder EP3-Zwischenfall von 2001

Im zeitlichen Zusammenhang mit dem Zusammenstoss einer US-Aufklärungsflugzeugs vom Typ EP-3 mit einem chinesischen Jet, dem sogenannten Hainan-Zwischenfall, wurden mutmaßlich von patriotischen chinesischen Hackern die Würmer Code Red und Code Red II auf amerikanische Computer losgelassen, die dann ca. 600.000 Computer infizierten und 2 Mrd. Dollar Schaden anrichteten. Es kam zu Computerabstürzen und Website defacements, bei denen u.a. der Slogan „hacked by Chinese" platziert wurde[141].

Grossangriffe auf westliche Regierungs- und Industrie-Computer

Neben militärischen Netzwerken sind aber auch zivile Netzwerke von Behörden und Rüstungsfirmen interessant; auf dem Sektor konstatieren US-Beobachter bereits eine Art **kalten Cyberkrieg** mit China[142], so soll China im Jahre 2007 mindestens 10-20 Terabytes an Daten aus entsprechenden US-Netzwerken abgezogen haben, zudem wurden im selben Jahr 117000 Internet-Angriffe auf die Server des Heimat-

---

[139] vgl. Vistica 1999
[140] vgl. Hegmann 2010
[141] vgl. Fritz 2008
[142] vgl. Hegmann 2010, S.5. ‚Kalt' deshalb, weil es ‚nur' um Spionage geht, aber nicht um Sabotage. Dieser Begriff zeigt jedoch auch die Probleme, genau zu sagen, was Cyberwar ist, vgl. auch Herwig 2010, S.61

schutzministeriums Homeland Security gemeldet. Diese Aktivitäten folgten einer mehrjährigen systematischen Angriffswelle, die von den USA **Titan Rain** getauft wurde[143]. Auch die Bundesregierung beklagte in der Zeit den Angriff auf ihre Computersysteme.

Das aus Titan Rain abgeleitete Angriffsmuster sah wie folgt aus: Teams von ca. 6-30 Hackern dringen in Computer ein, kopieren ihren gesamten Inhalt in ca. 30 Minuten, senden die Daten zu einem Botnetz in Südostasien und von dort weiter in die chinesische Provinz Guangdong, wobei sich letzteres aber nicht sicher nachweisen ließ[144].

Es gibt auch zahlreiche Medienberichte zu russischen und chinesischen Eindringversuchen in das Pentagon und das Weiße Haus in den Jahren 2007-2008. ArcSight berichtet von 360 Millionen Eindringversuchen in das Pentagon-Computersystem im Jahre 2008[145]. Nach einem erfolgreichen Eindringen in das Email-System des Verteidigungsministers mussten 1.500 Pentagon-Systeme abgeschaltet werden. Ein erfolgreicher Eindringversuch in das Pentagon erfolgte über einen infizierten USB-Stick, den ein Soldat im Nahen Osten unwissentlich in einen Pentagoncomputer steckte[146].

Weitere Angriffe waren **GhostNet** und die **Operation Aurora** aus dem Jahr 2009.

Bei **GhostNet** wurden laut BBC News durch ein Virus offenbar gezielt Computer von Botschaften attackiert, u.a. von Indien, Südkorea, Indonesien, Thailand, Taiwan, Deutschland und Pakistan sowie in den Außenministerien u.a. des Iran, Bangladesch, Indonesien, Brunei und Bhutan. China wurde verdächtigt, weil auch der Computer des Dalai Lama infiziert wurde, aber der sichere Beweis ließ sich wieder nicht führen. Das Virus konnte in den befallenen Computern die eingebaute Kamera und die Tonaufzeichnungsfunktionen zur Raumüberwachung in Gang setzen.

Bei der **Operation Aurora** versuchten mutmaßlich chinesische Angreifer, Zugang zu den Computerprogrammen, genauer gesagt den

---

[143] Fischermann/Hamann 2010

[144] Fritz 2008, S.55 und auch Stokes 2005

[145] AcrSight 2008, S.2

[146] vgl. Glenny 2010, S.23

Quellcodes, von Firmen aus der IT-Branche (allen voran Google, aber auch Adobe) sowie von Hochtechnologiefirmen der Sicherheits-, Computersicherheits- und der Verteidigungsbranche zu erlangen[147].

Der Angriff auf Estland im Jahre 2007

Es kam zu einem computertechnischen Großangriff auf Estland 2007, nachdem Estland ein russisches Kriegerdenkmal abgebaut hatte, das für die Russen die Opfer bei der Befreiung Estlands von Hitler darstellte, den Esten jedoch als Besatzungssymbol erschien[148]. Estlands Netz wurde daraufhin von Russland aus mit gewaltigen Datenmengen bombardiert, wobei dies nicht vom russischen Staat ausging, sondern 'nur' von nationalistisch gesinnten Kreisen[149][150]. Die Zahl der Anfragen auf bestimmte Computer stieg von 1.000 pro Tag auf 2.000 pro Sekunde an und die gesamte Attacke dauerte insgesamt Wochen[151].

Die NATO war sichtlich beeindruckt und widmet seither dem Schutz der Mitgliedsstaaten vor IT-Angriffen vermehrte Aufmerksamkeit. Im Mai 2008 wurde das der NATO im Bereich Cyberwar zuarbeitende Cooperative Cyber Defence Centre of Excellence (CCD CoE, estnisch: K5 oder **K**über**k**aitse **K**ompetentsi**k**es**k**us) in Tallinn, Estland, ins Leben gerufen, das von Estland, Litauen, Lettland, Italien, Spanien, der Slowakei und Deutschland unterstützt wird und 30 Mitarbeiter umfasst. Während das CCD CoE primär der Erforschung dient, ist die in Mons bei Brüssel angesiedelte Nato Computer Incident Response Capability für operativ-praktische Fragen zuständig[152]. Im November 2010 wurde auf dem Gipfel in Lissabon eine neue NATO-Strategie beschlossen mit dem Ziel, die Aktivitäten im Cyberwarbereich zu intensivieren und zu

---

[147] vgl. Markoff/Barbosa, 18.02.2010

[148] vgl. Busse 2007

[149] Später bekannte sich die russische patriotische Jugendorganisation **Naschi** (die Unsrigen) zu dem Angriff, vgl. Frankfurter Allgemeine Zeitung 11.03.09

[150] vgl. Koenen/Hottelet 2007, S.2

[151] vg. Wilson 2008, S.7ff.

[152] vgl. Schuller 2010, S.6

koordinieren *(„bringing all NATO bodies under centralized cyber protection“)*[153].

Der Angriff auf Syrien 2007

Bei dem Angriff auf eine mutmaßliche Atomanlage in Ostsyrien am 06.09.2007 mussten israelische Flugzeuge den gesamten syrischen Luftraum durchfliegen. Um dies zu ermöglichen, hatten die Israelis den Computern der syrischen Luftabwehr einen leeren Himmel vorgegaukelt, so dass die Flugzeuge unbehelligt einfliegen und angreifen konnten. Dies ist ein klassisches Beispiel für die Idee des Cyberwars als operativer Ergänzung zu konventionellen Maßnahmen[154].

Der Angriff auf Georgien 2008

Schon im Vorfeld des Krieges zwischen Russland und Georgien begannen mutmaßlich aus Russland kommende Angriffe gegen georgische Computersysteme, wobei auch kritische Infrastrukturen und Webseiten von Medien, Banken und Transportunternehmen betroffen waren[155]. Schon Wochen vorher wurde die Internetseite des georgischen Staatspräsidenten am 20 Juli 2008 durch einen Distributed Denial of Service (DDoS)-Angriff lahmgelegt. Außerdem kam es zum Website defacement, bei dem auf georgischen Internetseiten neben Fotos des georgischen Präsidenten solche von Adolf Hitler positioniert wurden.
Der Hauptangriff bestand aus einer großangelegten DDoS-Attacke einen Tag vor dem Beginn des russischen Vormarsches und schwächte die Computersysteme Georgiens massiv.

Eindringversuche in das amerikanische Stromnetz 2003-2009

Schon beim großen Stromausfall von 2003 war der Verdacht aufgekommen, dass dieser durch ein Computervirus verursacht worden sein könnte[156].

---

[153] vgl. NATO 2010

[154] vgl. Herwig 2010, S.60

[155] vgl. die Stellungnahme der georgischen Regierung von 2008

[156] vgl. Gaycken 2009 mit Abbildung des großen Stromausfalls in Northeast USA 2003

Schon im August 2003 konnte der Internetwurm Slammer für einige Stunden in das zum Glück abgeschaltete Atomkraftwerk in David-Besse in Ohio eindringen[157]. Seit 2006 mussten zweimal Atomkraftwerke nach Cyberangriffen abgeschaltet werden[158].
Im April 2009 gelang es Hackern, in die Stromnetzkontrolle der USA vorzudringen[159] um dort Programme zu hinterlassen, mit denen das System bei Bedarf unterbrochen werden könnte, wobei China, das umgehend dementierte, und Russland verdächtigt wurden.

Eindringen in amerikanische Kampfdrohnen 2009

2009 wurde berichtet, dass irakische Aufständische mit einer Software in die Videosysteme unbemannter US-Drohnen eindringen und so die Videos dieser Drohnen mit ansehen konnten[160].

Der ‚digitale Erstschlag' durch Stuxnet 2009-2010

Fernwartungs- und -steuerungsfunktionen (**Industrial Control Systems ICS**) wie die Supervisory Control and Data Acquistion SCADA[161]) über IP-Adressen für Maschinen ermöglichen die Kommunikation mit Maschinen über das Internet.
Der erste großangelegte Angriff auf Industrieanlagen erfolgte im 2009 durch den Stuxnet-Wurm und zielte primär auf Siemens-Steuerungssysteme[162].
Stuxnet ist ein Wurm, also ein Programm, das sich, wenn es erstmal auf einem Computer platziert hat, von dort eigenständig in andere Computer ausbreiten kann[163].

---

[157] vgl. Wilson 2008, S.22

[158] vgl. ArcSight 2009

[159] vgl. Goetz/Rosenbach 2009, Fischermann 2010, S.26

[160] vgl. Ladurner/Pham 2010, S.12

[161] vgl. Shea 2003

[162] Welt online 2010b. Siemens baut daher seine Cyberwarforschung aus, vgl. Werner 2010, S.7

[163] Da Stuxnet sehr viele (Dutzende) Funktionen hat, wird es in der Literatur auch als Trojaner oder als Virus bezeichnet, vgl. auch FAZ2010a.

Stuxnet wurde mit Hilfe von infizierten USB-Sticks in Computer eingebracht. In Windows existierte eine Schwachstelle in LNK-Dateien, die als Eintrittspforte genutzt wurde[164]. Gefälschte Sicherheitszertifikate (digitale Signaturen) von den zwei Herstellern Realtek und Semiconductor, die mit der Sache aber nichts zu tun hatten, gaukelten dem Betriebssystem Windows 7 Enterprise Edition Vertrauenswürdigkeit vor[165].

Die im Simatic S7-System von Siemens enthaltenen speicherprogrammierbaren Steuerungen (SPS) laufen unter dem Betriebssystem Windows, ebenso die Software für die Visualisierung von Parametern und die Steuerung der SPS, unter dem Kürzel WinCC[166]. Stuxnet sucht in Computern gezielt nach WinCC und der Step 7-Software in Simatic S7, wobei nur die Versionen S7-300 und S7-400 befallen werden und zwar auch nur dann, wenn eine bestimme Netzwerkkarte des Typs CP 342/5 daran angeschlossen ist[167]. Stuxnet arbeitet also hochselektiv. Nach dem Befall beginnt Stuxnet, Informationen ins Internet zu schicken, u.a. an zwei Server in Malaysia und Dänemark. Stuxnet enthält und unterstützt Rootkits, also Programmsätze zur Kontrolle des Computers[168].

Zudem sucht Stuxnet auch nach weiteren geeigneten Systemen zur Infektion unter Ausnutzung der sogenannten *Autorun*-Funktion von Windows. Stuxnet löscht sich nach einer bestimmten Zahl von erfolgreichen Infektionen selbst[169]. Es kamen Vermutungen auf, dass dadurch möglicherweise zum Atombombenbau benötigte Urangaszentrifugen im Iran geschädigt wurden, da ihre Zahl 2009 aus unerfindlichen Gründen rückläufig war und die Internationale

---

[164] Am 13.10.2010 gab Microsoft deshalb 16 Updates heraus, die insgesamt 49 Sicherheitslücken schlossen, vgl. Handelsblatt 2010, S.27.

[165] vgl. Rieger 2010, S.33, der auch den Begriff des digitalen Erstschlags prägte.

[166] vgl. Krüger/Martin-Jung/Richter 2010, S.9

[167] vgl. Schultz 2010, S.2

[168] vgl. Kaspersky 2010

[169] vgl. Falliere 2010

Atomenergiebehörde IAEO auch 2010 über Stillstände berichtete[170], die daraufhin vom Iran auch bestätigt wurden[171].
Aus diesen Informationen und dem Umstand, dass Stuxnet gleich mehrere bis dahin gänzlich unbekannte Schwachstellen (**Zero-Day-Exploits**) nutzte und geschätzten Entwicklungskosten von ca. 1 Million US-Dollar[172] ergab sich in den Medien das Bild einer gezielten Superwaffe, die möglicherweise von Geheimdiensten konstruiert wurde, um das iranische Atomprogramm zu sabotieren[173].
Es gibt jedoch einige Ungereimtheiten zu bedenken.
Erstens waren auch andere Staaten betroffen, insbesondere Indonesien, Indien, Aserbeidschan und Pakistan, und neben einem Dutzend weiterer Staaten auch die USA und Großbritannien, wenngleich der Iran das Primärziel war[174].
Zweitens hat Stuxnet auch im Sinne des Angreifers Fehler gehabt. Stuxnet war auf ein bestimmtes Zeitfenster programmiert; da aber bei manchen Computern die Uhren verstellt sind, um das Ablaufen von Lizenzen zu verhindern, ließ sich die geplante Befristung nicht aufrechterhalten, d.h. der Angriff wurde im Bezug auf die Software sehr präzise ausgeführt, nicht jedoch im Bezug auf Zeitpunkt und Ort[175].
Drittens muss aber auch der Schaden betrachtet werden, den Stuxnet für die Zukunft anrichtet. Wenn Stuxnet einfach nur Überlegenheit demonstrieren sollte, dann hätte der Erschaffer sich und anderen vielleicht einen Bärendienst erwiesen, denn mit Stuxnet wurde auch das Know-How allgemein preisgegeben, und es könnte daher vielleicht nur eine Frage der Zeit sein, bis Stuxnet-Verwandte auftreten[176].

---

[170] vgl. FAZ2010c, S.6
[171] vgl. FAZ2010e, S.5. Laut derselben Meldung kam am 29.11.2010 Irans führender Cyberwarexperte und Leiter einer Stuxnet-Arbeitsgruppe, Madschid Schariari, bei einem Anschlag ums Leben.
[172] vgl. Schultz 2010, S.2
[173] vgl. Ladurner/Pham 2010, S.12
[174] vgl. Handelsblatt 2010, S.27, Symantec 2010, S.5-7
[175] Gaycken 2010b, S.31 erklärt dies jedoch damit, dass die Uhr von Stuxnet von den Angreifern weiter vorgestellt wurde, laut Symantec (2010, S.14) zuletzt auf den 24.06.2012
[176] vgl. Rosenbach/Schmitz/Schmundt 2010, S.163

Die Stuxnet-Berichterstattung weist übrigens eine Art ‚Lücke' auf. Die breite Berichterstattung begann erst Mitte September 2010, obwohl Stuxnet schon im Juni 2010 von einer Weißrussischen Firma entdeckt wurde und eine kommerzielle Antivirussoftware schon am 22 Juli 2010 verfügbar war, Bloomberg Businessweek hatte den Vorgang dann am 23. Juli 2010 gemeldet. Der Iran hat schon am 26.07.2010 in *Iran Daily* den Angriff durch Stuxnet bestätigt[177]. Siemens bestätigte, dass Anlagen von 15 Kunden betroffen seien, davon 60% im Iran. Mögliche Gründe für diese fast zweimonatige Medienlücke sind das nachträgliche Aufkommen der Vermutung geheimdienstlicher Beteiligung, ein offiziell nicht bestätigter Befall des iranischen Reaktors in Buschehr und die Debatte über den Cyberspace im Rahmen der neuen NATO-Strategie[178].

2.1.5.7 Die Sicherheitsarchitektur im Cyberspace

2.1.5.7.1 Grundlagen

Grundsätzlich ist die Sicherheitsarchitektur in drei Bereiche aufgeteilt, den zivilen Bereich, der den Schutz von kritischen Infrastrukturen organisiert, den nachrichtendienstlichen, der für die Analyse der Kommunikation und Datenströme (Signals Intelligence SigInt) zuständig ist und den militärischen Bereich. In militärischen Bereichen sind auch zumindest jene Offensivkapazitäten auf dem Gebiet des Cyberwars angesiedelt, die offiziell zugegeben werden.

2.1.5.7.2 Die Bundesrepublik Deutschland

Im **zivilen Sektor** spielt das Bundesministerium des Innern BMI und das ihm nachgeordnete Bundesamt für Sicherheit in der Informationstechnik BSI die führende Rolle.

---

[177] Iran Daily 26 July 2010

[178] vgl. Knop/Schmidt 2010, S.20

Das **Bundesamt für Sicherheit in der Informationstechnik BSI** ist seit 1991 als Behörde des Bundesministeriums des Inneren BMI für alle Aspekte der IT-Sicherheit zuständig, insbesondere alle Arten der Abhörsicherheit und der Abwehr von Computerattacken für staatliche Einrichtungen. Das BSI fördert hierzu entsprechende Technologien. Es ist historisch aus der Abteilung für Chiffrierwesen des Bundesnachrichtendienstes BND hervorgegangen. Mit dem Aufkommen des Internets und dem nahenden Ende des kalten Krieges setzte sich die Auffassung durch, dass man eine Behörde benötigt, die die IT-Strukturen der Bundesrepublik schützt und der modernen Technik gerecht wird. So entstand 1989 im BND erst das ZSI (Z=Zentralstelle), aus dem dann 1991 das BSI wurde. Das neue BSI-Gesetz BSIG von 2009 hat die zentrale Stellung der Behörde im Paragraphen 5 „Abwehr von Schadprogrammen und Gefahren für die Kommunikationstechnik des Bundes“ nochmals gestärkt[179].

Die Aufgaben der Behörde sind unter anderem[180]:

- Mitarbeit im Arbeitskreis KRITIS zum Schutz **Kritischer Infrastrukturen** vor Angriffen[181]
- Schutz der Regierungskommunikation, u.a. durch Kryptohandys für die Regierung, aber auch im **Informationsverbund Bonn-Berlin**
- Schutz von Behörden beim elektronischen Dokumentenverkehr, der durch das **eGovernment** immer mehr zunimmt
- Schutz der NATO-Kommunikation unter anderem durch Verschlüs-selungs-Technologien, wie dem System **Elcrodat 6.2**

---

[179] Gesetz zur Stärkung der Sicherheit in der Informationstechnik des Bundes mit BSI-Gesetz vom 14.August 2009, im BGBl 2009 Teil I Nr. 54, S.2821-2826

[180] vgl. BSI Jahresberichte 2005, 2006-2007 und 2008-2009

[181] Im Rahmen des „Nationalen Plans zum Schutz der Informationsinfrastrukturen“ (NPSI) hatten BMI und BSI im Jahr 2005 den Auftrag erhalten, einen Plan für den Bereich „Kritische Infrastrukturen“ auszuarbeiten. An der Erstellung des Umsetzungsplans KRITIS (UP KRITIS)

- Mitarbeit an der **SINA** (Sichere Internetzwerk-Architektur) – Technologie
- Arbeit auf dem Gebiet der Kommunikationssicherheit (**Comsec**), zu der auch die Gebäudeabschirmung gehört[182]
- Arbeit an stabilen und resistenten Computertechniken wie der Hochverfügbarkeit[183] oder der **Mikrokerntechnologie**, bei der Rechnerbereiche intern noch mal gegeneinander abgeschottet werden usw.

Im **nachrichtendienstlichen Sektor** gibt es das Bundesamt und die Landesämter für **Verfassungsschutz** BfV/LfV für die zivilen Angelegenheiten, während sich der **Militärische Abschirmdienst MAD** um den Schutz der Bundeswehr kümmert. Der **Bundesnachrichtendienst BND** ist für das Ausland zuständig. Das Bundesamt für Sicherheit in der Informationstechnik BSI darf im Rahmen der gesetzlichen Möglichkeiten die Geheimdienste technisch unterstützten.

Im **militärischen Sektor** gab es zwischenzeitlich das **Zentrum für Nachrichtenwesen in der Bundeswehr ZnBW**, das sich zu einem militärischen Auslandsgeheimdienst zu entwickeln begann, aber dann zwischen dem BND und dem 2002 gegründeten **Kommando Strategische Aufklärung KSA** (KdoStratAufkl) aufgeteilt wurde[184]. Das KSA, das seit 2008 den Kern des Militärischen Nachrichtenwesens der Bundeswehr (MilNWBw) bildet, hatte 2010 eine Stärke von ca. 6.000 Mann[185] und ist zuständig für die

- für die Elektronische Kampfführung (EloKa), d.h. die Störung feindlicher Kommunikation und

---

[182] um Probleme wie das Abfangen von vom Computer abgestrahlten Informationen zu bewältigen, vgl. Schröder 2008

[183] Hochverfügbarkeit umfasst u.a. die Ausfallssicherheit. Ein Unterproblem ist hier die Resistenz gegen einen **elektromagnetischen Puls EMP**, wie er z.B. bei einer Atombombenexplosion entstehen könnte und der die Elektronik nachhaltig zerstört.

[184] vgl. Eberbach 2002

[185] vgl. Bischoff 2009

- seit 2007 gehört dem KSA auch die Einheit **Computer- und Netzwerkoperationen CNO**[186] an, die auch für den Cyberwar zuständig ist, d.h. den Kampf im Internet gegen mögliche Angreifer[187]
- und für die Aufklärungssatelliten des Typus Synthetic Aperture Radar (SAR-Lupe) [188] und die Kommunikationssatelliten COMSATBW1 und 2.

Auf dem IT-Sektor arbeitet die Bundeswehr an einer grundlegenden Modernisierung ihres IT-Netzes (Projekt **Herkules**), das vom mit Siemens und IBM gehaltenen Joint Venture BWI IT betrieben wird. Herkules gilt (noch) als relativ anfällig[189].

2.1.5.7.3 Die Cyberwarstrategien der USA und Chinas

Medienberichten zufolge wird die Zahl der Staaten, die versuchen, Cyberwarkapazitäten aufbauen, auf mehr als 100 geschätzt. Nach US-Schätzungen versuchen ca. 140 ausländische Nachrichtendienste in Computer der Regierung oder von US-Firmen einzudringen[190].
Die USA und China werden hier als die in Literatur und Medien meistdiskutierten Akteure näher vorgestellt. Es geht hier aber nicht um

---

[186] vgl. Bischoff 2009

[187] Goetz 2009, p.34f., von Kittlitz 2010, S.33. Am 01.07.2010 wurde die Gruppe Informationsoperationen (InfoOp), die bislang beim Kommando Strategische Aufklärung (KSA) mit der CNO zusammenarbeitetet, dem Zentrum Operative Information organisatorisch unterstellt, das wie der KSA der Streitkräftebasis SKB angehört (Uhlmann 2010). Dadurch wird die Informationspolitik gegenüber Medien und Bevölkerung jetzt einheitlich durch das Zentrum Operative Information gesteuert.

[188] vgl. Bischoff 2009. Nach Bischoff bildet SAR Lupe auch die Grundlage für eine noch engere deutsch-französische Kooperation auf dem Gebiet der Satellitenaufklärung. Gemeinsam mit dem französischen optischen Satelliten Helios II bildet es den Kern des europäischen Satellitenaufklärungsverbundes ESGA.

[189] Scheidges 2010a, S.2-3

[190] vgl. Wilson 2008, S.12

eine Neuauflage eines Ostwestkonfliktes. So fühlen sich beispielsweise die Inder von der Entwicklung insgesamt sehr bedroht[191].

Das Primärziel aller Akteure ist die Erringung der **elektromagnetischen Dominanz**, d.h. der Beherrschung des Cyberspace im Konfliktfall.

Die USA betonen jedoch den defensiven Charakter ihrer Cyberwarstrategie, die auf der **Cyber-Triade** aus *resilience* (Hochverfügbarkeit von Computersystemen auch während eines Angriffs), *attribution* (möglichst rasche und sichere Identifikation des Angreifers) und *deterrence* (Abschreckung potentieller Angreifer durch die Fähigkeit zum Gegenschlag) beruht.
Die USA haben ihre Cyberwarkapazitäten über zwei Jahrzehnte systematisch aufgebaut und koordiniert[192].
1988 errichtete das US-Verteidigungsministerium (Department of Defence DoD) ein Notfallteam für Computerzwischenfälle (Computer Emergency Response Team CERT) an der Carnegie-Mellon University.
1992 wurde das erste defensiv ausgerichtete Programm zur informationellen Kriegführung ins Leben gerufen, das Defensive Information Warfare Program, dem 1995 ein konkretisierender Management Plan folgte.
Ab 1996 richteten die drei Teilstreitkräfte Luftwaffe, Marine und Heer eigene Zentren zur informationellen Kriegführung ein, so dass das Pentagon 1998 als Koordinationsplattform die Joint Task Force for Computer Network Defense einrichtete.
Mit der wachsenden Bedeutung der Materie folgten eigene Cyber Commands auf der Ebene der Teilstreitkräfte, so dass die USA als logischen Endpunkt der Entwicklung 2010 ein eigenes zentrales **Cyber Command** (US CYBERCOM) errichtet haben, das Ende Mai 2010 mit ca. 1000 Beschäftigten die Arbeit aufnahm und dem Direktor der

---

[191] vgl. Kanwal 2009
[192] vgl. Hiltbrand 1999

National Security Agency NSA, General Keith Alexander, unterstellt ist[193]. Die NSA rüstet sich auch zum offensiveren Umgang mit China[194].

Eine erste große Übung, mit die USA ihre Abwehrbereitschaft getestet hat, war das sogenannte **elektronische Pearl Harbour** der US-Navy aus dem Jahre 2002, bei der erstmals ein Grossangriff auf kritische Infrastrukturen simuliert wurde. Seither wird der Begriff des ‚elektronischen Pearl Harbour' häufig als Metapher für drohende Gefahren im Cyberspace verwendet.
Regelmäßige Übungen sind die **Cyber Storm Exercises**, wobei bisher Cyber Storm I-III in den Jahren 2006, 2008 und 2010 unter der Leitung des Department of Homeland Security (DHS) stattfanden, bei denen ebenfalls Grossangriffe auf die IT-Infrastruktur der USA getestet wurde.
Im März 2007 wurde durch die Idaho National Laboratories (INL) der **Aurora Generator test** durchgeführt, bei dem die Sabotage von Stromgeneratoren durch eine Cyberattacke überprüft wurde. Es gelang tatsächlich, den Stromgenerator durch Schadprogramme lahmzulegen.

Auch die chinesische Führung hat sich intensiv mit der Materie auseinandergesetzt und baut wie viele andere Staaten Cyberwarkapazitäten auf und aus.
Der Cyberwar ist eine relativ kostengünstige Waffe und ermöglicht, zu anderen Staaten weitaus rascher aufzuschließen als durch massive Ausgaben zur Modernisierung konventioneller Waffen („leapfrog strategy"). Das heißt nicht, dass der Cyberwar konventionelle Waffen ersetzen kann oder soll, vielmehr stellt er eine die eigenen Fähigkeiten rasch erweiternde zusätzliche Kampfmethode dar, die sich sehr gut in das Konzept der ‚**aktiven Verteidigung**' einbauen lässt, bei dem es um die frühzeitige und gezielte Ausschaltung der möglichen Gegenschlagskapazitäten des Gegners geht[195].

---

[193] vgl. Hegmann 2010, S.5, The Economist 2010, S.9/22-24, Glenny 2010, S.23
[194] vgl. Barnford 2010
[195] Kanwal 2009, S.14

Außenpolitisch hat China das Problem, von Staaten umgeben zu sein, die China nicht unbedingt positiv gegenüberstehen bzw. mit den USA verbündet sind[196], wie z.B. Japan, Taiwan und Südkorea, so dass China (noch) nicht ernsthaft in der Lage ist, den USA im Falle eines ernsten Konfliktes (z.B. um Taiwan) nachhaltigen physischen Schaden zuzufügen. Der Cyberwar kennt das Entfernungsproblem nicht und erlaubt eine asymmetrische Kriegführung und seine Vorbereitung bzw. das Training im Zuge der Cyberspionage wirft obendrein viele nutzbringende Informationen ab.

Die Analyse der chinesischen Cyberwar-Strategie durch Northrop Grumman hat die Schwachstellen vernetzter Sicherheitseinrichtungen deutlich gezeigt[197]. Man kann im militärischen Sektor drei Bereiche abgrenzen, nämlich als ersten Bereich das normale Netz, dann Netzabschnitte mit gewissen Sicherungen als zweiten Bereich für kritische Infrastrukturen und militärnahe Einrichtungen und als dritten Bereich das militärische Hochsicherheitsnetz[198]. Beim Cyberwar könnte auch ein Schlag gegen den zweiten Bereich die Handlungsfähigkeit der vernetzten Kriegsführung schon erheblich beeinträchtigen[199].

Der zweite Bereich der USA, das gesicherte **Secret Internet Protocol Router Network SIPRNET**, leidet auch darunter, dass es inzwischen zu groß geworden ist und zu viele Zugangsberechtigte hat, wie die Debatten nach den aus dem SIPRNET stammenden WikiLeaks-Enthüllungen vom 28.11.2010 gezeigt haben[200].

---

[196] vgl. Rogers 2009

[197] vgl. Krekel et al. 2009

[198] In den USA sind dies das mit dem normalen Internet verbundene Non-classified Internet Protocol Router Network NIPRNET, das Secret Internet Protocol Router Network SIPRNET und das Joint Worldwide Intelligence Communication System JWICS; auf deutsche Verhältnisse übertragen, wäre die Datenbank JASMIN im dritten Level, die IT-Plattform der Bundeswehr HERKULES im zweiten Level anzusiedeln.

[199] wie man sich so einen Schaden denken kann, zeigte der Internet-Wurm **Conficker**, der zur Jahreswende 2008/2009 sein Unwesen trieb. Dieser traf auch die Bundeswehr und französische Marine schädigte; unter anderem mussten Kampfjets mussten zwei Tage auf dem Boden bleiben, vgl. Leppegrad 2009.

[200] vgl. Schaaf 2010, S.9

Mögliche Gegenmaßnahmen gegen die umfangreiche Entwendung von Daten, sei es von innen wie beim Wikileaks-Vorfall oder durch Cyberangriffe von außen sind z.B. die **Segmentierung** durch ein vertikal nach Dienstgraden und horizontal nach Zuständigkeiten gestuftes System von Zugangsberechtigungen, Blockaden von Druck- und Downloadfunktionen z.B. durch **Dokumentenmanagement**-systeme, und die heute technisch einfach realisierbare Nachverfolgung von Zugriffen und downloads (**tracking**). Auch die Übermittlung von Nachrichten über gesonderte Kanäle trägt dem bewährten **need to know-Prinzip** (jeder bekommt nur die Informationen, die für die Aufgabe notwendig sind) Rechnung[201].

Die chinesische Strategie besteht darin, zunächst das gegnerische Netzwerk zu treffen, um dann die resultierende ‚operative Blindheit' des Gegners mit konventionellen Waffen zu überprüfen und ggf. weiter vorzugehen[202]. Natürlich besteht das Risiko, dass der Gegner sein Netz wieder repariert, so dass diese Strategie auf lange Sicht erfolglos sein kann; um so wichtiger ist es, in der Frühphase des Konflikts die Oberhand zu gewinnen und die „elektromagnetische Dominanz" so lange wie möglich zu behalten. Die Strategie ist natürlich riskant, falls sich der Gegner unerwartet schnell regeneriert oder nicht im gewünschten Ausmaß getroffen werden kann. US-Studien zeigen, dass sich ein solcher Krieg wohl nur über einen sehr begrenzten Zeitraum wirksam führen lässt.[203]

Für die Zukunft der Computer- und Internetindustrie dürfte aber ein ganz anderer Faktor viel ernstere Auswirkungen auf den Westen haben: China besitzt einen 97%igen Marktanteil[204] an seltenen Erden (speziellen Industriemetallen), die für die IT- und Elektronik-Industrie unersetzlich sind und die bisher nicht hinreichend wirtschaftlich recycelt können, und China schränkt vor dem Hintergrund eines wachsenden

---

[201] vgl. Sattar et al. 2010, S.3
[202] vgl. Krekel et al. 2009
[203] vgl. Tinner et al. 2002
[204] vgl. Büschemann/Uhlmann 2010, S.19

Eigenbedarfs bei gleichzeitig schwindenden bekannten Vorräten seit Mitte 2010 den Zugang für Ausländer ein[205]. Der hohe Marktanteil kam durch die zunächst konkurrenzlos billigen Lieferungen aus China zustande, weshalb andere Marktteilnehmer aufgaben; nun wird die Exploration außerhalb Chinas unter Hochdruck wieder aufgenommen[206].

2.1.5.7.4 Die Cyberpolitik der Europäischen Union

Im Unterschied zu den USA und China besteht die Europäische Union EU aus 27 Nationalstaaten. Sicherheitslücken in nationalen Computersystemen sind jedoch hochsensitive Informationen; ein Austausch mit anderen offenbart die Schwachstellen, daher überwiegt zwischen den Nationalstaaten trotz allem noch das Misstrauen.

Dies hat mit einem Sicherheitsproblem zu tun. Verschlüsselte Kommunikation kann auch als Plattform für Terroristen dienen, so dass es aus nachrichtendienstlicher Sicht erforderlich ist, Zugriffe auf die Schlüssel oder die Quellcodes der Verschlüsselungssoftware zu haben, um nach Maßgabe der gesetzlichen Regelungen ggf. Zugriff auf diese Daten zu haben. In Deutschland wird dies seit 2002 durch die **Telekommunikations-Überwachungsverordnung (TKÜV)** geregelt, vergleichbare Regelungen gibt es inzwischen praktisch in allen Staaten, so z.B. in den USA, wo die **National Security Agency NSA** Zugriff auf die Quellcodes der Verschlüsselungssoftware hat[207]. Die nationalen Zugriffsrechte haben aber zur Folge, dass man sich mit einer ausländischen oder internationalen IT-Plattform auch die anderen Nachrichtendienste ins Haus holt[208]. Obwohl die Informationstechnologie und die Cyberattacken globale Angelegenheiten sind, fördert die IT-Sicherheit paradoxerweise nationale Lösungen.

---

[205] vgl. Mayer–Kuckuck 2010, S.34-35, vgl. auch Mildner/Perthes 2010, S.12-13 und Bardt 2010, S.12

[206] vgl. FAZ 2010z, S.12, Bierach 2010, S.11

[207] Scheidges 2010b, S.12-13

[208] Scheidges 2010b, S.12-13

In den meisten Staaten gibt es inzwischen Computersicherheitsteams, die bei sicherheitsrelevanten Vorfällen Warnungen herausgeben und Gegenmaßnahmen erarbeiten. Derartige Teams werden als **Computer Emergency Response Team (CERT)** bzw. als Computer Security Incident Response Team (CSIRT) bezeichnet. Die europäische **European Government CERT Group EGC** hat aber immer noch nur 10 Mitglieder (Finnland, Frankreich, Deutschland[209], Niederlande, Norwegen, Ungarn, Spanien, Schweden, England, Schweiz)[210]. Auch das *Cooperative Cyber Defence Centre of Excellence* der NATO wird bislang nur von wenigen NATO-Mitgliedern unterstützt (siehe Kapitel 3.2.5) [211], ebenso fanden die bisherigen NATO Cyber Defence Übungen **Digital Storm** und **Cyber Coalition** (Nov. 2009) nur mit wenigen Mitgliedern statt[212].
Andererseits sind Cyberattacken ein globales Problem, so dass die Nationalstaaten von einem verbesserten Informationsaustausch profitieren würden, so dass die EU das zentrale Problem der europäischen Cyberpolitik 2010 wie folgt zusammenfasst: „Die Wirkung einer besseren Zusammenarbeit wäre sofort spürbar, doch sind zunächst kontinuierliche Bewusstseinsbildung *und Vertrauensaufbau* erforderlich.“

Im Rahmen der Zusammenarbeit im Bereich Innere und Justiz wurde zwar schon 2006 ein Europäisches Programm für den Schutz kritischer europäischer und nationaler Infrastrukturen (EPSKI) verabschiedet, das u.a. die folgenden Komponenten enthalten sollte:

- Ein Verfahren zur Ermittlung und Ausweisung kritischer europäischer Infrastrukturen (KEI) und einem gemeinsamen Konzept für die Bewertung der Notwendigkeit, den Schutz derartiger Infrastrukturen zu verbessern

---

[209] Zur deutschen Gruppe CERT-Bund siehe Website des BSI
[210] ECG 2008, Website der ECG Nov 2010. Weitere CERT-Foren, an denen die deutsche CERT-Bund beteiligt ist, sind FIRST (Forum of Incident Response and Security Teams) und TI (Trusted Introducer).
[211] Die NATO will sich im Falle eines Cyberangriffes im ersten Schritt lediglich auf Konsultationen stützen, vgl. von Kittlitz 2010, S.33
[212] vgl. Wildstacke 2009, S.28/29

- Maßnahmen des EPSKI einschließlich eines Aktionsplans, eines Warn- und Informationsnetzes für kritische Infrastrukturen (WINKI), der Einsetzung von EU-Sachverständigengruppen zu Fragen des Schutzes kritischer Infrastrukturen (SKI), des Austausches von Informationen über den SKI sowie der Ermittlung und Analyse von Abhängigkeiten und die
- Unterstützung der Mitgliedstaaten im Hinblick auf die Sicherheit kritischer nationaler Infrastrukturen (KNI) [213]; jedoch kam erst nach dem Cyberangriff gegen Estland 2007 wirklich Bewegung in die Sache.

Die Hoffnungen der EU ruhen nun ganz auf ihrer Agentur **ENISA (Europäische Agentur für Netzwerksicherheit, European Network and Information Security Agency**), die 2004 mit der Verordnung 460/2004 mit 33 Mio. Euro Budget und 50 Angestellten errichtet wurde und 2005 die Arbeit aufnahm. Die Agentur befindet sich in Heraklion auf Kreta am äußersten südlichen Rand EU, was nicht gerade als zweckmäßig gilt[214].

Die ENISA arbeitete seit 2004 u.a. an Übersichtsstudien zur Netzwerksicherheit und an verbesserten Verschlüsselungsmethoden; die Kryptographieforschung gehört auch zu den Aktivitäten des laufenden Forschungsrahmenprogramms der EU[215]. Das Mandat der ENISA wurde 2008 unverändert bis März 2012 verlängert.

Die ENISA, deren neuer Direktor Dr. Udo Helmbrecht, der ehemalige Präsident des Bundesamtes für Sicherheit in der Informationstechnik (BSI) ist, wird seit 2009 unter anderem mit folgenden Maßnahmen systematisch zum Zentrum der europäischen Cyberpolitik ausgebaut:

- die ENISA soll nach den neuen EU-Plänen gegen Cyberwar die Zusammenarbeit zwischen nationalen/staatlichen Notfallteams (CERT) stärken[216], u.a. durch die Förderung und Ausweitung bestehender Kooperationsmechanismen wie der ECG-Gruppe

---

[213] vgl. EU 2006b
[214] EU-ISS 2007
[215] ENISA 2007
[216] EU 2007, EU 2009b

- Die ENISA hat 2009 eine vergleichende Analyse der EU- und EFTA-Staaten veröffentlicht, in der u.a. die sehr unterschiedlich geregelten Zuständigkeiten im Bereich der Netzwerksicherheit, der unzureichende Aufbau von CERTs und deren mangelnde Kooperation sowie unzureichende Prozeduren bei der Berichterstattung sicherheitsrelevanter Ereignisse (*incident reporting*) festgestellt wurden. Es wurden Empfehlungen für verbesserte Prozesse und zu einer verstärkten Kooperation unter Federführung der ENISA gegeben[217].
- Im Einklang mit den Plan zum Schutz kritischer Infrastrukturen von 2009[218] richtete die ENISA die 2010 die erste europäische Übung **Cyber Europe 2010** aus, an der 22 Länder mit 70 Organisationen aktiv und 8 weitere Länder als Beobachter beteiligt waren und insgesamt 320 Stresstests durchgeführt wurden[219]. Jedoch zeigten sich bei der Übung erneut die uneinheitlich geregelten Zuständigkeiten innerhalb der EU und die mangelnden Strukturen kleinerer Staaten[220]. Nach der Auswertung sollen in die nächste Übung auch privatwirtschaftliche Akteure miteinbezogen werden.

Zudem will die Kommission eine **europäische öffentlich-private Partnerschaft für Robustheit (EÖPPR)** für eine verbesserte Sicherheit und Robustheit einrichten und ein Europäisches Informations- und Warnsystem (EISAS) schaffen, das sich an Bürger und kleine und mittelständische Unternehmen (KMU) richten soll. Begleitend sollen EU-einheitliche Kriterien für kritische Informationsinfrastrukturen in Europa festgelegt werden[221].

---

[217] vgl. ENISA 2009
[218] vgl. EU 2009b
[219] vgl. ENISA 2010a, ENISA2010b
[220] vgl. Mertins 2010b, ENISA 2010a: „There is a lack of pan-European preparedness measures to test. This reflects the fact that many Member States are still refining their national approaches."
[221] vgl. EU2009b, auch EU 2010b

Großbritannien und Frankreich haben im November 2010 eine umfassende Militärkooperation vereinbart, bei der auch die Kooperation im Bereich des Cyberwars angestrebt wird[222].

2.1.6 Datenschutz und -kontrolle

Die Entwicklungen auf dem Sektor des Datenschutzes sind zwiespältig. Einerseits gilt die Regel der Selbstbestimmung und des Einsichtsrechts in Datensammlungen, jedoch werden gleichzeitig staatliche Abhörbefugnisse und Datenbanken stetig ausgebaut[223]. Zudem wird von privaten Anbietern die Einwilligung der Nutzer eben gefordert, wobei die Nichtherausgabe von Daten oft den Ausschluss von bestimmten Services nach sich zieht.

Ein Großteil der modernen Kommunikation erfolgt über das öffentliche Telefonnetz (Public Switched Telephone Network PSTN), in dem grundsätzlich folgende Daten anfallen, die zum Zwecke der Rechnungserstellung und –abwicklung ganz unabhängig von der Vorratsdatenspeicherung für einen gewissen Zeitraum vorgehalten werden müssen[224].

---

[222] vgl. Thibaut/Alich 2010, S.15

[223] So diskutierte das britische Innenministerium Pläne, jede Urlaubsreise eines Briten sowie alle E-Mails, SMS, und Internetbewegungen zu speichern, vgl. Koydl 2009, S.7 In der Hinsicht ist insbesondere die elektronische Gesundheitskarte eine Gefahr, denn wer etwas verschweigen will, d.h. keinen vollen Zugang zu seinen Daten gewähren will, hat im Zweifel etwas ‚ausgefressen' (z.B. Drogen, Alkohol), oder hat Krankheiten, die es nicht angeraten erscheinen lassen, jemanden einzustellen, z.B. wegen psychischer Leiden wie Depression und Schizophrenie, oder wegen Wirbelsäulenleiden usw. im Handwerk.

[224] BSI 2000, Schaefer 2010

Tab. 2 Kommunikationsdatenerfassung beim Mobilfunk

Bestandsdaten BD zur Identität	Name, Vorname, Rufnummer, Kundennummer, Adresse und ggf. abweichende Rechnungsadresse, ggf. Lage der Wohnung (Kriterium für die Entstörung), Geburtsdatum, Art der Dienstleistung (Analoge Telefonie, ISDN-Basisanschluss, Wartungsoptionen etc.), Datenschutzrechtliche Optionen, wie Verzicht auf Einzelverbindungsnachweis, Verzicht auf Eintrag in öffentlichen Verzeichnissen, Keine Rufnummernanzeige, Zahlungsweise (Lastschrift, Überweisung), Bankverbindung, ggf. Bonitätsbewertung (z. B. Daten über vorhandene Zahlungsrückstände)
Verbindungsdaten VD	Rufnummer des anrufenden Anschlusses, Rufnummer des angerufenen Anschlusses, Beginn der Verbindung, Ende der Verbindung, ggf. Dienstemerkmal (Fax, Telefonie etc.).
Rechnungsdaten RD	Resultierend aus obigen Datensätzen

Im Mobilfunknetz GSM fallen unter anderem folgende Datengruppen an[225]:

- MSISDN (Mobile Station International ISDN Number), d.h. die Rufnummer des Mobilteilnehmers
- IMSI (International Mobile Subscriber Identity), d.h. die Identifizierung des Teilnehmers, z. B. für den Zugriff auf Netz-Datenbanken
- IMEI (International Mobile Station Equipment Identity), d.h. die Identifizierung des Mobilfunkendgerätes

[225] BSI 2000

- CGI (Cell Global Identity), d.h. die Identifizierung einer Funkzelle

Das **G-10-Gesetz** (Gesetz zu Artikel 10 des Grundgesetzes) regelt die Befugnisse der deutschen Nachrichtendienste zu Eingriffen in das durch Artikel 10 des Grundgesetzes garantierte Brief-, Post- und Fernmeldegeheimnis.
Es berechtigt die Nachrichtendienste unter bestimmten Umständen zur Überwachung und Aufzeichnung der Telekommunikation und zur Öffnung und Auswertung der dem Brief- oder Postgeheimnis unterliegenden Sendungen[226], und ggf. zur ‚gebündelten' Überwachung einer Vielzahl von Telekommunikationsverbindungen nach bestimmten Suchbegriffen. Die Anbieter von Post- und Telekommunikationsdiensten sind verpflichtet, diese Maßnahmen technisch zu ermöglichen, Auskunft über die Umstände des Postverkehrs zu erteilen und Sendungen auszuhändigen. Zuständig für die Kontrolle ist die **G10-Kommission**, siehe auch Kapitel 3.6.2.

Die deutsche **Telekommunikations-Überwachungsverordnung (TKÜV)** wurde am 22. Januar 2002 vom Bundesministerium für Wirtschaft erlassen. Sie beinhaltet Regelungen, welche technischen Vorkehrungen von wem bereitzuhalten sind, damit im Falle einer möglichen, späteren Telekommunikationsüberwachung alle erforderlichen Schnittstellen bereits vorhanden sind[227]. Die Frist zur Einführung der technischen Maßnahmen durch die Telekommunikationsanbieter endete am 31. Dezember 2004.

---

[226] vgl. FAZ Nr.145/2010, S.14: Der Anteil der geheimdienstlichen Brieföffnungen ist jedoch gering im Vergleich zu den Brieföffnungen bei der Post, die von Firmen und in Zukunft auch von der Bundesagentur für Arbeit veranlasst werden, um die an sie gerichteten Briefe einzuscannen.

[227] Sicherheitskreise bemängeln jedoch, dass trotz alledem die physische Präsenz der Polizei durch ständige Stellenkürzungen ständig vermindert würde. Vielleicht ist dies aber kein Widerspruch und die generelle Entwicklung geht von der physischen zur elektronischen Überwachung.

Im Lichte dieser technischen Möglichkeiten ist die als polizeiliche, aber auch nachrichtendienstliche Maßnahme diskutierte **Online-Durchsuchung** von Computern mittels Trojanern nur eine weitere theoretische Zugriffsmöglichkeit, deren Bedeutung in den Medien überbetont wurde[228]. Diese Durchsuchung erfolgt auf polizeilicher Ebene durch eine **Remote Forensic Software** (Fernforensische Software RFS), die als keylogger fungiert, d.h. jeden Tastendruck registriert und weiterleitet.
Am 23.09.2009 berichtete Welt online, dass es im vorangehenden Jahr 16.463 Überwachungen im Rahmen strafrechtlicher Ermittlungen gab, ohne vorbeugende Abhörmaßnahmen und Geheimdienste.

Der **Bundesnachrichtendienst BND** versucht, mit strategischer Fernmeldekontrolle Informationen aus dem Ausland über das Ausland zu beschaffen. Dazu werden mit einer Reihe von Suchbegriffen (die in Deutschland von der G10-Kommission vorher genehmigt werden müssen) Satellitenverkehre überprüft.
Im Jahr 2000 wurden von rund 10 Millionen internationale Kommunikationsverbindungen/Tag von und nach Deutschland etwa 800.000 über Satellit abgewickelt, von denen knapp 10% (75.000) über eine Suchmaschine gefiltert wurden[229]. Diese Zahl ergab sich aus technischen Beschränkungen, z.B. der limitierten Auswertungskapazität. Damals waren rund 2.000 Suchbegriffe im Bereich der Proliferation, 1.000 Suchbegriffe im Bereich des Rüstungshandels, 500 Suchbegriffe im Bereich des Terrorismus und 400 Suchbegriffe im Bereich des Drogenhandels im Einsatz, eine automatische Worterkennung bei Sprachverbindungen war damals noch nicht möglich. Bei der Analyse von Internetdaten ist das Problem heute her ein Zuviel als ein Zuwenig an Informationen[230].

---

[228] Ende 2010 wird an einer rechtssicheren Anwendung als sog. Quellen-Telekommunikations-Überwachung (Quellen-TKÜ) gearbeitet, vgl. Kurz 2010b, S.33.
[229] vgl. Schmid 2001
[230] vgl. Oleszek 2007

2008 hat der BND mehr als 1,8 Millionen Kommunikationen abgheort, nur 312 stellten sich als relevant heraus, beim internationalen Terrorismus 9 von 350.000, beim schweren Drogenhandel keine von 385 gespeicherten Kommunikationen[231].

Die **Datenschutzrichtlinie 2002/58/EG** für elektronische Kommunikation des Europäischen Parlaments und des Rates vom 12. Juli 2002 über die Verarbeitung personenbezogener Daten und den Schutz der Privatsphäre in der elektronischen Kommunikation ergänzt die Europäische Datenschutzrichtlinie von 1995. Durch die Richtlinie werden die EU-Mitgliedsstaaten verpflichtet, telekommunikationsspezifische Regelungen zum Datenschutz zu erlassen, beispielsweise das Mithören von Telefongesprächen und das Abfangen von E-Mails zu verbieten. Außerdem enthält die Richtlinie Vorgaben zu Einzelgebührennachweisen, zu den Möglichkeiten der Anzeige und Unterdrückung von Telefonnummern, zu automatischen Anrufweiterschaltungen und bezüglich gebührenfreier und widerruflicher Aufnahme in Teilnehmerverzeichnisse.
Die Richtlinie 2002/58/EG hatte aber auch geregelt, dass Mitgliedstaaten den Datenschutz dann aufheben dürfen, wenn dies für die Untersuchung von Straftaten oder zum Schutz der nationalen Sicherheit, zu Verteidigungszwecken und zum Schutz der öffentlichen Ordnung erforderlich ist. Eine solche Maßnahme darf nur getroffen werden, sofern sie „in einer demokratischen Gesellschaft notwendig, angemessen und verhältnismäßig“ ist.

Die ergänzende Richtlinie 2006/24/EG regelt die **Vorratsdatenspeicherung** von Daten, die bei der Bereitstellung öffentlich zugänglicher elektronischer Kommunikationsdienste oder öffentlicher Kommunikationsnetze erzeugt oder verarbeitet werden. Insbesondere müssen die Anschlussdaten (*nicht die Inhalte*) von Anrufern und Angerufenen (oder Äquivalenten), wo technisch möglich, 6 Monate

---

[231] vgl. Scheidges/Sigmund 2010, S.5

aufgehoben werden, so VoIP, SMS Telefonate, E-Mail, Handy (Funkzellen) und Internetnutzung[232].

Das Bundesverfassungsgericht hat die Vorratsdatenspeicherung am 02.03.2010 nicht generell für rechtswidrig erklärt, jedoch ihre Anwendung an strenge Voraussetzungen geknüpft, die der Gesetzgeber in einem neuen Gesetz berücksichtigen muss, insbesondere dem Schutz sehr wichtiger Rechtsgüter, d.h. die rein pauschale Vorratsdatenspeicherung ist nicht zulässig.
Die Vorratsdatenspeicherung kann dazu dienen, durch Analyse und Zusammenführen der jeweiligen Verbindungsdaten Kontakt-Netzwerke zu erkennen. Dabei führt die einfache Regel, dass, wenn A mit B und A mit C Kontakt hat, es naheliegt, dass auch B und C sich kennen. So konnte z.B. das Attentäternetzwerk des 11.03.2004 der Anschläge in Madrid, wenn leider auch erst nachträglich, recht klar dargestellt werden[233]. Dabei zeigte sich, dass auch ‚schwache' Verbindungen mit wenig Kommunikationsaktivität relevant waren, um Kontaktleute oder Leute mit begrenztem Aufgaben aufzuspüren. Insofern ist die Vorratsdatenspeicherung ein zweischneidiges Schwert: bis man erst erkannt hat, dass ein hochrangiges Rechtesgut in Gefahr ist, ist es vielleicht schon zu spät.
Man kann mit den Daten zumindest in gewissen Grenzen auch die zukünftigen Bewegungsmuster vorhersagen. In einem Versuch von Barbasi wurden 3 Monate lang die Bewegungsmuster von 50.000 Handynutzern anhand der benutzten Funkzellen analysiert, wobei viele unterschiedliche Nutzergruppen eingeschlossen waren, und dann eine mathematische Analyse durchgeführt. Diese kam zu dem Ergebnis, dass sich aus dem bisherigen Mobilitätsmustern mit 93%iger

---

[232] In der Bundesrepublik besteht das Recht vor allem aus dem Telemediengesetz TMG und dem Telekommunikationsgesetz TKG. Während das TMG auf die Rechte und Pflichten der Inhalteanbieter zielt, zielt das 1996 gültige Telekommunikationsgesetz TKG auf die Infrastrukturanbieter.
[233] vgl. Hayes 2007

Wahrscheinlichkeit das zukünftige Mobilitätsmuster vorhersagen lässt[234].

Das Recht auf **Informationelle Selbstbestimmung** bezeichnet im deutschen Recht das Recht des Einzelnen, grundsätzlich selbst über die Preisgabe und Verwendung seiner personenbezogenen Daten zu bestimmen. Es handelt sich dabei nach der Rechtsprechung des Bundesverfassungsgerichts um ein Datenschutz-Grundrecht, das im Grundgesetz nicht ausdrücklich erwähnt wird[235].

Das **Bundesdatenschutzgesetz BDSG** regelt insbesondere die Datenerhebung, die Datenverarbeitung und die Datennutzung. Zur Verarbeitung gehört dabei das Speichern, Verändern, Übermitteln, Sperren und Löschen der Daten. Bei einem Sitz der verantwortlichen Stelle in der EU gilt grundsätzlich das **Sitzprinzip**, d.h. der Sitz der verantwortlichen Stelle ist maßgeblich für das nationale Recht. Eine Firma mit Sitz in Frankreich beispielsweise kann ihr französisches Recht bei der Datenverarbeitung in Deutschland exportieren. Falls die Stelle jedoch eine Niederlassung in Deutschland hat, gilt grundsätzlich das **Territorialprinzip**, d. h. es gilt das deutsche BDSG. Dies gilt ebenso für Stellen, die einen Sitz in einem Nicht-EU-Staat haben.

Wichtigste Prinzipien des BDSG sind das Zugangs- und Bestimmungsrecht: Jeder hat das Recht zu erfahren, wer Daten über ihn speichert, wer seine Daten verarbeitet und hat ggf. das Recht auf Korrektur, Löschung oder Sperrung. Vertraulichkeit und Archivsicherheit von Datensammlungen werden ebenfalls geregelt. Ausnahmen hiervon betreffen insbesondere persönliche oder familiäre Zwecke und Zwecke der öffentlichen Sicherheit.

---

[234] vgl. Springer 2010; Rieger 2010 kam auf eine Wahrscheinlichkeit von 80%, mit der sich das Mobilitätsverhalten eines Menschen nur auf Basis der Verbindungsdaten der letzten drei Monate vorhersagen lässt.

[235] Die Ernsthaftigkeit der Datenschutzbemühungen wird durch eine neue gesetzliche Regelung in Frage gestellt, nach der Vermittlungszentralen geheime Telefonnummern trotzdem anrufen dürfen und somit jeglicher Schutz vor unerwünschten Telefonanrufen unterlaufen wird, vgl. Hegmann 2009, S.6.

Die EU untersucht die Möglichkeiten der automatisierten Analyse von Computerdaten zur Zeit im **INDECT-Project** (Extraction of Information for Crime Prevention by Combining Web Derived Knowledge and Unstructured Data), wobei die Kriminalprävention im Vordergrund steht. Technisches Ziel des Projektes ist die korrekte Einordnung und Verknüpfungen von Personen, Orten, Objekten und Ereignissen auf Grundlage der gewonnenen Daten[236].

Dies ist aber nur der erste Schritt zu einer verbesserten Erfassung und Kontrolle von Daten, denn im **Internet of Things** werden Milliarden Geräte miteinander kabellos verknüpft, so dass immer mehr Objekte in Echtzeit verfolgt werden könnten, so dass Informationen über ihren Ort und ihre Nutzung letztlich Verhaltensmuster ihrer Anwender offenbaren. Dazu kommen die Daten, die bei bargeldlosen Einkäufen bereits als durchsuchbare Echtzeitinformationen erzeugt werden. Die EU hofft, diese Informationen auch präventiv zur Verhinderung von Vorfällen nutzen zu können.

Die Internetzensur kann auf vielen Ebenen stattfinden:

- Auf der Ebene des Computers. Hierzu dienen Programme wie **Green Dam** in China, das wegen funktioneller Beeinträchtigungen dann zumindest anfangs doch nicht generell verpflichtend wurde[237].
- Auf der Ebene des Datenaustausches: Siemens/Nokia hat die **Deep packet Inspektion DPI**, die Echtzeitanalyse von Datenpaketen entwickelt, die vom Iran eingesetzt wird[238]. Das Verfahren leidet jedoch weniger am Mangel an Information als an einem Zuviel. Das macht die Kontrolle wenig effektiv. Außerdem kann es z.B. zu Analyse-Phänomen wie der **Identitätenfusion** kommen, d.h. der Vermischung zweier Personen mit gleichem Namen.

---

[236] EU 2009b
[237] FAZ 145/2009
[238] vgl. Spehr/Joern 2010

- Auf der Ebene der Websites durch Adressblockaden oder Suchwort-blockaden/Schließung von Websites
- Auf der Ebene der User durch eine Internetpolizei wie zum Beispiel in China
- Auf der Ebene der Contentprovider durch politische Einflussnahme: So hatte China Google 2010 fast vor die Tür gesetzt[239].

Als Argument für die Zensur wird stets der Schutz vor unsittlichen Inhalten ins Feld geführt. Natürlich gehören pädophile Seiten verboten, aber in vielen Staaten ist dies nur der Türöffner für weitergehende Beschränkungen. Das erklärt den Widerstand in Deutschland gegen die eigentlich nicht umstrittene Blockade von Kinderpornographie, die Debatte dauert auch in der EU weiterhin an.
Zensurmaßnahmen sind aber zuweilen auch technisch problematisch. Entweder sind sie ineffizient wie z.B. die dann doch nicht eingeführte Domain Name-Sperre in Deutschland für Kinderpornographie, da die dahinterstehende IP-Adresse des Computers natürlich immer noch verfügbar ist oder sie stören die Computerfunktionen, wie z.B. bei der chinesischen Filtersoftware Green Dam[240].

2.1.7 Drohende Fragmentierung des Internets

Das Internet bildet bisher eine globale und insgesamt dezentral angelegte Kommunikationsstruktur. Das Internet droht jedoch in Subnetze zu zerfallen. Hierzu gehören Probleme wie das drohende Ende der Netzneutralität und der Zerfall des Netzes in Sprachinseln.

Bisher gilt im Internet das Prinzip der **Netzneutralität**, d.h. Daten werden, egal, von wem sie kommen und wohin sie gehen, unterschiedslos durch das Netz transportiert. Dieses Prinzip wurde jedoch nirgendwo verankert, sondern quasi noch aus der ‚Internetsteinzeit' tradiert. Einige Netzbetreiber wollen jedoch selber

[239] vgl. Waters/Menn 2010, S.23
[240] Clauß 2009

bestimmen, wer ihre Netze benutzt, bzw. jene, die bereit sind, dafür zu zahlen, bevorzugt bedienen. Man kann einerseits argumentieren, dass eine solche *Breitbandmaut*, wie sie zuweilen genannt wird, den Ausbau der Infrastruktur vorantreiben würde, die insbesondere durch Videos inzwischen zunehmend überlastet ist. Anderseits besteht jedoch die Gefahr, dass die hierzu nötigen Filter und Kontrollen zu einer de facto-Zensur des Internets führen werden, die das Internet als Kommunikationsplattform über kurz oder lang zerstören würden.

Die Betreiber forderten 2010 in den USA die legale Kontrolle der Inhalte der Datenströme des Netzes mit Hilfe der **Deep Packet Inspection DPI**, um zu erkennen, welche Daten vorrangig transportiert werden sollten[241]. Entsprechend scharf wird die Diskussion geführt, z.B. ob man das Prinzip der Netzneutralität gesetzlich (z.B. in einer EU-Richtlinie) festschreiben soll. Der US-Regulierer FCC hat Ende 2010 die Netzneutralität für das Internet weitgehend festgeschrieben[242].

Inzwischen erlaubt die technische Entwicklung, dass Internetadressen auch in nicht-lateinischen Schriftarten eingetragen werden können. Kritiker fürchteten, dass ein Zerfall des Internets in Sprachinseln einsetzen würde, dieser Prozess ist nun bereits im Gange. In China haben sich Konkurrenzprodukte zu Google (die Suchmaschine **Baidu**) und auch für Social networks (Facebook-artige Portale) herausgebildet. Dies hat nicht nur mit Abschottung zu tun, lokale Anbieter können sich auch besser auf die Gewohnheiten ihres Publikums einstellen.

2.1.8 Die wachsenden Fähigkeiten privater Anbieter

Für die Sicherheitspolitik stellen die wachsenden Fähigkeiten privater Anbieter ein Problem dar, da dadurch eine kaum kontrollierbare Vielzahl privater/nicht-staatlicher Akteure in die nachrichtendienstliche Domäne der systematischen Informationsgewinnung und –auswertung vordringt[243].

---

[241] vgl. Welchering 2010b, S.T2
[242] vgl. Louven 2010, S.7
[243] Schaaf 2009, S.34

Im Internet haben sich in vielen Bereichen dominierende Anbieter etabliert. Die Netztheorie erklärt, warum sich im Internet Monopoltendenzen entwickeln.
Netze sind die Menge aller Verbindungswege zwischen vorhandenen Punkten. Auf diesen Wegen werden Informationen (Telefon, Post), Energie und Rohstoffe (Strom, Gas) oder Menschen (Bahn) transportiert. Je dichter ein Netz gewoben ist, desto kürzer kann der Transport zwischen zwei Punkten erfolgen und desto leichter kann ein neu hinzugekommener Punkt angeschlossen bzw. erreicht werden.
Daraus ergeben sich **positive Skalenerträge (economies of scale):** Je größer das Netz ist, desto billiger lässt sich ein weiteres Netzstück realisieren bzw. ein neuer Netzpunkt anknüpfen. Zudem ergeben sich positive **Verbunderträge (economies of scope):** Je engmaschiger ein Netz ist, desto kürzer/einfacher/billiger ist der Transport. Beides führt zur sogenannten **Subadditivität der Kosten, d.h.** größer und engmaschiger ein Netz, desto effizienter: Daraus folgt, wenn man es konsequent zu Ende denkt, dass ein einziges großes Netz am billigsten wäre. Diesen Effekt nennt man **natürliches Monopol**, d.h. bei freiem Wettbewerb würde sich automatisch derjenige mit dem größeren Netz durchsetzen, so dass am Ende des Prozesses theoretisch nur ein einziger Anbieter überlebt. Hinzu kommt das Problem der Eintrittsbarrieren für Newcomer, die zunächst zu höheren Preisen tendenzielle weniger Reichweite oder Service bieten können.

Auf das Internet bezogen heißt das, dass die Nutzer viele Monopolisten und ‚Kraken' vor allem *selber erzeugen*:

- Microsoft überzeugte die Nutzer durch die Vielzahl der Software und Geräte. Apple hat jedoch durch einen Relaunch der Marke und Modernisierung der veralteten Technologie das Luxus- und Unterhaltungssegment an sich ziehen können, das Smartphone *iPhone* galt als technologisch wegweisend
- Google erlangte seine Dominanz durch Tempo und Qualität der Suchergebnisse; die dahinterstehende Datensammlung ermöglicht, die Attraktivität für Werbekunden ständig zu steigern.

- Facebooks Anziehungskraft beruht darauf, dass schon so viele andere Nutzer dort sind, es ist daher der einfachste Einstieg in social networks. Facebook sammelt und verwaltet die Nutzerdaten, nicht nur um die kommerzielle Verwertbarkeit, sondern auch den Informationsgehalt für die Nutzer zu erhöhen.

Natürliche Monopole beziehen sich auf alle Teile des Internets und des Umfelds, d.h. auf die Contentprovider, auf serviceprovider, Internetools etc. etc. Die Geschichte des Internets ist auch eine von Konzentrationsprozessen. Die Datensammlungen erhöhen die Leistungsfähigkeit der Angebote, aber führen auch zuweilen zu Datenschutzproblemen. Nur der ständige Wandel der Technologien und die Kurzlebigkeit vieler Trends hat diesen Prozess bisher immer wieder aufbrechen können, während Antimonopolmaßnahmen insbesondere der EU gegen Microsoft keine nachhaltigen Effekte entfalten konnten.

Beispiel: Google Services[244]

Die Suchmaschine Google hat die unbestrittene Marktführerschaft im Suchmaschinebereich des Internets. Dies wurde durch den Algorithmus **MapReduce** möglich, bei dem ein Text in Rechnern parallel zerlegt (map) und Suchbegriffe dann summiert (reduce) werden. Dem folgt der **PageRank**-Algorithmus: Je mehr Links auf eine Seite verweisen, umso höher ist das Gewicht dieser Seite[245].

Die zentrale Einnahmequelle für Google ist der Anzeigendienst **Adwords**. Dabei werden neben Suchergebnissen suchwort- oder kontextsensitive Anzeigen geschaltet. Zusammengefasst ermöglicht Google dem Google-Kunden/Nutzern die Nutzung und Aufbereitung von Informationen, dafür nutzt Google die Informationen seiner Kunden und Nutzer. Datensammlung und Datenschutzprobleme sind damit

[244] vgl. u.a. Maurer 2007, S.273 ff.

[245] Um Google irrezuführen, d.h. die Trefferquote auf die eigene Seite zu steigern, werden Techniken wie Brückenseiten (Weiterleitungen), Linkfarmen (Sammlung von Verweisen auf dieselbe Seite) oder Page-Cloaking (Maskierung der eigentlichen Website) eingesetzt.

letztlich zwei Seiten einer Medaille, man kann technisch das eine nicht ohne das andere haben.

Weiter Services, die ebenfalls auf dem Tausch Informationssammlung vom Einzelnen gegen Informationsangebote für viele beruhen, sind:

- *Google Sites* ermöglicht die Erstellung einer Website mit Hilfe von google, man kann aber auch die selbstgemachte Website von *Google Analytics* analysieren lassen (Herkunft der Besucher, Verweildauer und Suchbegriffe in Suchmaschinen).
- Obwohl die Online-Durchsuchung Diskussionsstoff bietet, lassen viele Menschen den eigenen Rechner durch *google desktop search* freiwillig online durchsuchen. Die Ergebnisse werden dann auf US-Servern gespeichert. Google mail (*gmail*) durchsucht E-Mails automatisch, um kontextsensitive Werbung einblenden zu können.
- *Google Remarketing* blendet Nutzern, die eine Website besucht haben, kontextsensitive Werbung ein, also wer z.B. Fussballseiten aufruft, bekommt später entsprechende Werbung angeboten.
- *Google Maps, Google Earth* und *Google Street view* ermöglichen eine fortgeschrittene informatorische Erfassung der Landschaft und stellen eine Art geographisches Informationssystem von Google dar.
  Auch wenn Street View insbesondere in Deutschland wegen des Datenschutzes umstritten ist, zeigt Microsoft Maps als Teil der Suchmaschine Bing bereits 183 Städte mit über 50.000 Einwohnern aus der Vogelperspektive[246].
- *Google Latitude* ermöglicht Nutzern, den Freunden, die in der Nähe sind, über GPS-Signale seine eigene Position anzuzeigen (freiwillige GPS Positionserkennung).
- Zudem steht Google hinter einem der ersten social networks, nämlich *Orkut* und der zur Zeit beliebtesten Videosammlung

[246] vgl. FAZ 2010q, S.14

YouTube. Außerdem unterstützt Google die Genanalysefirma *23andme*

- *Google Chrome* ist ein neuer Internetbrowser
- Mit *iGoogle* kann man sich seine individuelle Startseite zusammenstellen
- Das noch projektierte *Google health* soll in Zukunft Gesundheitsdaten sammeln
- Das große Informationsprojekt ist nun die Digitalisierung von Büchern, nachdem Google bereits mit *Google books* eine partielle Buchtextsuche und mit *Google Scholar* die Suche nach wissenschaftlichen Artikeln anbietet. Die Gerichtsverfahren mit den Verlegern dauern noch an.
- Google arbeitet an einer **Echtzeitsprachübersetzung** über Smartphones. Das Google-Übersetzungskonzept bezieht auch bereits existierende valide Übersetzungen ein, um auf diese Weise Missinterpretationen zu verhindern. Der Rückgriff auf große Rechnerkapazitäten im Rahmen des cloud computing soll diese Technik unterstützen[247].
- Für Google wird zur Zeit eine Identifizierungssoftware für Smartphones entwickelt, die Menschen, Bilder und Häuser identifizieren soll, die das Smartphone über seine eingebaute Kamera ‚sieht'. Bei erfolgreicher Identifikation werden dann weiterführende Internetseiten zur Person bzw. dem Objekt angezeigt[248]. Bereits jetzt ist z.B. Gesichtserkennungssoftware für Fotographen zu Preisen nur um 40 Euro erhältlich, Marken sind u.a. Picasa, DigitalPhotoMaker, iPhoto09[249].
- *Google dashboard* ist ein neues tool, mit dem sehen kann, was Google über einen gespeichert hat.

Ein Gebiet, auf dem google sich noch zurückhält, ist die **Personensuche**, die von Maschinen, wie 123people, yasni und pipl betrieben wird, wobei pipl auch das **deep web** durchsucht, d.h. Level,

---

[247] Wefing 2010, S.3
[248] Wefing 2010, S.3
[249] Schoenert 2009

die von den Suchmaschinen normalerweise nicht erfasst werden. **Maschinelles Profiling** ist jedenfalls im Kommen, so erlauben z.B. Freundeslisten im Netz oft auch Rückschlüsse auf die sexuelle, ggf. auch politische Orientierung der Person[250].

Aber auch in Deutschland wachsen die nicht-staatlichen Datensammlungen beständig an[251], so haben z.B. Versicherer aus sieben Branchen seit 1993 das **Hinweis- und Informationssystem der Versicherungswirtschaft (HIS)**, das die Gebiete Kfz, Haftpflicht, Unfall, Sachen, Leben, Transport und Rechtsschutz umfasst.

Die **Schober Information Group**, die nach eigenen Angaben 2008 schon in 9 europäischen Ländern vertreten war, verfügt über Geodaten von über 19 Millionen Gebäuden und ermöglicht die Suche nach potentiellen Neukunden-Adressen nach über 100 Merkmalen auf Basis von 50 Millionen Datensätzen mit sozialer Schicht, Wohnsituation, Haushaltsgröße und Konsumschwerpunkten[252]. Diese Informationen sind z.B. für die Bewertung der Kreditwürdigkeit von Bürgern im Rahmen des sogenannten **Scorings** wichtig, bekannte deutsche Scores sind z.B. der Schufa- und der Informa-Score.

Auch auf dem Gebiet der **Verhörtechniken** gibt es durch private Anbieter technische Fortschritte, die auch staatlich genutzt werden können:
Die logische Mehrarbeit beim Lügen ist im Gehirn durch Veränderungen des Hirnstoffwechsels und der aktivierten Hirnregionen erkennbar. Die Firma *No Lie* in den USA entwickelt **Gehirnscanner**, die genau diese Aktivitäten während des Verhörs sichtbar machen sollen. Die in Fernsehkrimis häufig gestellten Fragen im Stil von: „Wo waren sie am 21.04.2002 um 18 Uhr?“ kranken daran, dass wir uns an so was oft kaum noch erinnern können, echte Erinnerungslücken zeigen

---

[250] vgl. auch Graff 2010, S.14
[251] Die Zeit 2008, Nr. 34, S.24
[252] vgl. Tomik 2006

aber eine Suchaktivität in der Gedächtnisregion, der sog. **Hippocampus**-Region des Gehirns und sind so erkennbar.
Bei Befragungen kann das Immer-wieder-dasselbe erzählen-müssen ein Problem darstellen, denn während sich die Reihenfolge der wahren Ereignisse leicht variieren lässt, ist das Risiko, bei einer Lüge zu stolpern, deutlich erhöht. Lügner müssen sich daher oft an bestimmte Formulierungen klammern, die sie beständig wiederholen und haben Probleme, die Sachverhalte locker darzustellen[253].
Durch diesen Prozess wird über das Zwischenhirn jedoch auch das **vegetative Nervensystem** unspezifisch mit angeregt und man hat:

- Pupillenverengungen => diese sind mit einer geeigneten Kamera direkt messbar
- Schwitzen und Herzrasen[254] =>Messung über Lügendetektoren. Diese Detektoren kranken jedoch daran, dass Menschen in Stress-Situationen natürlich ohnehin Schwitzen und Herzrasen haben und die Ergebnisse all nicht wirklich aussagekräftig gelten, sondern bestenfalls als Indiz dienen können.
- Stimmenstressmuster => Dieses ‚Zittern' der Stimme lässt sich von Computern problemlos während des Sprechens erfassen. Englische Sozialbehörden haben 2008 mit der Testung solcher Geräte während Telefonaten mit Sozialhilfeempfängern begonnen und diverse Entlarvungen vermeldet, weshalb das Projekt ausgedehnt werden sollte, sich dann aber dann doch als ineffektiv erwies[255]. Diese Überlegungen sind also auch von praktischer politischer Bedeutung.

---

[253] vgl. Westerhoff 2010, S.18
[254] Eine aus der Psychotherapie stammende Methode, der international von Qualitätskontrolleuren eingesetzt wird und den Stress ausnutzt, ist folgender: Der zu Befragende wird ins Zimmer gebeten. Dieser ist häufig stark angespannt und hat sich schon irgendwas zurechtgelegt. Die Kontrolleure jedoch schweigen und schauen den Betreffenden mitunter minutenlang nur an. Viele Menschen können dem Druck, irgendwas sagen zu wollen oder wie sie meinen zu müssen, nicht lange standhalten und reden und reden und reden, ohne das man sie noch drängen müsste….
[255] u.a. FAZ 04.12.2008, S.5, FAZ 2010w, S.6

Ein spezielles Thema ist das **Digital Rights Management DRM**. Das illegale Kopieren urheberrechtlich geschützten Materials hat seit den Neuziger Jahren so zugenommen, dass die Platten- und Filmindustrie merkliche Einbußen erlitten hat, sich die Staatsanwaltschaften aber gar nicht mehr um alle Fälle kümmern können[256]. Auch die organisierte Kriminalität hat sich der Sache angenommen. Raubkopieren von Kinofilmen ist heute ein industrieller Prozess, bei dem Angestellte der Firma oder von Filmshops als Supplier DVDs besorgen, die dann in einer von ca. 80 bekannten **Release Groups** von Kryptographen geknackt werden, Audiotechniker bearbeiten diese (‚muxen'), Trader laden das Ganze auf den Rechner und das illegale Verteilen (Filesharing) kann beginnen[257].

Das **DRM** soll helfen, das Material zu schützen, wobei dies aber zu Eingriffen in die Privatsphäre der Nutzer führen kann. Der neue **HD** Fernsehstandard wird in Deutschland mit der Anwendung **CI plus** (Common Interface) verbreitet, die den Sendern Zugriff auf die Festplattenrecorder der Zuschauer ermöglicht und so Eingriffe wie den Zwang, die eingeblendete Werbung gucken zu müssen, erlaubt[258]. Diese Maßnahme erlaubt ein effektives DRM, aber gilt auch als verbraucherfeindlich kritisierter Eingriff in das Sehverhalten, so dass die Schweiz und das britische BSkyB darauf verzichten.

2.2 Massenvernichtungswaffen

Massenvernichtungswaffen (MVW) oder englisch **Weapons of Mass Destruction** (WMD) sind atomare, biologische und chemische Waffen, also das, was man früher ABC-Waffen nannte[259].

---

[256] Rohwetter 2008, S.27
[257] Wieduwilt 2009, S.15
[258] vgl. FAZ 05.09.2009, S.14, Roesch 2009
[259] vgl. auch Bowman/Barel 2002

2.2.1 Atomwaffen

Grundlagen

Atombomben werden nach dem Kernspaltungs- oder Fissionsprinzip (Atombombe) und nach dem Kernfusionsprinzip (Wasserstoff- oder H-Bombe) gebaut.

Die herkömmlichen Atomwaffen beruhen auf der Spaltung von Atomkernen und einer anschließenden Kettenreaktion weiterer Kernspaltungen, die jeweils Kernenergie freisetzen und zur Explosion führen. Hierfür benötigt man jedoch hoch konzentriertes (angereichertes) Uran in einer hinreichenden Menge und Qualität, so dass die Herstellung einer solchen Waffe technisch schwierig und zeitaufwendig ist. In einer Kernspaltungsbombe wird zur Auslösung eine **überkritische** (eine mehr als ausreichende) **Masse** von spaltbarem Material zusammengebracht. Wie hoch diese Masse ist, hängt von Material, Geometrie und Konstruktion ab. Ideal ist eine Kugelform des spaltbaren Materials, am häufigsten werden Uran-235 oder Plutonium-239 verwendet. Man benötigt u.a. **Gaszentrifugen** zur Anreicherung des Urans, so dass die Menge der Zentrifugen eines Landes auch Rückschlüsse auf die Bombenbaukapazität zulässt.

Eine Steigerung der Atombombe stellt die **Wasserstoffbombe** dar, bei der Kernenergie durch die Fusion von Atomkernen von Lithiumdeuterid freigesetzt wird, wobei dieser Prozess mit Hilfe einer kleinen Atombombe in der Wasserstoffbombe angestoßen wird.

Die aufwendige und langwierige Konstruktion von Kernwaffen erschwert die heimliche Herstellung, da kleinste Uranpartikel aus dem Herstellungsprozess schon zum Nachweis genügen können, so dass der Nachweis dieser Aktivitäten sogar noch auf dem Boden abgebauter Anlagen möglich sein kann. Deshalb stellen Vor-Ort-Inspektionen der **Internationalen Atomenergiebehörde (IAEO)**, die die Einhaltung des Atomwaffensperrvertrages kontrolliert, bei heimlichen Aktivitäten ein erhebliches Problem dar. Bei Atomexplosionen können auch Verunreinigungen der Luft oder die Erdstösse zum Nachweis verwendet werden. Atomwaffen sind jedoch nicht nur Angriffswaffen, sondern offenbar auch politisch wirksame Defensivwaffen, denn einer Atommacht kann man nur schwerlich mit einem militärischen Angriff drohen, was die politischen Handlungsmöglichkeiten der Gegner doch einschränkt, wie das Beispiel Nordkorea zeigt.

Die Atombombe muss jedoch auch praktisch einsetzbar sein, und hierzu gehört die Entwicklung von Langstrecken-Raketentechnologie als 'Begleittechnologie'. Deshalb gehört die Beschaffung entsprechenden Know-hows und Materials ebenfalls zur Proliferation dazu. Manche Materialien sind so genannte **Dual use Güter**, die sowohl für friedliche als auch für militärische Zwecke genutzt werden können, so dass der Export solcher Güter üblicherweise strengen Restriktionen unterliegt[260].

Neben dem Explosionsschaden, der durch die Explosion und die Hitzewelle entsteht, sind noch weitere Effekte zu betrachten:

- Der **elektromagnetische Puls EMP**, der von einer atomaren Explosion ausgeht, zerstört Transistoren und somit praktisch alle elektronischen Geräte. Wegen der wachsenden Abhängigkeit von Computern nehmen die theoretischen Schäden durch Atomexplosionen weiterhin zu.
- Ein weiteres Problem ist die Radioaktivität, die noch lange nach der Explosion mit dem Staub als **Fallout** auf die Erde fällt und dadurch Gebiete weit außerhalb der Explosion verseuchen kann.
- In den 1970er Jahren wurde die Entwicklung einer **Neutronenbombe** diskutiert, bei der die Strahlung die Menschen tötet, aber die Gebäude relativ unbeschädigt lässt. Da diese Waffe faktisch auf die Zivilisten abzielte, sozusagen nur noch auf Kollateralschäden, sah man davon schließlich ab.
- Auch die aufgewirbelten Staubmengen stellen ein eigenes Problem dar, denn bei einem größeren Einsatz von Atomwaffen könnte das Sonnenlicht soweit abgefangen werden, dass es zu längeren Ernteausfällen im Extremfall über mehrere Jahre käme. Dieses **nuklearer Winter** genannte Szenario wurde vor allem für

---

[260] vgl. EU 2009d

den kalten Krieg entworfen, bei dem man mit dem Einsatz tausender von Sprengköpfen rechnete[261]. Manche Autoren halten das Szenario für übertrieben und denken eher an eine vorübergehende Abkühlung (**nuklearer Herbst**), wobei andere dies aber auch für einen lokalen Atomkrieg für denkbar halten (in einem Szenario, bei dem sich z.B. Indien und Pakistan wegen der gemeinsam besetzten Provinz Kaschmir gegenüberstehen)[262]. Die zunehmende Umweltverschmutzung der Atmosphäre in den 1960er Jahren war ein Grund für **Testmoratorien**, d.h. den Verzicht auf überirdische Atomwaffentests. Aber auch unterirdische Atomwaffentests sind teuer und überdies über die Erderschütterung seismisch zu erkennen, so dass die häufigste Testform inzwischen die Simulation am Computer ist.

- Schmutzige Bombe (**dirty bomb**): dabei geht es um das Aufwirbeln und Verbreiten radioaktiven Materials mit einer atomaren oder auch nur einer herkömmlichen Explosion[263]. Dies ist aber komplizierter als es scheint. Zunächst muss man eine sehr große Menge Sprengstoff unbemerkt an einen Ort verbringen, dann auch das radioaktive Material, und man wird es wohl kaum unbemerkt im Freien aufstellen können, so dass man auch noch evtl. ein umgebendes Gebäude mitsprengen muss, dann müssen auch noch Wind und Wetter mitspielen. Dann kann man schließlich auch noch das verseuchte Gebiet wieder entseuchen (dekontaminieren), so dass manche Autoren die Praktikabilität und den ‚Sinn' (im Sinne der Terroristen) bezweifeln.

---

[261] vgl. Turco et al 1985, S.52ff.

[262] vgl. Schrader 2007, S.20, Robeck/Toon 2010, S.85 ff.

[263] vgl. Sauer 2007, der auch Angaben zu den benötigten Mengen macht: Je nach Anreicherungsgrad werden zwischen 25 und 200 Kilogramm Uran benötigt, um eine Spaltbombe des simpleren Kanonenrohrdesigns zu bauen. Das komplexere und effektivere Implosionsdesign käme mit weniger als 10 Kilogramm Plutonium aus, was einer Materialmenge in der Größe einer Grapefruit entspricht. Eine dirty bomb käme natürlich mit noch weniger Material aus, was aber wiederum ihre Wirkung begrenzt.

Die dirty bomb-Problematik hat jedoch die Frage nach **Nuklearschmuggel** aufgeworfen, d.h. dem illegalen Handel mit radioaktivem Material. Beim Abbau einer alten Atomanlage in Frankreich wurden 2009 immerhin 39 Kilogramm nicht registriertes Plutonium entdeckt, das für den Bau mehrerer Atombomben ausgereicht hätte[264]. Derartiges könnte auch hinter dem aktuellen Diebstahl von 5 Messgeräten mit dem radioaktiven Material **Americium 241** stecken, denn ein Al Qaida Mitglied hatte dieses Material als Stoff für eine schmutzige Bombe diskutiert[265]. Nach Schätzungen der **Fissile Materials Working Group** würden die weltweiten Vorräte spaltbaren Materials für ca. 120.000 Atombomben reichen, weshalb im April 2010 eine Sicherheitskonferenz zu dem Thema in den USA stattfand[266].

Die Atomwaffentechnologie hat für die Besitzerstaaten aber auch Nachteile: Die Waffen und ihre Träger sind pflege- und wartungsaufwendig, die Technologie ist also sehr teuer, was ein Grund gewesen könnte, warum der französische Präsident Sarkozy Bundeskanzlerin Merkel eine Beteiligung an der französischen Atommacht (force de frappe) anbot. Weißrussland, Kasachstan und die Ukraine verzichteten nach dem Zerfall der Sowjetunion auf ihren Teil der Atomstreitmacht. Die Zersetzung solcher Waffen könnte z.B. auch bei sinkenden Atom-U-Booten sehr große Umweltschäden verursachen.

Hinzu kommt das **Kontrollproblem**, d.h. die Sicherheit der Bedienung und der Befehlskette, auch mit Blick auf eigenmächtige Aktionen nachgeordneter Hierarchieebenen. Dies hat zur Debatte über die relativ instabile Atommacht Pakistan geführt und die Frage, wem die Waffen in Zukunft noch in die Hände fallen könnten[267]. Deshalb sollten Zündmechanismen und Waffen getrennt voneinander gelagert und die Aufbewahrungsorte streng geheim gehalten werden[268].

---

[264] SZ 16.10.2009, S.6
[265] Wagner 2009, S.7
[266] Muscat 2010, S.13
[267] vgl. Krüger 2009a, CRS 2010
[268] vgl. Sauer 2007

Der Abbau radioaktiver Materialien ist ebenfalls ein Problem, sowohl im Rahmen der Atommüllproblematik als auch der Entsorgung alter Nuklearwaffen. Die Forschung zielt auf ein Bakterium namens **Deinococcus** (früher Micrococcus) **radiodurans**, das in der Lage ist, der Strahlung standzuhalten und radioaktives Material zu zersetzen[269].

Die folgende Tabelle zeigt die Systematik der Kernwaffen:

Tab. 3 Kernwaffen

Typus	Terminologie	Erläuterungen
Strategische Kernwaffen Kernwaffen mit großer Sprengkraft	freifallende Bomben	Können von Langstreckenbombern auf das Ziel abgeworfen werden (so wie 1945 bei Hiroshima od. Nagasaki)
	landgestützte Interkontinentalraketen (ICBM) oder Mittelstreckenraketen (MRBM)	in Raketensilos oder auf mobilen Abschussrampen
	U-Boot-gestützte ballistische Raketen (SLBM)	
	luftgestützte ballistische Raketen (ALBM) Marschflugkörper (Cruise Missiles) (ALCM)	gestartet von Flugzeugen
	Multiple Independently targetable Re-entry Vehicle MIRV	mehrere Sprengköpfe auf einer Rakete

[269] vgl. Lackerbauer 2007, S.16

Typus	Terminologie	Erläuterungen
Taktische Kernwaffen	auch nukleare Gefechtsfeldwaffen mit einigen hundert Kilotonnen	können auch mit Granaten, Torpedos und anderen relativ kurzreichweitigen Geschossen transportiert werden
Sonderformen	Mini-Nukes	mit einer Sprengkraft unter fünf Kilotonnen
	Kofferbombe	Hypothetisches Konzept einer tragbaren Atombombe
	Bunkerbrecher	Kleine Atombombe zum Aufbrechen besonders geschützter Bunkersysteme
	Neutronenbombe	Atombombe mit starker Neutronenstrahlung, besonders schädlich für Menschen
	Dirty bomb (schmutzige Bombe)	Hypothetisches Konzept einer Bombe, die radioaktives Material zu Terrorzwecken verstreut

Atommächte sind Staaten, die Kernwaffen und die geeigneten Trägersysteme für den Einsatz verfügen. Die **nukleare Triade** der Trägersysteme besteht aus Interkontinentalraketen, U-Boot-gestützten ballistischen Raketen und strategischen Bombern. Als offizielle Atommächte gelten die USA, Russland, Großbritannien, Frankreich und

die Volksrepublik China, ferner gibt es die 4 faktischen Atommächte Indien, Pakistan, Israel und Nordkorea.
Im Rahmen der **nuklearen Teilhabe**, in deren Rahmen Atomwaffen der USA in europäischen NATO-Ländern (Belgien, Deutschland, Italien, Niederlande, Türkei) stationiert sind, verfügen auch noch andere Länder über Atomwaffen auf ihrem Territorium.

Die Zahlen der Sprengköpfe und Raketen schwanken mit der Literatur und kein Land gibt exakte Informationen frei, so dass man die Zahl nur schätzen kann. Hinzu kommt, dass nicht alle Waffen einsatzbereit sind und die Menge des waffenfähigen Urans höher ist als die der Bomben, da das Uran ja im Zweifel noch ‚verpackt' werden muss.

Tab. 4 Weltweite Nuklearmächte im Januar 2008

Staat*	**Gesamtzahl aller einsetzbaren Sprengköpfe**
USA	5113**
Russland	5189
Großbritannien	185
Frankreich	348
China	176
Indien	70
Pakistan	60
Israel	80

*Alle Angaben sind Schätzwerte (SIPRI 2008), vgl. höhere Schätzungen von Wergin 2010
**Angabe der USA vom Mai 2010

Die Proliferationsproblematik
Aktuell ist die **Proliferation**, d.h. die zunehmende Verbreitung waffenfähiger Atomtechnologie das Hauptproblem. Dieses Problem hat

es von Anbeginn der Atomwaffen gegeben, die Sowjetunion hatte z.B. die Informationen durch Spionage von den USA erlangt.
Aktuell meint man damit aber die Weitergabe von Informationen insbesondere durch das Proliferationsnetzwerk des pakistanischen Atomwissenschaftlers **Abdul Qadir Khans**. Dieser hatte das Know-How in der niederländischen Uranfabrik URENCO erworben und dann ab 1976 an sein Heimatland Pakistan, weitergegeben. Bis 1987 baute er das Forschungslabor **Abdul Khan Research Laboratories KRL** auf und dann ein Netzwerk.
Pakistan war dann mit Hilfe chinesischer Uranlieferungen in der Lage, die Atombombe zu bauen, so dass 1998 eine erste Atombombe getestet werden konnte[270]. Die Chinesen waren an einer Stärkung Pakistans gegenüber Indien interessiert.

Libyen, das ebenfalls von Khan Pläne für Urangaszentrifugen und Uranhexafluorid erhalten hatte[271], gab 2003 sein Atomprogramm auf, nachdem im Oktober 2003 eine von Khan gelieferte Anlage im italienischen Hafen Tarent abgefangen werden konnte, so dass der Fokus der Debatte nun auf Nordkorea und dem Iran liegt.

Nordkorea, das ebenfalls von Khan zwischen 1997 und 1999 Zentrifugenpläne und Uranhexafluorid erhalten hatte, hat im Oktober 2006 zum ersten Mal eine Kernwaffe getestet, nachdem die USA lange versucht hatten, Nordkorea auf politischem Wege von der militärischen Nutzung von Atomwaffen abzubringen. Staaten im Fokus der Diskussion sind daher Nordkorea, das nach einem scheinbar misslungenen Erstversuch nach herrschender Meinung jetzt über Atomwaffen verfügt und der Iran, dessen Atomprogramm Fortschritte macht.

1974 begann der Iran ein Nuklearprogramm, das zunächst nach der Revolution von 1979 unterbrochen wurde, um dann 1984 in einem Forschungszentrum in Isfahan wiederaufgenommen zu werden. Auch

---

[270] vgl. Rühle 2010
[271] vgl. Thränert 2005, Harnisch 2005, Krüger 2009b

der Iran erhielt Zentrifugen von Khan. 1995 unterzeichnete Iran einen Vertrag mit Russland über den Weiterbau eines Reaktors von **Buschehr**, der im ersten Golfkrieg mit dem Irak beschädigt worden war und der die Stadt Schiraz mit Energie versorgen könnte, der Reaktor wurde erst im August 2010 fertig gestellt[272].
Es gibt daneben noch weitere Anlagen, insbesondere die unterirdische Anlage von **Natanz** zur Urananreicherung mittels Zentrifugen. Die Gaszentrifugen zur Urananreicherung werden nach jetzigem Kenntnisstand teilweise selbst erbaut, teilweise auch importiert. In **Fordo** bei Qom hat der Iran inzwischen eine weitere Anlage zur Anreicherung errichtet. In Isfahan kann Uran auch in das gasförmige Uranhexafluorid umgewandelt werden, das wiederum in den Gaszentrifugen angereichert werden kann. In Arak wird Schweres Wasser (Deuterium) hergestellt, mit dessen Hilfe man Kernspaltungen in Atomreaktoren erleichtern kann (sog. Moderatorfunktion). Im Übrigen verfügt der Iran über größere natürliche Uranvorkommen.

Vom Iran wird befürchtet, dass es die Waffen gegen das relativ kleine und daher für Atomangriffe extrem anfällige Israel richten könnte. Die Diskussion um einen denkbaren israelischen Präventivschlag wird durch die bereits erfolgten israelischen Präventivschläge gegen einen Atomreaktor im Irak vom März 1981 und im Jahre 2007 gegen eine wohl mit nordkoreanischer Hilfe gebaute Anlage in Ost-Syrien gefördert[273]. Es wird auch die Existenz weiterer Anlagen im Iran diskutiert, was praktisch bedeutsam ist, weil ein Angreifer mehrere Anlagen zugleich angreifen müsste und dabei im übrigen auch noch eine längere Flugstrecke zurücklegen müsste, was die Wahrscheinlichkeit einer Abwehr[274]- und Gegenreaktion erhöht.

---

[272] vgl. hier und im folgenden auch Katzman 2009, vgl. auch Dschalili 2009

[273] vgl. Rühle 2010. Womit übrigens auch klar ist, dass Kernkraftwerke einem Angriff nicht standhalten können.

[274] Russische Lieferungen von S-300 Flugabwehrraketen an den Iran im Jahre 2009 könnten einen solchen Schlag verhindern. Israel suchte jedenfalls den Dialog mit Russland mit einem Geheimbesuch Netanjahus im Moskau, vgl auch Joffe 2009

Im Dezember 2006 hat der Sicherheitsrat der Vereinten Nationen die Resolution UNSCR 1737(2006) verabschiedet, nach der der Iran sofort alle Tätigkeiten im Zusammenhang mit schwerem Wasser und der Anreicherung und Wiederaufbereitung von Uran aussetzen und die ausschließlich friedliche Nutzung des Atomprogramms gewährleisten muss. Die EU hat in der davon abgeleiteten Verordnung (EG) Nr. 423/2007 Handelsbeschränkungen gegen den Iran vor allem für **Dual-Use-Güter** und Technologien erlassen, die im Zusammenhang mit dem Atomprogramm sowohl zivil als auch militärisch genutzt werden könnten. Die bisherigen Sanktionen haben aber das iranische Atomprogramm nicht gestoppt.

2.2.2 Atomare Kontrolle und Abrüstung

Der 1968 geschlossene **Atomwaffensperrvertrag** oder Nichtverbreitungsvertrag (Treaty on the Non-Proliferation of Nuclear Weapons, NPT), der 1970 in Kraft trat, regelt das Verbot der Verbreitung und die Verpflichtung zur Abrüstung von Kernwaffen und das Recht auf die friedliche Nutzung der Kernenergie.

Die **Internationale Atomenergie-Organisation (IAEO)** wurde bereits 1957 gegründet und hat ihren Sitz in Wien, ihr gehörten Ende 1990 150 Mitgliedstaaten an. Die IAEO soll durch Sicherungsmaßnahmen (safeguards) mit allen Nichtkernwaffenstaaten sicherstellen, dass aus deklarierten Nuklearaktivitäten kein spaltbares Material für die Herstellung von Atomwaffen genutzt wird. Die IAEO kontrolliert hierzu den gesamten Produktionsprozess spaltbarer Materialien in den Unterzeichnerstaaten. Die Überprüfung (Verifizierung) eingegangener Verpflichtungen ist wesentlicher Bestandteil des Nichtverbreitungsregimes[275].

Das 1997 beschlossene **Zusatzprotokoll** zum Sicherungsabkommen ermöglicht der IAEO, ggf. eine Versicherung darüber abzugeben, dass es in einem Mitgliedsland keine Hinweise auf nicht deklarierte

---

[275] IAEA 2009

Aktivitäten auf dem Nuklearsektor gibt und dass das gesamte Nuklearmaterial ausschließlich friedlichen Zwecken dient.

Nach dem Ende des kalten Krieges haben die USA und Russland mehrere **Abrüstungsabkommen** mit Obergrenzen für strategische Kernwaffen unterzeichnet[276]. Bei allen diesen Abkommen steckt der Teufel im Detail, insbesondere in der Zählweise, was nun genau eine Atomwaffe ist und auch in der Überprüfung (Verifikation), aber der Trend zeigt in allen Abkommen eindeutig nach unten. Auch die nach den Abkommen vorhandenen Atomwaffen reichen für einen Erst- und Zweitschlag aus und somit für den von Kritikern gefürchteten **Overkill**, d.h. die Fähigkeit, den Feind insgesamt mehr als einmal zerstören zu können[277].

---

[276] vgl. Müller/Schaper 2003, Brill 2009

[277] Die Probleme, mit denen man sich noch 1985 beschäfitgte, sahen z.B. so aus: Wenn eine sowjetsiche Rakete einen US-Atomwaffenbunker trifft, dann erzeugt der Atompilz eine Partikelwolke, die nachfolgende Raketen ablenkt (**Brudermord-Effekt**). Dadurch wurde die Idealvorstellung des Niederhaltens des Gegners durch mehrere Raketenwellen (**Pindown-Angriff**) behindert, vgl. Bunn/Tsipis 1985, S.27f..

Tab. 5 Nukleare Abrüstungsabkommen

Jahr	Vertrag	Kernpunkt
1972	Strategic Arms Limitation Talks (SALT I)-Vertrag/ABM-Vertrag	1971 einigten sich die USA und die Sowjetunion auf die Begrenzung von Raketenabwehrsystemen (Anti-Ballistic Missiles, ABM) mit 2 ABM-Stützpunkten (ab 1974 je 1) mit maximal 100 Abwehrraketen zum Schutz der Hauptstadt (Moskau, Washington) und je einen Stützpunkt für Interkontinentalraketen (ICBM)
1972	Strategic Arms Limitation Talks (SALT II)-Vertrag	1979 einigten sich die USA und die Sowjetunion auf die Begrenzung auf maximal 2.400 nuklear-strategische Trägersysteme 6 Monate nach Vertragsbeginn. Der Vertrag wurde wegen des Afghanistan-Einmarsches von den USA nicht ratifiziert, aber faktisch befolgt
1987	INF (Intermediate Range Nuclear Forces)-Vertrag	Komplette Abschaffung von nuklearen Mittelstreckensystemen durch die USA und die Sowjetunion

1991	Strategic Arms Reduction Treaty START I	Das Abkommen sah eine Verminderung auf 1.600 Trägersysteme mit maximal 6.000 Nukleargefechtsköpfen durch die USA und die Sowjetunion vor, die Nachfolgestaaten der Sowjetunion gaben bis auf Russland alle Atomwaffen ab
1993	START II	Geplante Deaktivierung aller landgestützten Interkontinentalraketen mit Mehrfachsprengköpfen, trat u.a. wegen Differenzen um Raketenabwehr nicht in Kraft
2002	Strategic Offensive Reductions Treaty (SORT)	Reduktion auf 1700-2200 einsatzfähige Gefechtsköpfe bis 2012
2010	New START	Reduzierung der Anzahl der Sprengköpfe von 2200 auf je 1550 und die Anzahl der Trägersysteme von 1600 auf 800 in 7 Jahren ab Ratifizierung des Vertrages

Ein vorrangig aus der friedlichen Nutzung der Kernenergie stammendes Problem ist die Lagerung und Entsorgung radioaktiven Materials. Die rasche Zersetzung der ersten Betonhülle um Tschernobyl hat die Notwendigkeit stabiler Lagerstätten und -behälter gezeigt. In Deutschland hat sich die Zwischenlagerung in Salzstöcken nicht als dauerhaft erwiesen[278]. Die Lagerung in Behältern erweist sich aber ebenfalls als aufwendig, die Entwicklung der Endlagerbehälter vom Typ *Pollux*, in die später die radioaktiven Materialien umgeschichtet werden

[278] Albrecht 2008, S.65

sollen, die zur Zeit in Behältern vom Typ Castor (cask for storage and transport of radioactive material), gelagert werden, ist aber im Gange.

2.2.3 Biologische Waffen

Als biologische Waffen werden Bakterien, Viren oder natürliche Giftstoffe (Toxine) eingesetzt, die mitunter auch getrennt als Toxinwaffen bezeichnet.

Zu den **Bakterien** gehören u.a. *Bazillus anthracis* (Anthrax, Milzbrand), *Yersinia pestis* (Pest), *Vibrio cholerae* (Cholera), *Coxiella burnetii* (Q-Fieber) oder *Francisella tularensis* (Tularämie). Manche Bazillen bilden sehr widerstandsfähige Dauerformen (Endosporen), die zur langfristigen Verseuchung eines Gebietes beitragen können.
Bei den **Viren** sind die Pocken und Erreger von hämorrhagischen Fiebern (Fieber mit zum Teil sehr starken Blutungen) wie *Ebola*, *Lassafieber* oder *Gelbfieber* hervorzuheben. Die Pocken gelten zwar als ausgerottet, Erregerstämme sind aber immer noch in den USA und Russland archiviert.
Toxine werden natürlicherweise von Bakterien und Pflanzen hergestellt, wobei das bekannteste das Botulinumtoxin von *Clostridium botulinum* ist, das zuweilen auch in verdorbenen Konserven auftritt und das wegen seiner lähmenden und dadurch hautglättenden Wirkung inzwischen auch Karriere in der Kosmetikindustrie gemacht hat.

Eine technisch ideale Biowaffe soll schädlich, ansteckend und billig (leicht herzustellen) sein. Das amerikanische **Center for Disease Control and Prevention CDC** hat eine international anerkannte Unterteilung nach Gefährlichkeit und leichter Übertragbarkeit herausgegeben mit der gefährlichsten Kategorie A z.B. für Pocken, Pest und Milzbrand, Kategorie B für mittelschwere Erreger wie *Coxiella burnetii* (Q-Fieber), und die Kategorie C, wo die Erreger behandelbar sind und/oder eine geringe Sterblichkeit verursachen wie z.B. das *Mycobacterium tuberculosis* (Tuberkulose).

Die Herstellung ist aber bei weitem nicht so leicht, wie es scheint. Nehmen wir zum Beispiel den Milzbranderreger, der im Jahre 2001 in den USA im Rahmen eines Terrorakts in Briefumschlägen verschickt wurde. Zunächst einmal muss der Erreger ‚auf Lunge' geatmet werden, um wirklich vollen Schaden anrichten zu können.
Das wiederum erfordert, die Oberfläche des Erregers zu ‚versiegeln'[279], damit er nicht schon im Rachen hängen bleibt, ein Problem, das man bei Kortisonprays für die Asthmabehandlung ebenfalls kennt. Diese Versiegelung muss jedoch auf mikroskopischer Ebene erfolgen, woraus sich ergibt, dass es sich um eine sehr anspruchsvolle Technik handelt, die nur wenige beherrschen und bezahlen können. Außerdem hinterlässt diese Versiegelung ähnlich wie die Bearbeitung von Uran typische Bearbeitungsspuren, die sogenannte **Signatur**, durch die man klären kann, woher der Erreger letztlich kommt. Bei den Anschlägen in den USA 2001 konnten 'nur' Einzelpersonen mit milzbrandhaltigen Briefen angegriffen werden, welche Mengen würde man also für einen Großangriff brauchen? Die Analyse der Erreger ermöglichte rasch die Identifikation des Erregerstamms und somit der Produktionsstätte (der sog. **Ames-Stamm**)[280], so dass sich normalerweise Täter oder Beschaffungswege klären lassen[281].

Das durch den Anschlag des 11. September 2001 gewachsene Bewusstsein für diese Probleme hat die EU dazu veranlasst, über die europäische Zulassungsbehörde EMA Leitlinien für den Fall

---

[279] u.a. negative Ladungsenden zu neutralisieren

[280] Am Rande: Deshalb sind z.B. auch nur bestimmte Asbestnadellängen lungengängig und besonders krebserregend.

[281] vgl. Ulfkotte 2001, S.3; Bernd 2003, S.13. Es war in dem Zusammenhang nicht unbedingt beruhigend, dass der amerikanische Biowaffenspezialist Bruce Ivins, der für die Attentate verantwortlich gewesen sein soll, an einer paranoiden Persönlichkeitsstörung gelitten haben soll, als er Zugang zu Anthrax hatte, vgl. Winkler 2008, Schaaf 2008.

terroristischer Angriffe mit biologischen oder chemischen Waffen herauszugeben[282].
Die Möglichkeit eines Angriffes mit gentechnisch veränderten Organismen wird zumindest offiziell nicht in Betracht gezogen[283]. Es gäbe auch hier für den Produzenten verschiedene biotechnologische Probleme zu lösen, u.a. das folgende: Die Beladung von Mikroorganismen mit zusätzlichen Genen ist für die Organismen material- und energieaufwendig und dadurch ist ihre Vermehrungs- und Ansteckungsfähigkeit wie auch die Stabilität der Veränderung in der freien Umwelt beeinträchtigt.
Kuhn weist daraufhin, dass der ganze Ansatz der konventionellen Biowaffen vielleicht verkehrt ist[284]. Die Biotechnologie ermöglicht es nämlich, bei 'Bedarf' menschliche Hormone in bisher unbekannten Größenordnungen herzustellen, z.B. die nervenaktivierende natürliche **Substanz P** ist als Aerosol außerordentlich toxisch, nämlich 100 fach stärker als das Kampfgas Sarin. Den Behörden ist dies natürlich nicht entgangen und so wird der Informationsfluss in der biotechnologischen Forschung durch den *US Bioterrorism Act* in den USA allmählich beschränkt. In Deutschland sind im Rahmen des **Sicherheitsüberprüfungsgesetzes SÜG** Überprüfungen an sicherheitsempfindlichen Stellen in Einrichtungen wie dem für Infektionskrankheiten zuständigen Robert-Koch-Institut (RKI) angelaufen[285].

Da auch Fachzeitschriften begannen, die Daten potentiell terrorgeeigneter Mikroorganismen zu unterdrücken, haben in den USA die CIA und der Nationale Forschungsrat die Offenlegung solcher Daten

---

[282] Die EMEA sieht z.B. Risiken durch Anthrax (Milzbrand) Pest, Pocken, Botulismus, Chlamydien, das sind kleine in den Zellen lebende Bakterien, die Krankheiten wie das Q-Fieber verursachen und durch hämorrhagische Fieber, bei denen Viren wie z.B. Ebola oder das Marburg-Virus, die Blutgefäße zerfressen, wodurch es dann zu zahlreichen 'Rohrbrüchen' im Körper kommt, vgl. EMEA 2002 und EMEA 2003.
[283] EMEA 2002
[284] vgl. Kuhn 2004:155
[285] van Akne/Johannsen/Kollek 2004:C2429-C2430

gefordert, da der wissenschaftliche Fortschritt und die Konkurrenzfähigkeit der heimischen Labors nicht durch Verschluss-Sachen gefährdet werden dürfe[286].
Die USA haben für potentiell gefährliche Organismen die an den *US Patriot Act* und den *Public Health Security and Bioterrorism Preparedness and Response Act* 2002 anknüpfenden **Select Agent Rules** erlassen, die eine Kontrolle über die Nutzung solcher Organismen ermöglichen sollen. Das **National Science Advisory Board for Biosecurity** stellte 2006 fest, dass es gar kein Problem mehr sei, DNA-Stücke von 120 Bausteinen Länge herzustellen bzw. zu beziehen. Bei einer Stichprobe überprüften aber nur 5 von 12 Synthesefirmen die Kunden auf mögliche terroristische Hintergründe[287].

In der Europäischen Union (EU) wird der Bioterrorismus nach wie vor unter der Vorstellung eines Angriffes mit konventionellen Erregern behandelt. Andererseits hätte ein wirklich wirksamer Biowaffenangriff aus Sicht des Angreifers den Nachteil, dass man nicht weiß, ob der Angriff rechtzeitig eingedämmt werden könnte, bevor er die 'eigenen' Leute erreicht bzw. ob dies nicht eine entsprechende Gegenreaktion provozieren könnte. Insofern stößt man hier auf dieselben Probleme aus Angriff und Angriffsfolgen, die man schon von Atomwaffen kennt.
Es gibt gegenwärtig sieben Laboreinrichtungen in fünf Mitgliedstaaten der EU, die für die Behandlung und Überprüfung von Proben und Mustern hochgefährlicher Krankheitserreger wie dem viralen hämorrhagischen Fieber oder Pockenviren geeignet sind. Diese Laboratorien der Sicherheitsstufe P4 sind miteinander vernetzt worden, um jederzeit Informationen austauschen und Tests und Übungen sowie Schulungs- und Fortbildungsmaßnahmen durchführen zu können[288].
Zur Verstärkung der biologischen Sicherheit hat die EU-Kommission im Juni 2003 eine Überwachungspflicht für die Erreger *Bacillus anthracis* (für Anthrax), *Franciscella tularensis* (für Tularämie), *Coxiella burnetii* (für Q-Fieber) und *Variola major* (für Pocken) eingeführt und diese

---

[286] FAZ 2004:N1
[287] vgl. Relman 2006
[288] vgl. EU 2004c

durch die Entscheidung Nr. 2003/534/EG der Kommission vom 17. Juli 2003 der EU-Liste spezieller Krankheitserreger zugefügt.

Ein neuartiges Problemfeld ist die **Systembiologie**, die Disziplin der systematischen Aufklärung des Bauplans der Natur, und zwar bezogen auf Struktur, Dynamik, Kontrolle und Konstruktionsprinzipien von Zellen, um zu einem Gesamtverständnis des Systems Zelle vorzudringen. Bislang beschränkte sich nämlich die Veränderung von Organismen auf den Einbau neuer Gene in eine funktionsfähige Zelle in der Hoffnung, dass das biologische System danach noch (besser) funktioniert. Bildlich gesprochen versucht die Systembiologie den Apparat „Zelle" in seine Einzelbausteine zu zerlegen und dann die Schaltpläne zwischen den Einzelteilen zu ermitteln. Im MIT-Verzeichnis biologischer Standardteile befanden sich Anfang 2006 bereits 2109 Gensequenzen[289]. Im Endeffekt hofft man, die Zellen in Funktionseinheiten, die 'Biobricks' (wörtlich: Biobausteine) zerlegen zu können, um sie dann nach ingenieurwissenschaftlichen Prinzipen *neu zusammenschalten* zu können, denn auch elektrische Geräte sind letztlich auch nur Aneinanderschaltungen von Bausteinen und einfachen Prinzipen wie Transistoren, Widerständen etc.[290]. Diesen Ansatz, vom kleinen Modul zur Zelle vorzustoßen, nennt man *Bottom-up-Verfahren.*

Erklärtes Ziel ist die **künstliche Lebensform**, die an die Stelle gentechnisch veränderter natürlicher Lebensformen treten soll[291]. Das Ziel dieses **Programmable Artificial Cell Evolution (PACE)** genannten Projekts versucht aus chemischen Substanzen programmierbare künstliche Zellen zusammensetzen. Die EU und die Schweiz fördern PACE mit 8,1 Millionen Euro, auch Amerika beteiligt sich an dem Projekt, unter anderem wirkt das National Laboratory in Los Alamos mit. Erste Prototypen von Zellsynthesegeräten sind fertig,

---

[289] Boeing 2006:35

[290] Hier könnte man auch in Analogie an die Portprogrammierung auch feste Gensätze variabel einsetzen, die Methylierung würde die Gen-Ports jeweils aktiv oder inaktiv schalten, vgl. auch Gibbs 2004:70f.

[291] vgl. Epping 2008, Gibbs 2004:70f.; ECLT 2006

die bereits jetzt schon kleiner als ein Laptop sind[292]. Zunächst fing man mit Bakteriophagen (Viren, die nur Bakterien befallen können) an, die vollsynthetische Herstellung des Bakteriophagen X174 gelang z.B. schon 2003[293].

Ein anderer Ansatz, der die Forschung beschleunigen soll, ist der *Top-Down-Ansatz*, bei dem man versucht, ein Minimalgenom zu finden, d.h. eine Ausstattung, mit der eine Zelle noch gerade funktioniert. Sinn dieser Maßnahme ist es, eine besonders einfache Zelle zu entwickeln. Da die Nutzung von Genen und ihre Verdoppelung bei der Vermehrung enorme Energien in Form des Triphosphats ATP verbraucht, sind Zellen, die wenig Gene haben, klar im Vorteil.

Nun konzentriert sich die Arbeit jedoch schon auf eine höhere Lebensform, den Einzeller *Mycoplasma genitalium*, bei dem man es mit 517 Genen zu tun hat[294]. 2010 hat dann der führende Forscher Craig Venter eine Zelle von *Mycoplasma mycoides* mit einem vollsynthetischen Genom beladen und so umprogrammiert. Noch ist dies *kein* künstliches Leben, denn nach wie vor ist eine lebende Zelle nötig, die nachträglich verändert wird, jedoch ist die Gestalt der Zelle nun kontrollierbar[295].
Ein 'Leben, Ausgabe 2' wirft natürlich neue, noch nicht analysierte Sicherheitsfragen auf, denn im Gegensatz zum genetisch veränderten Organismus, der durch das zusätzliche Gen belastet wird, könnte eine sparsam ausgelegte künstliche Zelle effizienter und 'fitter' als natürliche Zellen sein, auch wenn Gibbs meint, dass man das in einer Zeit, wo sich jeder Milzbrand-DNA-Codes aus dem Internet laden könne, nicht überbewerten sollte[296]. Das Europäische Zentrum für Lebenstechnologie

---

[292] vgl. PACE 2006, S.1f.
[293] vgl. Smith 2003, S.15440ff.
[294] vgl. PACE 2006; Ailab 2006, Kuhrt 2006, S.30
[295] vgl. Kastilan 2010
[296] vgl. PACE 2006, ETC 2007, Serrano 2007, Bernauer et al. 2008

ECLT, das in Venedig errichtet wurde, arbeitet an einem Kodex für den Umgang mit solchen Zellen[297].

Zusammenfassend ist statt dem Bio-Terror zunehmend der ‚**Bio-Error**' in den Mittelpunkt der Diskussion gerückt[298]. Ein Beispiel für ein solches Ereignis stammt aus dem Jahr 2001, in dem Forscher aus Versehen ein tödliches Mäusevirus erschufen. Das Virus wurde mit dem Interleukin 4-Gen (IL-4 Gen) modifiziert, alle Tiere starben. Das Virus hatte Ähnlichkeit mit dem menschlichen Pockenvirus[299].
Im Jahre 2007 wurde mit dem Arzneimittel **TGN1412** ein Antikörper getestet, der sich trotz unauffälliger Tierversuche für den Menschen als außerordentlich schädlich erwies, denn er erzeugte eine massive Ausschüttung von Immunhormonen, das **Cytokine Release Syndrome CRS**, und bei allen 6 Patienten ein Multiorganversagen[300]. Hier wurde gezeigt, dass es möglich ist, Superantigene, also Oberflächenstrukturen, die solche Effekte auf natürlichem Wege erzeugen, auch künstlich herzustellen, was ungewollte Implikationen für die Biowaffenforschung hat. Die Herstellerfirma TeGenero wurde mittlerweile von einem russischen Investor aufgekauft, die Reste des TGN1412 wurden zur weiteren Forschung der Arzneizulassungsbehörde Paul-Ehrlich-Institut PEI übergeben[301].

2.2.4 Chemische Waffen

2.2.4.1 Chemische Kampfstoffe

Die chemischen Kampfstoffe kann man nach Art und Ort ihrer Wirkung untergliedern:

---

[297] vgl. ECLT 2006
[298] EC2007a
[299] Frankfurter Allgemeine Zeitung Nr. 10/2001
[300] vgl. Müller-Jung 2008
[301] vgl. Müller-Jung 2008. Der Vorfall war so schwerwiegend, dass die europäische Arzneimittelbehörde European Medicines Agency EMA extra für solche Fälle eine neue Richtlinie (first-in-man-Guideline) erliess.

Tab. 6 Chemische Waffen

Angriffsort	**Wirkweise**	**Namen**
Lungenkampfstoffe	Sauerstoffzufuhr wird unterbrochen	Chlor, Phosgen, Diphosgen (Perstoff), Chlorpikrin
Blutkampfstoff	Sauerstofftransport wird unterbrochen	Cyanwasserstoff, Arsenwasserstoff, Chlorcyan
Hautkampfstoff	Verbrennungen	Stickstofflost, Schwefellost (Senfgas), Lewisit, Phosgenoxim
Nervenkampfstoffe	Hemmung des Enzyms Acetylcholinesterase blockiert Zusammenspiel von Nerven und Muskeln (Lähmungen)	Diisopropylfluorophosphat, VX, Sarin (GB), Tabun (GA), Soman (GD), Cyclosarin und CVX
Psychokampfstoff	Verwirrung, Rausch	Lysergsäurediethylamid (LSD), Benzilsäureester (BZ).
Augenkampfstoffe	Reizungen oder Verletzungen	Benzylbromid, Xylylbromid, Chloraceton
Schleimhautkampf-stoffe	Reizungen oder Verletzungen	Adamsit, Clark I (Diphenyl-arsinchlorid) oder Clark II (Diphenylarsincyanid)

Der Einsatz erfolgt in Form von Gasen oder in Luft zerstäubter Flüssigkeit (Aerosolen). Seit 1997 sind chemische Waffen durch die Chemiewaffenkonvention international offiziell geächtet; auch die Entwicklung, Herstellung und Lagerung sind verboten. Dennoch bleiben die USA, neben Russland, nach wie vor größter Besitzer chemischer Kampfstoffe.

Sicherheitspolitisch besonderes relevant ist das Nervengift **Sarin**, das u.a. vom Irak im Golfkrieg gegen den Iran eingesetzt wurde, und dann auch 1988 in Halabdscha gegen seine kurdische Minderheit mit geschätzten 5.000 Toten. Bei zwei terroristischen Anschlägen der japanischen Sekte Aum Shinrikyo 1994 in Matsumoto und 1995 in Tokio wurde ebenfalls Sarin verwendet, nachdem es vorher mit VX-Gas an australischen Schafen getestet worden war[302].

Der Einsatz von Chemiewaffen lässt sich schwer steuern und kann auch sehr vom Wetter beeinflusst werden; so kam es bei Angriffen wiederholt zu ‚falschen' Windrichtungen im ersten Weltkrieg, bei denen die Angreifer selbst getroffen wurden, und die abdeckbare Fläche ist mitunter eher klein.

Bei allen Massenvernichtungswaffen muss sich der Angreifer auch darüber im Klaren sein, dass er seinen Gegnern damit einen Grund für einen massiven Vergeltungsschlag gibt.

2.2.4.2 Nicht-tödliche Waffen (Non-lethal weapons NLW)

Einen stetigen Aufschwung in Forschung und Anwendung nehmen nicht-tödliche Waffen (Non-lethal weapons NLW; Nicht-Letale Wirkmittel NLW)[303], die zur Bekämpfung von Aufständen dienen sollen, aber auch Angreifer kampfunfähig machen sollen, ohne auf sie schießen zu müssen[304]. Daraus ergibt sich die Relevanz für Polizei und Militär. Besonders intensiv wurden nicht-tödliche chemische Waffen erforscht, die folgende Tabelle gibt eine Übersicht der entsprechenden Anti-Personen-Waffen.

---

[302] vgl. Daase 2005

[303] vgl. Sutherland 2008

[304] vgl. chemische Waffen können auch gegen Maschinen und Material gerichtet sein, hier wäre z.B. an Beimischungen zu Treibstoff (fuel contaminants) zu denken

CS-Gas und Pfefferspray, bei dem in der Bundesrepublik auch der Privatbesitz erlaubt ist, spielen in der Praxis eine führende Rolle.
In der Literatur wird statt von Non-lethal weapons NLW auch von weniger tödlichen Waffen (**Less-lethal weapons LLW**) gesprochen, nachdem sich z.B. beim Einsatz von fentanylartigen Gasen gezeigt hat, dass keine Waffe per se nicht-tödlich ist, sondern dies von der Internsität (Nähe oder Dosis) abhängt.

Tab. 7 Nicht-tödliche Waffen (Non-lethal weapons NLW)

Zweck	**Beispiele**	**Wirkweise**
Bekämpfung von Aufständen **(Riot Control Agents RCA)**	**Ortho-Chlorobenzylidene malononitrile CS** Chloroacetophenone CN Diphenylaminarsen, 'Adamsit' DM Dibenz[b,f][1,4]oxazepin CR Bromobenzylzyanid CA Chloropikrin PS Bromoazeton BA	CN, CR und CS sind Reizgase, DM erzeugt Brechreiz, CA, PS und BA reizen die Augen. Manche Stoffe sind in höheren Dosen sehr toxisch. CS Gas ist in praxi führend.
Erlangung der Kampfunfähigkeit	LSD und 3-Quinuclidinylbenzylat (BZ)	In den Sechzigern als **psychedelic warfare** erprobt, wegen des unberechenbaren Wirkprofils nicht weiter verfolgt

Betäubungsmittel	Opiate und Anästhesiegase	Wurden in Moskau bei der Geiselnahme von Theaterbesuchern im Dubrovka Theater durch Tschetschenen im Oktober 2002 er-probt, es kam bei den Geiseln zu 125 Todesfällen. Es wurde ein fentanylartiges Gas ver-wendet, also ein gasförmiges starkes Opioid.
Übelriechende Substanzen	Fäkalien, Buttersäure (Schweißgeruch) etc.	Wurden im Rahmen eines US Defense Advanced Research Projects Agency (DARPA) untersucht
Capsicain	Pfefferspray aus dem Extrakt *Oleoresin capsicum*	Hat starke Reizeffekte

Quelle SIPRI Policy Paper Nr. 23 (Sutherland 2008)

Im Alltag etablierte NLW/LLW sind Schlagstock, Gummigeschosse, Wasserwerfer, Elektroschocker, Tränengas und Pfefferspray. Wegen des Risikos schwerer Verletzungen und/oder Steigerung der Aggressivität der Menschen, gegen die diese Waffen eingesetzt werden (Eskalation), haben sich andere NLW/LLW (noch) nicht auf breiter Front durchsetzen können.

Weitere wichtige NLWs/LLWs sind

- **Repellentien**, insbesondere übelriechende Stoffe, um Menschenansammlungen zu zerstreuen,
- **Wasserwerfer**, die mit hohem Druck auf Menschen gerichtet werden,

- **Akustische Waffen** wie sehr starke Lautsprecher (Long Range Acoustic Device LRAD), die aber als Schallwaffe dauerhafte Hörschäden erzeugen konnen,
- **Schockgranaten** (Blendung und lauter Knall),
- **Kinetische Waffen** wie Gummigeschosse und Geschosse, die mit Plastikkugeln oder Wasser gefüllt sind. Diese können jedoch schwere innere Verletzungen erzeugen
- **Steinsalzgewehre**, deren Geschosse keine nachhaltigen Gewebsschäden erzeugen (sollen)
- Zu den **Elektroschockwaffen** gehören insbesondere der **Taser** oder **Stinger** (beides Handelsnamen), bei dem zwei an dünne Kabeln hängende Nadeln verschossen werden, die oberflächlich in die Haut des Opfers eindringen und so Stromstöße übermitteln können, die den Angegriffenen kampfunfähig machen. Dem Elektrohalsband des Hundes entlehnt ist der in den USA entwickelte **Stun Belt**, der z.B. aggressiven Gefangenen angelegt werden soll, um sie ggf. mit Stromstössen gefügig zu machen.

Neben dem Missbrauchsrisiko (Folter) ist bei den Elektrowaffen, insbesondere bei herzkranken Menschen, stets das Risiko eines Herzstillstandes zu bedenken.

2.2.5 Das CBNR-Programm der G8 und der EU

Weltweit sind Anstrengungen im Gange, den Bau und die Verbreitung von Massenvernichtungswaffen einzudämmen.

Von herausragender praktischer Bedeutung, sowohl was die erlangten Erfolge als auch die eingesetzten Geldmittel betrifft, ist die Initiative der führenden Wirtschaftsnationen, die **G8-Initiative Globale Partnerschaft**, die im Jahr 2002 gegründet wurde und sich zuerst auf Russland konzentrierte und seit 2008 auch global aktiv ist.
Bis zum Jahr 2012 soll ein Gesamtbetrag von bis zu 20 Milliarden US-Dollar verwendet werden, 18.000 von 26.000 Tonnen russischen Giftgases wurden bis 2010 bereits vernichtet und 112 russische Atom-U-

Boote entsorgt, zudem wird spaltbares Materials gesichert[305] und auf die Beschäftigung ehemaliger Nuklearwaffenforscher geachtet[306].

Nach der Diskussion um die Frage nach Massenvernichtungswaffen und der sicherheitspolitisch desaströsen Nichtkooperation der westlichen Partner im Irak 2003 hatte die Europäische Union ein umfassendes Maßnahmenpaket zur Bekämpfung von chemischen, biologischen, nuklearen und radiologischen Waffen (CBNR) entwickelt. 2008 hat die EU im Rahmen der Terrorbekämpfung ihrer CBRN-Aktivitäten auf Bomben und Explosivwaffen erweitert („explosives", daher jetzt **CBRNE**), der Maßnahmenkatalog enthielt 2008 insgesamt 133 Maßnahmen[307].

Auf dem atomaren Sektor unterstützt die EU den 1996 beschlossenen Vertrag über das umfassende Verbot von Nuklearversuchen (**Comprehensive Test-Ban Treaty CTBT**), um zu erreichen, dass nach insgesamt rund 2.000 Atomwaffentests die Versuche in Nordkorea 2006 und 2009 die letzten dieser Art sein mögen[308]. Im der Praxis konnte ein totaler Teststop aber politisch bisher nicht durchgesetzt werden[309].
Das **Instrument for Nuclear Safety Cooperation INSC** fördert Laboratorien für Nuklearforensik, Grenzüberwachung und Maßnahmen gegen Nuklearschmuggel (illicit CBRN trafficking) in osteuropäischen Ländern. Expertengruppen kümmern sich insbesondere um den Nuklearschmuggel, um die begleitenden Finanztransaktionen und den Export von dual use Gütern. Ein weiterer Teil des Programms soll den Abfluss des Know-Hows in falsche Hände verhindern, indem sich die EU um einschlägig beschäftigte Wissenschaftler und Waffeningenieure kümmert. Im Rahmen des laufenden **EU Nuclear Security**

---

305 Rehmsmeier 2010, S.27
306 G8 2007
307 vgl. EU 2008d
308 vgl. EU 2007b
309 vgl. Thränert 2006

Programme[310] werden potentielle EU-Beitrittskandidaten in einer **Preaccession assistance (IPA)** auf die Regeln im EU-Raum vorbereitet.

Theoretisch sind z.B. Biowaffen durch das **Biowaffenübereinkommen BWÜ** längst geächtet und verboten, aber in der politischen Realität sind solche Maßnahmen unbedingt erforderlich[311].
So wurde z.B. das Übereinkommen über das Verbot von biologischen Waffen und Toxinwaffen **(BWÜ)** 1972 in Moskau, Washington und London unterzeichnet und trat 1975 in Kraft. Es untersagt die Entwicklung, Herstellung, Lagerung und den Erwerb mikrobiologischer und anderer biologischer Agenzien, soweit dies nicht durch Vorbeugungs-, Schutz- oder sonstige friedliche Zwecke gerechtfertigt ist. Im Juni 2005 war das BWÜ zwar von 171 Ländern unterzeichnet und bereits von 155 Ländern ratifiziert worden, aber das Abkommen kennt keine Verifikationsmechanismen, man kann seine Einhaltung also nicht wirklich überprüfen. Ende 2003 nahm der Europäische Rat als oberstes Gremium der EU als Teil der CBRN-Strategie eine Strategie gegen die Verbreitung von Massenvernichtungswaffen an, in deren Rahmen das BWÜ politisch unterstützt wird, u.a. durch Erhöhung der Zahl der Unterzeichnerstaaten und der Unterstützung der Einhaltung und Durchsetzung des Abkommens[312].
Die EU hat analog seit 2004 mehrere gemeinsame Aktionen beschlossen[313], in deren Rahmen die Organisation für das Verbot chemischer Waffen (OVCW) unterstützt und die Zahl der Unterzeichner des **Chemiewaffenübereinkommens CWÜ** deutlich erhöht werden konnte.

Die Europäische Verteidigungsagentur hat 2008 die Übung „**Firm Foundation 2008**" durchgeführt, um die Einsatzfähigkeit der EU bei einem Vorfall mit Massenvernichtungswaffen zu testen. Die Ergebnisse dieser CBRN Exercise waren durchwachsen, insbesondere wegen

---

[310] vgl. Schenkel 2009
[311] vgl. Kuhlau 2007
[312] vgl. u.a. EU 2006a
[313] EU 2004c, 2005a, 2007a, 2009e

Kommunikationsproblemen und der Sicherstellung des Informationsflusses zwischen den vielen Akteuren, also ähnlichen Problemen, wie die EU sie bei ihren Militäraktionen hat[314].

2.3 Terrorismus

2.3.1 Grundlagen

Terrorismus ist ein geschichtlich altes Phänomen, das schon von radikalen Vertretern aller politischen Richtungen angewendet wurde. Terroristen werden stets darauf pochen, dass sie Kämpfer für einen anderen bzw. besseren Weg sind. Mit Blick auf die Opfer werden sie im Zweifel immer sagen, dass sie sich in einer Art Krieg befinden und es Opfer auf beiden Seiten gibt. Ist Terrorismus demnach nur eine Frage der politischen Perspektive? Es ist daher wesentlich zweckmäßiger, den Terrorismus nicht als Ideologie, sondern als *Methode* zu verstehen. Der lateinische Wortstamm *terror* steht für Angst und Schrecken: Terrorismus will also mit Drohungen und/oder Ausübung von Gewalt gegen Personen oder Objekte politische Veränderungen erreichen, insbesondere

- Aufmerksamkeit der Öffentlichkeit und der Politik für ihre Ziele
- Verhandlungen über ihre Ziele
- Die Durchführung oder Rücknahme bestimmter Maßnahmen (ggf. auch die Freipressung von Mitgliedern ihrer Organisationen)
- und die Beseitigung politischer Gegner[315].

---

[314] vgl. EDA 2008b

[315] vgl. EU 2001b, wo folgende Typen von Terrorakten aufgeführt werden: Anschläge auf das Leben oder die körperliche Unversehrtheit einer Person; Entführung oder Geiselnahme; weit reichende Zerstörungen an einer öffentlichen oder privaten Einrichtung, einschließlich des Informatiksystems; Kapern von öffentlichen Verkehrsmitteln (Luft- oder Wasserfahrzeugen); Herstellung, Besitz, Erwerb, Beförderung oder Verwendung von Schusswaffen, Sprengstoffen, Kernwaffen, biologischen und chemischen Waffen; Freisetzung gefährlicher Stoffe in die Luft oder Herbeiführen einer

Die Rolle der Medien ist ambivalent. Einerseits helfen sie, auf die Gefahren durch den Terrorismus aufmerksam zu machen und die zugehörigen Sicherheitsmassnahmen zu erklären, sie können also auch Akzeptanz für diese Maßnahmen schaffen, andererseits instrumentalisieren die Terroristen die Medien für ihre Zwecke. Ein Problem ist, dass die Terroristen oft erst durch die mediale Aufmerksamkeit ihre Ziele erreichen können, sie die Kommunikationsfunktionen der Medien also missbrauchen[316]. Der mediale Verarbeitungszyklus von Terrorattentaten hält gewissermaßen auch die Erinnerung an ‚erfolgreiche' Anschläge am Leben:
Nach dem Krisenereignis mit Livebildern und Krisenberichterstattung folgt die Inszenierung mit Einordnung in bekannte Muster wie „gut und böse" und eine Wort- und Bildsprache mit Wiedererkennungswert („war on terror"), dann mit wachsendem Abstand Diskurse und Mythenbildung und schließlich die Historisierung mit Berichten zu Jahrestagen und Gedenkfeiern[317].

Nach dem zweiten Weltkrieg gab es zum einen die kommunistisch orientierten Gruppen wie z.B. die *Rote Armee Fraktion RAF* in Deutschland, die *Action Directe AD* in Frankreich und die *roten Brigaden* in Italien insbesondere mit Attentaten gegen führende Personen des öffentlichen Lebens, zum anderen gab es im Nahen Osten gegen Israel und die USA agierende Gruppen, die auf ein selbständiges Palästina zielten, so wie den *Schwarzen September*[318] mit diversen Flugzeugentführungen und Anschläge auf Israelis wie im Olympischen Dorf 1972. Als drittes agierten Gruppen, die für die Unabhängigkeit

---

Überschwemmung, Explosion oder eines Brandes; Störung oder Unterbrechung der Versorgung mit Wasser, Strom oder anderen lebenswichtigen natürlichen Ressourcen; Anführen einer terroristischen Vereinigung oder Beteiligung an deren Aktivitäten, auch durch Bereitstellung von Logistik oder Finanzmitteln.

[316] vgl. auch Schneider 2007

[317] Weichert 2006

[318] So genannt nach dem September 1970, wo der Versuch der starken palästinensischen Bevölkerungsgruppe, die Macht in Jordanien zu übernehmen, scheiterte.

einer Region kämpften wie die ETA im Baskenland und die IRA in Nordirland die vor allem regionale Aktionen und Anschläge des ‚militärischen Arms' agierten mit ggf. gleichzeitig bestehendem ‚politischen Arm' in den Parlamenten. Auch wenn der kalte Krieg als das Ende kommunistischer Gruppen gilt, gibt es immer noch linksgerichtete Guerillagruppen wie den *leuchtenden Pfad* in Peru und die *FARC* in Kolumbien.

Ein relativ neues Phänomen sind die islamistischen Terroristen, die im Kapitel 4 genauer betrachtet werden und die gleich auf mehreren Ebenen aktiv sind, nämlich sowohl global (als **Al-Qaida**, synonym Al-Qaeda, Al-Kaida, was soviel wie die Basis heißt) als auch lokal, wobei sich die lokalen Gruppen im Gegensatz zur westlichen Deutung selber als Rebellen oder Krieger verstehen, so wie die **Al-Shabaab**-Miliz in Somalia oder die Hisbollah im Libanon und die Auseinandersetzungen mit dem Einsatz schwerer Waffen einen mitunter militärischen Charakter tragen.

Ein besonderes Problem ist der **home grown („hausgemachte") Terrorismus,** bei dem Menschen im Zielland des Terrors aufwuchsen und erst später zu Terroristen wurden. Der Begriff wird vor allem im anglophonen Sprachraum bei islamistischem Terror der neueren Zeit angewandt. Die Terroranschläge im Juli 2005 in London, wo bei Explosionen in drei U-Bahnen und einem Bus 56 Menschen ums Leben kamen, wurden von in Großbritannien geborenen, aus pakistanischen Einwandererfamilien kommenden Personen ausgeführt. Nun waren z.B. in den siebziger Jahren praktisch alle Terroristen im jeweiligen Inland Geborene, hier geht es jetzt jedoch darum, dass hier die Rolle von vorher von extra zu diesem Zweck eingereisten Personen übernommen wurde.

Der Fokus der Sicherheitspolitik liegt inzwischen stark auf dem Terrorismus, wobei jedoch umstritten ist, ob diesem Thema in Relation zu anderen Problemen wie dem Energie- und Rohstoffproblemen nicht zu viel Beachtung geschenkt wurde[319], denn Terroristen vermögen zwar im schlimmsten Fall Tausende Menschen zu töten, die grundlegenden politischen Konstellationen konnten sie bisher jedoch nicht ändern[320]. Nimmt man hinzu, dass Terroristen bisher noch keine kritischen Infrastrukturen angegriffen haben (oder dank der Sicherheitsbehörden nicht konnten?), bezweifeln manche Kritiker zudem die Relation zwischen Aufwand und Ertrag des Anti-Terrorkampfes[321]. Die EU sieht das jedoch anders, wie das folgende Kapitel zeigt.

2.3.2 Terrorismus in der Europäischen Union

Der Terrorismusbericht der EU TE-SAT 2009 liefert für 2008 Ergebnisse, die sich von der Zusammensetzung der Berichtserstattung in den deutschen Medien deutlich unterscheiden [322].

Von 515 Anschlägen entfielen 397 auf separatistische Aktivitäten, insbesondere auf das Baskenland mit 237 Anschlägen in Spanien[323] und 14 in Frankreich und Korsika mit 123 Anschlägen, insbesondere durch die **Front de Libération Nationale de la Corse (FLNC)**, in Nordirland wurden gerade 2 Anschläge gezählt.

In Nordirland hat die Entwaffnung und Befriedung seit der entsprechenden Erklärung der **Irisch-Republikanischen Armee (IRA)** von 2005 stete Fortschritte gemacht, da auch die protestantische **Ulster Freiwilligenarmee UDA** die Waffen niedergelegt hat, wenngleich

---

[319] vgl. Kamp 2010, S.7, Trojanow/Zeh 2009

[320] vgl. Steinberg 2009, S.16 ff.

[321] Prantl 2007

[322] vgl. auch den Terrorismus –Report der Europäischen Union ‚TE-SAT 2009', die EU terrorist list (Council Common Position 2009/468/CFSP) - New consolidated list, 23 December 2009 und das EU Counter-Terrorism Strategy - discussion paper 15359/1/09 REV 1 vom 26 November 2009. Insgesamt wurden 2008 in der EU in 13 Ländern insgesamt 1009 Personen wegen Terrorverdachts festgenommen.

[323] Die meisten Anschläge wurden von einem Netzwerk von Personen mit Verbindungen zur Jugendorganisation SETI der baskischen Gruppe ETA ausgeführt, als sogenannte **Taldes Y** –Anschläge, von denen 2008 insgesamt 211 registriert wurden.

einzelne kleine Splittergruppen wie die "Real IRA" noch aktiv sind[324]. Danach folgen linksgerichtete Terroristen mit ‚nur' noch 28 Anschlägen, die ausschließlich in Griechenland, Spanien und Italien[325] stattfanden.

Vor dem Hintergrund der Anschlagszahlen scheint die Dominanz islamistischen Terrors in den Medien zunächst unangemessen, aber es wurden 2008 immerhin 187 Personen wegen des Verdachts islamistischen Terrorismus festgenommen, die zum Teil an großangelegten Anschlägen arbeiteten, d.h. die präventive Arbeit der Sicherheitsbehörden verhinderte die Umsetzung von Anschlägen. Die Mehrzahl der Festgenommenen war *home grown* und gehörte kleinen unabhängigen Zellen an und nicht großen Organisationen. Nicht sogenannte Hassprediger, sondern das Internet und Gefängnisse erwiesen sich in der Praxis als Plattformen für Radikalisierung und Rekrutierung von Personen.

Die folgende Tabelle fasst die in den Medien meistberichteten islamistischen Terroraktivitäten zusammen:

---

[324] vgl. Leithäuser 2009

[325] Die momentan führende Gruppe ist die marxistisch-leninistisch Devrimci Halk Kurtuluş Partisi/Cephesi oder **DHKP-C**. Türkisch **Revolutionäre Volksbefreiungspartei-Front**, als Nachfolgeorganisation der Devrimci Sol.

Tab. 8 Terroraktivitäten nach 2001 (Auswahl)

Jahr *	
11. März 2004	Zuganschläge in der spanischen Hauptstadt Madrid mit zehn Bombenexplosionen am (in Spanien umgangssprachlich als 11-M abgekürzt). Es kamen 191 Menschen ums Leben, 2051 weitere wurden verletzt
7. Juli 2005	Vier Selbstmordattentäter in drei U-Bahn-Zügen und einem Doppeldeckerbus, 56 Menschen wurden getötet und über 700 Menschen verletzt
31. Juli 2006	fehlgeschlagener Terroranschlag auf deutsche Eisenbahnzüge
29. Juni 2007	Ende Juni 2007 konnten Terroranschläge mit Autobomben in London und ein Anschlag in Glasgow verhindert werden
September 2007	Die sogenannte Sauerland-Gruppe[326] wurde vor einem geplanten Anschlag verhaftet
26. November 2008	Explosionen, Angriffen mit Schnellfeuerwaffen und Geiselnahmen an verschiedenen Stellen von Bombay (Mumbai) durch eine Gruppe von Terroristen
25. Dezember 2009	Northwest-Airlines-Flug 253 nach Detroit, versuchter Anschlag eines Einzeltäters mit über 80 g Nitropenta

*In Indonesien gab es von 2002-2005 insgesamt 4 Anschläge, 2 auf Bali, 2 in Jakarta

2.3.3 Terrorismus außerhalb der Europäischen Union

Die Grenzen zwischen Rebellen und Terroristen sind fließend, was insbesondere in Indien ein Problem ist. Lag der Fokus früher auf dem

[326] FAZ 228/2009, S.5: Die Sauerlandgruppe agierte als deutscher Teil der Islamischen Dschihad-Union IJU

Konflikt mit Pakistan um die Provinz Kaschmir, scheint nun das wirklich dringendste Problem in den maoistischen **Naxaliten** (nach dem Gründungsort Naxalbari) als militärischer Arm der im Juni 2010 verbotenen Kommunistischen Partei Indiens – maoistisch (CPIm) zu bestehen, die mit Anschlägen und Angriffen auf indische Sicherheitskräfte inzwischen in einem Drittel Indiens aktiv sind. Die Naxaliten kontrollieren 50 Jahre nach ihrem ersten Auftreten inzwischen im Nordosten ganze Regionen und haben ca. 10.000 aktive Kämpfer, zu denen 100.000 Mann Reserve kommen. Die Fördermittel der Regierung erreichen die betroffenen Regionen nicht in ausreichendem Maße, und daher wächst die Bewegung ständig an und reicht vom Nordosten bis zur Südspitze Indiens[327], wobei ihnen das extreme soziale Gefälle zugute kommt.

In Pakistan und Afghanistan sind neben Al-Kaida auch ihr inhaltlich nahestehende Gruppen, insbesondere natürlich die **Taliban**, aber auch die indische **Lashkar-e-Taiba** und die **Islamische Dschihad Union** aktiv[328]. In Somalia ist die wichtigste islamistische Gruppe, die **Harakat al-Shabaab al-Mujahidin** (kurz Al-Schabab Miliz), 2009 und 2010 ständig auf dem Vormarsch.

Fließend sind die Grenzen zwischen Bürgerkrieg, Terrorismus und Rebellen auch in der russischen Kaukasusregion, insbesondere in Tschetschenien, wo es auch zu Anschlägen in Nachbarregionen wie Inguschien und Dagestan gekommen ist. Die Terroranschläge von Moskau 2010 wurden Doku Umarow zugeschrieben, der an die Stelle der 2005/2006 getöteten Führer Maschadow und Bassajew getreten ist[329].

---

[327] vgl. Buchsteiner 2010, S.5, Hein 2010, S.11, Blume 2010, S.9

[328] Der jedoch nachgesagt wird, ein Produkt des usbekischen Geheimdienstes zu sein, wobei sich derartige Aussagen nicht überprüfen lassen, vgl. Schreyer 2010.

[329] vgl. Ludwig 2010

2.3.4 Terrorismusbekämpfung

Auf allen politischen Ebenen werden Analysen zu den Ursachen des Terrorismus und seiner Bekämpfung betrieben, wie den Vereinten Nationen, den primär mit wirtschaftlichen Fragen befassten Organisationen OECD und G8, der NATO, den USA, der EU und der östlichen Organisation für Sicherheit und Zusammenarbeit SOZ[330]. Aber wie bei machtpolitischen Fragestellungen generell versucht man zuerst die Angelegenheit wenn möglich mit nationalstaatlichen Mitteln zu lösen und greift erst danach auf die internationale Zusammenarbeit zurück[331]. Dies gilt auch für die SOZ[332].

In der Praxis spielt die Zusammenarbeit der EU-Staaten untereinander und mit den USA eine wesentliche Rolle.
In der EU wurden vor der Reform der EU durch den Lissabonner Vertrag 2009 die Terrorismusbekämpfung in der Gemeinsamen Außen- und Sicherheitspolitik durch die Arbeitsgruppe COTER und im Rahmen der Zusammenarbeit in den Bereichen Inneres und Justiz durch die Terrorism Working Group TWG durchgeführt[333]. Dazu gehörte auch eine Vielzahl von Begleitmaßnahmen, z.B. zur Bekämpfung der Finanzierung von Terroristen[334]. Seit 2010 ist nun ein zentrales Gremium, das **Standing Committee on operational cooperation on internal security (COSI)**, siehe Kapitel 3.1, für alle sicherheitsrelevanten Fragen der EU zuständig.

In den USA wurde nach den Anschlägen auf das World Trade Center vom 11. September 2001 der *Patriot Act* erlassen, durch den eine Vielzahl neuer Befugnisse für Polizei, Sicherheits- und Nachrichtendienste geschaffen wurde[335].

---

330 vgl. Schneckener 2007a/b, Schaller 2007
331 vgl. Schneckener 2007c
332 vgl. Wacker 2007
333 vgl. Bendiek 2007
334 vgl. EU 2004 b
335 vgl. Arzt 2007

Mit dem *Homeland Security Act* vom 25. November 2002 wurden umfassende neue organisatorische Strukturen geschaffen, insbesondere der Heimatschutz Homeland Security.

Weitere Gesetze folgten, insbesondere der *Intelligence Reform and Terrorism Prevention Act* von 2004. Noch im selben Jahr wurde das **National Counterterrorism Center (NCTC)** in North Virginia errichtet, das dem Geheimdienstkoordinator der USA, dem Director of National Intelligence (DNI) zugeordnet wurde und der die Informationen der Gemeinschaft amerikanischer Geheimdienste, der **Intelligence Community**, mit Hilfe von 600 Analysten auswertet und zum Antiterrorkampf nutzt[336] (Kapitel 3.6).

Im gleichen Jahr wurde in der Bundesrepublik das **Gemeinsame Terrorabwehrzentrum GTAZ** errichtet, das ebenfalls den Antiterrorkampf koordiniert.

2.4 Organisierte Kriminalität/Piraterie

Organisierte Kriminalität und Piraterie stellen weitere globale Bedrohungen dar. Organisierte Kriminalität (OK) erstreckt sich auf viele Bereiche des menschlichen Lebens, insbesondere Drogenhandel, Menschenschmuggel, Geldwäsche, Prostitution und Glücksspiel.

2.4.1 Einführung: Kriminalität in Deutschland

Nachdem sich die Kriminalitätsrate in den 1970er und 1980er Jahren verdoppelt hatte, hat sich die Kriminalität seit den frühen Neuziger Jahren auf hohem Niveau konstant gehalten, wobei die in den Medien beklagten Gewaltdelikte und Jugendkriminalität tendenziell rückläufig sind[337]

---

[336] vgl. Best 2010

[337] Heinz 2007, Truscheit 2010a

Tab. 9 Polizeiliche Kriminalstatistik 2009

6,05 Millionen Straftaten 2009	
Einfacher Diebstahl 20,4 % Schwerer Diebstahl 18,3%	2,34 Millionen Diebstähle, davon • Diebstahl von und aus Autos 17,8% • Ladendiebstahl 16,8% • Fahrraddiebstahl 14,7% • Diebstahl in und aus Wohnungen 7,0% • Sonstiges 43,7%
Betrug 15,8% Sachbeschädigung 12,8% Körperverletzung 9,0% Rauschgiftdelikte 3,9% Sexualdelikte 0,8% Straftaten gegen das Leben 0,1% Sonstiges 18,9%	

Die drei Problemkreise in der allgemeinpolitischen Diskussion sind Gewalt- und Sexualdelikte, die in der Praxis jedoch einen relativ geringen Anteil ausmachen, sowie Ausländer- und Jugendkriminalität.

Die Delinquenz von Jugendlichen ist eine alterstypische Erscheinung; sind bei den 14-18 jährigen ca. 6% einer Straftat verdächtig, sind es bei den 18-21 jährigen 8%, um dann jenseits des 25. Lebensjahres auf knapp 2% zurückzugehen. Statistiken zeigen, dass von allen erfassten Personen fast zwei Drittel (64%) nicht rückfällig wurden[338], und nur ein kleiner ‚harter' Kern verbleibt, der mehr als drei Straftaten begeht. Insofern wird von Kriminologen der Sinn harter Strafen angezweifelt, weil sich vieles quasi ‚auswächst' bzw. viele auch die erste Strafe als

[338] vgl. Heinz 2004

hinreichenden Warnschuss begreifen, d.h. auch milde Strafen den gewünschten Präventionseffekt zeigen.

Nichtdeutsche Staatsbürger sind in der Kriminalstatistik überproportional vertreten, auch für Delikte, die nicht gruppentypisch sind, z.B. kann ein Deutscher zwangsläufig nicht gegen Asylbestimmungen verstoßen:

Tab. 10 Ausländerkriminalität 2006

Deliktgruppe	Anzahl Straftaten	davon Ausländer	In %	Bevöl-kerungs-anteil
Mord und Totschlag	5.889	1.457	24,7%	8,8%
Körperverletzung	159.512	38.128	23,9%	
Vergewaltigung	6.868	2037	29,7%	
Diebstahl	536.198	111.807	20,9%	
Raub, räuberische Erpressung	33.988	9786	28,8%	
Verbrechen gegen die Umwelt	11.859	1.507	12,7%	

Statistisches Jahrbuch 2006

Analysen zeigen, dass hier wiederum die Jugendlichen dominieren und diese auch die meisten sogenannten **Intensivtäter** stellen, die regelmäßig mit Straftaten in Erscheinung treten und bei denen die Justiz wenig Wirkung zeigt[339].

Dies ist aber wiederum häufig mit schwierigen sozialen Situationen (familiäre Probleme, fehlender Schulabschluss, Perspektivlosigkeit) verknüpft, so dass die politische Tendenz dahin geht, die Problematik

[339] vgl. Reusch 2007

insgesamt als Unterschichtenproblem aufzufassen[340], auch wenn neue Studienergebnisse dies in Frage stellen[341].

Insgesamt ist die Bundesrepublik nach Feststellung der Sicherheitsbehörden im internationalen Vergleich ein recht sicheres Land. Dic These, dass die offizielle Kriminalitätszunahme in einigen Bereichen auch mit einer gestiegenen Anzeigebereitschaft zu tun hat, erscheint jedoch vor dem Hintergrund der Zahlen nicht eindeutig[342].
Die Forderung nach mehr und härteren Strafen steht im latenten Spannungsverhältnis zu den Kapazitäten der Rechtsprechung und des Vollzuges[343]. Die 1980er und 1990er Jahre waren durch eine deutliche Zunahme strafbewehrter Verbote gekennzeichnet, die dann auf prozessrechtlichem Wege wieder kompensiert wurde, d.h. durch Ausweitung der Befugnisse der Staatsanwaltschaft, so dass Einstellungen, Strafbefehle und Absprachen ebenfalls deutlich zugenommen haben. Die Nichtverfolgung und Nichtverurteilung sind statistisch die Regel, so wurden 2008 in Deutschland von 2.154.304 strafmündigen Tatverdächtigen nur 66.911 (3%) zu stationären Sanktionen[344] verurteilt.

---

340 vgl. auch Daehne 2008

341 vgl. Welt online 2010a

342 Wenn man z.B. die Zahlen der offiziellen Schülerbefragungen in Greifswald und Duisburg nachrechnet und mit den Tatverdächtigenzahlen der 14-18 jährigen abgleicht, beträgt die Dunkelziffer ein Mehrfaches der ‚offiziellen' Kriminalität in vielen Bereichen (vgl. Schaubilder bei Heinz 2007). In der Diskussion befinden sich aber noch weitere, insgesamt statistisch noch unzureichend erfasste Erosionserscheinungen wie eine Zunahme von Übergriffen auf Polizisten und andere Amtsträger, Berichte über mangelnde Konsequenzen bei ‚offenen Drogenszenen' etc. mit dem Risiko der Bildung rechtsfreier Räume.

343 vgl. hier und im folgenden Heinz 2008

344 Nicht zur Bewährung ausgesetzte Freiheitsstrafe, nicht zur Bewährung ausgesetzter Strafarrest. Nach Jugendstrafrecht: unbedingte Jugendstrafe, Jugendarrest, Fürsorgeerziehung bzw. Heimerziehung gem. § 12 JGG (Heinz 2008)

2.4.2 Organisierte Kriminalität

Für die sicherheitspolitische Analyse ist jedoch die **organisierte Kriminalität (OK)** ein größeres Problem. Liegt zum Beispiel die mittlere Schadenssumme bei deutschen Einbrüchen bei etwas über 1000 Euro, geht es bei der organisierten Kriminalität ebenso wie der Wirtschaftskriminalität oft um Millionensummen[345].

Organisierte Kriminalität ist in Deutschland definitionsgemäß die von Gewinn- und/oder Machtstreben bestimmte planmäßige Begehung von Straftaten, die einzeln oder in ihrer Gesamtheit von erheblicher Bedeutung sind, wenn mehr als zwei Beteiligte auf längere oder unbestimmte Dauer arbeitsteilig unter Verwendung gewerblicher oder geschäftsähnlicher Strukturen, unter Anwendung von Gewalt oder anderer zur Einschüchterung geeigneter Mittel oder unter Einflussnahme auf Politik, Massenmedien, öffentliche Verwaltung, Justiz oder Wirtschaft zusammenwirken[346].

---

345 vgl. Tauber 2010: Der weltweite Umsatz des Mafiaclans Ndrangheta betrug 2007 geschätzte 44 Milliarden Euro.

346 vgl. hier und im folgenden BKA 2007 Organisierte Kriminalität Bundeslagebild 2007

Tab. 11 Organisierte Kriminalität (OK) im Jahre 2007

Merkmal	**Detail**
Verfahren 2007	602, davon 295neue Verfahren
Tatverdächtige gesamt	10.356, davon 42,1% deutsch (18,4 % der deutschen Tatverdächtigen hatten eine andere Geburtsstaatsangehörigkeit), 57,9% nicht-deutsch (10,0% türkisch, 4,6% polnisch als größte Gruppen) Die Anzahl der Tatverdächtigen pro Gruppe lag im Durchschnitt bei 17 Personen, nur 6% der Gruppen hatten eine Größe von über 50 Tatverdächtigen.
Ermittelte Schadenshöhe	457,5 Mio. €
Geschätzte Gewinne	480,6 Mio. €
Rauschgifthandel/-schmuggel Eigentumskriminalität Wirtschaftskriminalität Schleuserkriminalität Steuer- und Zolldelikte Kriminalität i.Z.m. dem Nachtleben Fälschungskriminalität Gewaltkriminalität	37,0 % 16,6 % 15,4 % 7,0 % 6,1 % 4,7 % 4,7 % 4,2 %
Regionale Verteilung	Rund die Hälfte aller OK-Verfahren fanden in Nordrhein-Westfalen, Bayern, Berlin und Baden-Württemberg statt
Schwerpunkte der OK-verdächtigen Gruppen:	
Deutsch 181 Gruppen	Rauschgifthandel und -schmuggel
Türkisch 77 Gruppen	Rauschgifthandel und -schmuggel

Polnisch	35 Gruppen	Eigentumskriminalität, insbesondere Kfz-Delikte, sowie Steuer- und Zolldelikte
Russisch	23 Gruppen	Rauschgifthandel und -schmuggel, weiterhin Geldwäsche
Nigerianisch	20 Gruppen	Rauschgifthandel und –schmuggel,
Rumänisch	20 Gruppen	Menschenhandel Zahlungskarten- und die
Italienisch	19 Gruppen	Eigentumskriminalität (Diebstahl, Blitzeinbrüche etc.)
Serbisch-monte.	19 Gruppen	Kokainhandel und -schmuggel sowie Kfz-Verschiebung (nur zum Teil mit Mafia verbunden) Rauschgifthandel und -schmuggel

Quelle: BKA 2007

Bei der organisierten Kriminalität spricht man oft von der Unterwanderung durch die ‚Mafia'. Historisch ist die Mafia eine regional verwurzelte italienische clanförmig strukturierte Organisation mit einem eigenen Kodex, mittlerweile wird der Begriff aber immer mehr als Gattungsbegriff für Strukturen verwendet, für die folgendes typisch ist:

- Streng hierarchisch organisierte Gruppen mit gruppentypischen Regeln wie Schweigeregeln, Dingen, die trotz allem nicht getan werden dürfen etc., Symbolen (z.B. Tätowierungen) und Sanktionen[347]
- In alle Regel gehören die Mitglieder nur einer ethnischen Gruppe an, was zum einen die Kontrolle und Sanktionierung nach innen

[347] Z.B. die Yakuza in Japan. Übersetzt heißt dies 389 und meint jene Zahlen die außerhalb der ‚guten' Zahlen stehen. Die Zugehörigkeit wird durch Tätowierungen offen zur Schau getragen, und Verstöße werden z.B. durch Abtrennen von Fingerendgliedern geahndet. Zu ihren Besonderheiten zählt zum Beispiel traditionell die Beeinflussung von Aktionärsversammlungen, die je nach Interessenlage mehr oder weniger ‚harmonisch' ablaufen.

vereinfacht, aber auch eine Barriere nach außen bildet, die eine Infiltration erschwert[348]. Typischerweise reicht der Einfluss der Gruppen auch in die Gefängnisse hinein, was für die Mitglieder einerseits Schutz und Vorteile im Alltag bietet, sie jedoch auch am Auspacken hindert. Hilfen für Gruppenmitglieder bestehen auch in der Bereitstellung von Anwälten, Kautionsbeiträgen und der ‚Bearbeitung' von Zeugen bei Gerichtsprozessen.

- In aller Regel wird versucht, das Geld zu waschen, d.h. neben den kriminellen Aktivitäten gibt es häufig ausgedehnte legale Geschäftszweige. Der Einstieg erfolgt zumeist über Restaurants, Clubs und Etablissements, weitet sich dann aber auf ausgedehnte Finanzinvestments z.B. in Bauprojekte aus.
- Die Einnahmen erlauben auch Einflussnahme auf die Politik und Bestechung von Amtsträgern, so dass im Umfeld solcher Gruppen eine mafiöse Infiltration beklagt wird, die nicht nur, aber in erster Linie das Ursprungsland der jeweiligen Organisation besonders betrifft.
- Mitunter agieren die Gruppen in ihrem direkten Umfeld auch als Sponsoren und als Ersatz für eine nicht funktionierende Justiz, d.h. man kann sie um Hilfe bitten, was wiederum die Gräben zu den staatlichen Behörden vergrößert. Mächtige Organisationen dieser Art gedeihen vor allem in Staaten mit schwachen Institutionen.
- Des Weiteren tendieren diese Gruppen sämtlich zur Internationalisierung ihrer Aktivitäten, was einerseits den Ausbau legaler Geschäftszweige und Investments auch zu Zwecken der Geldwäsche erleichtert, aber auch die ‚Auslagerung' von Mitgliedern, die aus dem Blickfeld der Konkurrenz bzw. der Polizei gebracht werden müssen. Dies erklärt die ständigen Medienberichte, wie die Mafia der Ethnie X gerade dabei ist, das Land Y ‚zu unterwandern'. Außerdem ermöglicht diese Diversifikation beim Aufdecken der Organisation in einem Land

---

[348] In Deutschland waren dies 2007 in der Reihenfolge deutsche, türkische, polnische, russische, nigerianische, rumänische, italienische und serbisch-montenegrinisch dominierte Gruppen (BKA 2007).

eventuell den Fortbestand des Restes. Lieferketten z.B. für Autos und Drogen umspannen ähnlich wie die Finanztransaktionen den Globus. Zudem erfordert die Bekämpfung grenzüberschreitende Ermittlungen und Amtshilfeersuchen durch die Ermittler, was häufig (zu) lange dauert, weshalb die EU nun auf Instrumente wie den **Europäischen Haftbefehl** setzt.

- Offene Gewalt ist typisch für die frühe Aufstiegsphase solcher Organisationen, bei der Einflussbereiche erobert werden müssen, wird aber dann zunehmend vermieden bzw. ‚diskret' ausgeübt, um den Ermittlungsdruck durch Polizei und Justiz zu verringern.

Gruppen, die mehr oder minder diesen Kriterien entsprechen, sind u.a. die Diebe im Gesetz (Russland), die Yakuza (Japan), die Triaden (China) und die italienischen Mafia-Clans (Mafia, Cosa Nostra, N'Dragentha, Camorra, Stidda etc.). Die italienischen Clans unterscheiden sich hinsichtlich des Abstammungsortes und auch der Binnenstruktur, z.B. die Konzentration auf Familienmitglieder[349].

Natürlich ist die OK nicht mafia-artige Gruppen beschränkt. Internationale Dimensionen werden im Übrigen auch durch den zunehmenden Einsatz von Computern erzielt. Diese spielen insbesondere bei der auf den Finanztransfer abzielenden Kriminalität wie Scheckkartenbetrug und -diebstahl, Missbrauch von PINs und TANs beim Online-Banking, unbefugten Zugriff am Bankkonten usw. eine Rolle, um die eingenommenen Gelder rasch dem Zugriff der Behörden und Opfer entziehen zu können.

In gut einem Drittel der OK-Fälle (216 Verfahren) wurden 2007 Hinweise auf Geldwäscheaktivitäten festgestellt.
Die Aktivitäten gegen **Geldwäsche** sind im Rahmen des Antiterrorkampfes erheblich verstärkt worden. Die Finanzermittlungsdienste **(Finance Intelligence Units FIUs)** mehrerer Staaten gründeten 1995 im Egmont-Arenberg-Palast in Brüssel die

---

[349] vgl. Tauber 2010

Egmont-Gruppe, an der inzwischen rund 100 FIUs beteiligt sind. Die FIU Deutschland des Bundeskriminalamts BKA trat im Juli 2003 der Egmont-Gruppe bei, die EU-Kommission hat jedoch Deutschland wegen seiner geringen Erfolge bei der Geldwäschebekämpfung 2010 scharf kritisiert, 210.524 Anzeigen in Grossbritannien standen 2008 gerade mal 7.312 Anzeigen in Deutschland gegenüber[350]. Die Europäische Union arbeitet aktiv an der Bekämpfung der Geldwäsche[351].

Die **Society for Worldwide Interbank Financial Telecommunication (SWIFT)** betreibt ein Telekommunikationsnetz zur Verarbeitung von Zahlungsverkehrsdaten und deren Übermittlung. Die USA verlangte Zugriff auf die Daten von EU-Bürgern, so dass das EU-Parlament das Abkommen erst blockiert hat[352], dann wurde es aber im Juni 2010 unterschrieben.

Ein der Geldwäsche verwandtes Problem ist der Kampf gegen die Korruption, wobei sich alle politischen und wirtschaftlichen Akteure im Kampf gegen die Korruption offiziell einig. Inoffiziell werden jedoch ähnlich wie beim Krieg die Drogen Zweifel geäußert, ob dieser Kampf wirklich realistisch und ehrlich geführt wird bzw. werden kann[353]. Ein wichtiger Akteur im Kampf gegen die Korruption ist die Nichtregierungsorganisation Transparency international.

---

[350] vgl. Brambusch 2010b, S.23

[351] vgl. im Detail Hetzer 2004

[352] vgl. Bonse 2009

[353] vgl. Vieth 2010 und Iwersen 2010, die Gegenposition vertritt Solmssen 2010.

2.4.3 Drogenkriminalität

Wie eben schon bei der organisierten Kriminalität gezeigt, spielt die Drogenkriminalität eine besonders große Rolle, da diese Aktivitäten die Stabilität von Staaten ernsthaft gefährden können.

Das Problem sind zum einen die hohen Gewinnspannen, die sowohl den Anbau für die armen Bauern als auch den Schmuggel und Handel trotz der hohen Risiken attraktiv machen und die Bestechung von Amtsträgern ermöglichen und so den Kampf gegen die Drogen unterminieren. Die Einnahmen aus Drogengeschäften dienen zuweilen auch zur Finanzierung von Guerilla- und Rebellengruppen wie z.B. in Kolumbien und sind auch deshalb politisch bedeutsam.

Das andere Problem ist jedoch die hohe Nachfrage; viele Menschen in den Industriestaaten sind bereit, hohe Preise für Drogen zu bezahlen[354]. Die wichtigsten Drogen sind nach wie vor das **Kokain** und der Morphinabkömmling **Heroin,** die beide stimmungsaufhellend wirken. Daneben sind noch Cannabisprodukte und synthetische Drogen zu nennen, insbesondere die Amphetamin-artigen Stimulantien **ATS** (Amphetamin, Metamphetamin and MDMA bzw. Ecstasy) [355].

Kokain wird aus der Coca-Pflanze gewonnen, die historisch gesehen von indianischen Ureinwohnern gekaut wurde. Beim Kauen entstehen jedoch Stoffe wie das Butylecgonin, die ein wesentlich anderes und milderes Wirkprofil als das moderne Kokain haben. Kokainprodukte erhöhen die Konzentration der für die Nerventätigkeit wichtigen Botenstoffe (Neurotransmitter) Dopamin, Noradrenalin und Serotonin und erzeugen dadurch einen aufhellenden und stimulierenden Effekt. Kokain-Hydrochlorid kann geschnupft, gespritzt oder auch in Form von

---

354 vgl. Deckers 2007: Europäer und Asiaten bevorzugen Heroin und Opiate, in Südamerika und Nordamerika spielt Kokain eine wichtige Rolle, während die Nutzer in Afrika und Ozeanien vor allen Cannabis konsumieren.

355 vgl. INCSR 2008, Friesendorf 2005

Cocapaste, der freie Base des Kokains (Freebase) und Crack geraucht werden.

So wie Tee und Kaffee auch Gemische natürlicher Stoffe sind, gilt dies auch für das **Opium**. Opium besteht aus verschiedenen Stoffen, den Opiaten, die aus dem getrockneten Milchsaft des Schlafmohns (*Papaver somniferum*) gewonnen werden können. Der wichtigste Stoff ist das Morphin, aus dem viele medizinisch nützliche Schmerz- und Hustenmittel wie das Codein, Buprenorphin, Fentanyl usw. hervorgehen, aber auch das ursprünglich ebenfalls als Schmerzmittel verwendete **Heroin**, das entsteht, wenn man Morphin an seinen Hydroxyl-Gruppen mittels Essigsäureanhydrid (=Acetanhydrid) oder Essigsäurechlorid acetyliert.

Hauptproduzenten für die Opiate sind Afghanistan mit 93% Weltmarktanteil[356] und früher das **goldene Dreieck** (im Norden von Birma = Myanmar) in Asien und Kolumbien für das Kokain, wobei Kolumbien, wo der Krieg gegen die Drogenkartelle in den Neunziger Jahren seinen Höhepunkt erreichte, zunehmend von Peru abgelöst wird. Aktuell ist vor allem Mexiko in der Diskussion, in dem Drogenkartelle sich insbesondere in **Ciudad Juarez**, einem Grenzort zum Hauptabnehmerland USA etabliert haben[357]. Afghanistan ist theoretisch zwar weitgehend unter Kontrolle der westlichen Staaten, womit diese im Prinzip die Möglichkeit hätten, die Drogenproduktion selbst zu stoppen, aber in der Praxis würde ein über symbolische Aktionen hinausgehender Kampf gegen die Drogenproduktion neben den Taliban zusätzliche Feinde schaffen, die die angespannte Sicherheitslage weiter verschärfen und die Möglichkeiten des Westens einfach überspannen würden.

Beim **Cannabis**, das auch gut in Gewächshäusern gedeiht, so dass es zum Teil auch in Europa selbst produziert wird, ist Marokko mit 80%

---

[356] vgl. Petersen 2007

[357] Der Kreativität der Kartelle sind keine Grenzen gesetzt, so werden jetzt gezielt attraktive Frauen als Auftragskillerinnen und Drogenschumgglerinnen eingesetzt, vgl. Käufer 2010, S.13

Anteil der Hauptlieferant für Europa[358]. Cannabis ist zurzeit die meistkonsumierte illegale Droge. Die getrockneten und zerkleinerten harzhaltigen Blüten und kleinen Blätter der weiblichen Pflanze werden als **Marihuana** konsumiert oder zu **Haschisch oder Haschischöl** weiterverarbeitet. Hauptwirkstoff sind die sogenannten Cannabinoide, insbesondere das auch in Routinetests erfassbare **Tetrahydrocannabinol (THC)**[359].

Der Kampf gegen Drogen spielt sich sowohl in den Verbraucher- als auch den Produzentenstaaten ab. Während man in den Verbraucherstaaten auf Verbote in Verbindung mit mehr oder minder strengen Strafen abstellt und auch auf Entzugs[360]- und Ersatz-(Substitutions)-Therapien z.B. mit **Methadon (Polamidon)** setzt, um die Abhängigen besser integrieren und die Beschaffungskriminalität eindämmen zu können, beinhaltet der Kampf gegen die Drogen in der Produktionsländern auch die Zerstörung der Produktionsstätten und den offenen, auch bewaffneten Kampf gegen drogenproduzierende Organisationen, wobei die US-amerikanische Behörde Drug Enforcement Agency DEA eine führende Rolle einnimmt.

Dieses Vorgehen ist umstritten, weil es während des Kampfes gegen die Drogen nach dem zweiten Weltkrieg zu keinem Zeitpunkt gelungen ist, die Produktion und das Angebot für längere Zeit zu drosseln; im Gegenteil die Preise für das Kokain zu verfallen beginnen, so dass es vom Luxusdrogensegment immer mehr in den Massenmarkt vordringt.

---

[358] vgl. Hackensberger 2008, S.10

[359] Der Mensch hat ein Hormon, das **Anandamin**, das an endogene Cannabisrezeptoren andockt, an diesen Mechanismus knüpfen Cannabisprodukte an. Schwache cannabisartige Effekte werden auch beim **Weihrauch** beobachtet, so dass auch schon von Weihrauchschnüfflern berichtet wurde.

[360] Die häufigen Fehlschläge beim Entzug haben auch was mit der verbreiteten **Polytoxikomanie** zu tun, d.h. des gleichzeitigen Missbrauchs verschiedener Drogen. Die Kreativität der Abhängigen (z.B. bei der Nutzung von Überdosen, ‚Aufbereitung' mit Alkohol, Injektion von dafür nicht vorgesehenen Stoffen) wird oft unterschätzt.

Einige Autoren vertreten die These des **Balloneffektes**, d.h. wenn man an einer Stelle Druck auf das Produktionssystem ausübt, weicht es eben woanders hin aus[361].
Andere Autoren vertreten die Auffassung, dass das Verbot von Drogen nur Probleme schafft, die letztlich nur durch die Aufhebung des Verbotes, also die Legalisierung behoben werden können, der Kampf gegen die Drogen ist mehr oder minder zum Ritual verkommen[362]. Klassisches Beispiel hierfür ist die nach dem ersten Weltkrieg eingeführte Prohibition in den USA, d.h. das Alkoholverbot, dass die Entstehung von bis dahin nie gekannten mafiösen Strukturen ermöglichte (wie zuerst Al Capone in New York). Erst die Legalisierung des Alkohols führte zum Zusammenbruch der kriminellen Organisationen. Die Ersatztherapie mit Methadon hat in dieser Perspektive Logikdefizite, warum nicht gleich Heroin als das Original geben?
Andere Autoren meinen wiederum, dass das gefährlich ist, weil die positiven Effekte der Drogen am Anfang auftreten, die negativen Effekte (Abhängigkeit, psychischer Verfall, Zerstörung des Soziallebens usw.) aber erst später, so dass die Grundlage für ein ‚rationales Ausprobieren' und Abwägen gar nicht gegeben ist. Hinzu kommen die Gefahren, die Drogen zum Beispiel am Steuer eines Fahrzeuges oder der Bedienung von Maschinen verursachen können.

In der Europäischen Union hat inzwischen die Zurückdrängung des Rauchens (Tabak bzw. Nikotin als legale Droge) aus dem öffentlichen Raum einen wichtigen Platz eingenommen, aber es ist noch nicht sicher, dass durch diese Maßnahme auch die Zahl der Raucher nachhaltig sinken wird, da insbesondere die Zahl der rauchenden Jugendlichen und Frauen in einigen Ländern eher noch zunimmt und auch neue Formen des Rauchens wie die Wasserpfeife (Sisha) in Mode gekommen sind.

---

[361] Ein Sonderproblem ist die entspannende Kaudroge **Qat**, die im Jemen von zahlreichen Menschen, auch solchen in öffentlichen Ämtern, gekaut wird und als ernstes Produktivitätshemmnis gilt, vgl. Gehlen 2010b.
[362] vgl. Gray 2009

2.4.4 Piraterie

Piraterie war schon zu Zeiten des römischen Reiches ein Problem, hat dann aber in den letzten Jahren aber wieder zugenommen. Typischerweise findet sie an viel befahrenen Transportwegen und Meerengen statt. Da die Piraten das Territorium oft sehr gut kennen, sind sie in der Lage, auch technisch besser ausgestatteten Sicherheitskräften zu entkommen. Wichtigste Engpässe (chokepoints) sind die Meerenge von Hormus im Persischen Golf für das Nahostöl, dazu das Horn von Afrika um Somalia; durch die Meerenge von Malakka zwischen Malaysia und Singapur führt der Guter- und Energietransport des Westens nach China und Südostasien[363].
Piraterie ist nicht nur für die Seeleute gefährlich, sondern führt auch zu erhöhten Versicherungs- und Transportkosten. Der Geleitschutz auf dem Meer ist aufwendig, teuer und oft auch ineffektiv. Schon bei den alten Römern erwies sich nur ein Angriff auf die Landbasen der Piraten als wirklich wirksam. Anrainerstaaten haben jedoch gegen militärische Konvois oder Interventionen oft Bedenken, weil sie befürchten, dass dies letztlich auf eine Kontrolle ihrer Seerouten durch ausländische Kräfte hinausläuft. Obwohl der Piraterie-Einsatz in Somalia letztlich dem Schutz der Handelswege dient[364], ist das Thema heikel, so dass Bundespräsident Köhler nach diesbezüglichen Äußerungen Ende Mai 2010 zurückgetreten ist.

Als Sonderproblem gilt der bisher noch weitgehend hypothetische **marine Terrorismus**. Als mögliche Szenarien werden der Schmuggel von schmutzigen Bomben (dirty bombs), Angriffe auf Flüssiggastanker (**Liquid Natural Gas LNG**) und Passagierfähren sowie die Nutzung von Tankern als schwimmenden Bomben diskutiert. Als kritische Infrastruktur im Zusammenhang mit Tankern wurde auch der Hafen von

---

[363] vgl. Wacker 2006, Goetz 2007. China hat wiederum nur die Strasse von Malakka und die südchinesische Meer als Ausgänge, weshalb dem Westen sehr gelegen (und China ebenso ungelegen) käme, sich in der Strasse von Malakka festzusetzen

[364] vgl. Rühl 2010a, S.12

Rotterdam als Europas größter Umschlagplatz für Öl identifiziert[365]. Gemeinsamkeiten mit der Piraterie ergeben sich unter anderem aus der Sicherheit der Schiffe, bei der Auswahl des Personals und der Routen.

2.5 Failed States/asymmetrische Kriege

In den letzten beiden Jahrzehnten hat die Zahl der instabilen oder gar funktionsunfähigen Staaten mit defizitären Institutionen (Rechtssystem, demokratische Organe und Prozesse) insbesondere als Folge von Bürgerkriegen erheblich zugenommen. Diese Staaten werden auch als gescheiterte Staaten (**failed states**) bezeichnet. Dabei geht es nicht nur um Demokratie- und Kontrolldefizite, sondern auch um sogenannte **asymmetrische Kriege**, bei denen unklare oder keine echten Fronten mehr existieren und mitunter ein Mix aus staatlichen und nicht-staatlichen Akteuren mit sehr unterschiedlichen Motiven beteiligt ist. Einige Autoren vertreten die These, dass Rohstoffreichtum und die damit verbundenen Begehrlichkeiten Bürgerkriege fördern und Staaten destabilisieren. Die Gegenthese besagt, dass Rohstoffe Bürgerkriege lediglich finanzieren und somit länger am Laufen halten.

Die asymmetrischen Kriege erschweren Verhandlungen und Stabilisierungsbemühungen erheblich. Zu den Konzepten, um in solchen Regionen wieder Frieden und Stabilität zu erreichen, gehören insbesondere das Konzept der **responsibility to protect R2P** und das **nation building** diskutiert.
Zur Jahrtausendwende wurde von der International Commission on Intervention and State Sovereignty (ICISS) das Konzept **R2P** entwickelt, nach der die internationale Gemeinschaft das Recht zum Eingreifen hat, wenn eine Regierung ihre Bevölkerung vor Bedrohungen nicht ausreichend schützen kann (oder will)[366]. Hierzu gehören zum Beispiel Interventionen nach Naturkatastrophen wie der Tsuanmi-Katstrophe von 2004.

---

365 vgl. Frittelli/Parfomak 2007
366 vgl. den Report der ICISS von 2001

Die R2P wird kontrovers diskutiert. Als problematisch gilt an dem Konzept zum einen, wann dieser Punkt genau erreicht sein soll und wie dieser Eingriff in die Souveränität anderer Staaten durch das Völkerrecht gedeckt ist. Für die betroffenen Staaten stellt sich vor allem die Frage, wie und unter welchen Bedingungen die ausländischen Interventionskräfte wieder abziehen. Als Myanmar (Burma, Birma) durch eine Naturkatastrophe schwer getroffen wurde, verweigerte sich die Regierung trotz großer Schäden aus Furcht vor der Intervention der ausländischen Helfer. Andere Autoren fürchten, dass eine konsequente Anwendung der R2P einfach die Kräfte der westlichen Staaten überspannt, denn bereits mit den jetzigen Konflikten scheinen die Grenzen der Belastbarkeit erreicht.

Das **Nation building** dient der Wiedererrichtung funktionierender staatlicher Institutionen und demokratischer Prozesse. Das nation building setzt jedoch zwingend die Bereitschaft der relevanten lokalen Akteure voraus, sich an diesem Prozess beteiligen zu wollen, wenn es nicht auf eine dauerhafte Besatzung hinauslaufen soll. Genau das sind die dringendsten Probleme in Bosnien-Herzegowina, bei dem immer wieder Interventionen der EU notwendig sind, um die staatlichen Funktionen aufrechtzuerhalten und zunehmend bezweifelt wird, dass der Staat einen völligen Abzug der EU lange überstehen würde und in Afghanistan, wo die schon die Reichweite der Macht der Zentralregierung aufgrund mächtiger lokaler Machthaber beschränkt ist.

Die Vorstellung des failed states wird jedoch von einigen Autoren als zu normativ und zu anspruchsvoll angesehen, weil sie die Standards entwickelter Industriestaaten zur Norm erhebt. Diese vertreten dann zuweilen die Theorie des '**Shadow States**' (Schattenstaat), nach der es überhaupt keine unkontrollierten Regionen auf der Erde gibt, sondern immer irgendwer das Sagen hat, d.h. wenn man nur die ‚richtigen' Leute kennt, bekommt auch in scheinbar anarchischen Regionen alles[367].

[367] Somalia gilt als der Klassiker unter den failed states. Es gilt als völlig desorganisiert, ist aber de facto in mehrere Regionen zerfallen, von Nord nach Süd in die seit 1991 bestehende und gut funktionierende *Republik*

Zuweilen befinden sich die Vertreter des Schattenstaates oft auch im Hintergrund eines failed states, d.h. ein z.B. auf ethnischen Bindungen, Clans oder auch auf Korruption beruhendes informelles Netzwerk trifft die Entscheidungen anstelle der schlecht oder nicht funktionierenden formalen Institutionen[368].

Eine Variante des Schattenstaates ist der **tiefe Staat**, ein Ausdruck, der zuletzt in den sogenannten **Ergenekon-Prozessen** in den Türkei verwendet wurde, synonym könnte man auch vom Staat im Staate sprechen[369]. Dabei handelt es sich um Netzwerke von Personen, die versuchen, bestimmte politische Konstellationen im Staat ggf. auch außerhalb der formalen Institutionen und politischen Prozesse aufrechtzuerhalten. Im Unterschied zum shadow state kann sich ein tiefer Staat auch in funktionierenden Gemeinwesen bilden. Während des kalten Krieges operierte die Organisation **Gladio** im Westen, die im Falle einer kommunistischen Invasion als stay behind-Armee weiter für die Sache des Westens kämpfen sollte.

Somaliland, die *autonome Region Puntland*, die wiederum kleine *Region Galmudug* und Rest-Somalia um die Hauptstadt Mogadischu, das zunehmend von den Al-Shabaab kontrolliert wird. Fehlende Polizeifunktionen erlauben es anderen Staaten, illegal vor Somalia zu fischen, umgekehrt boomt dafür die Piraterie. Der Versuch, die Ölfelder Somalias zu erschließen, führt zu einem Gemisch aus Kooperation und Konkurrenz zwischen den Staaten der internationalen Gemeinschaft.

[368] In demokratischen Staaten spricht man auch von der defekten Demokratie, von der vier Arten unterschieden werden: In der exklusiven Demokratie ist das Wahlrecht in irgendeiner Weise beschränkt, bei der Enklavendemokratie sind bestimmte Politikbereiche z.B. durch Militärs der demokratischen Kontrolle formal oder faktisch entzogen, bei der illiberalen Demokratie sind die Bürgerrechte beschränkt und bei der delegativen Demokratie höhlt eine starke Exekutive, z.B. in Gestalt charismatischer Präsidenten die Gewaltenteilung aus; vgl. auch Bertelsmann-Stiftung 2006, Merkel 2007.

[369] Hermann 2008, S.6

2.6 Wachsende Rohstoff- und Energieabhängigkeit

2.6.1 Energiepolitik

Für die politische Analyse sind die **Akteurskonstellation** und ihre **Zielkonflikte** von zentraler Bedeutung. Die *Konsumenten* hätten Energie und Rohstoffe am liebsten billig und ständig verfügbar. Für die *Produzenten* sind Energie und Rohstoffe oft die wichtigsten Einnahmequellen des Landes, aber in der Regel auch erschöpflich, weshalb die Produzenten sehr drauf achten, wem sie wann wie viel davon geben. Die kurzfristige Einnahmesteigerung konkurriert mit der langfristigen Vorratshaltung. Die *Umweltschützer* sehen, dass auch die Umwelt selbst eine erschöpfliche Ressource ist, so dass der Energie- und Rohstoffverbrauch am besten gebremst werden soll, und wenn dies nicht geht, wenigstens umweltfreundliche Verfahren und Produkte verwendet werden.

Für den *Sicherheitspolitiker* sind Energie und Rohstoffe vor allem eine Frage von Macht und Abhängigkeit und die Versuche, durch Schaffung von Institutionen einen verlässlichen Rahmen zu schaffen, reichen diesen nicht aus. Besser scheint da die direkte Kontrolle, so dass die Staaten anstelle der früher so mächtigen Privatfirmen die Sache mehr und mehr selbst in die Hand nehmen.

Die *Sozialpolitiker* sehen im Preisanstieg vor allem eine Gefahr für die unteren Schichten, da die knappen Einkünfte zunehmend in Heizkosten und Stromrechnungen abfließen.

Aus Sicht des *Wirtschaftspolitikers* ist wiederum nicht das Bevölkerungswachstum, sondern mehr der überproportionale Verbrauchszuwachs durch die aufstrebenden Flächenstaaten wie China und Indien ein Problem.

Analytische Probleme ergeben sich auch aus der **asymmetrischen Information**: Nur die Produzenten kennen die Kosten und die Vorräte wirklich und beides erzeugt Druck auf die Politik, mehr Transparenz zu schaffen. So werden sowohl die Förderfähigkeiten der russischen

Gazprom wie auch die Ölvorräte der OPEC immer mehr in Zweifel gezogen[370].

Bisher haben sich die Prognosen, dass der Gipfel der Förderung (**peak oil**) schon erreicht sei, nicht bestätigt, jedoch ist sicher, dass zunehmend auf schwer förderbare Reserven wie Ölsande und –schiefer genutzt werden müssen mit entsprechenden Folgen für die Preisentwicklung[371].

Wenn man all diese Akteure nun zusammenbringt, resultiert ein spannungsreiches Politikgeschehen, wie die folgenden Kapitel darlegen werden.

Energie muss zunächst erstmal *gewonnen* werden, egal ob dies durch Ölförderung, Wind- oder Atomkraft geschieht, dann muss diese *verarbeitet* bzw. *umgewandelt* werden, von dort aus schließlich noch zu den Verbrauchern gelangen und dort bei Bedarf verbraucht werden. Daraus ergibt sich sogleich die **Definition der Energiepolitik**:

Energiepolitik ist die Politik der Gewinnung, der Verarbeitung, des Transports und des Verbrauchs von Energie und umfasst im weiteren Sinne auch die Verbindungen mit der Wirtschafts-, Umwelt-, Technologie- und Sicherheitspolitik.

Während in Nationalstaaten klar ist, dass die Staaten die Kontrolle über die Energie und ihre Nutzung haben, hat die Europäische Union vielfältige Einflussmöglichkeiten über den gemeinsamen Binnenmarkt (Energie als Ware), die Umweltpolitik (Vermeidung von CO2-Emssionen) und in Fragen der Versorgungssicherheit (Vorratshaltung über 90 Tage). Die Kontrolle über die Ressourcen und die Zusammensetzung der genutzten Energie (den **Energiemix**) verbleibt aber auch nach dem neuen, geplanten europäischen Lissabon-Vertrag bei den Nationalstaaten. Daher hat die EU nur eine begrenzte Kontrolle über die Ressourcen, was sich z.B. in Verhandlungen mit Russland als deutliche Schwächung erweist. Umgekehrt sind die Nationalstaaten vor Zugriffen durch die EU geschützt, die schon mal gefordert hat, dass die Mitgliedsstaaten im Notfall „Solidarität" zeigen müssten, d.h. dass denjenigen, die mehr Energiereserven haben bzw. kaufen können, den anderen was abgeben sollen, ob sie wollen oder nicht. Die Gaskrise

[370] vgl. auch Umach 2007
[371] vgl. Jung 2006, S.128-138, Maugeri 2010

Anfang 2009, bei der süd- und osteuropäische Staaten mitten im Winter ohne Heizung da saßen, hat gezeigt, dass Energie durchaus knapp werden kann. Noch ist genug Energie für alle da, aber 2001 veröffentlichte die EU ihr „Grünbuch“ (Strategiepapier) zur Versorgungssicherheit, in dem gezeigt wurde, wie sich Bedarf und Produktion bis 2030 entwickeln würden. Sie gingen dabei von einer EU mit 30 Staaten bis 2030 aus, nämlich den 27 heutigen, der Türkei und evtl. noch zwei weiteren ex-jugoslawischen Republiken. Dieses Szenario zeigt die Energieproduktion (gefärbte Felder) nach Energiearten und den zusätzlich notwendigen Import (dick umrandetes weißes Feld) bis 2030, umgerechnet in Millionen Tonnen Rohöleinheiten.

Tab. 12 Schaubild Energiebilanz der EU

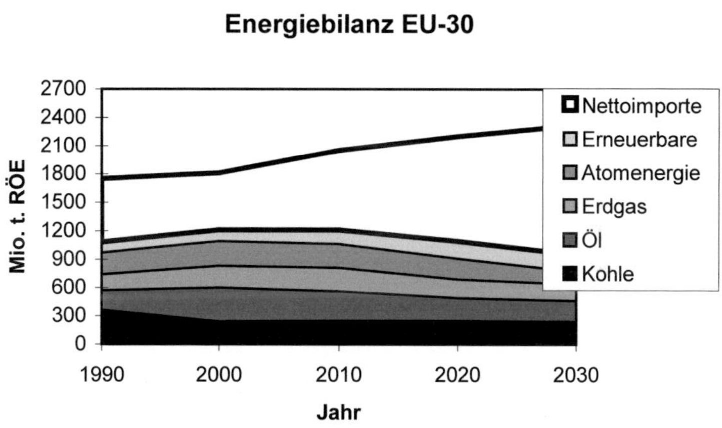

Quelle: Grünbuch der EU zur Versorgungssicherheit.

Das Ergebnis war ernüchternd:

- Die Eigenproduktion geht zurück, der Verbrauch steigt, daraus folgt eine Zunahme der Importabhängigkeit.
- Erneuerbare Energien (Öko-Energie wie Solarthermie, Wasserkraft, Wind, Biokraftstoff) können nur einen winzigen Teil des Energiebedarfs decken, wobei dieses Szenario bereits

deutlich verstärkte Anstrengungen im Bereich der Öko-Energien voraussetzt.

- Die umweltschädlichen fossilen Brennstoffe wie Öl, Gas und Kohle spielen weiterhin die Hauptrolle.
- Auch die Kernenergie wird auf lange Sicht unverzichtbar sein, auch wenn dies in der Europäischen Union auf vielfältige Kritik stieß.
- Da die importierten Energien ähnlich gegliedert sind wie die selbst produzierten, steigt die Abhängigkeit von Öl und Gas besonders stark an: Wie eine Studie des Jahres 2004 gezeigt hat, ist die EU von nur drei großen und einigen mittleren Lieferländern abhängig[372].

Tab. 13 Hauptlieferanten der EU-27 im Jahr 2004

	Öl (%)	**Gas (%)**
[EU selbst]	18	37
Russland	**26**	**29**
Norwegen	**13**	**17**
Algerien	**3**	**13**
Saudi-Arabien	9	--
Libyen	8	--
Iran	5	--
Sonstige	18	4

Aus diesen Überlegungen folgt eigentlich ganz zwangsläufig, was die Europäische Union in ihrem Energiepolitikpapier von 2007 festgehalten hat: Man muss in Zukunft sehen, dass man genug Energie bekommt, dass diese nicht zu teuer ist und am besten auch die Umwelt nicht

[372] Um so problematischer das „Erste Gesetz der Petropolitik" nach Friedman: Je höher die Preise für Rohöl, desto weniger Reformbereitschaft in der Innenpolitik dieser Staaten und eine konfrontativere Außenpolitik (vgl. Umbach 2007)

verpestet und so heißt es im *EU-Dokument „Energiepolitik für Europa 2007“:*

„Angesichts der zunehmenden Abhängigkeit Europas von Energieeinfuhren braucht die Europäische Union (EU) eine neue Energiepolitik, deren Hauptziele

- die **Wettbewerbsfähigkeit** (Wirtschaftlichkeit, competitiveness),
- die **nachhaltige Entwicklung** (Umweltverträglichkeit, sustainability) und
- die **Versorgungssicherheit** (security of supply) sind".

Wenn man sich nun die Maßnahmen der Europäischen Union, denen in aller Regel sinngemäße und entsprechende Maßnahmen auf deutscher Ebene gegenüberstehen, ansieht, stellt man fest, dass das gar nicht so einfach ist (siehe Tabelle auf der folgenden Seite). Wenn man die Energie durch Steuern verteuert oder technische Auflagen macht, mag dies der Versorgungssicherheit dienen, da weniger Energie verbraucht wird, auf kurze Sicht verursacht dies aber erstmal deutlich höhere Kosten, die Europa gegenüber den USA, China usw. in Nachteil bringen.

Tab. 14 Übersicht der Maßnahmen der EU zur Energiepolitik

Ziel	**Maßnahmen**
Verringerung des Energieverbrauches um 20% bis 2020 durch effizientere Nutzung	technische Normen (bessere Dämmung von Gebäuden und strengere Vorgaben für Kfz) Erhöhung der Energiekosten durch Steuern und Emissionszertifikate Forschungsförderung
Erhöhung des Anteils erneuerbarer Energien auf 20% bis 2020, um herkömmliche Energie-träger zu ersetzen (Substitution)	Förderung von Ökostrom (z.B. Solartechnik) und -wärme (z.B. Erdwärme) durch Subventionen/garantierte Preise Finanzielle Förderung des Anbaus von Biokraftstoffen, Beimischungspflicht zu Benzin/Diesel

Nutzung möglichst vieler verschiedener Energie-träger (Diversifizierung)	EU rät zur Beibehaltung von Kernenergie („Ausstieg überdenken“)
Gemeinsamen EU-Energiemarkt schaffen	EU-weite Verknüpfung der nationalen Liefernetze/ Stromnetze Trennung von Netzbetrieb und Stromerzeugung, um Preise zu drücken
Vorratshaltung	Richtlinien 68/141/EWG und 98/93/EG: 90 Tage-Vorratshaltungsregel für die 3 wichtigsten Mineralölarten
Ausbau der Beziehungen zu den Lieferländern	regelmäßige Konsultationen („Energie-dialoge“) der EU mit Lieferländern (z.B. Russland, Algerien, Norwegen, Afrika, Golfstaaten, OPEC), Allgemeine Wirtschafts- und Partnerschaftsabkommen der EU mit Lieferländern, Pipelinebau mit dem Ziel, Russland zu umgehen (Nabucco-Pipeline), Aufbau von nationalen Sonderbeziehungen zur Energie (z.B. Frankr.-Algerien, Dtl., Norwegen)

Der Dialog zwischen Akteuren ist primär immer sinnvoll, jedoch versuchen die EU und die Nationalstaaten unabhängig voneinander, sich Ressourcen zu sichern. Im Umgang mit Russland ist die Situation besonders verfahren: Die EU versucht schon seit 1997 ständig ein Abkommen mit Russland zu schließen. Gleichzeitig versucht die EU jedoch Russland durch eine südöstlich laufende Pipeline, die **Nabucco-Pipeline**, zu umgehen. Andererseits versucht Deutschland mit Hilfe Russlands durch die **Nord-Ostsee-Pipeline** andere EU-Staaten wie Polen zu umgehen. Umgekehrt versucht Russland europäische Ölförderfirmen wie die BP auf dem eigenen Territorium zu verdrängen. Wenn man das zusammenfasst, überrascht es nicht, dass die energiepolitischen Beziehungen der EU zu Russland eher kühl sind....

Ein internationales Betreiberkonsortium prüft zur Zeit im Rahmen des **Desertec**-Projektes die Möglichkeit ausgedehnter Energiegewinnung durch Solarstrom aus der Sahara.

Quintessenz (I)

Die drei Ziele Umweltverträglichkeit, Versorgungssicherheit und Wirtschaftlichkeit lassen sich mit einer Einzelmaßnahme nicht erreichen. Man kann sich jedoch mit Hilfe eines Maßnahmenmixes allen drei Zielen kontinuierlich nähern. Latente Widersprüche zwischen den Zielen bzw. Maßnahmen müssen, wenn man nicht alles auf eine Karte setzen will, schon *wegen der Unsicherheit über die zukünftige Entwicklung* in Kauf genommen werden.

Neben der Konsumenten- gibt es aber auch die Produzentenperspektive:

Umgekehrt haben aber auch die **Produzenten** ihre Probleme beim Versuch, Ressourcen und Preise zu kontrollieren. Es stellen sich vier große Fragen:

- Staatliche oder private Ölgesellschaft? Eine staatliche Gesellschaft sorgt dafür, dass alles in den Händen der Politik bleibt, eine private Gesellschaft ermöglicht aber gerade kleinen Staaten, ohne große Eigeninvestitionen an ihre Rohstoffe dranzukommen.
- Preise hoch oder niedrig halten? Hohe Preise können Ausweichreaktionen oder politischen Gegendruck der Verbraucherstaaten auslösen, niedrige Preise können zum Raubbau an den eigenen Ressourcen führen.
- Kartelle bilden oder nationaler Alleingang? Kartelle haben mehr Macht, können aber den Einzelstaat unter Umständen in seiner Wirtschaftspolitik hindern.
- An wen wie viel liefern? Man kann auf feste Beziehungen zu wenigen Kunden setzen, sich dadurch aber auch abhängig machen. Russland ist z.B. handelsmäßig sehr von der EU abhängig, weshalb Russland kein Interesse haben kann, die EU als zahlungskräftigen Kunden nachhaltig zu schädigen. Das

hinderte die Russen aber nicht daran, sich zunehmend nach China zu orientieren und somit ein zweites Standbein zu schaffen.

Quintessenz (II)

Auch Produzenten sind mit strategischen Dilemmata konfrontiert, die schon zu wiederholten Politikwechseln in einzelnen Staaten bzw. der OPEC geführt haben (und wohl auch in Zukunft führen werden). Diese Dilemmata haben sich bislang auch hemmend auf die Bildung einer '**Gas-OPEC**' ausgewirkt, d.h. nach dem Vorbild der Organisation erdölexportierender Staaten OPEC ein Kartell zu bilden, auch wenn das seit 2001 bestehende und sich jährlich einmal treffende **Gas Exporting Countries Forum GECF**[373] am 23.12.2008 in Moskau einen Plan zur engeren Zusammenarbeit fasste[374].

Der enorme Druck auf dem Gebiet hat die Entwicklung neuer Fördertechnologien begünstigt. Beim Gas geht die Tendenz daher zur Nutzung neuartiger Quellen wie dem Schiefergas, von dem es sehr große Mengen geben soll[375], so dass die USA Russland jetzt als größten Gasproduzenten ablösen konnten[376]. Dank neuer Fördertechnologien ist der Preis so gesunken, dass Ende 2010 sogar in Nordrhein-Westfalen Explorationen begonnen werden.

---

[373] Ägypten, Äquatorialguinea, Algerien, Bolivien, Brunei, Indonesien, Iran, Katar, Libyen, Malaysia, Nigeria, Russland, Trinidad and Tobago, Venezuela, VAE, Norwegen mit Beobachterstatus. Der wichtigste Gas-Lieferant Russlands, Turkmenistan, fehlt jedoch.

[374] vgl. Götz 2007

[375] vgl. Rybak 2010, S.25

[376] vgl. Gassmann 2010, S.3

2.6.2 Rohstoffpolitik

Die Rohstoffe lassen sich in drei Gruppen gliedern:

Tab. 15 Rohstoffarten

Metalle	Aluminium, **Antimon, Beryllium**, Blei, Chrom, Eisen, **Gallium**, Germanium, **Indium,** Kadmium, **Kobalt,** Kupfer, Lithium, **Magnesium**, Mangan, Molybdän, Nickel, **Niob, Tantal,** Titan, **Wolfram,** Zink, Zinn
Edelmetalle	Gold, Palladium, **Platin,** Rhodium, Silber
Industrie-minerale	Baryt, Bentonit, Feldspat, **Fluorit**, Gips und Anhydrit, Glimmer, **Graphit**, Kalisalz, Kaolin, Phosphat, Quarzsand, Schwefel, Steinsalz, Zement, Zirkon

Die fettgedruckten Rohstoffe gelten nach einer Definition der Europäischen Union von 2010 als strategisch wichtig.

Allen Industrierohstoffen ist gemeinsam, dass sich die meisten Rohstoffe in relevanten Mengen nur in wenigen Ländern finden. Bei fast allen Rohstoffen machen die 'Top 5' der Förderländer 50%, häufig sogar über 90% der Fördermenge aus. Manchmal sind die regionalen Ungleichheiten extrem: So finden sich laut Bundesregierung 2007 45% der aktuellen 'Produktion' (Förderung) des Lithiums in Chile, 71,9% der Magnesiums in China, 88,0% des Niobs in Brasilien, 87,1% des Wolframs in China und 77,8% des Platins in Südafrika. Wenig überraschend sind bei den Ländern mit den meisten Rohstoffen die großen Flächenstaaten oft auf den vorderen Plätzen, denn dass ein kleiner Staat zufällig auf den großen Reserven eines Rohstoffes liegt, ist in der Regel nicht so wahrscheinlich.

Das Hauptproblem ist, dass die Digitaltechnologien, also Handys und Computer seltene Metalle wie Niob, Germanium, Indium, Palladium,

Kobalt und Tantal[377] enthalten. Und eine Knappheit hätte enorme Auswirkungen, da das Recycling die Verluste nicht kompensieren könnte. Chinas sehr großer Anteil an seltenen Erden, die für die IT-Industrie unersetzlich sind, wird zunehmend zu einem ernsten Problem, da China seit Mitte 2010 den Zugang für Ausländer einschränkt; insbesondere das für Flachbildschirme benötigte Indium wird knapp[378].

Die Europäische Union will in Zukunft durch eine integrierte Außen-, Handels-, und Entwicklungspolitik ihre Versorgung mit diesen Rohstoffen sicherstellen[379]. Der Westen sieht das rohstoffhungrige China als Hauptkonkurrenten und versucht auch, den Kauf von Firmen, Vorkommen und Häfen z.B. in Australien und China zu blockieren, soweit möglich[380]. Mit den USA und Australien hat China erhebliche Spannungen wegen der Versuches, strategisch wichtige Firmen wie den kalifornischen Ölförderer Unocal und die australische Rohstoffirma Rio Tinto zu übernehmen, was –vorerst- abgeblockt werden konnte[381].

Da insbesondere Russland und Brasilien rohstoffreich sind, der Westen auf diese Rohstoffe aber langfristig angewiesen ist, erschwert das die Rohstoffpolitik des Westens erheblich.
China arbeitet beständig daran, seine Rohstoffbasis durch Vertrage und Aufkäufe langfristig zu verbreitern, insbesondere in Afrika, aber auch durch eine intensivierte Kooperation mit seine rohstoffreichen Nachbarn wie Turkmenistan und zunehmend auch mit Russland, das sich aus der Westorientierung seiner Rohstofflieferungen zu lösen versucht.

Bei Metallen und Edelmetallen gehören die großen Staaten wie folgt zu den 5 größten Förderern.

---

[377] vgl. Liebrich 2009, S.21
[378] FAZ 2010k, S.11, vgl. Mayer–Kuckuck 2010, S.34-35
[379] vgl. Menzel/Bonse 2010, S.18
[380] vgl. Hein 2009
[381] FAZ 2010l, S.U8

Tab. 16 Rohstoffvorkommen in großen Staaten

Land	Metall/Edelmetall
Australien	Aluminium, Blei, Eisen, Mangan, Nickel, Niob, Tantal, Titan, Zink, Silber
China	Aluminium, Blei, Eisen, Kadmium, Lithium, Magnesium, Mangan, Molybdän, Wolfram, Zink, Zinn, Gold, Silber
Brasilien	Aluminium, Kobalt, Mangan, Niob, Tantal, Zinn
USA	Blei, Kupfer, Lithium, Magnesium, Molybdän, Zink, Gold, Palladium, Platin,
Russland	Eisen, Kobalt, Magnesium, Nickel, Wolfram, Palladium, Platin, Rhodium

Entsprechend sieht es bei den Firmen aus. Das erforderliche Know-How und die großen Investitionen begünstigen die Entstehung großer Anbieter und hemmen den Eintritt neuer Wettbewerber. Auch hier kontrollieren die jeweils 5 größten Förderfirmen in der Regel mehr als 50% des Abbaus. Große Konzerne sind Ende 2008 u.a. *BHP Billiton (Australien), CVRD (Brasilien), Alcoa, RioTinto (Großbritannien), Xstrata (China), AngloAmerican (Großbritannien) und Norilsk Nickel (Rußland)*. Für große Aufregung im Rohstoffsektor sorgte der (dann doch) gescheiterte Plan von BHP Billiton, Rio Tinto 2008 zu übernehmen. Auch der Handel mit Rohstoffen ist hochkonzentriert, wichtigster Rohstoffhändler ist Glencore[382].

Die Rohstoffstrategie der Bundesrepublik

Man kann zwar bei fast allen nicht-energetischen Rohstoffe noch auf viele Jahrzehnte Nachschub hoffen, z.B. für das Titan sind schon Lagerstätten für 120 weitere Jahre bekannt (**Ressourcen**; die vermutlich existierenden Mengen, auch als **Reserven** bezeichnet, sind für die meisten Rohstoffe noch erheblich größer). Man darf jedoch nicht die

---

[382] Poehner/Teuwsen 2009, S.28-29

Wirtschaftlichkeit des Abbaus vernachlässigen, der im Zweifel immer teuer wird, je schwieriger die Lager zu erreichen sind. Die Abbaukosten machen das Thema auch kurzfristig schon spannend.

Die **Rohstoffstrategie** der insgesamt rohstoffarmen Bundesrepublik[383] umfasst u.a.

- Materialsparen durch Recycling, das wie man sieht, nicht nur ökologische Motive verfolgt
- effizientere Materialverwendung
- vermehrte Forschung und Datensammlung, um unter anderem die möglichen Bezugsquellen zu vermehren (**Bezugsquellen-diversifizierung**)und um knappe Materialien besser ersetzen (substituieren) zu können
- vertragliche Bindungen von Rohstoffquellenländern
- eine verstärkte **Rückwärtsintegration**, d.h. deutsche Firmen, die Rohstoffe verarbeiten, sollen sich die Quellen kaufen, damit sie ihnen keiner wegnehmen kann und die
- verstärkte Suche nach heimischen Quellen.

Der wichtigste politische Akteur ist hier die **Bundesanstalt für Geowissenschaften und Rohstoffe BGR**, die ab 2010 zu einer Rohstoffagentur mit einem Rohstoffinformationssystem für die deutsche Wirtschaft ausgebaut werden soll.

Rohstoffpolitische Konfliktfelder

Da momentan die Eroberung und dauerhafte Aneignung fremder Territorien in der politischen Praxis nicht mehr durchsetzbar ist, müssen neben dem Versuch, andere Staaten durch genehme Regierungen politisch zu kontrollieren, andere Wege her, nämlich insbesondere die Strategien 'raus aus Meer' und rein 'in die Arktis' (Nordpol) und Antarktis (Südpol).

---

[383] Quellen: Bundesregierung 2007 Elemente einer Rohstoffstrategie der Bundesregierung März 2007, BGR 2007 Reserven, Ressourcen und Verfügbarkeit von Energierohstoffen 2007, Bundesregierung 2008 Zwischenbilanz der Rohstoffaktivitäten der Bundesregierung

Die International Seabed Authority ISA

Das **Allmende-Problem** bezeichnet die Gefahr, dass egoistische Akteure ein öffentliches Gut ausplündern und sei es nur aus Furcht, dass der andere es sonst tun würde. Klassisches Beispiel ist die Überfischung der Weltmeere. Um dem entgegenzuwirken, wurde die UN-Organisation **International Seabed Authority ISA** gegründet. Nach der UN-Seerechtskonvention 1982 konnte 1994 eine Übereinkunft zu ihrer Gründung erzielt werden. Sie ist für alle internationalen Gewässer einschließlich des Meeresbodens und die Ressourcen zuständig (*organizes all seabed issues, ocean floor and subsoil beyond territorial limits of national jurisdiction*). Die ISA verwaltet u.a. die sogenannten **Manganknollen**-Gebiete, in denen am Meeresboden Knollen aus hochwertigem Metall lagern, die man gewissermaßen 'abgrasen' kann. Die Qualität der enthaltenen Metalle lässt das Kosten-Nutzen-Verhältnis günstig erscheinen[384]. Bei den großen Manganknollen-Gebieten zwischen Mexiko und Hawaii hat sich die Bundesrepublik zwei Areale, die zusammen 75.000 km² groß sind, gesichert, die **Area W1** und **E1.** Diese grenzen u.a. an chinesische, russische und japanische Gebiete. Das Geld fließt der ISA zu, wobei ein Areal ausgebeutet werden darf, das andere darf nur beforscht werden und muss der ISA erhalten bleiben, so dass die ISA einer raschen Ausschöpfung durch kapitalstarke Industriestaaten entgegenwirkt.

Wettlauf in der Arktis

1994 trat neben der ISA auch das **UN-Seerechtsabkommen** definitiv in Kraft, wodurch statt 3-Meilen-Zonen nun 12-Meilen-Zonen und für die wirtschaftliche Nutzung 200-Meilenzonen definiert wurden. Jedoch heißt es im Artikel 76, dass bei einem verlängerten Festlandssockel (der sogenannten **Isolinie 2500**) die 200 Meilenzone um diesen Sockel herum ausgedehnt werden kann. Bei der **UN-Festlandssockelkommission** müssen Anträge gestellt werden, die in den kommenden Jahren entschieden werden[385].

---

[384] vgl. Zierul 2010

[385] vgl. u.a. SZ vom 27.07.2007, die ZEIT vom 16.08.2007

In der Arktis ist deshalb ein hektischer Wettlauf im Gange, bei dem u.a. Russland Anspruch auf 1.2 Millionen km² Gebiete mit Rohstoffen erhebt und mit Norwegen, Dänemark, Kanada und den USA um die Gebiete konkurriert. Zu dem Zwecke wollen russische Geologen beweisen, dass der sogenannte **Lomonossow-Rücken**, ein Festlandssockel unter dem Meer ein Ausfluss des russischen Festlands ist. Nun wird sich zeigen, ob die Neorealisten recht hatten, die einen Zusammenbruch der internationalen Kooperation (Global Governance) befürchten, wenn Nationalstaaten vitale Interessen verfolgen oder ob die UN-Kommission ihre Position behaupten kann und somit die Neo-Institutionalisten, die eher von der Stabilität internationaler Kooperationen ausgehen, die Nase vorn haben werden.

Die potentiellen neuen Fördermöglichkeiten von Bodenschätzen in der Arktis führen zu Territorialkonflikten, die u.a. Kanada und Dänemark vor einigen Jahren um die unbewohnte und winzige **Hans-Insel** ausgetragen haben. Der Wert der Hans-Insel beruht auf ihrer Nähe zur Arktis und den daraus möglicherweise ableitbaren Territorialansprüchen auf anrainende Arktisgebiete.

Norwegen und Russland wiederum stritten sich um ein Stück des Polarmeers. Die zunehmenden militärischen Aktivitäten Russlands hatten das norwegische Militär zu einer Studie veranlasst, in der ein Konflikt mit Russland durchgespielt wurde. Das Ergebnis der Studie war, was aus westlicher Sicht beunruhigend war, dass von der NATO keine Hilfe zu erwarten wäre[386]. Diese Studie spiegelt das **norwegische Paradoxon** wider. Einerseits haben die Norweger klare Vorstellungen von Verbündeten und Gegnern, haben aber auch Bedenken wegen ihrer Verbündeten. Jetzt stehen die Norweger vor dem Problem, dass sie sich mit den Russen über die Ressourcen streiten, aber andererseits wissen, dass die potentiellen Verbündeten ebenfalls an ihre Ressourcen heranwollen. Die EU hat dieses Wollen in ihren Papieren als *Energiesolidarität* bezeichnet, d.h. wenn die Energie in der EU knapp

[386] FAZ 2007a, 25.09.2007

wird, sollen die Mitglieder mit Energiereserven helfend eingreifen. Wie lange würde sich ein EU-Mitglied Norwegen mit knapp 1% der EU-Gesamtbevölkerung diesem Druck wohl entziehen können? Dies erklärt das Paradoxon, warum sich Norwegen zwar sehr eng an die EU anlehnt und im Rahmen des Europäischen Wirtschaftsraums faktisch das gesamte EU-Recht einschließlich des Schengenvertrages anwendet (ohne im EU-Parlament mitentscheiden zu können), aber nicht der EU beitritt. Um den politischen Druck zu reduzieren, hat sich Norwegen mit Russland 2010 auf die Aufteilung der umstrittenen Territorien in der Barent-See geeinigt und so den Konflikt erheblich entschärft.

Die Antarktis

De facto wird die Antarktis durch ein Stillhalteabkommen geschützt, das noch einige Jahrzehnte anhält, gleichwohl haben sich viele Staaten sich schon mit Forschungsstationen platziert. Überdies gibt es auch noch territoriale Ansprüche aus den Zeiten der Südpolexpeditionen, so erhebt z.B. Norwegen Anspruch auf mehrere Millionen Quadratkilometer des ca. 14 Millionen Quadratkilometer großen Südpols, der im Gegensatz zum Nordpol ja eine Landmasse unter dem Eis besitzt.

2.6.3 Agrarpolitik

Die absolute Getreideproduktion nimmt immer mehr zu, die Getreideproduktion *pro Kopf* stagniert jedoch seit ca. 1970 und da die Weltbevölkerung weiter wächst, wird die Agrarproduktion zunehmend zum politischen Problem[387]. Theoretisch könnte die Beschränkung des Fleischkonsums die Lage merklich entspannen, in der Realität nimmt die Nachfrage nach Fleisch jedoch eher zu.

Um Engpässen schon langfristig vorzubeugen, haben China und Südafrika 12,8 Mio. Hektar im Kongo aufgekauft, China 2 Mio. Hektar in Gambia und Südkorea 1,3 Mio. Hektar in Madagaskar[388]. Es sind

[387] vgl. Grill 2010, S.22. Gross 2009, S.9 verweist darauf, dass die Pro-Kopf-Produktion schwankt, aber nach wie vor neidirger ist als Ende der 1980er Jahre

[388] vgl. Zapf 2009

zahlreiche weitere Käufe geplant oder im Gange, so dass Afrikas Agrarproduktion allmählich unter die Kontrolle anderer Länder gerät. China hat auch mehr als 1 Mio. Hektar auf den Philippinen und 0,7 Mio. Hektar in Laos erworben[389]. Hinzu tritt die ausgedehnte illegale Fischerei vor den afrikanischen Küsten.

2.7 Trend zur Bildung regionaler Machtblöcke

2.7.1 Globalisierung

Die Globalisierung ist kein wirklich neuer Prozess, internationalen Handel gab es z.B. schon im 15. Jahrhundert zwischen Europa, Asien, Afrika und Asien. Nach der Eroberung Konstantinopels im Jahre 1453 durch das Osmanische Reich finanzierten die europäischen Mächte See-Expeditionen, um das osmanische Gebiet umgehen zu können.
Dies führte zu den Missionen Vasco da Gamas rund um Afrika und Kolumbus Entdeckung von Amerika im Jahre 1492. China führte im selben Jahrhundert unter Zheng He eine große Expedition bis nach Afrika durch, die chinesische Regierung stoppte dann aber später alle Seeaktivitäten.
In der ersten Phase der Entdeckungen waren Spanien und Portugal die führenden Staaten, dann folgten England und die Niederlande als neue Seemächte. Dem folgte eine Phase, in der die direkte territoriale Kontrolle angestrebt wurde, und die dann in den Kolonialismus/Imperialismus führte. Die meisten Gebiete wurden von England und Frankreich kontrolliert.
Zwischen dem ersten und zweiten Weltkrieg wurde der Völkerbund gegründet, der aber unter anderem daran litt, dass die USA kein Mitglied waren und ein Grossteil der Erde noch aus abhängigen Gebieten bestand.
Als Folge des zweiten Weltkrieges, und damit kann man vom Beginn der modernen Globalisierung sprechen, wurde erstmals ein globaler politischer, rechtlicher und wirtschaftlicher Rahmen geschaffen mit den

---

[389] Wälterlin 2010, S.17

Vereinten Nationen (**United Nations Organization UNO**) und den sogenannten **Bretton Woods-Organisationen** wie dem Internationalen Währungsfonds IWF, der Weltbank und dem Welthandelsabkommen General Agreement on Trade and Tariffs GATT von 1948. Hinzu kam eine **Gold-Dollar-Bindung** der Weltwährungen, bei der die Wechselkurse an den Dollar und dieser wiederum an das Gold gekoppelt war.

Diese Rahmenbedingungen ermöglichten zusammen mit niedrigen Rohstoff- und Energiekosten in den 1960er und 1970er Jahren ein rasches Wachstum des Welthandels. Verbesserte Transportmöglichkeiten durch moderne Schiffe und Flugzeuge sowie der aufkommende Massentourismus trugen ebenfalls dazu bei. Neben der wirtschaftlichen Dimension kennt die Globalisierung auch noch drei weitere Dimensionen, nämlich

- ökologisch: Klimawandel, Abholzung der Regenwaldes und Artenschutz sind hier die wichtigsten Aspekte.
- sozial: Soziale Standards sind durch Standortdebatten gefährdet und auch die weltweite Migration hat deutlich zugenommen. Die Auslagerung von Betrieben in Regionen mit niedrigen Sozialstandards ist ein weiterer Aspekt, die von Kosten- und Preisfragen gefördert werden.
- kulturell nimmt der Austausch zwischen den Teilen der Welt zu, was sich auch an scheinbaren Alltäglichkeiten wie dem Kino, dem Essen oder Musik bemerkbar macht. Dennoch ist eine Dominanz der westlichen, vor allem der amerikanischen Kultur gegeben, wenn man nach dem dabei generierten Umsatz geht.

Die erste Krise der Globalisierung begann mit dem Ende der Gold-Dollar-Bindung 1971, die von den USA aufgekündigt wurde, nachdem die Dollarmenge infolge der Ausgaben für den Vietnamkrieg zu stark expandiert war. Hinzu kam die Ölkrise von 1973. Im Yom Kippur – Krieg hatten die arabischen Staaten Israel am gleichnamigen Feiertag angegriffen, jedoch konnten sie Israel nicht besiegen und die USA hatten Israel Unterstützung zugesichert, was Saudi-Arabien verärgerte, das daraufhin ein Ölembargo begann. Die Ölpreise stiegen kurzfristig rasch an, was auch dazu führte, dass die **Organisation ölexportierender Staaten OPEC** die ökonomischen Chancen, die sich aus einer Förderkontrolle ergaben, konsequent zu nutzen begann. In der Folge wurde die **G7** als Gruppe der größten Industriestaaten gegründet (USA, England, Frankreich, Deutschland, Italien, Kanada und Japan) um die Folgen der schwankenden Wechselkurse und die gestiegenen Energiekosten in den Griff zu bekommen[390]. Hinzu trat die **Internationale Energieagentur IEA** mit der Planung einer systematischen Bevorratung von Öl für zumindest 90 Tage und der Verabschiedung eines Kataloges möglicher Maßnahmen für zukünftige Knappheiten. In Europa wurden die Wechselkurse einiger Währungen in der **Währungsschlange EWS** zusammengefasst, die der erste Vorläufer des späteren Euro im Jahre 1992 war.

Das Ende des kalten Krieges bedeutete neben der möglichen Rückführung von Rüstungsausgaben[391] das Ende des Kommunismus in Osteuropa auch das Ende eines eigenen planwirtschaftlich gesteuerten Wirtschaftsgebiets. Neben den Reisebeschränkungen erwiesen sich zuvor auch die nicht umtauschbaren (nicht konvertiblen) Währungen des Ostens und die Planwirtschaft mit geregelten Preisen und Mengen als erhebliches Handelshemmnis, das nun relativ rasch wegfiel. Die Demokratisierung und Privatisierung erweisen sich als zusätzliche Stimulantien, die auch das Wachstum internationaler Konzerne beschleunigten. In Asien stiegen die **Tigerstaaten**, zu denen Südkorea und Taiwan gehörten, auf.

Die 1990er Jahre waren nach dem Ende des kalten Krieges von einem Optimismus gekennzeichnet, sogar das **Ende der Geschichte** wurde diskutiert, worunter man das Ende massiver Konfrontationen zwischen

---

[390] Nach dem kalten Krieg wurde Russland aufgenommen, so dass die **G8** entstand.

[391] So standen sich in Deutschland neben den vier Mächten 480.000 Bundeswehrsoldaten und 170.000 Soldaten der Nationalen Volksarmee NVA plus 50.000 Mann Grenztruppen gegenüber, also insgesamt rund 700.000 Soldaten, die nun auf weniger als 300.000 Soldaten reduziert werden konnten.

großen Mächten verstand. In diesem Umfeld war nicht nur in der EU, sondern auch global eine weitergehende Liberalisierung möglich, die dann in der Bildung der **Welthandelsorganisation WTO** als Nachfolger des GATT mündete. Hinzu kam das Internet, das zu einer weiteren Beschleunigung und Verbilligung der Kommunikation beitrug.
Im Endergebnis expandierten die Finanzmärkte erheblich, so dass z.B. der Dow Jones Industrial Average der New Yorker Börse New York Stock Exchange von 3.000 Punkten im Jahre 1990 auf 10.000 Punkte im Jahre 1999 anstieg.
2001 rückten dann erstmals die aufstrebenden Ökonomien der vier bevölkerungsreichen Flächenstaaten **B**rasilien, **R**ussland, **I**ndien und **C**hina in den Blickpunkt, die von einem Analysten der Bank Goldmann Sachs als **BRIC** abgekürzt wurden, ein Begriff, der 2009 erstmals von diesen Staaten selbst für eine Konferenz benutzt wurde.

Die Finanzmarktexpansion setzte sich an der Finanzmärkten nach der Jahrtausendwende trotz einer ersten Krise der Internetökonomie auch aufgrund der Schaffung neuer Finanzprodukte (verschiedener Arten von Derivaten) fort, so dass sich eine Spekulationsblase bildete, die in der **Finanzkrise** von 2007-2009 endete. Der folgende rapide Anstieg der Staatsschulden zog dann 2010 die **Griechenlandkrise** nach sich, die wie die Finanzkrise mit einem Rettungsschirm (staatlichen Garantien) und Stützungsmassenahmen der Europäischen Zentralbank EZB bewältigt werden soll, die nun unter anderem Staatsanleihen kauft[392]. Weitere Staaten mit diskutiertem Hilfebedarf sind Portugal, Spanien und Irland, so dass die 4 Staaten auch zuweilen als **PIGS-Staaten** zusammengefasst werden. Ende 2010 sind die Zweifel am Fortbestand des Euro aufgrund der Unterschiede innerhalb des Euroraums erheblich angewachsen[393].

---

[392] FAZ 2010d, S.9, jedoch erreichten die Kreditausfallsderivate *(Credit Default Swaps)* für fünfjährige griechische Anleihen am 24.06.2010 ein neues Rekordniveau des Risikozuschlages von 1077 Basispunkten, FAZ 2010c, S.19

[393] vgl. den Sonderbericht „Europas Schuldenkrise“ im Handelsblatt vom 18.11.2010, S.1, 6 und 7

Die USA, aber auch die westlichen Staaten insgesamt leiden unter der Schuldenlast, die die politische Führungsrolle des Westens nach Ansicht verschiedener Autoren ernsthaft gefährdet[394]. Ein einfacher Beleg für diese These ist, dass die Bundesrepublik mittlerweile mehr Geld für den Schuldendienst als ihre Verteidigung ausgeben muss. Die folgende Tabelle zeigt die Folgen der Finanzkrise für führende Staaten[395]:

Tab. 17 Staatsschulden im Mai 2010

Land	**Schuldensta nd 2011 in Mrd. US-Dollar**	**Neue Schulden 2009-2011 in Mrd. US-Dollar**	**Schuldenstand 2011 in % des Bruttoinland-produktes**
USA	17919	3843	115
Japan	12333	1208	226
Italien	2723	313	117
Deutschland	2686	439	74
Frankreich	2501	646	84
Großbritannien	2257	795	86
China	2082	360	34
Zum Vergleich: Griechenland	450	103	125

Stand am 23. Mai 2010

Nach dem zweiten Weltkrieg hatten die USA ihre Staatschulden bereits einmal erfolgreich mit schleichender Inflation abgebaut und so von 108,6% des Bruttoinlandproduktes (BIP) im Jahre 1946 auf 36% des BIP im Jahre 2006 reduziert, wobei 56% des BIP-Wachstums der Zeit nach Angaben von Morgan Stanley nur nominal inflationsbedingt zustande kamen. Deshalb könnte das jetzige Schuldenwachstum der

---

394 vgl. Zeiner 2010, S.4-5, Haentzschel, 2008, S.13, Hellmann 2010, S.18

395 vgl. Ettel/Greive/Kaiser 2010

USA rein mathematisch nur mit einer Inflationsrate von 4,7% gestoppt werden, für einen Abbau müsste sie noch merklich höher sein[396]. Ähnliche Probleme haben die anderen westlichen Staaten und Japan auch.

2010 will die US-Regierung soviel Schulden aufnehmen wie übrige Welt zusammen, 40 Millionen Amerikaner sind auf Essenmarken des Landwirtschaftsministeriums angewiesen, 33 von 50 Bundesstaaten konnten im Juni 2010 keine Arbeitslosenunterstützung mangels Geld mehr bezahlen[397]. Die US-Regierung setzte jedoch Ende 2010 weiter auf eine expansive Geldpolitik, was zu Spannungen im Weltwährungssystem geführt hat[398].

Der Aufstieg der BRIC, die ansteigenden Preise für Öl, Gas und Rohstoffe sowie der Terroranschlag vom 11.September 2001 auf das World Trade Center ('9/11') führte zu einer neuen Perspektive, in der die Bildung regionaler Wirtschafts- und Machtblöcke sowie sicherheits- und industriepolitische Fragen ins Zentrum rückten.
Einige Autoren gehen davon aus, dass sich die Globalisierung auf lange Sicht fortsetzen wird, jedoch ist schon seit Jahren *keine relevante verbindliche globale Vereinbarung mehr beschlossen worden* oder in Kraft getreten.
Besonders trifft dies auf die **G20** zu. Die Gruppe der zwanzig wichtigsten Industrie- und Schwellenländer (G-20) ist ein seit 1999 bestehender, informeller Zusammenschluss aus 19 Staaten und der Europäischen Union, die Mitglieder erwirtschaften zwei Drittel der Weltbevölkerung rund 90 Prozent des weltweiten Bruttoinlandsprodukts (BIP) und bestreiten 80 Prozent des Welthandels[399]. Obwohl

---

[396] vgl. Ettel/Greive/Kaiser 2010
[397] vgl. Benders/Dörner/Eberle 2010, S.4
[398] Ettel/Zschäpitz, H. 2010, S.43-44
[399] Die G20 soll als Forum für die Kooperation und Konsultation in Fragen des internationalen Finanzsystems dienen. An den Treffen der G-20 nehmen die Finanzminister und Zentralbankchefs der G8 und elf weiterer Staaten, sowie die EU-Präsidentschaft (wenn diese zu diesem Zeitpunkt nicht von einem G8-Staat geführt wird), der Präsident der

insbesondere US-Präsident Obama die G20 als das entscheidende Forum ansieht, ist die Gründung des **Financial Stability Boards** durch die G20 im April 2009 zur Schaffung eines neuen Gesamtrahmens für den Finanzmarkt bisher wegen der Uneinigkeit der Staaten praktisch folgenlos geblieben[400]. Die praktische Konsequenz der Regionalisierung ist auch der zunehmende Stillstand in der Welthandelsorganisation WTO, in der die aktuelle Doha-Verhandlungsrunde seit vielen Jahren stockt.

2.7.2 Industriepolitik

Müller-Wille sprach von '**Geo-economics**' und meinte damit, dass wirtschaftliche Macht auch machtpolitisch genutzt werden kann, d.h. um politische Ziele zu erreichen bzw. durchzusetzen[401]. Dies führt zum Thema **Industriepolitik** als einem Teilbereich der Wirtschaftspolitik. Sie umfasst alle wirtschaftspolitischen Maßnahmen eines Staates oder dessen Verwaltungseinheiten, die auf die Struktur und die Entwicklung der Industrie bzw. der Wirtschaft als Ganzes einwirken. Industriepolitik kann sowohl aktiv zur Beeinflussung eines Industrialisierungsprozesses (z.B. Förderung des Strukturwandels oder die Bereitstellung von Exporthilfen) als auch reaktiv auf ungewünschte Differenzierungswirkungen eines Industrialisierungsprozesses erfolgen. Zur reaktiven Industriepolitik gehören z.B. die Durchführung von Erhaltungsmaßnahmen oder die Bereitstellung von Anpassungshilfen (z.B. durch Förderung von Forschung und Entwicklung).
Erstmals hieß es im Europäischen Gründungsvertrag EGV 1992 im Art 157: "Die Gemeinschaft und die Mitgliedstaaten sorgen dafür, dass die notwendigen Voraussetzungen für die Wettbewerbsfähigkeit der Industrie gewährleistet sind." Auf diese Weise hoffte die EU-

---

Europäischen Zentralbank, der Geschäftsführende Direktor des Internationalen Währungsfonds, der Vorsitzende des Internationalen Währungs- und Finanzausschusses (IMFC), der Präsident der Weltbank und der Vorsitzende des Development Committees von Weltbank und Internationalem Währungsfonds teil.

[400] vgl. Schrörs 2010, S.26

[401] vgl. Müller-Wille 2003, S.55

Kommission angemessen auf die scheinbar drohende Deindustrialisierung Europas zu reagieren. 2004 wurde von den drei Mitgliedsstaaten Deutschland, Frankreich und Großbritannien die Notwendigkeit einer proaktiven europäischen Industriepolitik gefordert.

Das Bundeswirtschaftsministerium nannte 2008 dafür **drei Gründe:**

- Länder wie China und Indien haben sich in kurzer Zeit zu bedeutenden Akteuren entwickelt, die vielfältige Befürchtungen auslösen.
- Der rasante Anstieg der Rohstoffpreise hat in den Exportländern zum Aufbau großer Kapitalreserven geführt, die nach Anlagemöglichkeiten suchen (**Staatsfonds**).
- Hinzu kommen neue Entwicklungen an den Finanzmärkten, wie der erhebliche Bedeutungsgewinn von **Hedge-Fonds**[402] und von **Private-Equity-Unternehmen**[403], die weltweit auf Einkaufstour gehen.

Dabei spielte auch der Begriff der **Europäischen Champions** zunehmend eine Rolle. Damit sind multinationale Unternehmen mit einer Weltmarktführerposition gemeint. Als Beispiel wird häufig der Luft- und Raumfahrtkonzern EADS angeführt.

Europäische Industriepolitik soll derartige Champions unterstützen, fördern und ggf. auch zu schaffen helfen. Von Politikern wird in diesem Zusammenhang daher häufig eine zu strenge Auslegung der europäischen Fusionskontrolle innerhalb der EU durch die europäische Wettbewerbskommission kritisiert, weil hierdurch schlagkräftige

---

[402] Hedge-Fonds („absichern“) sind Investmentfonds, die durch Spekulation hohe Erträge zu erzielen versuchen, insbesondere durch Derivate und Leerverkäufe. Wichtig ist die sog. **Black-Scholes-Formel**, mit der Finanzrisiken mathematisch sauber gefasst wurden.

[403] Privatkapitalbeteiligungsgesellschaften. Einkauf durch Eigen- und geliehenes Fremdkapital, mit dem Ziel, höhere Gewinne als die Schuldzinsen zu machen (**Leverage-** oder Hebeleffekt für die Eigenkapitalrendite, sowie **Tax shield** = Nutzung von Abschreibungsmöglichkeiten). Dies erfordert mitunter die Tranchierung des übernommenen Unternehmens und erlaubt Renditeziele 30-40% auf das Eigenkapital.

Zusammenschlüsse von Firmen verhindert würden. Kritiker wiederum merken an, dass gerade die Unterstützung Europäischer Champions häufig für die Ziele nationaler Standort- und Beschäftigungspolitik missbraucht würde. Somit wird durch staatliche Intervention massiv regulierend in die ansonsten freien Märkte eingegriffen. Das Wirtschaftsministerium argumentierte 2008 jedoch, dass Industriepolitik im Osten durch die Sicherung **industrieller Kerne** dazu geführt hat, dass in den neuen Bundesländern eine industriegeprägte Wirtschaftsstruktur erhalten werden konnte.

Das Streben nach **nationalen Champions** hatte auch die Fusionen der Stromanbieter begünstigt, obwohl mit der Übernahme der Ruhrgas durch E.ON ein kritischer Punkt erreicht wurde, so dass die EU-Kommission E.ON seither im Visier hatte.

Tab. 18 Staatsfonds

Land	Staatsfonds	Mrd. US-Dollar 2008	Ge-gründet	Basis
Vereinigte Arabische Emirate	Abu Dhabi Investment Authority (ADIA)	875	1976	Öl
Singapur	Government of Singapore Investment Corporation (GIC)	330	1981	Nicht-Roh-stoffe
Norwegen	Government Pension Fund - Global (GPFG)	322	1990	Öl
Saudi-Arabien	Mehrere Fonds	300	NA	Öl
Kuwait	Kuwait Investment Authority (KIA)	250	1953	Öl
China	China Investment Company Ltd.	200	2007	Nicht-Rohstof fe
Russland	Stabilization Fund of the Russian Federation (SFRF)	144	2003	Öl

Schlüsselindustrien

Das Bundeskabinett hat Mitte 2008 strikteren gesetzlichen Vorschriften für ausländische Investitionen zugestimmt. Mit den Änderungen am **Außenwirtschaftsgesetz (AWG)** sollen Übernahmen deutscher Unternehmen und Beteiligungen vor allem auch durch ausländische Staatsfonds verhindert werden, wenn sie die öffentliche Ordnung oder nationale Sicherheit Deutschlands gefährden könnten. Zu diesen gehören zum Beispiel Unternehmen aus der Rüstungsindustrie oder der

Energieversorgung. Das Gesetz definiert (bewusst) keine Branchen. Sobald ausländische Fonds 25 Prozent und mehr an solchen Unternehmen erwerben, kann das Wirtschaftsministerium innerhalb von drei Monaten prüfen, ob nationale Interessen davon berührt sind, ob also "die öffentliche Ordnung oder Sicherheit der Bundesrepublik Deutschland beeinträchtigt" sind. Entschließt sich das Bundeswirtschaftsministerium (BMWi) innerhalb dieser Frist, den Erwerb zu prüfen, wird dies dem Käufer mitgeteilt und er aufgefordert, die vollständigen Unterlagen über den Kauf zu übermitteln. Danach kann das BMWi innerhalb von zwei Monaten den Kauf untersagen oder Anordnungen erlassen, allerdings erst nach Zustimmung der Bundesregierung.

2.7.3 Der Aufstieg der BRIC

Die Abkürzung BRIC steht für die vier Staaten, sie wurde vom Goldman-Sachs-Chefvolkswirt Jim O'Neill im Jahre 2001 geprägt[404]. Diese vier Staaten könnten bis 2050 die G8-Staaten überflügeln, so dass die 'westliche Welt' erstmals seit etwa fünf Jahrhunderten ihre dominierende Stellung in der Weltwirtschaft verlieren könnte. Rund 40% der Weltbevölkerung leben in den BRIC-Staaten.
In den Analysen zum Erfolg der BRIC wurden insbesondere folgende Bedingungen genannt, die erfüllt sein müssen, um ein solides Wirtschaftswachstum zu fördern.

- Makroökonomische Stabilität
- Starke und politisch stabile Institutionen
- Offenheit für Handel und ausländische Direktinvestitionen
- Höhere Bildungsstandards
- **demographisches Fenster**: diejenige Zeitspanne, in der die Entwicklung der Bevölkerung vorteilhaft für das wirtschaftliche Wachstum ist. Dies ist dann der Fall, wenn weniger als 30% der Bevölkerung unter 15 Jahre und weniger als 15% über 65 Jahre

[404] Eine relative vollständige Übersicht zu den wirtschaftlichen Grundlagen des Erfolgs liefert der BRICs-Kompass von Goldman-Sachs aus dem Jahre 2006 (Goldmann-Sachs 2006).

alt sind. Brasilien und China haben dieses demographische Fenster bereits erreicht, in Indien liegt der Anteil der unter 15-Jährigen derzeit bei etwa 30%.

Brasilien

Brasiliens Wirtschaft war lange Zeit instabil, so dass es mehrere Währungsreformen (Cruzeiro, Cruzeiro Novo und Cruzado) gab. Durch die Einführung des **Real** als neuer Währung wurde 1994 in Verbindung mit einer stabilitätsorientierten Politik, die entgegen den anfänglichen Erwartungen auch von dem amtierenden Präsidenten Lula konsequent fortgeführt wurde, wurde die Inflation unter Kontrolle gebracht und eine Phase andauernden Wirtschaftswachstums eingeleitet. Dadurch wachsen auch eine Mittelschicht und die Binnennachfrage.

Brasilien verfügt über große Mengen an landwirtschaftlichen Flächen, über ein großes Reservoir an Arbeitskräften und auch über relevante Rohstoffreserven, zu denen sich in den letzten Jahren auch größere Ölfunde hinzugesellten.

China

Unter Mao Zedong (**Mao Tse-tung**) konnte sich China zunächst von allen westlichen Einflüssen und dann auch von der Sowjetunion lösen. Mit der Erlangung von Atomwaffen war China auch militärisch zu einer führenden Macht aufgestiegen. China konnte durch seine Unterstützung den Koreakrieg 1950-1953 zumindest unentschieden gestalten und Nordkorea retten. Indien und China hatten einen Territorialkonflikt um die zum früheren Kaschmir gehörende Region Aksai Chin, in einem kurzen Krieg konnte sich China 1959/60 dabei auf ganzer Linie durchsetzen. 1969 kam es zu einem kurzen Grenzkonflikt mit der Sowjetunion, bei dem beide Seiten aber rasch die Kampfhandlungen beendeten.

Die Wirtschaftspolitik blieb jedoch ein ständiges Problem, Hungersnöte traten auch nach dem Krieg immer noch auf. Deng Xiaoping versuchte Reformen der Planwirtschaft mit dem berühmten Satz vorzuschlagen: „Es ist egal, ob eine Katze schwarz oder weiß ist, Hauptsache, sie fängt Mäuse“, fiel dadurch jedoch bei Mao in Ungnade.

Nach Maos Tod war die Notwendigkeit für Reformen offensichtlich und so wurde ab 1978 unter Deng Xiaoping die wirtschaftliche Liberalisierung unter dem Namen „Reform und Öffnung“ eingeleitet, die mit einer zunehmenden Freigabe von Preisen und Zulassung von Privatunternehmen einherging. Außerdem wurden ausländische Direktinvestitionen erlaubt und Zölle reduziert.

Beschleunigt wurde dieser Prozess möglicherweise durch die Vorgänge von 1979. In Kambodscha wurden die herrschenden und mit China verbündeten Roten Khmer Ende 1978 von Vietnam angegriffen. Die Chinesen wollten ihre Verbündeten nicht im Stich lassen und griffen Vietnam im Norden noch im gleichen Winter im Februar 1979 an, jedoch blieb der Angriff nach der anfänglichen Überraschung relativ bald stecken[405]. Auch wenn die Vietnamesen von einer vollständigen Vernichtung der Roten Khmer absahen, fiel Kambodscha faktisch unter ihre Kontrolle.

Die Bedeutung des Vorganges ist umstritten: Amerikanische Analytiker meinten, die Chinesen hätten es von vornherein nur auf eine symbolische Bestrafung abgesehen und den Vietnamesen vorführen wollen, dass sie im Ernstfall keine Verbündeten hatten. In diesem Kontext wäre das Fortbestehen eines kleinen Khmer-Territoriums entlang der thailändischen Grenze vielleicht eine Folge dieser Maßnahme.

Deutsche Analytiker (Kielmannsegg) vertraten hingegen die Ansicht, dass die Chinesen letztlich nicht in der Lage waren, den Vietnamesen ernsthaft zu schaden und zwar auch wegen der Fehlkonstruktion ihrer Wirtschaft.

Um stark zu sein, leistete sich China eine riesige Armee, die Volksbefreiungsarmee. Da sich das arme China diese Armee aber eigentlich nicht leisten konnte, mussten die Soldaten der Volksbefreiungsarmee arbeiten, um sich und die Armee zu finanzieren, was wiederum dazu führte, dass die Armee zwar groß, aber nicht mehr wirklich kampfbereit war, wie der kurze Konflikt mit Vietnam Anfang

---

[405] vgl. Elleman 2009

1979 gezeigt hat. Spätestens hier musste auch den konservativen Kadern klar geworden sein, dass es so nicht mehr weitergehen konnte.
Die später verwendete offizielle Formel „Mao lag zu 70% richtig und zu 30% falsch“ stützt diese Auffassung, denn als richtig gilt alles, was China unabhängig und stark gemacht hat, als falsch alles, was China geschwächt hat und die Fehlkonstruktion der Wirtschaft und der Armee gehört sicherlich zu diesen 30%.
Wie dem auch sei, danach gab es keinen nennenswerten Widerstand mehr gegen die Reformen, wobei die Chinesen behutsam vorgingen, zunächst mit der Sonderwirtschaftszone Shenzen rund um das damals noch unabhängige Hongkong, der aufgrund des durchschlagenden Erfolges rasch weitere Zonen folgten.
Chinas Arbeitskräftepotential als „Werkbank der Welt", niedrige Löhne und ein riesiger Binnenkonsum sind Triebfedern des Aufschwungs.
Im Rahmen der einfachen Industrieproduktion wird China jedoch von Vietnam unter Druck gesetzt, das mit den **DoiMoi-Reformen** langsamer mit der Öffnung begann und nun mit niedrigeren Löhnen konkurrieren kann, zudem steigen die Löhne in China allmählich an.
Sicherheitspolitisch stellt sich für den Westen vor allem das Problem, dass China schon vor die Wirtschaftsleistung Italiens erreicht hat, aber rund 20-mal mehr Menschen als Italien hat. Wenn China also insgesamt auch nur zum *heutigen* Italien aufschließen will, entspräche das dem Rohstoff- und Energiebedarf von 19 weiteren Italiens, was nach heutigem Kenntnisstand zwangsläufig zu einer großen globalen Rohstoff- und Energieknappheit führen wird und nach Ansicht mancher Autoren auch ökologisch untragbar erscheint.

Indien

Auch unter dem Eindruck der Entwicklungen in China wurden ab 1991 wurden unter dem damaligen Finanzminister Manmohan Singh Wirtschaftsreformen begonnen, die die bis dahin enge staatliche Kontrolle über die Wirtschaft nach und nach lockerten. Handelsbeschränkungen und bürokratische Investitionshemmnisse wurden abgebaut, Steuern gesenkt und Privatisierungen eingeleitet.

Indien hat sich zunächst als Denkfabrik und Dienstleister positioniert, u.a. durch umfangreiche Aktivitäten im Software- und Datenbanksektor mit dem Zentrum Bangalore. Dies hat zumindest bei einem Teil der Bevölkerung zu einem erheblichen Anstieg der Einkommen geführt und zur Herausbildung einer Mittelschicht, die auch für eine wachsende Binnennachfrage sorgt. Die steigenden Einkommen reduzieren aber nach und nach die Kostenvorteile des indischen Standortes, so dass in den USA bereits eine industrielle Rückverlagerungsdebatte (‚**back to the West**') begonnen hat.

Russland

Der damalige Präsident und jetzige Ministerpräsident Wladimir Putin hatte ab 2000 eine Steuerreform und einen Abbau des öffentlichen Sektors angestoßen. Steigende Ölpreise (und somit Gaspreise) ermöglichten einen raschen wirtschaftlichen Aufschwung, der zumindest bei Teilen der Bevölkerung auch einen höheren Lebensstandard mit entsprechendem Konsum ermöglichte. Problematisch sind die rohstoffbasierte Wirtschaft und der immer noch bestehende Modernisierungsbedarf der zum Teil noch aus Sowjetzeiten stammenden Industrie.

Diskurs

Das Verhältnis des Westens zu den BRIC ist ambivalent: einerseits bieten die BRIC-Staaten eine große Chance für Handel und Investitionen und sie fragen auch Produkte der westlichen Industriestaaten nach, in der Finanzkrise 2009 erwies sich China sogar als wesentlicher Motor der Weltwirtschaft, andererseits wächst der Einfluss dieser Staaten rasch, was nach und nach die politischen Kräfteverhältnisse verändert. Ein Vorbote dieser Entwicklung war die BRIC-Konferenz in Jekaterinenburg von 2009, in der die Vertreter der BRIC von einer zukünftigen multipolaren Weltordnung ausgehen.

2.7.4 Das Chimerica-Problem

In der Finanzkrise erwiesen sich die USA und China als die entscheidenden Akteure. Eigentlich sollte die Rolle der Gruppe G-20 zufallen. Die Gruppe der zwanzig wichtigsten Industrie- und Schwellenländer (G-20) ist ein seit 1999 bestehender, informeller Zusammenschluss aus 19 Staaten und der Europäischen Union. Sie soll als Forum für die Kooperation und Konsultation in Fragen des internationalen Finanzsystems dienen. Gemessen an den konkreten Maßnahmen ist die G-20 jedoch sehr weit hinter den Erwartungen zurückgeblieben, was die Debatte über eine Art Tandem aus China und Amerika (daher **Chimerica** oder auch **G2**) als neuen Leitmächten beflügelte. China ist als Lieferant vieler Konsumgüter in die USA inzwischen der größte Gläubiger der USA und hält die größten Dollarreserven. China ist trotz aller Konkurrenz nicht an einer Schwächung der amerikanischen Wirtschaft interessiert, da dies ja sowohl den eigenen Güterabsatz als auch den Wert der Dollarreserven vermindert.

Die rasch wachsende Staatsverschuldung der USA hat jedoch in China die Besorgnis bestärkt, dass die amerikanische Leistungsfähigkeit dauerhaft nachlassen könnte. Wahrend die USA unter Präsident Obama an einer *strategic reassurance* mit China gelegen ist, d.h. der Klärung der gegenseitigen Interessen im Dialog, drängt China vorrangig auf eine Stabilisierung der amerikanischen Wirtschaft. Chinas Fähigkeit zur Aufnahme neuer amerikanischer Schulden ist zunehmend erschöpft, so dass die USA ihre Schulden mittlerweile auch durch den Druck neuer Dollars bedienen, mit denen dann die eigenen Anleihen gekauft werden. Das Verhältnis beider Mächte ist auch deshalb angespannt.

Weitere Konfliktfelder sind die Währungspolitik, weil Chinas Währung **Renminbi Yuan (RMB oder kurz Yuan)** als unterbewertet gilt. Dadurch sind chinesische Güter zwar billiger und konnten auch leichter von den USA bezahlt werden, aber es hat auch zu den enormen Exportüberschüssen beigetragen und verzerrt den Wettbewerb. China bestreitet dies, hat aber den Kurs des Yuan nach und nach etwas

gelockert und es kam zu einer schrittweisen Aufwertung in den letzten Jahren, die den USA aber bei weitem nicht genügen.
Weitere Streitpunkte sind die Verletzung von Patenten, Markenschutz und Copyright durch nichtautorisierte Kopien (Produktpiraterie, Raubkopien), auch wenn die Chinesen den USA vorwerfen, die Schutzrechte zu überspannen, denn es waren die USA, die eine Ausdehnung auf einen 20 jährigen Patentschutz für innovative Produkte propagierten.
Militärisch steht der Taiwankonflikt zur Debatte, bei dem die USA Taiwan bestehen, dass von China als abtrünnige Provinz betrachtet wird. Die weitereichende Kontrolle des Pazifik durch die USA und die Militärpräsenz rund um China machen China einen physischen Angriff weitgehend unmöglich, weshalb China seine Cyberwarkapazitäten intensiv gestärkt hat, mit deren Hilfe China im Konfliktfalle den USA zumindest anfangs erheblich Sand ins Getriebe streuen könnte.
Das Pentagon betrachtet mit Sorge die steigenden Rüstungsausgaben Chinas, jedoch diese insbesondere bei der Waffenforschung weit hinter denen der USA zurück, so dass (noch) nicht von einem Rüstungswettlauf gesprochen werden kann[406].

[406] vgl. Wagener 2010, S.5

2.8 Klimawandel

Ausmaß und Geschwindigkeit des Klimawandels sind auch bei den Klimaforschern umstritten, es ist jedoch anhand des Schmelzens der Polkappen nicht zu übersehen, dass eine Klimaveränderung im Gange ist. Daraus ergeben sich eine Reihe sicherheitspolitischer Probleme[407]:
Zum einen führt dies zur Eröffnung neuer Seewege (**eisfreie Nordwestpassage**) in der Arktisregion. Kanada betrachtet diese Routen als Binnengewässer und beansprucht die Souveränität, während andere Staaten, u.a. auch die USA die Auffassung vertreten, dass es sich um internationale Schifffahrtsrouten handeln würde. Kanada hat bereits begonnen, seine Seestreitkräfte aufzurüsten[408]. Ein weiteres Problem sind die bereits weiter oben erwähnten neuen Fördermöglichkeiten von Bodenschätzen in der Arktis.
Die **Überflutung von Inselstaaten** ist ein weiteres Problem, dass vor allem ebenerdig gelegene pazifische Inselstaaten wie Tuvalu und Vanuatu treffen könnte. Schlimmstenfalls droht die völlige Überflutung dieser Staaten, die sich bisher aber politisch kein ernsthaftes Gehör verschaffen konnten.
Die **Veränderung von Küstenlinien** kann von Flussdeltas z.B. in Bangladesh ausgehen, kann aber auch je nach Entwicklung zur Überschwemmung eines Teils der Niederlande führen, weil der Dammbau nicht beliebig fortgesetzt werden kann. Eine wirkliche Strategie für diesen Fall steht noch aus, obwohl in manchen Szenarien dieses Problem schon nach 2030 aktuell werden könnte[409].

Ein mit dem Klimaproblem verwandtes Problem ist das Sonderproblem Wasser. Die **Verfügbarkeit von Trinkwasser** ist gerade für Staaten in Wüstenregionen ein andauerndes Problem hinsichtlich Menge und Qualität[410]. In den Medien werden zwar schon seit Jahrzehnten Kriege ums Wasser angekündigt, bisher sind diese aber noch ausgeblieben.

---

[407] vgl. U.a. FTD 2008, Bundestag 2009
[408] vgl. Rungg/Lagorio 2007, S.15, vgl. Veser 2010, S.3
[409] Frey 2010, S.61
[410] vgl. Giersberg 2008, S.17

Viel drängender scheint nach Ansicht mancher Autoren die drohende 'Austrocknung' der arabischen Halbinsel ab 2016 zu sein[411]. Die Austrocknungsthese beruht auf dem Umstand, dass viele Staaten fossile Wasservorräte (Kavernen) leerpumpen, die natürlich nicht regeneriert werden können. Dies und der deutlich über der Nachhaltigkeitsgrenze liegende Wasserverbrauch rechtfertigen bei gleichbleibender Entwicklung die Prognose einer extremen **Wasserknappheit ab 2016**. Es wird zwar auf die stetigen Fortschritte bei der Meerwasserentsalzung verwiesen, dabei wird jedoch nie die Frage gestellt, wie dieses Wasser dann zu akzeptablen Preisen und verlustfrei hunderte Kilometer ins gesamte Binnenland transportiert werden kann. Als praktische Konsequenz wird befürchtet, dass die Binnenregionen völlig veröden und die Bewohner auf die Küstenstreifen zusammengedrängt werden[412].
In Ägypten besteht am Nildelta ein besonderes Problem. Die rasch wachsende Bevölkerung wohnt wie in den vergangenen 5.000 Jahren vor allem am Nil oder der Küste. Der steigende Wasserverbrauch am Nil führt jedoch zu einem verstärkten Einfluss von Meerwasser im Nildelta, so dass die Gefahr einer Versalzung der Böden wächst. Dies ist nicht nur ein umweltpolitisches, sondern auch ein sicherheitspolitisches Problem, weil damit der ägyptischen Bevölkerung ihre Nahrungsgrundlage entzogen würde, da der Nil 97% des Wasserbedarfs deckt[413].
Selbst in der EU ist die absehbare Wasserknappheit der südlichen Regionen ein politisches Problem, die nördlichen EU-Staaten drängen die südlichen Staaten zu mehr Sparsamkeit[414].

Eine Erhöhung der Durchschnittstemperatur könnte darüber hinaus Fluchtwellen insbesondere aus Staaten aus wärmeren Zonen auslösen (**Klimaflüchtlinge**), obwohl es auch Diskussionen gibt, dass dadurch bisher unbewohnbare Regionen gerade im Norden bewohnbar

---

[411] 2016 will Saudi-Arabien die Eigenproduktion von Weizen wegen der Wasserknappheit aufgeben
[412] vgl. aber auch Rogers 2009, der die Lage nicht so kritisch sieht
[413] vgl. Hermann 2009, S.7
[414] vgl. Hauschild 2007, S.6

würden[415]. Dieser Teil der Diskussion ist im Wesentlichen noch spekulativ.

2.9 Demographie/Migration

Während insbesondere auf der Nordhalbkugel die Alterung und Schrumpfung der Bevölkerungen das Problem darstellt, haben die Regierungen im Süden eher mit der Versorgung rasch wachsender Bevölkerungen zu kämpfen. Der Prozess ist äußerst vielschichtig, so dass hier nur die wichtigsten Probleme angesprochen werden.

2.9.1 Demographischer Wandel als Sicherheitsproblem

Vereinfacht gesagt kann eine Bevölkerung nur stabil gehalten werden, wenn ein Elternpaar im Mittel 2,1 oder mehr Kinder bekommt, weil immer einige Kinder durch Infekte, Krebs, Unfälle sterben, so dass eine Geburtenrate etwas über 2,1 Kindern dafür sorgt, dass zwei Eltern durch 2 überlebende Kinder ersetzt werden. Wahrend man früher Strategien verfolgte, bei denen ein größeres Volk mehr Macht verhieß, geht es hier nur noch um den Erhalt des *status quo* und dies vor allem, um die Altersstruktur aufrechterhalten zu können.

Der relative Bevölkerungsanteil von **Europa** schrumpft ständig, so dass europäische Sicherheitspolitiker befürchten, dass schon allein deshalb die Bedeutung Europas zurückgehen wird; mit weniger als 10% der Weltbevölkerung wird es immer schwieriger sein, eine Machtstellung zu behaupten.

Russland hat eine zunehmende Entleerung östlich des Urals zu beklagen[416]. Im Moment wohnen nur noch rund 6% der Bevölkerung, also rund 8 Millionen Menschen östlich des Urals, also auf den zwei östlichen Dritteln der russischen Territoriums. Diese wenigen Menschen siedeln wiederum vor allem entlang der transsibirischen Eisenbahn, so

[415] vgl. LMD 2008
[416] vgl. Zekri 2009

dass große Teile Russlands so gut wie unbewohnt sind, was natürlich auch mit dem unwirtlichen Klima gerade im russischen Norden zusammenhängt. Dies und der stetige Rückgang der russischen Bevölkerung (von ca. 140 auf 100 Millionen Russen bis 2050) haben russische Demographen zu dem Ergebnis geführt[417], dass 2050 allein die legale Einwanderung handeltreibender Chinesen und die höhere Geburtenrate der muslimischen Bevölkerung zu einer *deutlichen muslimisch-chinesischen Bevölkerungs-mehrheit östlich des Urals* führen wird. Die Gouverneure der östlichen Bezirke haben während Putins Präsidentschaft diesen wiederholt auf die Situation hingewiesen.

Zuweilen wird schon darüber spekuliert, dass Sibirien auf Dauer ‚an China fallen' konnte, wobei unklar ist, wie ein solcher Übergang zwischen zwei großen Atommächten stattfinden könnte. Wahrscheinlicher ist jedoch, dass sich die Zusammensetzung der Regionalparlamente und der Administrationen nach und nach verändert und so chinesische Anliegen allmählich in die dortige Politik vordringen.
Aber die **Chinesen** haben ebenfalls demographische Probleme. Um in der Zeit der Hungersnöte die Bevölkerung zu drosseln, galt in China die Ein-Kind-Politik, d.h. jede Familie durfte nur ein Kind haben. Inzwischen ist die Bevölkerung so gealtert, dass die chinesische kommunistische Partei die Behandlung dieses Problems und die Versorgung der Älteren zu einem vordringlichen Problem erklärt hat. Zudem ist zunächst im Süden eine partielle Aufgabe der Ein-Kind-Politik erfolgt[418], bis 2014 ist eine vollständige Aufgabe geplant.

In **Israel und Palästina** wachst der arabischstämmige Bevölkerungsanteil deutlich schneller als der jüdische, so dass die arabischstämmige Bevölkerung auch im israelischen Kernland vielleicht um 2030 die Mehrheit stellen wird[419]. Dies wird allein schon im Parlament die Kräfteverhältnisse allmählich verändern. Theoretisch

---

[417] Lindner 2009, S.8
[418] Kuehl, Hardenberg 2010, S.13, Mayer-Kuckuck, 2010c
[419] Dougherty 2004

könnte durch eine Rückgabe Ostjerusalems an Palästina dieser Prozess noch mal bis 2050 verzögert werden. Jedoch hat die Zahl der infolge des Krieges von 1948 in den Nachbarländern lebenden und auf ihre Heimkehr wartenden Araber ebenfalls stark zugenommen. Die Folgen dieser Entwicklung sind noch offen.

In den USA ist eine fortschreitende **Hispanisierung** insbesondere der südöstlichen Regionen zu beobachten. Für die USA hat das positive demographische Effekte, die Bevölkerung ist jünger als die europäische und wird auch nach übereinstimmender Meinung der Experten weiterhin wachsen. Kulturell zeichnen sich jedoch bereits Veränderungen ab, hierzu gehört unter anderem das Vordringen der spanischen Sprache als faktischer zweiter Landessprache und des katholischen Glaubens in den bisher protestantisch dominierten USA; die hispanischen Einwanderer haben bereits die Schwarzen als zweitgrößte Gruppe abgelöst. Die Einwanderung aus Asien, z.B. aus Korea nimmt ebenfalls zu, so dass 2050 asienstämmige Einwanderer bereits die drittgrößte Bevölkerungsgruppe stellen werden.

Die **Youth Bulge**-Theorie sagt, dass Länder mit einer jungen und kinderreichen Bevölkerung der Tendenz nach aggressiver sind als alternde Staaten, die schon aus Mangel an potentiellen Soldaten konfliktvermeidend agieren. Es ist umstritten, ob diese Aggressivität wirklich eine Folge der Jugend an sich ist oder mehr mit den Schwierigkeiten, rasch wachsende Bevölkerungen zu versorgen, auszubilden und in das Arbeitsleben zu integrieren, zusammenhängt.

2.9.2 Heterogene und instabile Gesellschaften

Im erweiterten Sicherheitsbegriff sind stabile Gesellschaften eine Grundvoraussetzung für Sicherheit. Seit der Krise der 1970er Jahre ist es den westlichen Staaten nicht mehr gelungen, auf einen kontinuierlichen Wachstumspfad zurückzukehren. Seither fragen sich alle, wieso es zwei Jahrzehnte so gut ging und warum man nicht einfach zu Vollbeschäftigung, steigenden Nettolöhnen und Netto-Wohlstand auch für die breiten Schichten und all das in vielen Staaten zurückkehren kann.

Die gängige Theorie ist die das **Nachholbedarfs** der Nachkriegsbevölkerung und durch den **Wiederaufbau** der zerstörten Europas. Dies wird jedoch zunehmend in Frage gestellt. Den Aufschwung gab es auch in Staaten, die nicht zerstört wurden, das Konsumniveau war außerdem schon bald deutlich höher als vor dem Krieg (Autos, Reisen, Fernseher, Wohnraum....). Es gibt die ressourcenbasierte Kritik, die argumentiert, dass das Wirtschaftswunder der Nachkriegszeit in Wahrheit nur auf Kosten anderer Länder und der Umwelt möglich war, denn das Öl und Gas wurde weit unter dem aus Knappheits- und Marktgesichtspunkten nötigen Preis angeboten, was am Einfluss des Westens auf die Öllander lag. Dies ermöglichte einen Wohlstand, der zum einen auf dem Fleiß und Aufbauwillen der Menschen, aber leider auch auf der Verschwendung und dem ineffizienten Einsatz von Energie und Rohstoffen ruhte[420].

Dann gibt es die Kritik, dass durch die Rekrutierung von **Gastarbeitern** eine veraltete und zu personalintensive Produktionen billig weiterbetrieben werden konnte, die sozialen Kosten dieser Maßnahme, insbesondere die Frage nach der Integration der Neubürger und ihrer Kinder, einfach in eine ferne Zukunft (nämlich heute) verschoben wurden, indem man sich um diese Frage nicht ernsthaft kümmerte, sondern hoffte, die Gastarbeiter würden ‚einfach wieder gehen', obwohl die Aufenthalte zeitlich nicht begrenzt wurden.

Dazu kommt natürlich die **Globalisierung**, die Konkurrenz aus Asien setzte im Autosektor schon in den Siebziger Jahren ein, gefolgt von massivem Druck im Unterhaltungselektroniksektor, wo die Japaner (und später die sogenannten 'Tigerstaaten') schon vor China eben nicht nur mit Billigprodukten wie Textilien, sondern auch mit höherpreisigen Qualitätsprodukten aufwarten konnten. In einem Punkt sind sich aber alle obigen Theorien einig: Es gibt *kein Zurück* mehr zu den 'guten alten Zeiten'.

---

[420] Jetzt ist die Situation nämlich genau umgekehrt: Luxus und Pracht der arabischen Ölstaaten werden von den westlichen Konsumenten finanziert.

Gleichwohl fördern Wohlstandsgefälle und auch der Bedarf an billigen Arbeitskräften die Migration, auch die illegale. Diese gilt als Sicherheitsproblem, weil sie die Legitimität und Akzeptanz legaler Migration in Frage stellt und die Bürger an der Kontrollfähigkeit des Staates zweifeln lassen. Die westlichen Staaten verfügen über keine klare Strategie, sondern ad hoc-Maßnahmen, zu denen auch die plötzliche Legalisierung illegaler Einwanderer gehört, dominieren das politische Handeln[421].

In allen Industriestaaten haben demographische Probleme und der Wettbewerbsdruck den Druck auf die Sozialsysteme erhöht. Da alte Besitzstände nur gegen großen Widerstand abgebaut werden können, lassen Politiker diese, wenn möglich, unangetastet, sorgen aber dafür, dass diese nicht weiter ausgebaut werden. Außerdem wird oft der Kreis der Anspruchsberechtigten nach und nach verkleinert. Zudem müssen die Politiker verhindern, dass neue Besitzstände entstehen. Da Maßnahmen mit Fernwirkungen weniger Problemdruck erzeugen, sind in die Reformen des Öfteren längere Übergangsfristen eingebaut. Aus dieser vielfach mit Erfolg angewandten Strategie folgt jedoch, dass die Jüngeren, die neu in das System eintreten, oft schon voll erfasst werden, während die Älteren noch die Besitzstände von früher haben. Dadurch gibt es häufig eine Ungleichverteilung zu Lasten der Jüngeren, die sich anders als die vollzeitig unbefristet angestellten Älteren von Vertrag zu Vertrag hangeln (**Befristungskarrieren**) und lange in schlecht gesicherten und bezahlten, den sogenannten **prekären Arbeitsverhältnissen** verbleiben. Der Rückgang dauerhafter Arbeitsverhältnisse hat zusammen mit anderen gesellschaftlichen Veränderungen wie dem **Wertewandel** die Entstehung der **Patchwork-Biographie** ermöglicht, bei der die Betroffenen ihr Leben als einen Flickenteppich (patchwork) aus Job- und Familienfragmenten (z.B. Aushilfsjobs, geschieden lebend, öfters umgezogen) gestalten.

---

[421] Angenendt 2009, S.41-50

Die zunehmende Heterogenität von Gesellschaften, ihre Alterung und das sinkende Wohlstandsniveau stellen zusammen mit dem kostenbedingt schrumpfenden Handlungsspielraum der Politik gegenüber aufstrebenden Staaten wie China und Indien ein besonderes Problem für den Westen dar.
Der nachlassende Handlungsspielraum der Politik hat auch zu einer Debatte um die Funktionsfähigkeit der Demokratie geführt, bei der einige Autoren der Auffassung sind, dass ein **postdemokratisches Zeitalter** beginnt, in dem formal noch Demokratie herrscht, die Restriktionen in praxi aber keine echten Abstimmungen mehr zulassen, sondern Experten oder Technokraten als Vorentscheider oder Nebenregierungen die wesentlichen Entscheidungen treffen. Diese Sichtweise wird zwar von vielen Autoren als zu pessimistisch und negativ abgelehnt, jedoch ist es für die Legitimität und Stabilität wichtig, solche Debatten im Auge zu behalten.

3. Die sicherheitspolitischen Akteure

Nach den institutionellen Rahmenbedingungen werden die NATO und Bundeswehr eingehender betrachtet, um dann die nachrichtendienstliche Zusammenarbeit zu untersuchen.

3.1 Die Europäische Union

3.1.1 Einführung

Der Vertrag von Lissabon, der im Dezember 2009 in Kraft trat, wird die Struktur der Europäischen Union erheblich verändern, aber für das Verständnis der Politik lohnt sich ein Blick auf die bis Dezember 2009 bestehende sogenannte Drei Säulen-Struktur, da der Umbau 2010 noch im Gange ist. Die aktuellen Strukturreformen werden anschließend vorgestellt.

Die Europäische Union bestand bis 2009 aus drei Säulen. Für die erste Säule, die Europäische Gemeinschaft EG, spielte die europäische Kommission eine maßgebliche Rolle. Für die 1992 eingeführte zweite und dritte Säule, nämlich die **Gemeinsame Außen- und Sicherheitspolitik GASP** und die Zusammenarbeit im Bereich des **Inneren und der Justiz IuJ**, waren im wesentlichen die Nationalstaaten zuständig, die im Ministerrat das Vorgehen abstimmten[422].

[422] vgl. auch Ischinger 1998, Köhne 2005

Tab. 19 Struktur der EU bis Ende 2009

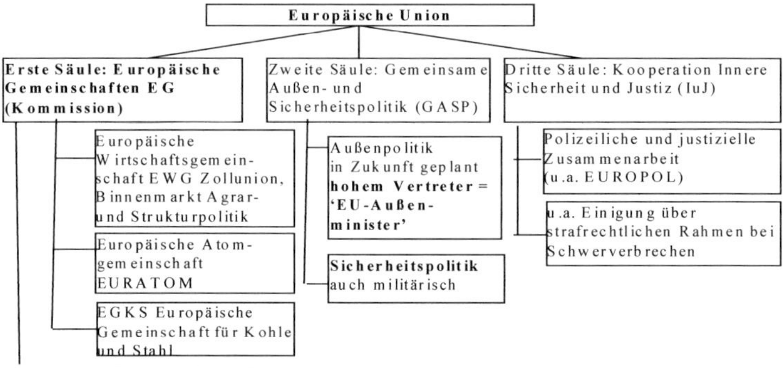

Europäische Gemeinschaften:
Europäische Seite
- **EU-Kommission**: besteht aus EU-Kommissaren ('Minister'), die sich die Zuständigkeiten der EU untereinander teilen und über **Generaldirektionen** ('Ministerien') verwalten. Dem Ganzen steht der EU-**Kommissionspräsident** ('Ministerpräsident' vor). Sie schlägt EU-Gesetze vor. Die EU hat mittlerweile für viele Aufgaben auch eigene 'Ämter', die sogenannten **Agenturen** eingerichtet.
- **EU-Parlament**: 799 Abgeordnete, wirken bei Gesetzgebung und Ernennung der Kommissare mit. 2 Ausschüsse **Ausschuss der Regionen AdR** (Repräsentant der regionalen Körperschaften) und **Wirtschafts- und Sozialausschuss WSA** (Repräsentanten aus den Bereichen Wirtschaft und Soziales), beide Ausschüsse haben seit dem Gipfel von Amsterdam das Recht obligatorische und fakultative Anhörung von Rat, Kommission und seit Amsterdam auch vom EP sowie Stellungnahmen aus eigener Initiative
- **Europäischer Gerichtshof EuGH**: „Verfassungsgericht der EU", klärt Streitfragen zum EU-Recht mit 4 Verfahrensarten: Vorabentscheidungen, Vertragsverletzungen, Nichtigkeitsklagen, Untätigkeitsklagen

Nationale Seite
- **EU-Ministerrat**: besteht aus Ministern der Nationalstaaten, beschließen mit Parlament endgültig über Gesetze. Als ständige Einrichtung hat der Ministerrat den **Ausschuss der ständigen Vertreter (Coreper)** der Nationalstaaten (Coreper, geteilt in I technischer und II politischer Ausschuss).
- **Europäischer Rat**: Treffen der 27 Regierungschefs: bei grundsätzlichen Fragen und Abgabe von Kompetenzen an die EU

Berater und Experten
- Der Kommission sind mehrere 100 Experten-Komitees des Ministerrates beiseite gestellt, die mitreden können, wenn die Kommission EU-Gesetze umsetzt und überwacht (**Komitologie**)
- Dem Ministerrat selbst arbeiten ebenfalls mehrere 100 Arbeitsgruppen, Expertenrunden, Advisory Boards etc. zu. Zusammen kommen Kommission und Ministerrat auf ca. 1000 Expertengruppen.
- Hinzu kommen mindestens noch ca. 15.000 offizielle, d.h. als solche auftretende Lobbyisten

3.1.2 Die Gemeinsame Außen- und Sicherheitspolitik GASP

Dem Rat der Außen- bzw. Verteidigungsminister untersteht ein Generalsekretär (**Hoher Vertreter**), der nach dem Lissabon-Vertrag ein faktischer 'EU-Außenminister' sein wird[423]. Diesem unterstehen

[423] Der Lissabonner Vertrag sieht einen „EU-Außenminister" (Hoher Außenbeauftragter der Europäischen Union) vor, der vom Europäischen Rat ernannt wird und zugleich Vorsitzender des Außenministerrats und Vizepräsident der Kommission ist (Artikel 18) und die Einrichtung eines

wiederum das **EU-Lagezentrum (Situation Center, Sitcent oder auch SITCEN)**, eine Strategieeinheit (**Policy Unit**) und ein Militärstab. Es gibt das nachgeordnete **Politische und sicherheitspolitische Komitee**[424] **PSK,** das sich im Regelfall aus den Botschaftern der Mitgliedstaaten zusammensetzt und neben der Richtlinienkompetenz für militärische Fragen auch für die geheimdienstliche Zusammenarbeit in Europa bedeutsam ist[425].

Nach dem Scheitern der **europäischen Verteidigungsgemeinschaft EVG** 1954 kam es zur Gründung der **Westeuropäischen Union WEU** als europäischem Pfeiler der NATO. Ab 1970 kam es in der Europäischen Gemeinschaft EG zur erneuten Kooperation in der **europäischen politischen Zusammenarbeit EPZ**. Seit den 1980er-Jahren trieben die EG-Kernstaaten Frankreich und Deutschland die gemeinsame Verteidigungspolitik voran und gründeten in den Achtziger Jahren die **Deutsch-Französische Brigade**.

1992 war dann ein entscheidendes Jahr in der Verteidigungspolitik: Die WEU spielte in der Praxis keine besondere Rolle, bis sie 1992 die sogenannten **Petersberg-Aufgaben** annahm, nämlich: Humanitäre Aufgaben und Rettungseinsätze, friedenserhaltende Aufgaben und Kampfeinsätze bei der Krisenbewältigung inklusive friedensschaffender Maßnahmen Im selben Jahr wurde auch die Gemeinsame Außen- und Sicherheitspolitik GASP als 2. Säule der EU etabliert und in der

---

Europäischen Auswärtigen Dienstes, der sich aus Beamten der Kommission, des Ratssekretariats und der diplomatischen Dienste aller Mitgliedstaaten zusammensetzt. Die Position der Hohe Außenbeauftragten der Europäischen Union wurde von Catherine Ashton übernommen, der Dienst nimmt noch 2010 seine Arbeit auf.

[424] Dieses Komitee ist mit dem Militärstab (EUMS) durch einen Militärausschuss (EUMC) verknüpft, der zusammen mit einem **Ausschuss über die zivilen Aspekte des Krisenmanagements (CIVCOM)** und einer **politisch-militärischen Arbeitsgruppe (PMG)** die GASP letztendlich umsetzen hilft.

[425] EU 2001 a,b,c GASP 2008. Diese Struktur wurde im Jahre 2001 noch vor den Anschlägen des 11. September beschlossen, das SITCEN nahm seine Arbeit Anfang 2003 auf.

Folgezeit die WEU samt der Petersberg-Aufgaben in die EU integriert. Aus der Deutsch-Französischen Brigade ging ebenfalls 1992 unter Einschluss weiterer Staaten das **Eurokorps** hervor.

Zur GASP gehört auch die Entsendung von EU-Militärmissionen und EU-Missionen zur Erhöhung der Sicherheit.
1999 wurde im Rahmen eines **Headline Goals** festgelegt, dass die EU in der Lage sein sollte, für die Petersberg-Aufgaben bei Bedarf in 60 Tagen ca. 50.000 Soldaten als schnelle EU-Eingreiftruppe (**European Rapid Reaction Force**) bereitzustellen. Dies erwies sich als unrealistisch, so dass man 2004 die Aufstellung von **EU-Battlegroups** als kleineren, dafür schneller verfügbaren multinationalen Verbänden von ca. 1500 Soldaten beschloss[426].

Im Jahr 2003 wurde die **Europäische Sicherheitsstrategie (ESS)**[427] verabschiedet, die von einem erweiterten Sicherheitsbegriff wie in Kapitel 1 ausgeht, so dass auch Fragen der gesellschaftlichen Stabilität (z.B. in Gestalt von Armut und Minderheitenschutz) relevant sind.
Durch die sogenannten **Berlin Plus-Vereinbarungen** von 2003 ist eine Kooperation zwischen NATO und EU gewährleistet und auch geregelt, dass die EU nicht gegen oder an der NATO vorbei aktiv wird.
Die EU kann Planungskapazitäten und Kommandostrukturen der NATO für ihre Missionen nutzen, *wenn* die NATO entscheidend hat, nicht selber einzugreifen. EU und NATO haben jeweils Verbindungsstellen bei der jeweils anderen Organisation eingerichtet und tauschen hier ggf. auch Informationen aus. Die EU ist mangels eigener Fähigkeiten auf die Strukturen der NATO angewiesen (sogenannte **Fähigkeitslücke**), so dass die EU-Missionen letztenendes zwar auf eine zunehmend eigenständige Aktivität der Europäer hinauslaufen, dies aber nicht in Konkurrenz zur NATO geschieht.
Insgesamt haben die EU-Missionen mehr symbolischen Charakter gehabt: nur bei 5 Einsätzen waren mehr als 1000 Personen aktiv, bei 9

---

[426] vgl. EU 2008a, EDA 2008a/b
[427] vgl. EU2008b, EU2003

Einsätzen sogar weniger als 100 Personen. 2008 waren 6000 Soldaten aktiv, d.h. nur ein kleiner Teil der möglichen Kräfte[428].

Seit 2007 gibt es zwei EU-Battlegroups zu je 1500 Soldaten, die innerhalb von 10 Tagen einsatzfähig sein sollten, jedoch erwiesen sich deutsche Vorbehalte bisher als Hemmnis gegen einen tatsächlichen Einsatz, so dass weder die European Rapid Reaction Force für die Petersberg-Aufgaben noch die EU-Battlegroups je zum Einsatz kamen. Kritisch wird gesehen, dass die EU-Militärmissionen in aller Regel zu spät eingreifen und die komplizierte Abstimmung zwischen den Mitgliedsstaaten einem effektiven Handeln im Wege steht[429].

Insofern hält sich die von Kritikern befürchtete Abkehr der EU von der **Zivilmacht**, die mit Verhandlungen und Diplomatie Problemlösung betreibt, hin zur Militärmacht in der Praxis in engen Grenzen[430].

Das politische Prinzip der **Sicherheit durch Erweiterung** der EU und wo nicht möglich, durch Partnerschaften im Rahmen der **Europäischen Nachbarschaftspolitik** ENP, die einen Ring der Stabilität um die EU schaffen soll, wird nach wie vor verfolgt[431]. Zudem erscheinen die kleinen militärischen Einsätze und die Dominanz ziviler Maßnahmen im Kontext der bisherigen risikomeidenden Agenda durchaus sinnvoll.

---

428 Asseburg/Kempin 2009, S.1-16

429 vgl. Perthes 2009, S.9

430 vgl. Roithner 2006, S.31

431 vgl. Mauer 2006

Tab. 20 Aktuelle EU-Missionen (Mitte 2010)

Missionsname	Ort	Zweck
EUFOR Operation Althea	Bosnien und Herzegowina	Militärische Friedenssicherung
EUMM Georgia	Georgien	Überwachungsmission
Operation Atlanta	Somalia	Marinemission gegen Piraterie entlang der somalischen Küste mit 20 Kriegsschiffen und Flugzeugen sowie 1.800 Soldaten, soll ab 2010 in den indischen Ozean ausgeweitet werden[432]
EUPOL RD CONGO	Kongo	Polizeimission
EUPM	Bosnien und Herzegowina	Polizeimission
EUPOL COPPS	Palästina	Polizeimission
EUPOL Afghanistan	Afghanistan	Polizeimission
EUBAM Rafah (European Union Border Assistance Mission Rafah)	Palästina	Grenzkontrollmission
EUBAM	Moldawien/Ukraine	Grenzkontrollmission
EUSEC RD Congo	DR Kongo	Unterstützung der Sicherheitskräfte
EU SSR Guinea-Bissau	Guinea-Bissau	Unterstützung der Sicherheitskräfte
EUJUST LEX	Irak	Aufbau des Rechtsstaats
EULEX Kosovo	Kosovo	Aufbau des Rechtsstaats

[432] FAZ 2010g, S.7, vgl. EDA 2006, 2008, 2009, 2010b

Abgeschlossene Missionen sind u.a. EUCHAD (Militärmission im Tschad 2008), EUFOR RD Congo (Militärmission im Kongo2006) und die Operation Concordia (Militärmission in Mazedonien 2003).

Auch in der Gemeinsamen Außen- und Sicherheitspolitik gibt es spezialisierte EU- Agenturen, nämlich

- die EDA (European Defence Agency; Europäische Verteidigungsagentur), mit Sitz in Brüssel
- das EU-ISS (Institut der Europäischen Union für Sicherheitsstudien), mit Sitz in Paris (Frankreich), das Analysen erstellt
- das EUSC (Satellitenzentrum der Europäischen Union) in Torrejón (bei Madrid, Spanien) beobachtet die Erde und erstellt Satellitenbilder und -karten.

Die **Europäische Verteidigungsagentur (EDA)** wurde durch eine Gemeinsame Aktion des Ministerrats vom 12. Juli 2004 eingerichtet und hat folgende Aufgaben[433]:

- Verbesserung der Verteidigungsfähigkeiten der EU, insbesondere im Bereich der Krisenbewältigung durch den Capability Development Plan (CDP)
- Hilfestellung bei der Entwicklung und Umstrukturierung der europäischen Verteidigungsindustrie; Mitwirkung an der Entwicklung eines international wettbewerbsfähigen Marktes für Verteidigungsgüter in Europa.
- Förderung der Rüstungszusammenarbeit der EU (European Armaments Cooperation EAC) durch Stärkung der industriellen und technischen Verteidigungsbasis der EU (European Defence Technological and Industrial Base EDTIB)
- Dazu gehören auch Normierungs- und Standardisierungsbemühungen bezogen auf Technik (Common Standardized User Interface CSUI), Vorschriften, aber auch auf die Ausbildung und Qualifikation des Personals

---

[433] Gemeinsame Aktion 2004/551/GASP des Rates vom 12. Juli 2004 über die Einrichtung der Europäischen Verteidigungsagentur.

- Förderung von Forschungsprojekten, die auf die Stärkung des industriellen und technologischen Potentials Europas im Verteidigungsbereich ausgerichtet sind.

Die EDA hat das Problem, dass sie die Nationalstaaten nur zur Kooperation motivieren, aber nicht zwingen kann, so dass die Fortschritte langsamer sind als von der EDA erhofft[434]. Im Angesicht des Sparzwanges nach der Finanzkrise rückt auf militärischem Gebiet auch die Frage nach einer Konzentration und effizienteren Nutzung der Kräfte ins Blickfeld, so dass auch wieder eine neue EVG diskutiert wird[435].

Durch den Vertrag von Lissabon wird die bisherige 2. Säule (Gemeinsame Außen- und Sicherheitspolitik) als eigene „Säule“ fortbestehen und die Europäische Sicherheits- und Verteidigungspolitik nun als **Gemeinsame Sicherheits- und Verteidigungspolitik (GSVP)** bezeichnet. Zudem ist ein weiterer Ausbau der Europäischen Verteidigungsagentur vorgesehen und die Einführung eines Anschubfonds zur kurzfristigen Finanzierung militärischer Aktivitäten namens **Athena**[436], an dem sich jedoch nur die Mitgliedstaaten beteiligen, die dazu bereit sind.

3.1.3 Die Zusammenarbeit im Bereich Innere und Justiz

1992 wurde die Zusammenarbeit im Bereich Innere und Justiz als 3. Säule der EU mit zunächst 3 Bereichen etabliert:

- polizeiliche und justizielle Zusammenarbeit in Strafsachen (PJZS), insbesondere bei der Bekämpfung des Terrorismus, des Menschen-, Waffen- und Drogenhandels, von Korruption, Betrug und Straftaten gegenüber Kindern
- justizielle Zusammenarbeit in Zivilsachen (JZZ) und

---

[434] vgl. Keohane 2008
[435] vgl. Ischinger 2010, S.13
[436] vgl. EU 2008f

- flankierende Maßnahmen zum freien Personenverkehr in der EU für Angehörige von Drittstaaten, d. h. die Harmonisierung der Asyl-, Flüchtlings-, Visa- und Zuwanderungspolitik.

Diese drei Bereiche wurden 1997 als Elemente eines **Raums der Freiheit, der Sicherheit und des Rechts** bezeichnet, der nun zu den offiziellen politischen Zielen gehörte[437], gleichzeitig wurde jedoch bis auf die PJZS alles in die erste Säule, d.h. insbesondere in die Zuständigkeit des EU-Parlaments überführt. In den Neunziger Jahren wurden im Bereich der PJZS[438] die folgenden Agenturen gegründet:

- **Eurojust** (europäische Stelle für justizielle Zusammenarbeit seit 2002), Den Haag (Niederlande) für die Koordinierung von Ermittlungs- und Strafverfolgungsmaßnahmen der Mitgliedstaaten und Arbeiten zur Erleichterung von Rechtshilfe- und Auslieferungsersuchen
- **Europol** (Europäisches Polizeiamt seit 1995) in Den Haag für die Zusammenarbeit der Polizeibehörden[439] und
- **Cepol** (Europäische Polizeiakademie) in Bramshill (Großbritannien) für die Aus- und Weiterbildung.

Zu den Maßnahmen dieses Bereiches gehört auch das **Schengen-Abkommen**, d.h. der Verzicht auf Grenzkontrollen, wofür dann aber im Hinterland auch stichprobenartige Kontrollen im Rahmen der **Schleierfahndung** durchgeführt werden können.
Das erste nach dem Ort Schengen in Luxemburg benannte Abkommen war das Übereinkommen von 1985 zwischen den der Benelux-Staaten, Deutschland und Frankreich für den schrittweisen Abbau der Kontrollen

---

[437] EU 2009e

[438] Ein Vorläufer war die EU-Ratsarbeitsgruppe **TREVI (Terrorisme, Radicalisme, Extrémisme, Violence Internationale)**

[439] seit 2010 als EU-Agentur, Beschluss des Rates 2009/371/JI vom 6. April 2009 zur Errichtung des Europäischen Polizeiamts (Europol). Europol ist dann zuständig, wenn zwei oder mehr Mitgliedstaaten beim Kampf gegen organisierte Kriminalität, Terrorismus und andere Formen schwerer Kriminalität ein gemeinsames Vorgehen benötigen. Dazu zählen auch Straftaten, die damit in Zusammenhang stehen.

an den gemeinsamen Grenzen (**Schengen I**), dessen praktische Umsetzung durch das **Schengener Durchführungsübereinkommen SDÜ (Schengen II**) von 1995 erfolgte. Seit 1995 ist auf Grundlage des SDÜ das **Schengener Informationssystem (SIS)** als Datenbank von Personen und Sachen[440], die im Schengen-Raum zur Fahndung mit einer Einreisesperre oder als vermisst ausgeschrieben sind, installiert. Seit 2008 ist das **Visa-Informationssystem (VIS)** zum Austausch von Visainformationen aktiv[441].

Der **Prümer Vertrag** von 2005[442] als Erweiterung des Schengen-Abkommens (manchmal **Schengen III** genannt) sieht vor, dass Polizei- und Strafverfolgungsbehörden direkt auf bestimmte Datenbanken zugreifen können, die von den Behörden der anderen Vertragsstaaten geführt werden[443]. Die Zugriffsberechtigung erstreckt sich auf

- DNA-Analyse-Dateien (in Deutschland: die DNA-Datenbank des Bundeskriminalamts)
- Datenbanken mit elektronisch gespeicherten Fingerabdrücken (in Deutschland: das Automatisierte Fingerabdruckidentifizierungssystem AFIS) als Teil des EU-Systems **EURODAC**
- elektronische Register mit Kraftfahrzeug- und Kraftfahrzeughalterdaten (in Deutschland: das Zentrale Fahrzeugregister des Kraftfahrt-Bundesamts[444]).

---

[440] Kraftfahrzeuge, Banknoten, gestohlene Blankodokumente, Identitätsdokumente und Schusswaffen

[441] vgl. EU 2008g

[442] Vertrag über die Vertiefung der grenzüberschreitenden Zusammenarbeit, insbesondere zur Bekämpfung des Terrorismus, der grenzüberschreitenden Kriminalität und der illegalen Migration. Belgien, Deutschland, Spanien, Frankreich, Luxemburg, die Niederlande und Österreich, dem Abkommen beigetreten sind bisher Finnland, Slowenien, Ungarn und Norwegen

[443] vgl. auch EU 2005e

[444] Monar weist 2005 aber darauf hin, dass die Datenbanken (SIS, Eurodac, VIS, TECS) noch nicht ausreichend miteinander verbunden sind.

Als großer praktischer Fortschritt hat sich auch der **Europäische Haftbefehl** erwiesen, der zu einer drastischen Reduzierung von Aufwand und Dauer der Auslieferungsverfahren (von einem Jahr auf zwischen 11 Tagen und 6 Wochen) geführt hat[445]. Als Orientierungsrahmen der weiteren Zusammenarbeit im Bereich Innere und Justiz dienen Programme zur gemeinsamen Politik der Europäischen Union für eine gemeinsame Innen- und Sicherheitspolitik in Bereichen wie Rechtsrahmen, Migration, Kriminalitäts- und Terrorismusbekämpfung.

Daneben ist die 2004 gegründete **europäische Grenzschutzagentur FRONTEX** (Europäische Agentur für die operative Zusammenarbeit an den Außengrenzen, frz. **Front**ières **ex**térieures) von besonderer Bedeutung[446]: Zunächst sollten die Aufgaben im Rahmen des Strategic Committee on Immigration, Frontiers, and Asylum (SCIFA) bewältigt werden, im Zuge der EU-Osterweiterung musste die EU jedoch eine eigene Agentur errichten.

Die wichtigsten Aufgaben von FRONTEX sind:

- die Koordination der Kooperation der Mitgliedstaaten und Sicherheitsbehörden einschließlich Europol und Cepol bei der Überwachung der EU-Außengrenzen und der Ausbildung von Grenzschutzbeamten
- die Risiko- und Gefahrenanalyse bzgl. der EU-Außengrenzen,
- die Beratung der Sicherheitsorgane der Mitgliedstaaten bezüglich moderner Technologien für die Grenzsicherung
- die Unterstützung von Mitgliedstaaten in Situationen, die unmittelbar einen erhöhten technischen und personellen Bedarf erfordern und bei Rückführungsaktionen (‚Abschiebungen')[447]

---

[445] vgl. EU 2009e

[446] Verordnung (EG) 2007/2004 des Rates der Europäischen Union vom 26. Oktober 2004. Schon 2002 wurde von einer EU-Expertengruppe das Common Integrated Risk Analysis Modell (CIRAM) zur Risikoanalyse an den Grezen entwickelt, das von dem 2003 in Helsinki gegründete Risk Analysis Centre (RAC) betreut wurde. Das RAC übergab seine Aufgaben an FRONTEX.

[447] vgl. COWI-Report 2009. Originaltext:

- *Nicht* zuständig ist sie jedoch für die Grenzkontrollen, dies bleibt nach wie vor in der Verantwortung der Nationalstaaten.

Der Einsatz von FRONTEX konzentriert sich naturgemäß auf die Randzonen der EU, insbesondere den Süden als Hauptrouten illegaler Einwanderung. Hierzu gehören als Operationsgebiete das Mittelmeer zwischen Nordafrika und Malta/Süd-Italien (Codename *Nautilus*), das östliche Mittelmeer (*Poseidon*), die Kanarischen Inseln/Küste Westafrikas (*Hera*) und internationale Flughäfen und die Kontrolle von Immigranten aus Lateinamerika (*Amazon*).
Immer wichtiger werden jedoch auch **Eingreif- und Unterstützungsmassnahmen**, weshalb 2007 in der ergänzenden Verordnung 863/2007

- die Schaffung von schnellen Eingreiftruppen (Rapid Border Intervention Teams RABIT)
- von Expertenteams (Frontex Joint Support Teams FJST)
- und die Schaffung eines technischen Inventars (Central Record of Available Technical Equipment CRATE)

festgeschrieben wurde. Der zunehmende Migrationsdruck hat dazu geführt, dass FRONTEX als Schritt zu einem European Border Surveillance System (EUROSUR) nun auch eigene Flugzeuge haben darf[448].

• Coordinate operational cooperation between the Member States in the field of management of external borders
• Assist Member States in training of national border guards by establishing common training
• Carry out risk analysis
• Follow up on the development of research on control and surveillance
• Assist Member States in circumstances requiring increased technical and operational assistance
• Provide Member States with the necessary support to organise joint return operations
• Deploy Rapid Border Intervention Teams to Member States
• Enter into bilateral agreements for cooperation with neighbouring and other relevant countries

[448] FAZ 2010a, Nr.47/2010, vgl. Kort 2009

Eine nationale Initiative innerhalb der EU ist die Errichtung einer **European Gendarmerie Force (Eurogendfor)**, bei der paramilitärische Polizeieinheiten im Rahmen der Eruogendfor in den Vertragsstaaten des **Vertrages von Velsen** von 2007[449] (Vertrag der Europäischen Gendarmerietruppe) z.B. bei der Bekämpfung von Unruhen zum Einsatz kommen sollen.
Gegründet wurde die Eurogendfor, deren Aufbau nach einer entsprechenden Absichtserklärung im September 2004 begann und die 2006 einsatzbereit war, von Frankreich, Italien, Spanien, Portugal und den Niederlanden, inzwischen ist auch Rumänien beigetreten, Partnerstaaten sind Polen und Litauen, die Türkei hat Beobachterstatus. Im Moment hat Portugal bis 2011 den Vorsitz. Die EGF unterhält in Italien auch eine eigene Intelligence Unit.
Das Gendarmeriekonzept wird wegen der Koexistenz polizeilicher und militärischer Elemente nicht in allen EU-Staaten verfolgt, so dass hieraus keine Initiative der EU wurde. Die EGF wird über das interministerielle Komitee CIMIN der Vertragsstaaten (Comité InterMInistériel de haut Niveau) gesteuert[450].

3.1.4 Die Errichtung des COSI

Das **Haager Programm**, das für den Zeitraum von 2005 bis 2010 galt, wurde durch das **Stockholmer Programm** für die Jahre 2010 bis 2015 abgelöst, das den Ausbau der polizeilichen, militärischen und geheimdienstlichen Zusammenarbeit, die Verstärkung der Abwehr illegaler Einwanderung und eine Verstärkung des Datenaustausches[451] und der Überwachung der Telekommunikation diskutiert.

---

[449] vgl. EGF 2007, S.1
[450] vgl. EGF 2010
[451] Europol wird ab 2010 das Europol-Informationssystem schaffen, in dem Daten zu Personen, die entweder eine Straftat begangen haben oder die verdächtigt werden, eine Straftat zu planen, gesammelt werden. Es kann gemäß Beschluss des Rates 2009/371/JI vom 6. April 2009 aus Daten bestehen, die sich direkt auf die Person (Name, Staatsangehörigkeit, Sozialversicherungsnummer usw.) und die begangene Straftat beziehen. Die nationalen Stellen, die

Eine zentrale sicherheitspolitische Rolle fällt daher nun dem **Standing Committee on operational cooperation on internal security (COSI)**[452] zu, das im März 2010 seine Arbeit aufgenommen hat.
Das COSI koordiniert die Zusammenarbeit der Polizei und des Zolls sowie die justizielle Zusammenarbeit in Strafsachen und den Grenzschutz, der von der Agentur Frontex[453] betreut wird, und steht außerdem dem für die Koordination der Geheimdienste zuständigen EU-Lagezentrum Sitcen vor, das nachher noch näher betrachtet wird.[454] Inhaltlich orientiert sich die Arbeit an dem Aufgabenkatalog des Stockholm-Programms[455].

Verbindungsbeamten und die Europol-Bediensteten haben das Recht, Daten unmittelbar in das Informationssystem einzugeben und aus diesem abzurufen.

[452] Note of 22 October 2009 which was followed by a Draft Council Decision: Council Decision on setting up the Standing Committee on operational cooperation on internal security (EU doc no: 16515-09 and EU doc no: 5949-10). vgl. auch Vandystadt 2010.

[453] Die Europäische Agentur für die operative Zusammenarbeit an den Außengrenzen der Mitgliedstaaten der Europäischen Union FRONTEX wurde errichtet durch die Verordnung (EG) 2007/2004 des Rates vom 26. Oktober 2004 (ABl. L 349 vom 25.11.2004).

[454] vgl. auch EU 2010a: “Stringent cooperation between EU agencies and bodies involved in EU internal security (Europol, Frontex, Eurojust, Cepol and Sitcen) must be also ensured by COSI so as to encourage increasingly coordinated, integrated and effective operations.”

[455]vgl. auch EU 2010a. Themenkatalog: integrated border management, - law enforcement cooperation, - criminal justice systems, - civil protection/crisis management, - terrorism, - serious and organised crime, - drug trafficking, - cyber crime, - trafficking in human beings, - sexual exploitation of minors and child pornography, - economic crime, - corruption, - trafficking in arms, - natural and man-made disasters, - crime in general, - critical infrastructures, - document fraud, - money-laundering, - petty and property crime, - youth violence, =- hooligan violence, - petty or property crime, - major international events (in public order/protests), - football matches and sports events and “road traffic accidents”

3.1.5 Die Sicherheitsforschung der EU

Seit 2004 ist die Sicherheitsforschung ein besonderes Anliegen der EU[456]. In einem ersten Schritt wurde das **ESRAB (European Security Research Advisory Board)** mit 50 Vertretern aus allen Mitgliedsländern errichtet und von 2004-2006 im Rahmen der **PASR (Preparatory Action on Security Research)** Studien zur Ermittlung der Forschungsprioritäten durchgeführt[457], die Themenschwerpunkte waren:

- Schutz vor Terror und Verbrechen
- Sicherheit von Infrastruktur und Einrichtungen
- Sichere Grenzen
- Wiederherstellen von Sicherheit im Krisenfall

Querschnittsthemen:

- Sicherheitssysteme, ihre Integration und Interoperabilität
- Sicherheit und Gesellschaft
- Sicherheitsforschung, Koordination und Strukturierung.

Seit 2007 ist die Sicherheitsforschung als **ESRP (European Security Research Programm)** in das allgemeine 7. Forschungsrahmenprogramm der EU integriert. Seit 2008 hat sich die Industrie in der **European Organisation for Security (EOS)** zusammengeschlossen, der unter anderem Firmen wie ASD, BAE, Dassault, Diehl, EADS, Fincantieri, Indra, Sagem, Smiths, Saab, Thales, and TNO angehören.

In Deutschland spielt die Sicherheitsforschung des **Deutschen Zentrums für Luft- und Raumfahrt (DLR)** eine wichtige Rolle, das Forschungs- und Entwicklungsaktivitäten mit verteidigungs- und

---

[456] vgl. auch Hayes 2009

[457] SeNTRE (Security Network for Technological Research in Europe) ESSTRT (European Security: High Level Study on Threats, Responses and Technologies)

sicherheitsrelevanten Bezug in Abstimmung mit Staat, Wissenschaft und Industrie plant und steuert[458].
Aktuelle Beispiele sind z.B. die Projekte MiTraPor (Abwurf von Fallschirmlasten im Windkanal und in der Simulation) sowie die Erforschung satellitengestützter Blindlandungen[459].

Das DLR ist unter anderem auch für die Positionierung und den Flugbetrieb des neuesten Kommunikationssatelliten der Bundeswehr, COMSATBw-2 verantwortlich, der zweite Satellit wurde im Mai 2010 erfolgreich ausgesetzt und vom Deutschen Raumfahrt-Kontrollzentrum in Oberpfaffenhofen (**German Space Operation Center, GSOC**) positioniert, so dass das System 2011 einsatzbereit sein wird.

Das Bundesministerium der Verteidigung BMVg arbeitet im Bereich der angewandten Forschung auch mit dem **Fraunhofer Institut ICT** zusammen. Aktuelle Bereiche sind insbesondere[460]:

- Explosiv- und Treibmittelstofforschung von der Substanz bis zum fertigen Prototyp
- Sensor- und Detektionsforschung für Explosiv- und Toxinwaffen
- Erforschung Nicht-Letaler Wirkmittel NLW
- Entwicklung von neuen Composite-Kunstoffen zur Panzerung

Nach den Paketbombenverschickungen aus dem Jemen sind die Detektionsforschungen weltweit intensiviert worden, am weitesten fortgeschritten scheint momentan die Entwicklung eines auf Bindung von Explosivstoffen an Aminogruppen beruhender Sensors zu sein[461].

---

[458] vgl. DLR 2010a und b

[459] vgl. DLR 2009

[460] vgl. Hompage des ICT 05/2008 (ICT 2008) und Jahresberichte des ICT

[461] vgl. Knaul 2010, S.12

3.2 Die Bundesrepublik Deutschland

3.2.1 Die Behörden und Organisationen mit Sicherheitsaufgaben (BOS)

Zu den Behörden und Organisationen mit Sicherheitsaufgaben (BOS) gehören in Deutschland alle Organisationen, die Aufgaben der inneren Gefahrenabwehr übernehmen, und zwar aufgrund eines öffentlich-rechtlichen Auftrags oder aus ehrenamtlicher Initiative wie bei den freiwilligen Feuerwehren. Das leitende Ministerium ist in der Regel das Bundesministerium des Innern (BMI). Die Bundeswehr gehört nicht zu den BOS, da ihr primäres Einsatzgebiet die äußere Sicherheit ist, zur Bundeswehr siehe im Detail Kapitel 3.3.2.

Die zahlreichen Organisationen lassen sich nach ihren Aufgaben grob in 5 Gruppen teilen:

- polizeiliche Aufgaben
- Staatsschutz
- Zoll
- nicht-polizeiliche Gefahrenabwehr
- Bevölkerungsschutz und Katastrophenhilfe

Polizeileiche Aufgaben werden von mehreren Polizeien wahrgenommen. Die Bundespolizei, das BKA und die Polizei beim Deutschen Bundestag sind die drei Polizeien des Bundes, während das Polizeiwesen ansonsten Ländersache ist. Die **Bundespolizei (BPol)**, die aus Bundesgrenzschutz BGS hervorgegangen ist, nimmt neben sonderpolizeilichen Aufgaben unter anderem Aufgaben nach dem Aufenthaltsgesetz, im Asylverfahrensgesetz und Luftsicherheitsgesetz wahr. Das **Bundeskriminalamt (BKA)** koordiniert das die nationale Verbrechensbekämpfung in Deutschland in enger Zusammenarbeit mit den Landeskriminalämtern (LKAs) und führt Ermittlungen in bestimmten schwerwiegenden Kriminalitätsfeldern mit Auslandsbezug[462] durch.

---

[462] Das BKA dient bei Interpol als nationales Zentralbüro. Die Felder sind das Finanzwesen, die Gefährdungssachbearbeitung, den

Der **Staatsschutz** ist eine Querschnittsaufgabe, die von den Geheimdiensten (Bundesamt für Verfassungsschutz BfV und den Landesbehörden für Verfassungsschutz LfVs im Rahmen der inneren Sicherheit, vom Militärischen Abschirmdienst MAD im Bereich der Bundeswehr, vom Bundesnachrichtendienst BND im Bereich der äußeren Sicherheit) sowie von den örtlich übergeordneten Polizeidienststellen der Kriminalpolizei polizeilicher Staatsschutz wahrgenommen wird. Zu den Geheimdiensten siehe Kapitel 3.6.

Der **Zoll** stellt eine weitere wichtige Behördengruppe dar, die insbesondere das Zollkriminalamt ZKA, die Zollfahndungsämter, Hauptzollämter, mobile Kontrollgruppen, die Finanzkontrolle Schwarzarbeit, den Grenzaufsichtsdienst, die Zollkommissariate und den Wasserzoll umfasst.
Die **nicht-polizeiliche Gefahrenabwehr** umfasst u.a. die Bundesanstalt Technisches Hilfswerk THW, die Feuerwehren und alle relevanten Rettungs- und Unfallshilfsdienste.

Das Aufgabenspektrum des Bundesamts für **Bevölkerungsschutz und Katastrophenhilfe BKK** umfasst u.a. ein Gemeinsames Melde- und Lagezentrum von Bund und Ländern (GMLZ) mit dem deutschen Notfallvorsorge-Informationssystem (deNIS) als Grundlage des Informationsaustausches. Weitere wichtige Einrichtungen des BKK sind eine Warnzentrale, die psychosoziale Notfallvorsorge, der Schutz Kritischer Infrastrukturen, der medizinische Bevölkerungsschutz und die Angelegenheiten des Zivilschutzes[463].

---

internationaler Terrorismus, Spionage, das Lage- und Berichtswesen, politisch motivierte Ausländerkriminalität, politisch motivierte Kriminalität (Extremismus und Terrorismus), politisch motivierte Waffenkriminalität und ABC-Waffenkriminalität/Proliferation

[463] vgl. BBKG 2004

3.2.2 BOS-Reformen nach 2001

Im Rahmen der Bemühungen um eine effizientere Bekämpfung von Terroristen und eine verbesserte Kommunikation zwischen den Behörden sind insbesondere folgende Reformen hervorzuheben[464]:

Die BOS in Deutschland verwenden ein eigenes Funknetz, den **BOS-Funk**, welcher Teil des nicht-öffentlichen mobilen Landfunks ist, wobei das System jedoch inzwischen veraltet und auch nicht abhörsicher ist. Der Aufbau des BOS Digitalfunknetzes verzögert sich jedoch seit mehreren Jahren, so dass die Polizei manchmal auf Privathandys angewiesen ist, um nicht abgehört zu werden[465].

Das Bundesamt für **Bevölkerungsschutz und Katastrophenhilfe BKK** wurde im Mai 2004 zur Koordination der Aufgaben im Rahmen des Bevölkerungsschutzes und in der Katastrophenhilfe mit dem Ziel eines zentralisierten und effizienten Krisen- und Katastrophenmanagements errichtet.

Im Dezember 2004 wurde das **Gemeinsame Terrorabwehrzentrum GTAZ** beim BKA Berlin errichtet, das ebenfalls den Antiterrorkampf koordiniert. Beamte aus dem BKA, den Landeskriminalämtern und der Bundespolizei, den Nachrichtendiensten Verfassungsschutz, BND, MAD, dem Zollkriminalamt, sowie Vertreter des Bundesamts für Migration und Flüchtlinge arbeiten dort zusammen. Anfang 2007 wurde das **Gemeinsame Internet-Zentrum (GIZ)** eingerichtet, wodurch das GTAZ auch Kapazitäten und Kompetenzen für Recherchen im Internet erhielt.

Im Rahmen der Föderalismusreform 2006 wurde dem BKA die Zuständigkeit für die Abwehr des internationalen Terrorismus in Fällen übertragen, in denen eine länderübergreifende Gefahr vorliegt, die Zuständigkeit eines Bundeslandes nicht erkennbar ist oder ein Land um

[464] vgl. auch Lange 2006
[465] vgl. Tillmann 2010a

Unterstützung bittet. Seitdem betreibt das BKA seit 2007 die **Anti-Terror-Datei ATD**, durch die die im GTAZ zusammenarbeitenden Behörden und Nachrichtendiensten einen schnelleren Zugriff auf bereits vorliegende Erkenntnisse zu Personen aus dem Bereich des internationalen Terrorismus und des ihn unterstützenden Extremismus haben[466]. Die Antiterrordatei ist eine erweiterte Indexdatei, d.h. sie gibt nur an, welche Daten wo gespeichert sind, aber nicht die Daten selbst. Man unterscheidet zwischen offener, erweiterter und verdeckter Speicherung. Bei der offenen Speicherung kann jeder befugte Anfragende zugreifen, bei verdeckter Speicherung muss die speichernde Behörde die Angaben freigeben. Diese Angaben umfassen unter anderem Zugehörigkeit zu terroristischen Vereinigungen, Telekommunikations- und Internetdaten, Bankverbindungen und Schließfächer, Reisebewegungen und bekannte Aufenthalte an Orten mit terroristischem Hintergrund Waffenbesitz. Ziel ist die frühzeitige Erkennung von potentiellen Gefahren (wie z.B. Attentatsplänen).

Daneben gibt es noch das **Nachrichtendienstliche Informationssystem (NADIS)** [467], in dem sich laut Verfassungsschutzbericht von 2009 1.388.992 personenbezogene Eintragungen befanden, davon 972.765 Eintragungen aufgrund von Sicherheitsüberprüfungen oder Zuverlässigkeitsüberprüfungen nach den Bestimmungen des Luftsicherheitsgesetzes.

Bereits seit 1998 ist die **DNA-Analysedatei (DAD)** im Einsatz, die vom Bundeskriminalamt (BKA) zentral betrieben wird. Hier werden sowohl die durch eine DNA-Analyse ermittelten **genetischen Fingerabdrücke** von bekannten Personen (Personendatensätze) als auch von Tatort-Spuren, die von unbekannten Personen stammen (Spurendatensätze), registriert und abgeglichen. Ein Teil des Widerstandes gegen den genetischen Fingerabdruck als kriminologisches Instrument rührt von

---

[466] vgl. BT 2007: Deutscher Bundestag Drucksache 16/10007

[467] NADIS ist wie das polizeiliche Informationssystem INPOL ein in den 1970er Jahren errichtetes Datenverbundsystem, an dem die Verfassungsschutzbehörden des Bundes und der Länder beteiligt sind.

der Angst her, dass dieser zusätzliche Rückschlüsse auf die Persönlichkeit erlauben könnte. Dies ist jedoch ein Missverständnis, denn der genetische Fingerabdruck analysiert nicht die Gene des Menschen, sondern die 'junk DNA', also jene Teile des menschlichen Erbgutes, die außerhalb der Gene liegen[468].

Die Einzelheiten sind im **DNA-Identitätsfeststellungsgesetz** geregelt, das zunächst im Wesentlichen einen Richtervorbehalt für genetische Testung und die Beschränkung auf 41 schwere Straftaten mit Löschung nach einigen Jahren vorsah[469]. Die Beschränkung auf schwere Straftaten wie auch der Richtervorbehalt ist in den Augen der Kritiker der Regelung unlogisch, da dieses Verfahren nicht nur geeignet ist, Straftäter zu finden, sondern auch eine hohe *Präventivwirkung* auf Wiederholungstäter hat, die dadurch entsteht, dass ein einmal erfasster Straftäter immer damit rechnen muss, sich bei neuen Straftaten durch winzigste DNA-Spuren zu verraten[470]. Die Gegner erweiterter Regelungen fürchten jedoch einen Türöffnereffekt in Richtung weitergehender Erfassung genetischer Daten, während in Großbritannien, Schweden und den Niederlanden die Schwellen bereits deutlich niedriger liegen[471]. Gelinsky verweist darauf, dass der DNA-Beweis in Amerika zahlreiche Fehlurteile korrigiert hat, weshalb US-Präsident George Bush diese Maßnahmen förderte[472]. Inzwischen wurden bereits erhebliche Mengen an DNA-Material gesammelt[473].

---

[468] In Frankreich hatte eine Studie des Insant-Institutes für das französische Innenministerium eine Debatte über „aggressive Embryos" ausgelöst. In der Studie wird die Frage der Erblichkeit von Gewaltneigung diskutiert und konkret gefordert, Kinder aus schwierigen Milieus schon während der Schwangerschaft in Beobachtungsprogramme einzubinden, um so früh wie möglich ggf. psychotherapeutisch und -pharmakologisch eingreifen zu können, vgl. Hanimann 2006:35.

[469] vgl. DNA 2000, vgl. Graupner 2005, S.6

[470] vgl. auch Feldenkirchen et al. 2005, S.48-50

[471] vgl. Carstens 2005, S.10; Rost 2005, S.6

[472] vgl. Gelinsky 2005, S.8. Der Übergang von der junk-DNA zur Analyse 'richtiger Gene' würde die Aussagekraft des Fingerabdrucks noch weiter erhöhen, z.B. für die Hautfarbe einer Person, die über das OCA-Gen ermittelbare Augenfarbe, die Analyse des Y-Chromosoms

3.3 Die NATO und die Bundeswehr

3.3.1 Die NATO

3.3.1.1 Einführung

Die NATO (North Atlantic Treaty Organisation; Nordatlantische Vertragsorganisation) ist das militärische Bündnis des Westens, d.h. europäischer und nordamerikanischer Staaten[474].

Ausgehend von einer Vereinbarung Frankreichs, Großbritanniens und der Benelux-Staaten zur kollektiven Selbstverteidigung im Jahre 1948 kam es zu einem wechselseitigen Abkommen mit den USA, dem **Nordatlantikvertrag**, der am 24.08.1949 in Kraft trat. Gründungsmitglieder der NATO waren Belgien, Dänemark, Frankreich, Großbritannien, Island, Italien, Kanada, Luxemburg, die Niederlande, Norwegen, Portugal und die USA, 1952 folgten die Türkei und Griechenland.

1951 wurde der **Pleven-Plan** zur Aufstellung einer europäischen Armee diskutiert, zu dem auch die Aufstellung westdeutscher Streitkräfte gehörte. 1952 wurde der Vertrag über die **Europäische Verteidigungsgemeinschaft (EVG)** unterzeichnet, der 1954 an der Ablehnung durch die französische Nationalversammlung scheiterte. 1955 trat die Bundesrepublik Deutschland der NATO bei, 1982 dann auch Spanien. 1955 wurde auch der **Warschauer Pakt** als Militärbündnis des kommunistischen Ostens gegründet. Die Mitgliedschaften Spaniens waren (wegen Gibraltar) und Griechenlands

---

erlaubt schon eine hohe Wahrscheinlichkeit festzustellen, ob eine Person z.B. Italiener oder Pole sein könnte, vgl. Baier 2005, S.6; Zinkant 2005, S.63.

[473] vgl. Truscheit 2007, S.9 Die Anwendungen von DNA-Tests reichen immer mehr in die Industrie hinein, so z.B. zur Identifizierung von Wolle in Pullovern, der Zuordnung von Hundehäufchen zu den jeweiligen Hunden oder der Einfügung künstlicher DNA in Produkte zur eindeutigen Kennzeichnung, vgl. Hagen 2007, S.A3, Spiegel 2007, S.137.

[474] vgl. Rühle 2006

(wegen des Zypernkonfliktes mit der Türkei) vorübergehend unterbrochen.

Frankreich Präsident de Gaulle, unter dem 1960 Frankreichs erster Atomtest stattfand, forderte Mitte der Sechziger Jahre die Unterstellung der in Frankreich stationierten alliierten Truppen unter französisches Kommando, was die USA ablehnten, sodass sich Frankreich 1966 aus den militärischen Strukturen der NATO zurückzog, diese Entscheidung dann aber schrittweise revidierte. 1976 kündigte Frankreich die Beteiligung an der Nato-Verteidigung im Konfliktfalle an, ab 1995 nahm Frankreich wieder an Sitzungen des NATO-Ausschusses für Verteidigungsplanung teil, um dann 2009 die vollständige Rückkehr in die NATO zu beschließen.

Nach dem Ende des kalten Krieges wurde 1994 in Brüssel mit mittel- und osteuropäischen Staaten im NATO-Kooperationsrat eine Zusammenarbeit insbesondere im Rahmen des Programms **Partnerschaft für den Frieden (PfP)** beschlossen, das letztlich die **NATO-Osterweiterung** vorbereitet. In Rahmen dieser Erweiterung traten 1999 Tschechien, Polen und Ungarn, 2004 dann Estland, Lettland, Litauen, der Slowakei, Slowenien, Bulgarien und Rumänien und 2008 Albanien und Kroatien bei. Im PfP-Programm befinden sich noch weitere Staaten, die NATO-Erweiterung gilt aber trotz aller Debatten als weitgehend abgeschlossen.

3.3.1.2 Wandel der Strategien und Konzepte

Es gibt eine Unzahl von Dokumenten und Diskussionen zu dem Thema, aber rückblickend waren drei Phasen bedeutsam, nämlich die Ära der **massiven Vergeltung** am Anfang des kalten Krieges, die **Entspannungspolitik**, die auch zur Bildung der Konferenz für Sicherheit und Zusammenarbeit KSZE ab 1973 (Unterzeichnung der KSZE-Schlussakte von 1975, heute Organisation für Sicherheit und Zusammenarbeit OSZE) führte und die **Neuausrichtung** nach dem Ende des Kalten Krieges, die die NATO zu einer flexiblen, ggf. global agierenden Organisation transformiert hat.

Der frühe Kalte Krieg
1952 wurde die NATO-Strategie der **Vorneverteidigung** (Vorwärtsverteidigung), 1957 die Strategie der Massiven Vergeltung (massive retaliation) beschlossen. Mit der Vorneverteidigung sollte ein Angriff des Warschauer Paktes schon in einer frühen Phase aufgehalten und zurückgedrängt werden. Bei der massiven Vergeltung sollte auf einen atomaren Angriff der Sowjetunion mit einem stärkeren Gegenschlag reagiert werden, um so die Sowjetunion von vornherein von einem Atomkrieg abzuhalten. Die Kubakrise 1962 machte allen Akteuren deutlich, dass die Schwelle zu einem Atomkrieg rascher überschritten werden könnte als es beiden Seiten lieb war, weshalb ab 1967 die neue Strategie der abgestuften Reaktion (**Flexible Response**) beschlossen wurde, bei der eine stufenweise Eskalation in Abhängigkeit vom Verhalten des Gegners vorgesehen war.

Die Entspannungspolitik
Zudem sollte neben der militärischen Sicherheit durch konventionelle Streitkräfte, taktische Nuklearwaffen und strategische Langstreckenwaffen auch Entspannungspolitik betrieben werden. Die Entwicklung und Aufstellung von sowjetischen SS-20 Mittelstreckenraketen, die Europa bedrohten, führten zum **NATO-Doppelbeschluss** aus dem Jahre 1979, bei dem sowohl die Nachrüstung von Mittelstreckenraketen in Europa als auch Verhandlungen mit der Sowjetunion angeboten wurden. Damals war die Strategie umstritten: Einerseits wollte sich die NATO nicht durch Raketen, die nur Europa erreichen konnten, auseinanderdividieren lassen. Andererseits fürchtete die Friedensbewegung, die Rüstungsspirale könnte in einen dritten Weltkrieg münden. Es gab auch Befürchtungen, dass die wirtschaftlich und politisch schwächer werdende Sowjetunion (was durch die Unruhen in Polen 1980-1981 offenbar wurde) einen Befreiungsschlag versuchen könnte, denn die Vorstellung, die Sowjetunion würde einfach aufgeben oder sich gar selbst auflösen, erschien den meisten Zeitgenossen selbst noch Ende der Achtziger Jahre als völlig abwegig. Andere argumentierten, dass das Wettrüsten den Zusammenbruch der

Sowjetunion und des Warschauer Paktes beschleunigt hätte (‚**Totrüsten**' der Sowjetunion).

Nach dem Ende des kalten Krieges

Das strategische Konzept der Allianz (The Alliance's Strategic Concept) legte in den Neunziger Jahre fest, dass zur Konfliktverhütung und Krisenbewältigung auch militärische Operationen außerhalb des NATO-Gebietes möglich sein sollen (Out-of-Area-Einsätze). In der Praxis wurde die NATO dann erstmals 1999 mit den Luftangriffen gegen Jugoslawien während des Kosovo-Krieges aktiv. Aus der neuen Flexibilität und geforderter Eingreiffähigkeit resultierte das Konzept des Aufbaus schneller Eingreiftruppen, der **NATO Response Force (NRF)**. Dazu gehört auch das **Combined Joint Task Force (CJTF)-Konzept**, bei dem multinationale schnelle Eingreiftruppen ggf. auch ohne Hilfe der USA global einsatzfähig sein sollen.

Die Terroranschläge auf das World Trade Center vom 11. September 2001 haben dazu geführt, dass erstmals der **Bündnisfall** (Verteidigungsfall, V-Fall) ausgerufen wurde, bei dem die NATO-Mitglieder dem attackierten Bündnispartner, also USA, beistehen müssen. Im Kampf gegen der Terrorismus hatte die NATO einen Flottenverband in das östliche Mittelmeer (Operation **Active Endeavour**) entsandt und die friedenserzwingende Internationale Sicherheitsunterstützungstruppe **ISAF** (International Security Assistance Force) auf Grundlage der UNO-Resolution 1386 nach Afghanistan entsandt.

Im Irak-Krieg von 2003 führte die Uneinigkeit der westlichen Staaten dazu, dass die USA eine **Koalition der Willigen** bildete, bei der die beteiligten Staaten, insbesondere Großbritannien unter Führung der USA in den Irak im März 2003 einmarschierten.

Im November 2010 wurde auf dem Gipfel in Lissabon eine neue NATO-Strategie beschlossen, in der nach wie vor die nukleare Abschreckung verankert ist, aber der Grundton insgesamt wieder defensiver gehalten ist („collective defence") mit der Betonung auf ein Raketenabwehrsystem, ein Zugehen auf Russland („NATO-Russia cooperation“) und dem Ziel, die Aktivitäten im Cyberwarbereich zu intensivieren („bringing all NATO bodies under centralized cyber protection“) und zu koordinieren[475].

---

[475] vgl. NATO 2010

3.3.1.3 Organisation

Die NATO besitzt sowohl militärische als auch zivile Strukturen, wobei bei Entscheidungen das Konsensprinzip gilt.

Tab. 21 Aufbau der NATO

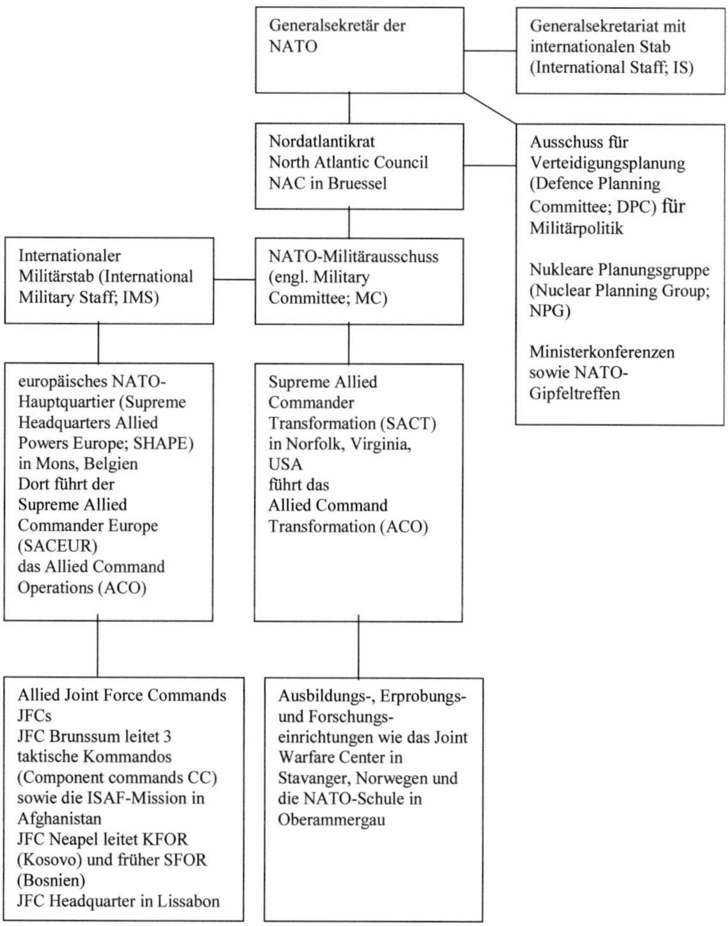

3.3.2 Die Bundeswehr

Die Bundeswehr musste in den letzten zwei Jahrzehnten eine erhebliche Transformation durchmachen, um sich von einer klassischen Armee, die sich entlang einer langen Front z.B. mit großen Panzerarmeen auseinandersetzen muss, zu einer flexiblen, mobilen und an vielen Orten gleichzeitig einsetzbaren Armee zu wandeln[476]. Der Unterschied zu bisherigen Armeereformen besteht darin, dass die Transformation als *fortdauernder Anpassungsprozess* verstanden wird.
Neben den Truppenteilen Luftwaffe, Heer und Marine ist vor allem die **Streitkräftebasis SKB** als eine Art Serviceplattform für die Waffengattungen hervorzuheben, von der unter anderem auch die Universitäten der Bundeswehr, der **Militärische Abschirmdienst MAD** und andere Querschnittsaufgaben betreut werden.

Tab. 22 Gliederung der Bundeswehr

<table>
<tr><td colspan="6">Bundesministerium der Verteidigung BMVg</td></tr>
<tr><td colspan="6">Oberster Soldat: Generalinspekteur der Bundeswehr (Oberbefehl liegt aber beim Bundesminister der Verteidigung bzw. ggf. Bundeskanzler)</td></tr>
<tr><td colspan="6">Bundeswehr</td></tr>
<tr><td colspan="5">militärische Organisationsbereiche (Streitkräfte)</td><td>Zivile Bereiche</td></tr>
<tr><td colspan="3">Teilstreitkräfte</td><td colspan="2"></td><td></td></tr>
<tr><td>Heer</td><td>Luft-waffe</td><td>Marine</td><td>Streit-kräfte-basis</td><td>Zentraler Sanitätsdienst</td><td>Bundeswehrver-waltung, (territoriale Wehrverwaltung und Rüstungs-bereich), Militär-seelsorge, Rechts-pflege</td></tr>
</table>

Quelle[477]

[476] vgl. SWP 2005, BMVG 2006

[477] BMVG Grundzüge der Konzeption der Bundeswehr. Ausgabe 2004

Elemente der **Transformation der Bundeswehr** sind insbesondere

- die **vernetzte Operationsführung** (mit intensivierter und integrierter Kommunikation zwischen den beteiligten Akteuren)
- die Gliederung in **Eingreifkräfte** für den Kampfeinsatz, zu dem auch das Kommando Spezialkräfte **KSK** in Calw gehört, und **Stabilisierungskräfte**, die z.B. den Wiederaufbau von Staaten absichern sowie **Unterstützungskräfte**, die den Grundbetrieb sichern.
  Dabei verteilen sich die 250.000 Soldaten (Sollstärke 2010) wie folgt: 35.000 Soldaten Eingreifkräfte, 70.000 Soldaten Stabilisierungskräfte und 145.000 Soldaten Unterstützungskräfte. Die Bedeutung der Wehrpflicht ist stark zurückgegangen, jetzt sind nur noch 20% der Soldaten Wehrpflichtige. Ab dem 01.07.2011 soll die Wehrpflicht, die zuletzt ohnehin nur noch 6 Monate betrug, ganz ausgesetzt werden, als neue Sollstärke sind 180.000 Soldaten in der Diskussion.
- Im Fokus stehen mehr **Mobilität** und **Aufklärung**.

Die **Eingreifkräfte** bestehen nicht nur aus dem Kommando Spezialkräfte **KSK.** Nachdem 1994 deutsche Staatsbürger aus Ruanda evakuiert werden mussten, kam es 1995 zur Bildung der KSK in Calw aus der Luftlandebrigade 25, das 1996 den Dienst aufnahm[478].
Im Juni 2001 wurde das aus der 4. Panzergrenadierdivision hervorgegangene Kommando Luftbewegliche Kräfte in die **Division Spezielle Operationen DSO** umgewandelt, der nun das KSK und die Luftlandebrigaden 26 und 31 angehören. Hinzu kommen die Spezialkräfte der Marine, deren Kern die Kampfschwimmer die Eckernförde sind. In den Jahren 2002-2003 wurde das KSK in Afghanistan im Rahmen der Operation **Enduring Freedom** eingesetzt.

Eine besondere Rolle spielte das **Zentrum für Nachrichtenwesen in der Bundeswehr ZnBW**, das mit den zunehmenden Auslandseinsätzen der Bundeswehr anfing, sich zu einem militärischen

[478] Noetzel/Schreer 2007, Lowenstein 2008, Gaschke 2010

Auslandsgeheimdienst zu entwickeln. Diese wurde 1980 unter dem damaligen Verteidigungsminister Hans Apel als AnBW gegründet und später zum ZnBW umbenannt und führte den Austausch über das IT-System **Jasmin** (Joint Analysis System Military Intelligence[479]). Als die Aussetzung von eigenen Aufklärungssatelliten anstand, wurde entschieden, das ZnBW aufzulösen und auf den BND und das **Kommando Strategische Aufklärung KSA** aufzuteilen.

Das KSA hat eine Stärke von 7.000 Mann und ist zuständig für die

- für die Aufklärungssatelliten. in einem ersten Schritt wurden 5 Aufklärungssatelliten des Typus Synthetic Aperture Radar (SAR-Lupe) mit unter einem Meter Auflösung mit russischen Trägerraketen Kosmos 3M in den Orbit geschickt, die nun von einer Bodenstation in Gelsdorf gesteuert werden[480]. 2009/2010 folgten 2 eigene Kommunikationssatelliten (COMSATBW1 und 2) mit Raketen des Typs Ariane. Diese Satelliten gehören mit Stationen und Überwachungseinrichtungen am Boden zum SATCOMBw-Programm und ermöglichen erstmals eine autarke, weltweite Übertragung von Sprache und Daten sowie Video- und Multimedia-Anwendungen[481].
- für die Elektronische Kampfführung (EloKa) zuständig ist, d.h. die Störung feindlicher Kommunikation und
- seit 2009 auch für den Cyberwar, d.h. den Kampf im Internet gegen mögliche Angreifer. die Cyberwareinheit hatte 2009 76 Mitglieder[482].

Auf dem IT-Sektor arbeitet die Bundeswehr an einer grundlegenden Modernisierung ihres IT-Netzes (Projekt **Herkules**), das vom mit Siemens und IBM gehaltenen Joint Venture BWI IT betrieben wird.

---

[479] Durch eine Jasmin-Panne sind laut Medienberichten bei der Auflösung des ZnBW Materialien aus den Jahren 1999-2003 verloren gegangen.

[480] vgl. Lange 2007

[481] FAZ 2009c, S.5, DLR 2010b

[482] Goetz 2009, S.34f.

Bisher sind die Ergebnisse, insbesondere was die Anfälligkeit des Systems betrifft, unbefriedigend[483].

Die Auslandseinsätze der Bundeswehr

Nachdem durch die Entscheidung des Urteils des Bundesverfassungsgerichts vom 12.07.1994 Auslandseinsätze der Bundeswehr für verfassungsgemäß erklärt wurden, hat die Zahl dieser unter Parlamentsvorbehalt stehenden Einsätze stetig zugenommen.

Die Bundeswehr beteiligt sich an immer mehr Auslandsmissionen, die Bundeswehr, nämlich:

- im Rahmen der NATO im Kosovo (KFOR-Mission) und in Afghanistan (ISAF),
- im Rahmen der Militärmissionen der EU in Bosnien (EUFOR) und im Kongo (EUFOR Kongo),
- im Rahmen von Uno-Missionen im Sudan (UNMS), Äthiopien und Eritrea (UNMEE) sowie in Georgien (UNOMIG) und
- im Rahmen des Anti-Terror-Kampfes an der Aktion **Endavour** im Mittelmeer und an **Enduring Freedom** von Djibuti aus.

Das Hauptproblem der Bundeswehr ist die zunehmende Belastung der Soldaten durch Auslandseinsätze. Hinzu kommt die wachsende Intensität der Einsätze, so dass auch immer häufiger Todesfälle zu beklagen sind, insbesondere durch den Afghanistaneinsatz und die unzureichende Ausrüstung[484].

Die politische Einbettung der Einsätze gilt ebenfalls als problematisch, sowohl die unrealistischen Einschätzungen hinsichtlich des Kriegs[485]verlaufes in Afghanistan[486] als auch der Ziele, die in einem

---

[483] Scheidges 2010a, S.2-3

[484] vgl. Braun 2010, S.5

[485] Nun war es 2010 umstritten, ob der Konflikt in Afghanistan denn ein Krieg sei, denn ein Krieg ist ein Konflikt zwischen zwei Staaten. Sind die Taliban aber nicht Rebellen oder Aufständische? Man muss jedoch feststellen, dass 2001 die Taliban Afghanistan bis auf winzige Reste kontrollierten und auch seine Armee stellten, insofern auch den Staat repräsentierten.

solchen Einsatz erreicht werden können. Selbst auferlegte Beschränkungen bei den Einsatzregeln (**rules of engagement**) mögen politisch geboten sein, führen aber vor Ort, da jedes Land seine eigenen Regeln mitbringt, zu Koordinationsproblemen und inkonsequentem Vorgehen, von dem letztlich nur die Gegner profitiert haben. Zudem ist das Konzept, Soldaten als bewaffnete Wiederaufbauhelfer einzusetzen, generell umstritten.

Die zunehmenden Anforderungen haben auch eine Debatte zur Führung der Bundeswehr ausgelöst, die letztlich darauf hinausläuft, die fachliche Führung (wieder) in die Hände eines Generalstabes zu legen, wie es in anderen Ländern üblich ist[487].

---

[486] Schon seit 2002 war (zumindest in amerikanischen Zeitungen) zu lesen, dass insbesondere der Süden und Südosten nicht unter Kontrolle waren, vgl. z.B. das Wall Street Journal von 2004 (WSJ 2004).

[487] Noetzel/Schreer 2008, S. 96-101

Tab. 23 Auslandsmissionen der Bundeswehr

Jahr des Beginns	Mission	Details
1999	KFOR (Kosovo Force)	Ca. 2.200 Soldaten in der deutschen Zone
2001	Operation Active Endeavour	Schutz des Seeverkehrs im Mittelmeer
2002	Operation Enduring Freedom	Marine am Horn von Afrika (Djibuti) und vorübergehend Spezialkräfte (KSK) in Afghanistan
2002	ISAF-Einsatz in Afghanistan	unter NATO-Kommando, ca. 4000 Soldaten im Norden
2004	EUFOR als Nachfolge der SFOR (European Union Force/Operation Althea)	Friedenssicherung in Bosnien
2005	UNMIS (United Nations Mission in Sudan)	Militärbeobachter zur Überwachung des Friedensabkommens zwischen Nord- und Südsudan.
2006	UNO-Mission UNIFIL II	Seeraumüberwachung vor der Küste des Libanons
2008	EU NAVFOR Somalia (Operation Atalanta)	Schutz von Schiffen
Weitere UNO-Missionen mit wenigen Soldaten in Georgien, Äthiopien/Eritrea, Liberia		

Rüstungsmäßig muss die Bundeswehr wie andere Politikbereiche auch mit den knappen öffentlichen Kassen kämpfen, wobei in den Medien die mangelnde Tauglichkeit der Ausrüstung für die zum Teil extremen

Klimaverhältnisse der Auslandseinsätze[488] kritisiert wird. Eine weitere sicherheitspolitische Debatte dreht sich um einen Streitkräfteeinsatz im Innern, wobei aber die Bundeswehr angesichts der angespannten Kapazitäten nicht wirklich an einer Aufgabenexpansion interessiert ist.

3.3.3 Exkurs: Globale Rüstungsausgaben

Die folgende Tabelle zeigt die globalen Rüstungsausgaben, gefolgt von einer Übersicht über die größten Waffenproduzenten.

Tab. 24 Rüstungsausgaben 2007

Land	Mrd. US-Dollar 2007	Anteil an Weltausgaben (%)
1 USA	547	45
2 GB	59,7	5
3 China	58,3	5
4 Frankreich	53,6	4
5 Japan	43,6	4
6 Deutschland	36,9	3
7 Russland	35,4	3
8 Saudi Arabien	33,8	3
9 Italien	33,1	3
10 Indien	24,2	2
11 Südkorea	22,6	2
12 Brasilien	15,3	1
13 Kanada	15,2	1
14 Australien	15,1	1
15 Spanien	14,6	1

Quelle: SIPRI Datenbank für Militärausgaben, <http://www.sipri.org/contents/milap/milex/mex_database1.html>

---

488 Dies ist aber kein rein militärisches Problem. Die moderne Elektronik erweist sich insgesamt als zu klimaanfällig, wie z.B. die Probleme bei der Bahn im Wintern 2009/2010 gezeigt haben.

Tab. 25 Die größten Waffenproduzenten der Welt (ohne China) 2006

Hersteller	Umsatz Mio. US-Dollar 2006	Gewinn Mio. US-Dollar 2006
1 Boeing (USA)	30 690	2 215
2 Lockheed Martin (USA)	28 120	2 529
3 BAE Systems (GB)	24 060	1189
4 Northrop Grumman (USA)	23 650	1542
5 Raytheon (USA)	19 530	1283
6 General Dynamics (USA)	18 770	1856
7 EADS (Westeuropa)	12 600	124
8 L-3 Communications (USA)	9 980	526
9 Finmeccanica (Italien)	8 990	1280
10 Thales (Frankreich)	8 240	441

Quelle: SIPRI Top-100

US-Firmen waren für 63% der Waffenverkäufe der Top-100 verantwortlich, während 34 westeuropäische Firmen daran einen Anteil von 29% hatten.

Aus diesen Übersichten wird deutlich, dass der Westen vor seinen Konkurrenten noch einen klaren Vorsprung bei Rüstungsproduktion und –ausgaben besitzt, wobei bei den Chinesen eine hohe Dunkelziffer nicht als solcher deklarierter Rüstungsausgaben erörtert wird[489]. Gleichwohl liegen die Rüstungsausgaben der USA geschätzt noch 5-mal so hoch wie die der Chinesen. Jedoch bemängeln die USA, dass die EU-Staaten relativ zu ihrem Bruttosozialprodukt merklich hinter den USA zurückliegen[490]. Die europäische Verteidigungsagentur EDA ist sich dessen bewusst und ist um einen Ausbau der europäischen Rüstungsanstrengungen bemüht, so dass Alexander Weiss als Leiter der EDA das Jahr 2008 zum **‚Jahr der Rüstung'** ausgerufen hatte.

---

[489] vgl. Kolonko 2007, der von 81 Mrd. Euro realer Ausgaben ausgeht, das Pentgaon 2010 aber schon von 150 Mrd. Dollar

[490] vgl. Rinke 2009

Die europäische Rüstungsindustrie hat sich mit der Gründung der **European Aeronautic Defence and Space Company (EADS)** im Jahr 2000 als Europas größtem Luft-, Raumfahrt- und Rüstungskonzern schon erheblich konsolidiert. Die EADS entstand aus einer Fusion der deutschen DASA (DaimlerChrysler Aerospace), der französischen Aérospatiale-Matra und der spanischen Construcciones Aeronáuticas S.A. (CASA) und hatte 2009 einen Umsatz von über 40 Milliarden Euro und beschäftigte mehr als 110.000 Mitarbeiter.
Sicherheitsrelevante Geschäftsbereiche/Töchter der EADS sind

- die **Defence & Security Division** mit den Produktlinien Verteidigungs- und Kommunikationssysteme, Verteidigungselektronik, Luftwaffe (**Eurofighter**, Panavia Tornado, unbemannte Luftfahrzeuge) und Lenkflugkörpern, die 2010 in **Cassidian Division** umbenannt wurde
- Eurocopter als Hersteller von zahlreichen Zivil- und Militärhubschraubern
- Airbus Military für militärische Transport- und Tankflugzeuge und Seefernaufklärer
- Astrium für Raumfahrtanwendungen wie Satelliten und Transportsyteme, u.a. auch für französische Nuklearwaffen.

3.3.4 Exkurs: Private Militärfirmen

Private Militärfirmen (PMF) haben seit den Neunziger Jahren eine zunehmende Bedeutung erlangt[491]. Zu den Aufgaben gehören insbesondere:

- Durchführung von Kampfoperationen (wie Executive Outcomes in Sierra Leone 1995)
- Polizei- und Wachdienstfunktionen so wie die Firma DynCorp, die den afghanischen Präsidenten schützt
- Beratung und Training[492] wie Military Professional Resources Inc.

---

[491] vgl. Petersohn 2006, Encke 2006, S.27, Elsea/Schwartz/Nakamura 2008, Genz 2009

- Training kroatischer Offiziere ab April 1995 durch, die danach sofort Angriffen im Aug 1995
- Unterstützungsdienstleistungen wie Konvoischutz.

In Deutschland und den USA gelten -von den rechtlichen Beschränkungen ganz abgesehen- die Kernfähigkeiten nicht auslagerbar, d.h. die Kampfhandlungen und die C2 (command and control).
Argumente für den Einsatz solcher Firmen sind insbesondere die Entlastung der regulären Truppe von nachrangigen Aufgaben, dies gilt umso mehr, wenn die Personaldecke angespannt ist. Neben den ungeklärten rechtlichen Fragen des Kombattantenstatus stellen die hohen Personalkosten, der denkbare Kontrollverlust und der mögliche schleichende Kompetenzverlust der regulären Armee Probleme dar. Insbesondere im Irakkrieg haben zahlreiche Todesfälle auf Seiten der PMF-Mitarbeiter wie auch Schiessereien mit der Bevölkerung, bei denen die Notwehrsituation zum Teil umstritten war, für eine öffentliche Diskussion insbesondere in der amerikanischen Politik gesorgt.

Private Militärfirmen (PMF), die in den Medien diskutiert wurden, sind bzw. waren insbesondere:

- Executive Outcomes (u.a. in Angola und Sierra Leone, 1998 geschlossen)
- Sandline International (u.a. in Papua-Neuguinea und Sierra Leone, 2004 geschlossen)
- G4S (deren Tochter Armor die US-Botschaft in Kabul bewacht und im Irak Minen räumt)
- DynCorp International (u.a. in Bosnien, Somalia, Angola, Haiti, Kolumbien zur Drogenbekämpfung, Kosovo, Kuwait, Ausbildung der irakischen Polizei und Afghanistan)
- Triple Canopy (Irak)

---

[492] So wurden kroatische Offiziere vor dem entscheidenden Angriff auf die serbischen Truppen 1995 privat trainiert.

- Caci (unterstützten die USA bei geheimdienstlichen Aufgaben und bis 2005 auch mit Vernehmungspersonal[493])
- und Blackwater (Irak, jetzt in **Xe** umbenannt)

3.4 Die Friedensmissionen der Vereinten Nationen

Die Generalversammlung kann für die Mitgliedstaaten völkerrechtlich nicht bindende Empfehlungen abgeben und Vorlagen an den Sicherheitsrat richten.
Der Sicherheitsrat (Security Council) der **United Nations Organisation (UNO** oder **UN**) hat 15 Mitglieder, davon sind China, Russland, Frankreich, Vereinigtes Königreich und die USA ständige Mitglieder. Die anderen zehn nichtständigen Mitglieder werden jeweils auf zwei Jahre von der Generalversammlung gewählt. Beschlüsse des Sicherheitsrats sind bindend und durchsetzbar.
Nach Kapitel VII der UN-Charta erfordern die Einsätze der UN-Friedenstruppen einen Beschluss des UN-Sicherheitsrates; diese können dann im Rahmen von Beobachtermissionen, Friedensmissionen und Friedenserzwingung tätig werden.
Der Einsatz der UN-Friedenstruppen erfordert die Zustimmung des Gastlandes statt bzw. der jeweiligen Konfliktparteien, um zu verhindern, dass die nach der UN-Farbe auch Blauhelme genannten Soldaten zwischen die Fronten geraten, denn diese sollen den Frieden sichern, aber nach Möglichkeit nicht selber in Kämpfe verwickelt werden.
Die mit Abstand meisten Einsätze der UN-Truppen finden bzw. fanden in Afrika und im Nahen Osten statt, wobei die Soldaten hauptsächlich aus Entwicklungsländern stammen, insbesondere aus Pakistan, Bangladesch und Indien. Neben den Lerneffekten sind derartige Einsätze auch eine wichtige Devisenquelle.
In der Praxis sind die Probleme der Friedensmissionen vielfältig, insbesondere wegen der organisatorischen Probleme bei multinationalen Truppen, die sich gleichermaßen auf Bürokratie, Technik und

---

[493] vgl. FAZ 2010j, S.20. Weitere im Irak aktive Firmen sind The Hart Group, die ISI Group, Eriny's International, Kroll Inc und Global Risk Personenschutz

Befehlsketten beziehen. Ein weiteres Problem ist die Reaktionsgeschwindigkeit des Sicherheitsrates, der schon wegen der Gegensätze zwischen seinen ständigen Mitgliedern, die allesamt Vetomacht haben, in seiner Handlungsfähigkeit eingeschränkt ist. Manchmal wurden die Einsätze auch übereilt geplant, so dass die Blauhelme in noch laufende Konflikte gerieten (z.B. im Jugoslawienkonflikt 1994).

Die UN tendiert zunehmend zur Vergabe von Friedensmissionen an kleinere Gruppen von Staaten, um so die organisatorische Komplexität zu reduzieren[494].

Die Probleme von UN-Mandaten wurden insbesondere im Kosovo[495] deutlich: Nach 8 Jahren waren 22 Milliarden Euro ausgegeben, zwischen den zahlreichen Nationen herrschte keine klare Koordination und es wurde über ein hohes Maß an Korruption geklagt. Die UN war trotz 17000 NATO-Soldaten und 4000 UN-Polizisten auch nicht in der Lage, Zusammenstösse wie im März 2004 zu verhindern, bei denen 30 Kirchen zerstört wurden.

Ob die internationale Gemeinschaft wirklich in der Lage ist, nachhaltig Frieden zu stiften und Konflikte zu lösen, wird von manchen Autoren bezweifelt. Immer häufiger werden Konflikte lediglich eingefroren (**frozen conflicts**), d.h. Truppen, Initiativen, Diplomatie und Verhandlungen halten nur einen labilen Status Quo aufrecht. Die Zahl der frozen conflicts ist groß, z.B. allein im scheinbar stabilen Europa die faktischen Unabhängigkeiten von Transnistrien, Nordzypern, Abchasien, Südossetien und Bergkarabach, und nur wenige Flugstunden entfernt der Stillstand im Nahostkonflikt, die schwelenden Konflikte im Osten des Kongo, die faktische Staatlichkeit von Nordsomalia als Somaliland usw. usw.....

---

[494] vgl. Morris/Borowski 2009

[495] SZ 24.08.2007

3.5 Die Shanghaier Organisation für Zusammenarbeit (SOZ)

Die Shanghaier Organisation für Zusammenarbeit (SOZ), engl.: Shanghai Cooperation Organization (SCO) ist eine Internationale Organisation mit Sitz in Peking (China). Ihr gehören (Stand: 2010) die Volksrepublik China, Russland, Usbekistan, Kasachstan, Kirgisistan und Tadschikistan an[496]. Derzeit vertritt die SOZ rund ein Viertel der Weltbevölkerung und stellt damit die größte Regionalorganisation dar[497].

Vorläufer der SOZ war die Shanghai Five-Gruppe; sie wurde durch die 1996 in Shanghai erfolgte Unterzeichnung des Vertrags über die Vertiefung des militärischen Vertrauens in Grenzregionen durch die Volksrepublik China, Russland, Kasachstan, Kirgisistan und Tadschikistan gegründet. 1997 unterzeichneten dieselben Staaten den Vertrag über die Reduzierung der Streitkräfte in Grenzregionen anlässlich eines Gipfeltreffens in Moskau. Am 7. Juni 2002 trafen sich die Staats- und Regierungschefs der SOZ-Staaten in Sankt Petersburg, um dort die SOZ-Charta zu unterzeichnen, die die Ziele, Prinzipien, Struktur und Handlungsweise der Organisation festlegte.
Das höchste Organ der SOZ ist der Rat der Staatsoberhäupter (Council of Heads of State). Auf dem SOZ-Gipfel in Taschkent (Usbekistan) 2004 beschloss die SOZ, ein regionales Antiterrornetzwerk einzurichten (**Regional Counter-Terrorism Structure, RCTS**), das am 1. Januar 2007 in Taschkent die Arbeit aufnahm. Auf dem Gipfeltreffen 2006 in Shanghai wurde das Verwaltungssekretariat der SOZ zu einem Generalsekretariat ausgebaut. Im Juni 2007 fand das 7. Gipfeltreffen der SOZ-Mitgliedsstaaten in Bischkek (Kirgisistan), im August 2008 das 8. Gipfeltreffen in Duschanbe (Tadschikistan) statt. Bisher fanden drei u.a. vor allem mit russisch-chinesischen Truppen geführte Anti-Terror-Großmanöver statt (2005, 2007, 2009).

---

[496] Siehe auch die offizielle Website der SOZ http://www.sectsco.org/EN/brief.asp

[497] Bailes, A.J.K., Dunay, P., Guang, P., Troitskiy, M. 2007

Die grundlegenden Ziele der SOZ sind nach eigener Definition:

- die Stärkung des Vertrauens unter den Mitgliedsstaaten;
- die Mitwirkung und Zusammenarbeit auf politischen, wissenschaftlich-technischen, kulturellen, touristischen und ökologischen Gebieten, im Bereich des Handels, der Energie und des Transports;
- die gemeinsame Gewährleistung und Unterstützung von Frieden und Sicherheit in der Region.

Die grundlegenden Ziele der SOZ sind jedoch aus westlicher Sicht:

- Westlichen Einfluss aus der Region zurückzudrängen,
- Kampf gegen den Islamismus,
- Kontrolle der Energiepolitik, wirtschaftliche Zusammenarbeit.
- Hierzu gehört auch der Versuch, das SOZ-Gebiet von Bürgerrechtsorganisationen (NGOs) zu 'säubern', um 'Stabilität' zu erreichen.

China möchte Indien dazuholen, das wie Pakistan, Iran und die Mongolei bereits einen Beobachterstatus hat. Weißrussland und Sri Lanka haben 2010 einen Status als Dialogpartner erhalten. Trotz ihrer enormen Größe ist die SOZ im Westen vielen nicht einmal dem Namen nach bekannt und der Westen bezweifelt die Wirksamkeit dieser Organisation, u.a. wegen ihres geringen Budgets, weniger Dokumente und einer breiten unpräzisen Agenda[498].

Hinzu kommen die unterschiedlichen Interessen der Beteiligten. Russland und China haben in der Vergangenheit immer wieder Grenzstreitigkeiten gehabt, außerdem ist das Verhältnis in energiepolitischen Fragen ambivalent: einerseits orientiert sich Russland vermehrt nach China als Abnehmerland, andererseits versucht China seinen Einfluss in Zentralasien in Ländern wie Turkmenistan auszubauen, die bisher in Russlands Einflusssphäre lagen.

---

[498] vgl. Wacker 2007

3.6 Die Kooperation der westlichen Geheimdienste

3.6.1 Generelle Probleme der geheimdienstlichen Kooperation

Macht manifestiert sich in der Kontrolle über Menschen, Territorien, Informationen und Ressourcen. Geheimdienste dienen dem Sammeln von Informationen und Schutz des eigenen Wissens zur Vorbeugung und Abwehr von Bedrohungen. Wissen ist in den Industriestaaten die wertvollste Ressource, gerade in den rohstoffärmeren Staaten, wobei es längst nicht mehr allein um militärisch-ideologisches Know-How, sondern auch zunehmend um privatwirtschaftliche Aspekte geht, vulgo um Industriespionage.
Das Wissen kann sowohl aus verdeckten als auch aus offenen Quellen gewonnen werden.

Die wesentlichen Informations-Quellen (verdeckt oder offen) sind die

- HUMINT = Human Intelligence, d.h. die Informationsgewinnung von und durch Menschen
- SIGINT = Signals Intelligence, d.h. die Erfassung und Auswertung von allen Form von Telekommunikation
- IMINT = Imaging Intelligence, d.h. die Erfassung und Auswertung von allen Form von (Satelliten-)Bildern und andere Bildformen[499]

Zu den Methoden der verdeckten Informationsgewinnung gehören der Einsatz von verdeckt operierenden Personen (V-Leuten), die Observation, die geheime Fotografie und Tonaufzeichnung, ggf. die Kontrolle von Post und Telefon und nachrichtendienstliche Hilfsmittel[500].

Informationen können aber auch offen abgeschöpft werden, die den überwiegenden Teil der Informationsgewinnung ausmacht. Man spricht bei der Auswertung frei verfügbarer Informationen auch von **OSINT** =

---

[499] vgl. Randol 2009, Best 2009b
[500] vgl. BfV 2010

Open Source Intelligence[501]. Dazu kommen offizielle Repräsentanzen der Geheimdienste, die sich oft legal oder faktisch geduldet in anderen Ländern aufhalten **(Legalresidenturen)**[502]. Sinn solcher Einrichtungen ist es, Ansprechpartner für alle Fälle zu haben, vor allem, wenn man was schief läuft oder man Infos weiterleiten muss, auch wenn die diplomatischen Kanäle mal verstopft sind usw.

Daneben ist auch noch die Vorfeldarbeit in der Öffentlichkeit zu erwähnen, z.B. durch Kontakte mit Journalisten und Lancieren von Informationen. Im Kalten Krieg wurde zum Beispiel die abstrakte Kunst planmäßig gefördert, wie ARTE und die FAZ berichteten, zunächst auch mit Hilfe der Geheimdienste[503]. Ziel war es weniger, bestimmte Künstler ins Zentrum zu rücken, sondern die Menschen wieder für die freie Kunst zu öffnen und sie so zugleich der meist gegenständlichen politischen Kunst zu entfremden. Im Kampf gegen den Extremismus wird eine Intensivierung der Vorfeldarbeit wieder diskutiert[504].

Natürlich gibt es auch die Gegenspionage (**Counterintelligence**), die sowohl physisch erfolgen kann, d.h. durch Einfangen von Spionen, aber zunehmend auch den Schutz eigener Infos (z.B. durch Verschlüsselung wie **Kryptographie** und das Verstecken von Informationen in Bildern als sog. **Steganographie**) umfasst. Dazu gehört auch die Härtung von Gebäuden (Communication Security/Comsec) und die Beobachtung und Absicherung von Informationsquellen und Informations-Verbindungen, damit einem keiner die Leitungen anzapft. Gezielte Information oder nötigenfalls auch Desinformation gehören ebenfalls dazu.

In jedem Land gibt es mehrere Dienste, was direkt zur Frage führt: Warum nicht **ein Geheimdienst für alles**?

---

[501] vgl. Best 2009b

[502] Der BND unterhält Partnerschaften mit mehr als 100 Ländern, u.a. auch Russland (Daun 2009). Dieser Prozess setzte schon unmittelbar nach Ende des Kalten Krieges ein (Schmidt-Eenboom 1993)

[503] FAZ 13.05.2008, S.50

[504] vgl. Steinmann/Tillmann 2010, S.1, wo vorgeschlagen wird, bereits in den Schulen beratend tätig zu werden.

Ein Vorteil eines allumfassenden Dienstes wäre die einheitliche Zuständigkeit und Information, die das Kompetenzgerangel zwischen den Diensten und Störungen der Kommunikationsflüsse usw. von vornherein abschafft.

Aber nach Meinung der Fachleute überwiegen die Nachteile: Wie soll die Kontrolle einer 'allwissenden' Einrichtung erfolgen, die mehr weiß als man selbst? Bei erfolgreicher Infiltration eines solchen Dienstes liegt anschließend zuviel oder schlimmstenfalls alles offen, weshalb die innere Abschottung, bei der jeder nur das weiß, was er zur Erfüllung seiner unmittelbaren Aufgaben benötigt, erforderlich ist (**need to know-Prinzip**).

Schließlich besteht auch noch die Gefahr der Interessenüberlappung, bei sich der zivile, militärische und ökonomische Zielsetzungen zu einem diffusen Brei vermischen, der nachher zu unkontrollierbaren Verstrickungen führen kann.

Stets gibt es bei großen Organisationen die Gefahr der objekt- und personenfernen Bürokratie mit langen, anfälligen Kommunikationswegen und 'blinden Flecken', die dadurch entstehen, dass die ganze Organisation bestimmten Zielen oder Bedrohungen nachjagt, die sich vielleicht als falsch herausstellen. Dezentral organisierte Einrichtungen haben den Vorteil, dass vielerlei Perspektiven in die Sache eingebracht werden.

Aufgrund dieser Überlegungen gibt es weltweit das Standardmodell, bei dem eine physische Trennung verschiedener Dienste, aber doch ein Informationsverbund (**Intelligence Community**) zwischen den Diensten angestrebt wird. In den USA, in der das Problem 1946 intensiv diskutiert worden war, handelt es sich z.B. um 16 Geheimdienste[505].

Aber viele kleine Dienste haben auch ihre Probleme: sie sind vielleicht zu klein, sie konzentrieren sich lediglich auf die Bearbeitung von Teilproblemen, und es kann zu unbeabsichtigten Doppelaktivitäten mit Reibereien und Verwicklungen zwischen den Diensten kommen.

Ein generelles Problem jedes Dienstes, egal, wie groß oder klein, ist die Kontrolle, die oft durch einen Parlamentsausschuss geschieht, jedoch

---

[505] vgl. Carmody 2005

muss man bei allen Forderungen nach Transparenz auch den Schutz von Geheimnissen im Auge behalten.

3.6.2 Die deutschen Geheimdienste

Aufgrund der obigen Überlegungen ist es üblich, zivile und militärische sowie Inlands- und Auslandsdienste zu trennen, so weitgehend auch in Deutschland[506].

Im Inland gibt es das **Bundesamt und die Landesämter für Verfassungsschutz BfV/LfV** für die zivilen Angelegenheiten, während sich der **Militärische Abschirmdienst MAD** um den inneren Schutz der Bundeswehr kümmert. Der **Bundesnachrichtendienst BND** ist für das Ausland zuständig. Daneben gibt es jedoch eine Reihe von „Quasi-Geheimdiensten", insbesondere das **Bundesamt für Sicherheit in der Informationstechnik BSI**.

Tab. 26 Deutsche Nachrichtendienste

	Inland	Ausland
zivil	BfV/LfV [BSI]	BND
militärisch	MAD	BND [ZNBW] [KSA]

[..]=formal kein Geheimdienst

506 vgl. hier und im folgenden Jäger/Daun 2009 sowie dort auch Singer 2009, Scheren 2009 und Storbeck 2009

Tab. 27 Entstehung der Nachrichtendienste

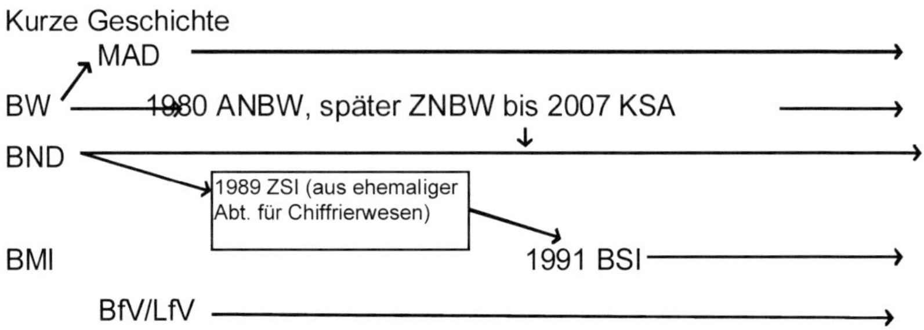

BW = Bundeswehr, BMI = Bundesministerium des Innern

Der **Verfassungsschutz** als Inlandsgeheimdienst gliedert sich in das Bundesamt für Verfassungsschutz BfV und die 16 Landesbehörden für Verfassungsschutz LfVs.

Das BfV gliedert sich in eine Verwaltungs- und 5 Fachabteilungen, nämlich

- Abt. 1 zentrale Fragen, Observation und Datenschutz
- Abt. 2 Rechtsextremismus und -terrorismus
- Abt. 3 Linksextremismus und -terrorismus
- Abt. 4 Spionageabwehr, Geheim- und Sabotageschutz
- Abt. 5 Sicherheitsgefährdung durch Ausländer

Laut Verfassungsschutzbericht 2009 hatte das BfV 2.579 Bedienstete.

Der BND ist historisch aus der Organisation Gehlen hervorgegangen und hatte seit seiner Gründung seinen Sitz in Pullach. Der **BND** als Auslandsgeheimdienst wurde in Einklang mit der gewandelten Sicherheitslage Anfang 2009 grundlegend reformiert und hat nun die folgende Struktur[507]:

[507] vgl. Ramelsberger 2007, Carstens 2010

Tab. 28 Gliederung des Bundesnachrichtendienstes

<table>
<tr><td colspan="3">Präsident: Ernst Uhrlau
• Vizepräsident Vertreter des Präsidenten: Geza Andreas Frh. von Geyr
• Vizepräsident für militärische Angelegenheiten: Armin Hasenpusch
• Vizepräsident für Zentrale Aufgaben und Modernisierung: Werner Ober</td></tr>
<tr><td>Produktionsunterstützung</td><td>Produktion</td><td>Service</td></tr>
<tr><td>Abt.1 GL
Frühwarn- und Informationszentrum</td><td>Abt 5 LA
GUS-Staaten und Westen</td><td>Abt 9 SI
Eigensicherung und Wachleute</td></tr>
<tr><td>Abt 2 UF
Objektdatenauswertung, Satellitenbilder usw.</td><td>Abt 6 LB
Nah-/Mittelost und Afrika</td><td>Abt 10 TU
Technik und Service</td></tr>
<tr><td>Abt 3 EA
Residenturen im Ausland</td><td>Abt 7 TE
Terror und überregionale Bedrohung</td><td>Abt 11 TK
Technikentwicklung</td></tr>
<tr><td>Abt 4 TA
Strategische Fernmeldeaufklärung in Pullach</td><td>Abt. 8 TW
Proliferation</td><td>Abt 12 ZA
Personal, Aus- und Fortbildung, BND-Schule*</td></tr>
</table>

*sowie die temporäre Abteilung UM Umzug

Dabei spielt die Gliederung in die drei Bereiche Produktionsunterstützung, Produktion und Service in der Praxis eine nicht so große bzw. nachlassende Rolle[508]. Der BND soll von Pullach bei München nun nach Berlin in die Chausssestrasse umziehen, aufgrund regionalpolitischer Einflüsse soll jedoch die Aufklärung mit ca. 1000

[508] vgl. Carstens 2010

Mitarbeitern trotz ihrer operativen Bedeutung in Pullach bleiben, was sehr kritisch gesehen wird[509].
Zu beachten ist, dass der BND sowohl für zivile als auch militärische Aufgaben zuständig ist, weshalb die Bundeswehr auch einen Vizepräsidenten für militärische Angelegenheiten stellt.
Wenn, wie im BND, Zivilisten und Soldaten in einem Dienst mit unterschiedlichen Karrieremustern zusammen sind, können Probleme auftreten. Wo die Soldaten vielleicht noch hohe Offiziersränge mit entsprechender Besoldung erreichen können, sind die Einkommen der zivilen Mitarbeiter, die oft Absolvent der Fachhochschule des Bundes sind, eher limitiert. Dieses stellt ein erhebliches Problem dar, weil die Dienste mit den Sicherheitsfirmen der freien Wirtschaft konkurrieren, die unter Umständen mit weitaus besseren Gehältern aufwarten können und so zu ständigen Verlusten an Expertise und Know-How beitragen können. Der Austausch mit der freien Wirtschaft hat so zugenommen, dass BND-Mitarbeiter 2010 ihr Profil sogar in die Internetplattform Xing mit Verweis auf ihre BND-Tätigkeit stellten[510].

Der **Militärische Abschirmdienst MAD** ist der militärische Inlandsnachrichtendienst der Bundeswehr. Ursprünglich aus dem Amt Blank hervorgegangen, hieß er bis 1984 Amt für Sicherheit in der Bundeswehr **ASBw**. Nach der sog. „Kießling-Affäre“ wurde die Abschirmung der Bundeswehr gegenüber Ausspähung von aussen dem BND übertragen [511] In den 1990er Jahren wurden im Zuge der ersten Auslandseinsätze der Bundeswehr klargestellt, dass die Beschaffung von Informationen im Ausland Aufgabe des BND und nicht des MAD ist[512]. MAD-Aktivitäten sind im Ausland (*innerhalb* der dortigen Liegenschaften der Bundeswehr) sind erst seit 2004 gesetzlich erlaubt[513]. Im November 2010 wurde aus Kostengründen eine Auflösung des MAD und die Verteilung seiner Aufgaben auf den

---

[509] vgl. Scheidges 2010, S.18-19
[510] vgl. FAZ2010s, S.4
[511] vgl. Rühl 2010ab, S.10
[512] vgl. FAZ 2010v, S.4
[513] Teidelbaum 2008

Verfassungsschutz und den BND erwogen[514], was aber umstritten ist, u.a. wegen der daraus möglicherweise resultierenden Ressort-überschneidungen zwischen Innen- und Verteidigungsministerium[515].

Der MAD gliedert sich in eine Verwaltungs- und 5 Fachabteilungen, nämlich

- Abt. 1 Zentrale Fachaufgaben
- Abt. 2 Extremismus- und Terrorismusabwehr
- Abt. 3 Spionageabwehr und Einsatzabschirmung
- Abt. 4 personeller/materieller Geheimschutz
- Abt. 5 Technik

d.h. insgesamt eine dem BfV recht ähnliche Gliederung. Er hatte 2010 12 regionale Dienststellen im Bundesgebiet. Laut Verfassungs-schutzbericht 2009 hatte der MAD 1.213 Bedienstete.

Wie schon weiter oben erwähnt, gab es zwischenzeitlich das **Zentrum für Nachrichtenwesen in der Bundeswehr ZnBW**, das sich zu einem militärischen Auslandsgeheimdienst zu entwickeln begann, aber dann zwischen dem BND und dem **Kommando Strategische Aufklärung KSA** aufgeteilt wurde. Das **KSA** ist für die Aufklärungs- und Kommunikationssatelliten und die Elektronische Kampfführung (EloKa) zuständig, d.h. die Störung feindlicher Kommunikation und seit 2009 auch für den Cyberwar, d.h. den Kampf im Internet gegen mögliche Angreifer. Das KSA hat eine Stärke von 7.000 Mann, die Cyberwareinheit hatte 2009 76 Mitglieder[516].
Auch wenn mit dem KSA noch so etwas wie eine autonome *military intelligence* gibt, wäre diese Fähigkeit im Falle der 2010 diskutierten Auflösung des MAD nach der schon erfolgten Auflösung des ZNBw im Wesentlichen nun auf den BND übergegangen.

Das **Bundesamt für Sicherheit in der Informationstechnik BSI** ist seit 1991 als Behörde des BMI für alle Aspekte der IT-Sicherheit

---

[514] vgl. FAZ 2010v, S.4
[515] vgl. Rühl 2010ab, S.10
[516] Goetz 2009, S.34f.

zuständig, insbesondere alle Arten der Abhörsicherheit und der Abwehr von Computerattacken für staatliche Einrichtungen. Das BSI fördert hierzu entsprechende Technologien. Es ist historisch aus der Abteilung für Chiffrierwesen des BND hervorgegangen. Mit dem Aufkommen des Internets und dem nahenden Ende des kalten Krieges setzte sich die Auffassung durch, dass man eine Behörde benötigt, die die IT-Strukturen der Bundesrepublik schützt und der modernen Technik gerecht wird. So entstand 1989 im BND erst das ZSI (Z=Zentralstelle), aus dem dann 1991 das BSI wurde, dass dem Ministerium des Innern BMI untersteht.
Die Aufgaben der Behörde sind äußerst vielfältig und sie gilt auch international als äußerst leistungsfähig, siehe hierzu das Kapitel 2.

Die **parlamentarische Kontrolle** von BfV, MAD und BND setzt sich aus drei Elmenten zusammen, nämlich der

- **allgemeinen Kontrolle** im Rahmen der allgemeinen Tätigkeiten und Organe (wie Z.B. dem Haushaltsausschuss) des Deutschen Bundestages,
- **besonderen Kontrolle** durch das aus 9 vom Bundestag gewählte Mitgliedern bestehende Parlamentarische Kontrollgremium (PKG)[517], das mindestens 1x vierteljährlich zusammentritt und mit Ausnahme des Quellenschutzes eine nahezu umfassende Kontrolle ausübt und die
- **G 10 - Kontrolle** durch 4 vom PKG bestellte Mitglieder. Die G 10-Kommission wird monatlich durch das Innenministerium *vor* Vollzug der Maßnahmen unterrichtet.

Ist die Trennung zwischen innerer und äußerer Sicherheit noch zeitgemäß oder sind es oft nicht nur zwei Seiten ein- und derselben Medaille? Sieht man z.B. von Kleinkriminalität auf der einen Seite und Kriegen auf der anderen Seite mal ab, so ist doch z.B. beim Terroristen, der in ein Land kommt, sowohl die Lage im Ausland wichtig als auch die Folgen für das Inland.

---

[517] § 4 des Gesetzes über die parlamentarische Kontrolle nachrichtendienstlicher Tätigkeit des Bundes PKGrG

Was haben die Geheimdienste bzw. die Politiker nun für Optionen?

1. Strukturreformen mit Neuzuschnitt von Abteilungen: Der BND hat seine Abteilungen 2009 grundlegend reformiert, jetzt werden alle Regionen der Erde gleichmäßig abgedeckt, der Schwerpunkt ‚Osten' hat endgültig ausgedient.

2. Ausweitung der Zuständigkeiten: Durch Gesetzesänderungen wurden Abhörbefugnisse und Aufgabenbereiche erweitert[518].

3. Kooperationen zwischen den inländischen Diensten, den Diensten und anderen Sicherheitsbehörden (Polizei Bundeskriminalamt BKA, Zoll Zollkriminalamt) und in- und ausländischen Diensten, insbesondere in der EU[519] durch:

- Aufbau und Vernetzung von Datenbanken, z.B. mit DNA-Daten von Verdächtigen. Nach den Terroranschlägen am 7. Juli 2005 wurde 2006 durch das Antiterrordateigesetz – ATDG) die Antiterrordatei als eine gemeinsame Datenbank von BKA, den LKAs, der Bundespolizei, BfV (und den LfVs), MAD, ZKA und BND beim BKA installiert.
- Amtshilfe. Das nach dem 11. September 2001 erlassene **Terrorismusbekämpfungsgesetz (TBG)** von 2001 hat die Auskunftsrechte durch Behörden sowie die Befugnisse des BND und des Verfassungsschutzes erweitert, das Post- und Fernmeldegeheimnis unter bestimmten Bedingungen eingeschränkt und enthält Maßgaben für die Einführung von Ausweisdokumenten mit biometrischen Merkmalen und neue Vorschriften für das Ausländerrecht. Das BKA wurde dabei zur zentralen Stelle in der Terrorismusbekämpfung aufgewertet[520].

---

[518] So wurden z.B. durch das Verbrechensbekämpfungsgesetz von 1994 die Befugnisse des BND zur Fernemeldeaufklärung auch auf Bereiche wie die der internationalen Schwerstkriminalität erweitert (wie Terrorismus, Waffen- und Technologietransfer, Drogenhandel)

[519] Generell ist eine Internationalisierung zu beobachten. Neben den zahlreichen BND-Partnerschaften hat inzwischen das ZKA Verbindungsbeamte in 14 großen Ländern (Daun 2009)

[520] Das BKA ermittelt übrigens auch im Rahmen seiner Kompetenzen im Ausland, was manchmal zu Abgrenzungsschwierigkeiten gegenüber dem BND geführt hat (Singer 2009)

- gemeinsame Lagezentren/Koordinatoren wie dem Gemeinsamen Terrorismusabwehrzentrum **GTAZ** seit 2004, in dem u.a. BKA, BND, ZKA und BfV vertreten sind
- formelle oder informelle Netzwerke wie dem Berner Club (Club de Berne **CdB**), der im folgenden Kapitel näher zur Sprache kommt

Das Hauptproblem ist in den Augen vieler Autoren die **Zersplitterung der deutschen Sicherheitsbehörden** durch den Föderalismus, was sowohl die Polizei als auch den Verfassungsschutz betrifft. Als negative Folgen dieser Zersplitterung werden vertikale und horizontale Übermittlungsdefizite mit der Folge unvollständiger oder fehlerhafter Lagebilder diskutiert. Verdächtige Vorgänge werden nicht oder zu spät in die Anti-Terror-Datei eingestellt[521]. Bei jeder Reform ist jedoch das **Trennungsgebot** zu beachten, d.h. die Trennung von nachrichtendienstlichen und polizeilichen Befugnissen in der Bundesrepublik.

3.6.3 Geheimdienstliche Kooperation in der EU

Dies führt zum Thema der **Kooperation der Geheimdienste in der EU**. Hier arbeiten Geheimdienste zunehmend europaweit zusammen. Die Grundprinzipien dieser Kooperation sind:

- **Do ut des** - Geben und nehmen, geschenkt wird nichts
- **Need to know** – nur das, was man wissen muss, bekommt man gesagt, auch um die Folgen durch undichte Stellen zu reduzieren
- **Third party rule** – Eine erhaltene Information darf nicht ohne Genehmigung an Dritte weitergegeben werden
- **Assessed intelligence** – es werden keine Rohdaten von Originalquellen weitergegeben, sondern nur bearbeitete Berichte[522]. Dies dient dazu, auch solche Quellen zu schützen, die sich in den Reihen befreundeter Staaten befinden. Abgesehen

---

[521] vgl. auch Gusy 2004
[522] vgl. Wetzling 2007

davon fließt durch Weitergabe von Rohdaten natürlich das Wissen um die Informationsgewinnung ab.

Die Kooperation von Inlandsdiensten findet im Club de Berne (**Berner Club, CdB**) statt, der nach Vorstufen in den 1960er Jahren ab 1972 fest etabliert wurde und der die Erfüllung demokratischer und rechtsstaatlicher Standards bei den Mitgliedsdiensten als Eintrittsvoraussetzung hat. Nach und nach sind fast aus allen EU-Staaten Dienste beigetreten. Dieser Club ist jedoch kein formaler Teil der EU. Nach dem 11. September 2001 hat sich im Berner Club die **Counter Terrorist Group (CTG)** gebildet, die wegen der wachsenden Aufgaben seit 2004 eigenständig agiert[523]. Ein weiteres Arbeitsgremium mitteleuropäischer Geheimdienste ist die **Middle European Conference MEC**.

Die geheimdienstlichen Informationen der Europäischen Union werden im sog. **Joint Situation Center Sitcen** (deutsch: gemeinsames Lagenzentrum, auch Sitcent, JSC) des **politischen und sicherheitspolitischen Komitees PSK** der EU gesammelt. Dieses PSK hat seinerseits eine **watchlist** (Liste von zu beobachtenden Materien), mit denen es die grobe Richtung vorgibt, was gerade besonders interessant für die EU ist.

Das Sitcen besteht aus drei Einheiten,

- der Civilian intelligence Cell (CIC) bzw. **nachrichtendienstlichen Zelle NDZ**, in der die Auslands- und zum Teil auch Inlandnachrichtendienste mehrere EU-Länder, insbesondere aber der sogenannten **G5** mitarbeiten[524]. Im März 2003 haben sich die G5 (Großbritanniens, Frankreichs, Spaniens, Italiens und Deutschlands), ab 2005 auch Polen als **G6** auf eine verstärkte nachrichtendienstliche Zusammenarbeit geeinigt[525]

---

[523] vgl. Keohane 2005

[524] vgl. Bendiek 2007, Opitz 2007

[525] vgl. Wetzling 2007. Details am Rande: In der EU wurden vor der Reform der EU durch den Lissabonner Vertrag 2009 die

- der **General Operations Unit (GOU)**, die rund um die Uhr Berichte und Unterstützung liefert sowie
- die **Communications Unit**, die sich mit der Kommunikationssicherheit (ComSec) befasst und das Kommunikationszentrum des Europäischen Rates (communications centre ComCen) betreut.

Das Sitcen hatte 2010 ca. 100 Mitarbeiter und ist in Brüssel im Justus Lipsius Gebäude angesiedelt. Ende 2010 wurde der Leiter des finnischen Sicherheitsdienstes, Illka Salmi, zum Leiter des Sitcen ernannt[526].

Die Informationen der zivilen Geheimdienste werden mit den Informationen aus dem Militärstab der EU (EUMC) bzw. der zuarbeitenden militärischen Geheimdienste (Intelligence Division INTDIV mit 30 Mitarbeitern[527]) und den Satellitenbildern der Europäischen Satellitenzentrums (EUSC, Satcen) in Torrejon zusammengefasst.
Wie bei den zivilen Diensten gilt auch in der Military Intelligence Division INTDIV das Freiwilligkeitsprinzip beim Informationsaustausch, d.h. es gibt keine zwingenden Freigabe- oder Austauschregeln[528].
Hinzu kommen die Informationen der aus Diplomaten bestehenden Policy Planning and Early Warning Unit (PPEWU)[529].

Terrorismusbekämpfung in der Gemeinsamen Außen- und Sicherheitspolitik durch die Arbeitsgruppe COTER und im Rahmen der Zusammenarbeit in den Bereichen Inneres und Justiz durch die Terroism Working Group TWG durchgeführt, vgl. Bendiek 2007. Neben dem SITCEN, der INTDIV und dem EUSC in der zweiten Säule ist im Bereich der Inneren und Justiz Europol die Sammelstelle für relevante Informationen vgl. Müller-Wille 2004. Walsh (2009) beschreibt zwei Teile des European Computer System (TECS), das von Europol für den Informationsaustausch genutzt wird, nämlich das Europol Information System und „Arbeitsdateien" von Europol-Mitarbeitern.

[526] vgl. Winter 2010, S.7

[527] vgl. Opitz 2007

[528] vgl. Walsh 2009

[529] vgl. Müller-Wille 2003, van Buuren 2009, S.9

Hinzu treten die Analysen frei verfügbarer Information (OSINT) und die Informationen, die die Anti-Terror-Gruppe (**Counter Terrorist Group CTG**), die aus dem Club de Berne CdB hervorgegangen ist und der EU zuarbeitet.

Tab. 29 Nachrichtendienstliche Informationsverarbeitung in der EU

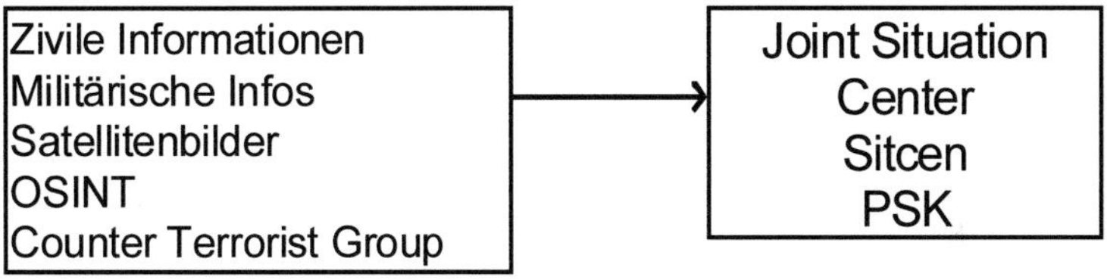

Informationen werden unter anderem auch durch Diplomaten und in einigen Regionen entsandte EU-Sonderbeauftragte ‚**EU Special Representatives (EUSRs)**' der EU wie auch durch nachrichtendienstliche Mitarbeiter vor Ort und Informationen der lokalen Bevölkerung gewonnen[530].
Technisch wird die Zusammenarbeit der Sicherheitsbehörden und Nachrichtendienste über das **Bureau De Liaison BDL**-Netzwerk abgewickelt, das zunächst ein geschlossenes Fax-Netzwerk war, nun aber ein computergestütztes Netzwerk zum Austausch verschlüsselter Informationen darstellt[531].

[530] vgl. Müller-Wille 2003, S.35
[531] vgl. EU 2005b/c.

Ein EU-Geheimdienst als Lösung?

Die Politiker diskutieren jetzt ein **Need to share** der europäischen Dienste in einer ‚**European Intelligence Agency**'[532], die Fachleute sind da aber eher skeptisch, denn dies bedeutet letztlich die Wiederkehr der Probleme von einem Geheimdienst für alles (Kontrolle, Infiltration usw.)[533]. Hinzu kommt das Problem, dass in einer festen europäischen Organisation ein Vertrauen*müssen* statt –können existiert, d.h. man muss dem anderen Informationen weitergeben, die man ihm am liebsten nicht weitergegeben hätte, weil man ihm misstraut[534]. Ein europäischer Dienst würde auch einen Mix von Regulierungsphilosophien, Dienstzuschnitten und -quellen (z.B. Problem des Trennungsgebotes) sowie unterschiedlicher nationaler Interessen[535]) darstellen.

Dennoch ist seit 2010 ist nun ein zentrales Gremium, das **Standing Committee on operational cooperation on internal security (COSI)**, für alle sicherheitsrelevanten Fragen der EU zuständig und zwar auch für die geheimdienstliche Zusammenarbeit.

Ein besonderes Problem stellt der **Schutz der EU selbst** dar, die formal gesehen kein Staat und weder In- noch Ausland darstellt. Gleichwohl ist die EU ein interessantes Ziel, da die von ihr getroffenen Entscheidungen erhebliche wirtschaftliche und politische Bedeutung haben und sie deshalb von Lobbyisten und einer großen Zahl von Journalisten belagert wird, wobei gerade bei letzteren nicht immer sicher ist, ob es sich wirklich um ‚Journalisten' handelt.

Die EU setzt bei beim Informationsschutz auf Dokumentenklassifikationen[536], es gibt aber auch vage Hinweise auf einen gesonderten internen Sicherheitsdienst[537].

---

532 ein von Österreich und Belgien ins Spiel gebrachter Terminus; vgl. auch Gluhak 2004, Monar 2005

533 vgl. Storbeck 2009

534 vgl. Walsh 2009

535 Scheren 2009, Storbeck 2009, Singer 2009, Bendiek 2006

536 vgl. EU 2001c: Die Stufen sind "restricted", "confidential", "secret" or "top secret" in Abhängigkeit von dem Schaden für vitale Interessen der EU-Mitgliedsstaaten ("top secret" - exceptional harm, "secret" - serious harm, "confidential" - average harm) oder sonstigen abträglichen

Di EU ist sich der Tatsache bewusst, dass viele Informationen aus frei verfügbaren Quellen stammen, also der OSINT zuzuordnen sind.
Das mittlerweile errichtete **Europäische Sicherheits- und Verteidigungskollegs (ESVK)** als Netz aus Bildungseinrichtungen mit der Aufgabe, Ausbildung im Bereich der Europäischen Sicherheits- und Verteidigungspolitik (ESVP) für ziviles und militärisches Personal zu erbringen, bietet daher auch Training auf dem Gebiet der OSINT-Analyse an, um die Defizite der EU auf diesem Gebiet zu beseitigen[538]. Die Verteidigungsagentur meldete 2010 Vollzug für die OSINT-Kurse, während die Kurse für die Auswertung nachrichtendienstlicher Informationen (Intelligence analysis course) ‚in progress' sind[539].
Die OSINT-Analyse wird wegen der Fülle der Informationen immer mehr von Computerprogrammen und spezialisierten Firmen (wie *Autonomy, Attensity und Palantir Technologies*) übernommen; so haben Google und der US-Geheimdienst CIA über ihre Tochterfirma In-Q-Tel Mitte 2010 die Analysefirma *Recorded Future* ins Leben gerufen[540]. Recorded Future bietet u.a. Analysen in den Bereichen Finanzen, Werbung, wirtschaftsrechtlichen Fragen und der Intelligence Analysis an, wobei man bei der OSINT-Analyse u.a. Asuwertungen zum Terrorismus oder Einzelpersonen erhalten kann. Das Premium Package der Firma ist aktuell für 149 US-$ erhältlich[541].

Inhalten ("restricted" – detrimental), wobei in praxi die französischen Begriffe verwendet werden.

[537] Für den es auch dringenden Bedarf gibt: So stellte sich in Brüssel 2009 heraus, dass die deutsche und französischen EU-Ministerratsbüros verwanzt waren (Brambusch 2010a).

[538] vgl. EU 2008f

[539] vgl. EDA 2010b

[540] vgl. Borchers 2010, S.29.

[541] vgl. Website von *Recorded Future* 2010

3.6.4 Die amerikanische Intelligence Community

Die **United States Intelligence Community** ist ein Zusammenschluss von 15 Nachrichtendiensten der Vereinigten Staaten und des FBI, die zusammen über 100.000 Mitarbeiter und mehr als 50 Milliarden Dollar Budget besitzen[542]. Der damalige Präsident Ronald Reagan verfügte die Bildung dieser Intelligence Community am 4. Dezember 1981 durch einen Erlass, die Executive Order 12333[543].

Infolge der Anschläge vom 11. September 2001 (‚9/11') wurde 2004 durch den *Intelligence Reform and Terrorism Prevention Act* von 2004 ein Geheimdienstkoordinator ernannt, der **Director of National Intelligence DNI,**[544] der mit seinem Stab am 22.04.2005 die Arbeit aufnahm. Dem DNI wurde das **National Counterterrorism Center (NCTC)** in North Virginia zugeordnet, das die Zusammenarbeit dieser Dienste im Antiterrorkampf koordiniert[545]. Beim DNI werden die Informationen der Intelligence Community mit Hilfe von 600 Analysten auswertet und u.a. zum Antiterrorkampf genutzt[546].
In die Zuständigkeit des DNI wurde auch der schon 1979 geschaffene **National Intelligence Council NIC** übernommen, der unter anderem die Lageeinschätzungen der Geheimdienste, die National Intelligence Estimates (NIEs) bereitstellt[547]. Der NIC besteht aus 15 Personen, wobei es 2009 insgesamt 13 National Intelligence Officers (NIOs) mit definierten Aufgabenbereichen gab[548].

---

542 vgl. Wernicke 2010
543 vgl. auch den Intelligence Reform and Terrorism Prevention Act of 2004 und ODNI 2009
544 vgl. Werthebach 2004, S.5-13
545 vgl. Best 2010a
546 vgl. Best 2010a
547 DNI Handbook 2007, S.3
548 vgl. Best 2009a. Die Bereiche waren: Africa, East Asia, Economics and Global Issues, Europe, Science and Technology, Military Issues, Near East, South Asia, Russia and Eurasia, Transnational Threats, Warning, Weapons of Mass Destruction, Western Hemisphere. Historisch hat sich der NIC nach und nach aus dem 1950 errichteten Office of National Estimates (ONE) der CIA entwickelt.

Hatte man sich 1946 noch bewusst für ein System aus vielen Geheimdiensten entschieden, überwog nach 9/11 die Kritik an der Fragmentierung und dem unzureichenden Informationsfluss[549], zu dem auch unzureichende Übersetzungskapzitäten für arabischsprachige Dokumente beitrugen[550]. Die Errichtung des NCTC und des DNI stießen dennoch nicht auf ungeteilte Zustimmung, weil damit die Analyse und die operative Ebene getrennt wurden[551].

Die Probleme, die die EU bei der Zusammenarbeit der Geheimdienste hat, finden sich auch in den USA wieder, wo es institutionelle und technologische Abschottungen gegeneinander gibt und auch unterschiedliche bürokratische Kulturen, die den Informationsfluss behindern.

Nach wie vor dominiert das Verteidigungsministerium (Department of Defense DoD) mit 8 Diensten, wobei es auch Überlappungen zwischen diesen Diensten gibt[552]. Im militärischen Sektor spielt die **Defense Intelligence Agency (DIA)** seit 1961, im Pentagon ansässig als Dachorganisation der Nachrichtendienste der Teilstreitkräfte die Hauptrolle.

Zu den vielfältigen Aktivitäten der DIA gehören:

- das 2006 gegründete Defense Joint Intelligence Operations Center DJIOC, um die Koordination und den Informationsfluss zu optimieren

---

549 Die Debatte wurde sehr von dem Problem beherrscht, wie man negative Überraschungen wie die von Pearl Harbour verhindern konnte, vgl. Carmody 2005. Es ist unter Historikern umstritten, ob Pearl Harbour wirklich eine Überraschung war, denn insgesamt 129 Funksprüche der Angriffsflotte waren vorher aufgefangen worden, die beiden wichtigsten japanischen Codes waren schon im Frühjahr 1940 geknackt worden, vgl. Bock 2004. Jedoch sind auch hier Kommunikationspannen denkbar, auch vor 9/11 lagen nicht viele rechtzeitig ausgewertete Hinweise und Dokumente vor.

550 vgl. Lehming 2001, S.3

551 vgl. Carmody 2005

552 vgl. Carmody 2005

- das Joint Functional Component Command for Intelligence, Surveillance and Reconnaissance (JFCC-ISR) für die Aufklärung
- das durch den Joint Staff J2 betriebene National Joint Military Center NMJIC als Frühwarneinheit
- das Human Intelligence (HUMINT) Management Office (DHMO), das seit 2005 alle HUMINT-Aktivitaten des DoD koordiniert
- das Directorate for Human Intelligence (DH), dem Militärattaches in über 135 US-Botschaften zugeordnet sind.

Die **National Security Agency NSA** ist insbesondere für die weltweite Überwachung und Entschlüsselung von elektronischer Kommunikation (SigINT) aber auch den Schutz und die Kryptologie (analog dem deutschen BSI) zuständig.
Die NSA hat mit der Expansion der Digitaltechnologien einen erheblichen Bedeutungszuwachs erfahren; zudem haben die USA ein eigenes zentrales **Cyber Command** errichtet, das Ende Mai 2010 mit ca. 1000 Beschäftigten die Arbeit aufnahm und dem Direktor der NSA, dem Vier-Sterne-General General Keith Alexander, unterstellt ist[553]. Die Entscheidung, geheimdienstliche Aufklärung und militärisch-operative Aspekte direkt zu verbinden, erscheint wegen der Zuordnungsschwierigkeiten und des großen Entscheidungsdrucks bei Cyberwaraktivitäten sinnvoll, auch wenn sie einen grundlegenden Paradigmenwechsel darstellt.

Drei Querschnittsprogramme regeln die Finanzierung der verschiedenen Dienste, nämlich:

- National Reconnaissance Program NRP
- National Intelligence Program NIP
- Military Intelligence Program MIP[554]

---

[553] vgl. Hegmann 2010, S.5, The Economist 2010, S.9/22-24, Glenny 2010, S.23
[554] vgl. Best 2009b, S.10

Tab. 30 United States Intelligence Community

Dienst		**Aufgabe**
Central Intelligence Agency (CIA)		ziviler Auslandsnachrichtendienst
Dem Verteidigungsministerium Department of Defense (DoD) unterstellt (8 Dienste)		
Defense Intelligence Agency (DIA)		Dachorganisation der Nachrichtendienste der Teilstreitkräfte
	Luftwaffe	Air Force Intelligence, Surveillance and Reconnaissance Agency (ISR)
	Heer	United States Army Intelligence Corps (G2)
	Marine	Office of Naval Intelligence (ONI)
	Marines	Marine Corps Intelligence Activity (MCIA)
	National Geospatial-Intelligence Agency (NGA)	Karten- und Bildmaterial erstellt mit geospezifischer Fernaufklärung
	National Reconnaissance Office (NRO)	Spionagesatelliten
	National Security Agency (NSA)	weltweite Überwachung und Entschlüsselung von elektronischer Kommunikation (SigINT)
Office of Intelligence and Counterintelligence		Organisation des Energieministeriums
Bureau of Intelligence and Research (INR)		Organisation des Außenministeriums
Office of Intelligence and Analysis (OIA)		Organisation des Finanzministeriums

Dienst	Aufgabe
Homeland Security (Heimatschutzministerium)	Mit Coast Guard und United States Coast Guard Intelligence
Directorate of Information Analysis and Infrastructure Protection (IAIP)	
Federal Bureau of Investigation (FBI) mit National Security Division (Abteilung Nationale Sicherheit) und Counterterrorism Division (Abteilung Terrorabwehr)	Spionageabwehr und Terrorabwehr

Quelle: DNI Handbook 2007, Best 2009b

Der aktuelle DNI Dennis Blair trat wie seine beiden Vorgänger zurück, da es auch ihm nicht gelang, einen reibungslosen Kommunikationsaustausch sicherzustellen[555], so dass es u.a. zum Beinahe-Bombenattentat auf ein Flugzeug in Detroit im Dezember 2009 gekommen war, obwohl diesbezügliche Warnungen vorlagen.
Nach wie vor zögern die Dienste auch untereinander mit dem Austausch wichtiger Informationen, um ihre Quellen zu schützen[556].
Dennoch kamen Untersuchungen zu dem Schluss, dass sich die Arbeit in der Intelligence Community inzwischen von einer organisationszentrierten zu einer mehr problemorientierten Sicht gewandelt hat[557].

---

[555] vgl. Best 2010c
[556] vgl. Best 2009b, S.11
[557] vgl. Best 2010a-c

3.6.5 Die afrikanische Intelligence Community

2004 wurde auf Initiative des angolanischen Auslandsgeheimdienstes das **Committee of Intelligence and Security Services of Africa (CISSA)** ins Leben gerufen, das seither jährliche Meetings abhält[558]. Das CISSA ist mittlerweile dem Peace and Security Council PSC der Afrikanischen Union AU zugeordnet, auch wenn dies offenbar zunächst nicht reibungslos verlief[559].

Das CISSA umfasst inzwischen 47 afrikanische Geheimdienste und arbeitet nach Angaben seines Leiters, Executive Secretary Dr. Dennis Dlomo, ausschließlich mit OSINT und von den Mitgliedsstaaten bereitgestellten Informationen[560]. Auch wenn das CISSA wegen der Menge der Mitglieder und den bestehenden Konflikten keinen spezifischen Zielkatalog aufweist[561], so sieht die Afrikanische Union doch die Rolle des CISSA als Frühwarnsystem[562].

---

[558] vgl. Africa 2010
[559] vgl. PSC 2007
[560] vgl. DCAF 2009, S.8-9
[561] vgl. Africa 2008
[562] vgl. Africa/Kwadjo 2009

4. Der Westen und seine Konkurrenten

4.1 Der Westen

4.1.1 Das Selbstverständnis des Westens

Der ‚Westen' im politischen Sinne wird insbesondere durch die Nordatlantische Verteidigungsgemeinschaft NATO definiert. Die NATO als westliches Militärbündnis hat sich stets nicht als bloße Militär- oder Schicksalsgemeinschaft, sondern auch als **Wertegemeinschaft** verstanden. Diese Werte beinhalten insbesondere die Trias **Freiheit, Demokratie und Menschenrechte**, hinzu kommt bei allen Mitgliedern faktisch auch noch die **marktwirtschaftliche Ordnung**.
Zum einen kann man natürlich einwenden, dass diese Werte nicht rein westlich sind, sondern von vielen Menschen und Staaten auf der Erde geteilt oder angestrebt werden. Zum anderen zeigt sich bei näherem Hinsehen auch, dass das sich Selbstverständnis des ‚Westens' auch auf Aspekte der Modernität, auf Wissenschaft, Kunst und Kultur bezieht.

Richard Schröder hat in einem Aufsatz den Versuch unternommen, das ‘spezifisch Europäische’ zusammenzufassen: Er verweist zunächst auf die Schwäche des geographischen Begriffs, da die Abgrenzung gegenüber Asien letztlich eine Konventionsfrage ist. Geschichtlich lässt sich zwar das Wort Europa schon bei Herodot nachweisen, aber es diente in der Vergangenheit nicht durchgängig als Identifikationsbegriff. Für die Gegenwart knüpft Schröder an Max Webers Darstellung der Charakteristika an, erweitert diese und benennt das spezifisch Europäische[563].

---

[563] vgl. Schröder:2002, S.2ff.

Tab. 31 Das spezifisch Europäische nach Schröder

Charakteristikum	**Kurzbeschreibung**
Wissenschaft	mathematisch fundiert, rational beweisend und methodisch experimentierend, entmythologisiert, technisch
Geschichtsschreibung	kritisch-hinterfragend
Staatslehre	systematisch, vergleichend
Rechtssystem	verallgemeinerbare Rechtsbegriffe
Kunst	Nur die europäische Musik hat Kontrapunktik, Akkordharmonik, die Orchesterorganisation und eine Notation, die Komponieren im großen Stil ermöglicht. Die Architektur hat sich weiterentwickelt, die Malerei konnte sich aus Reglementierungen befreien
Universität	rationaler und systematischer Fachbetrieb der Wissenschaft, „Fachmenschentum“
Fachbeamte	Träger der wichtigsten Alltagsfunktionen des sozialen Lebens
Staatswesen	mit rational gesetzter Verfassung und Recht
Kapitalismus	Industriell arbeitsteilig, formell frei, gewinnorientiert
rationaler Sozialismus	heute im Sinne von Sozialpolitik
Nationen	sind etwas spezifisch Europäisches
Geschichte	Geschichte der Renaissancen, Reformationen und Revolutionen mit Rückbezug auf die grundlegenden Traditionen, zum anderen aber ein sich wiederholendes Aufbrechen, Durcharbeiten und Überbieten dieser Traditionen. Europa hat sich nie abgeschottet
Christliche Prägung	die die Kultur geprägt hat, aber auch Säkularisierung und Individualismus zuließ

Unabhängig davon, ob man sich den Einzelheiten dieser Aufzählung anschließt, ist auf folgende Besonderheiten hinzuweisen: Die Betonung der kritischen Rationalität, des Fachmenschentums[564] und der wissenschaftlichen Orientierung sind nach Schröder typische Merkmale moderner westlicher Gesellschaften, die er in Gegensatz zu ‚asiatischen' und ‚orientalisch-islamischen' Kulturen setzt. Selbst wenn man dies unhinterfragt akzeptieren würde, liefert dieses Konzept noch keine klare Unterscheidung zur vom Europaparlament so genannten „amerikanischen Kultur"[565]. Die dahinter stehende Vorstellung ist, dass die amerikanischen Kultur eine eher uniforme Massenkultur sei, die auch dadurch entstanden ist, dass die USA als ‚Schmelztiegel' auf die Einwanderer gewirkt hätten, d.h. die Unterschiede zwischen den verschiedenen Gruppen eingeebnet worden seien. Mit Hinblick auf die Hispanisierung der südöstlichen USA ist es jedoch fraglich, ob es diesen Schmelztiegel, wenn es ihn denn in der Form je gab, jetzt noch gibt.

4.1.2 Die offene Gesellschaft und ihre Feinde

So lautet der Titel einer zentralen Schrift des Philosophen Karl Popper, der davon ausging, dass westliches und insbesondere liberales Denken insbesondere wegen der Ablehnung endgültiger und/oder unhinterfragbarer Wahrheiten zwangsläufig Gegner auf den Plan ruft.
Poppers Philosophie, die im deutschen Raum insbesondere von Hans Albert aufgenommen und weiterentwickelt wurde, ist in vielen Details umstritten, so hat z.B. Habermas viele kritische Anmerkungen hierzu

---

564 In die gleiche Richtung argumentiert schon der Soziologe Max Weber

565 EP 2001, S.1: „Der Begriff eines Europäischen Kulturraumes sollte durch die Europäische Union anerkannt und gefördert werden. Er würde den mannigfaltigen Charakter und die Vielseitigkeit des europäischen Kulturerbes hervorheben. Er würde das europäische Kulturerbe als Ergebnis des Zusammenwirkens vieler Kulturen, die über Jahrhunderte hinweg zur Entwicklung dieses Erbes beigetragen haben, anerkennen und gleichzeitig den grundlegenden Elementen Rechnung tragen, *die es von anderen Kulturen, wie z.B. der amerikanischen, afrikanischen oder asiatischen, unterscheiden.*"

veröffentlicht, aber ihre Darstellung erhellt, warum zwischen dem Westen und dem Kommunismus bzw. dem religiösen Fundamentalismus Spannungen herrschen.

Albert geht vom **Problem der Begründung** aus: Das Streben nach Sicherheit in der Erkenntnis, also nach Gewissheit, erfordert die Suche nach einer absoluten, letzten Begründung, die Albert in Anlehnung an Descartes auch den *archimedischen Punkt* der Erkenntnis nennt[566] und mit der die absolute Wahrheit erreicht wird. Da aber die Begründungen wiederum begründet werden müssen, gerät man in das nach der literarischen Figur genannte Begründungsproblem, das *Münchhausen-Trilemma*[567].

Entweder man muss bei der Suche nach Gründen immer weiter zurückgehen, oder kommt in einen logischen Zirkel, bei dem man auf andere ebenfalls unsichere Aussagen zurückgreift oder bricht das Verfahren ab, in dem man irgendeine Aussage einfach für hinreichend begründet crklärt. Dies kann aber nur durch die Schaffung eines **Dogmas** gelingen, einer Behauptung, die einer weiteren Begründung nicht bedürftig ist, so dass Albert zu der zentralen Aussage gelangt: *„Alle Sicherheiten in der Erkenntnis sind selbstfabriziert und damit für die Erfassung der Wirklichkeit wertlos"*[568]. Das Fehlen einer absoluten Gewissheit in der Erkenntnis begründet das Konzept vom **theoretischen Pluralismus**, der die positive Bedeutung von Alternativen für Problemlösungen betont und der charakteristisch für offene westliche Gesellschaften ist.

Zur Machterhalt müssen die Vertreter eines Dogmas die **Deutungshoheit** in der Hand behalten, sei es durch Exegese heiliger Texte, Interpretation von Ideologien oder z.B. teleologische Auslegung von Gesetzestexten und sie brauchen eine **institutionelle Absicherung**, wie Albert sie u.a. im religiösen Fundamentalismus und dem

---

[566] vgl. Albert 1975, 1991, 2000, 2003 und 2006

[567] Da der Versuch, eine sichere Erkenntnis zu gewinnen, dem Versuch gleicht, sich selbst am Schopf aus dem Sumpf zu ziehen.

[568] vgl. Albert 1991

Kommunismus und Faschismus durch die Trias aus blinder Parteilichkeit, gehorsamem Glauben und unkorrigierbarem Engagement verwirklicht sieht[569].

Die Anziehungskraft von Dogmen hat aber auch mit Trägheit zu tun, denn Dogmen entlasten den Einzelnen vom Denken und ein Denken, bei dem man selber 'gut und richtig' ist und die jeweils anderen 'böse und falsch' sind, entlastet die Menschen davon, sich in einer komplexer werdenden Welt selbst zu hinterfragen. Ein weiterer begünstigender Faktor ist die Angst der Menschen, die die Menschen anfällig für religiöse und politische Offenbarungen im Sinne endgültiger (Heils-) Gewissheiten macht.

Versuche, die Religion mit moderner Wissenschaft zu vereinbaren, münden letztlich entweder im willkürlichen Schutz eines Glaubenskerns, für den dann wieder eine unbedingte, also dogmatische Geltung beansprucht wird, oder im Zerfall der Religion[570].

Diese negative Sicht der Religion ist aber auch im Westen nicht unwidersprochen geblieben. Papst Johannes Paul II. hat dies in der Enzyklika *Fides et ratio* mit dem Bildnis erläutert, bei dem Glaube und Vernunft zwei Flügel sind, ohne die der Mensch nicht zur Wahrheit gelangen kann. Der Glaube vermittelt dabei Erkenntnisse, die über eine bloße rationale Weltsicht hinausgehen. Papst Benedikt XVI. hat diese Sicht ebenfalls bekräftigt[571].

In Ermangelung einer umfassenden Wahrheit geschieht die Umsetzung von Politik und der Gebrauch von Macht in offenen Gesellschaften mittels Versuchs und Irrtum, was auch als **piecemal engineering** wird[572]. Dieser Politikstil wirkt nicht immer gradlinig und entschlossen und deshalb selbst auf westliche Betrachter nicht unbedingt attraktiv, weil Zweifel und kritische Diskurse und Konflikte ständige (und

---

569 vgl. Albert 1975, 1991, 2000, 2003 und 2006

570 vgl. Albert 1991.

571 vgl. Benedikt XVI. 2009.

572 vgl. Popper 1968, 1982, 2003a/b, 2005

notwendige) Begleiter dieser Politik sind, die mit einer Perfektionierung der Mittel und dem Schwinden der Ziele einherzugehen scheint[573]. Gerade daraus ergibt sich nach Popper die Anziehungskraft und Gefahr, die von dogmatischen und totalitären Strömungen ausgeht, die den Individuen in sich geschlossene Angebote von Glaube, Einheit, Stärke, Schönheit und Gemeinschaft geben können.

Es wird zuweilen die Auffassung vertreten, dass die westliche Wahrnehmung der eigenen Politik als ‚rational' die Tendenz fördert, abweichende Reaktionen der Gegenseite als Ausdruck von Irrationalität oder Rückständigkeit zu deuten oder davon auszugehen, dass das Gegenüber, wenn es denn ‚einsichtig' ist, gar nicht anders kann als der westlichen Rationalität zu folgen, also letztlich doch so denkt und handelt wie man selbst. Diese westzentrierte Sicht wiederum wird als Ursache von schwerwiegenden politischen Fehleinschätzungen angesehen, die sich grob vereinfacht wie folgt zusammenfassen lassen: Der Westen unterstützte im zweiten Weltkrieg zunächst Stalin in Europa, so dass Osteuropa kommunistisch wurde, dann ermunterte man Stalin 1945, Teile Chinas zu besetzen im Kampf gegen Japan, so dass die chinesischen Kommunisten in Nordchina eine Plattform für ihren späteren Siegeszug erhielten. Diese Prozesse mündeten wiederum im Korea- und Vietnamkrieg und natürlich im extrem kostspieligen Kalten Krieg. Als Konsequenz wurde unter anderem im Iran der Schah als Bollwerk gegen den Kommunismus gestützt. Als der Schah dann von schiitischen Akteuren gestürzt wurde, die der Westen gar nicht ernsthaft in Betracht gezogen hatte, wurde wiederum der Irak unter Saddam Hussein gegen den Iran gestützt, was dann noch zwei Golfkriege 1991 und 2003 nach sich zog.

Dem wird aber unter anderem zu Recht entgegenhalten, dass die politischen Fehleinschätzungen der Sowjetunion letztlich zu ihrer vollständigen Auflösung geführt haben. Strategische Fehleinschätzungen können also auch schlicht mit der Schwierigkeit

[573] vgl. Krämer 1994

zusammenhängen, dass man die langfristigen Folgen seines Handelns nicht kennt.

4.1.3 Die klassische Geostrategie

4.1.3.1 Grundlagen

Macht manifestiert sich heute in der **Kontrolle über Menschen, Territorien, Informationen und Ressourcen,** man spricht bei Maßnahmen, die sich solche Fragen drehen, auch von **Geopolitik** oder **Geostrategie**. Das Wort Strategie stammt vom altgriechischen *strategein* (Führen einer Armee) ab.

Die drei klassischen strategischen Fragen sind:

- Wer sind wir?
- Was wollen wir?
- Wie können wir unsere Ziele erreichen?

Die Frage nach dem **Wir** ist letztlich, wer einen Staat regiert bzw. wessen Interessen ein Staat dient? Die Frage ist nicht trivial: Ist es vielleicht nur eine Elite oder eine Ethnie oder ein Clan?
Die Frage nach dem **Was** wird üblicherweise in einem **Grand Strategy** genannten Katalog beantwortet, der die vitalen Interessen eines Staates definiert?
Bei der Frage nach dem **Wie** hatte Clausewitz argumentiert, dass der Krieg eine Fortsetzung der Politik mit anderen Mitteln sei. Dies ist oft als Einladung zum Kriegführen missverstanden worden, gemeint hatte er jedoch, dass ein Krieg immer in politische Zielsetzungen eingebettet bleiben muss, um nicht außer Kontrolle zu geraten oder sich zu verselbständigen.

Eine wichtige Annahme in der klassischen Geostrategie war, dass die politischen Beziehungen maßgeblich von den geographischen Konstellationen (vulgo: Die direkten Nachbarn sind im Zweifel am wichtigsten) und der Geschichte abhängig sind (d.h. die Erfahrungen der Vergangenheit prägen die Erwartungen der Gegenwart).

Dieses Konzept wurde von der modernen Politikwissenschaft vielfältiger Kritik unterzogen. Ein wichtiges Argument ist die Vorstellung, dass die Theorie unterkomplex sei und der vielschichtigen Wirklichkeit nicht mehr gerecht wird.
Geschichte ist zudem kein objektiver Parameter, vielmehr unterliegen historische Ereignisse in politischen Konflikten oft gegensätzlichen Interpretationen. Außerdem besteht die Gefahr des **Präsentismus**, bei dem man den Lauf der Geschichte nur unter dem heutigen Blickwinkel interpretiert und wechselnde Perspektiven und Paradigmen der Vergangenheit einfach übergeht.
In den Achtziger Jahren wurde von den Institutionalisten auch der Hinweis auf die komplexe Interdependenz zwischen den Akteuren und die globale Abhängigkeit gerade bei länderübergreifenden Problemen thematisiert, die Institutionen und Verhandlungen als den der Moderne angemessenen Lösungsmechanismus erscheinen lassen.
Zudem wurde ein Argument unter dem Begriff „**Territory doesn't matter**" vorgebracht, das die Notwendigkeit der physischen Kontrolle von Territorien für politische Bedeutsamkeit hinterfragte: Wenn man etwas benötigt, kann man es auf dem Weltmarkt kaufen und das global vernetzte Finanzsystem nutzen. Wenn man kommunizieren will, geht dies heute weltweit in Sekunden. Im Konfliktfalle haben viele Staaten auch Raketen zur Verfügung.
Kapitel 5 wird jedoch zeigen, dass der Trend zur klassischen Geostrategie zurückgeht, ohne dass dies den Sinn von Institutionen und ihre Vorteile generell in Frage stellt.
Aber schon die Konflikte um die Arktis, die ja nicht nur mit Russland, sondern auch zwischen NATO-Staaten (Dänemark, Kanada, USA) u.a. wegen der Hans-Inseln und der Nordwestpassage ausgetragen werden, ohne dass die NATO hier noch irgendeine messbare Relevanz hätte, zeigt, dass die Institutionen an Grenzen stoßen, wenn Staaten ihre vitalen Interessen in Gefahr sehen.

4.1.3.2 Beispiel: Kontrolle der Weltmeere

Ein einfaches Beispiel für angewandte Geostrategie ist die Kontrolle der Weltmeere, wobei vom Pazifik aus nach Westen hin analysiert wird.

Die USA und die westlichen Verbündeten kontrollieren große Teile des Pazifiks, weil die USA viele kleine Inseln im Pazifik ihr Eigen nennen und mit vielen der kaum lebensfähigen Pazifikstaaten Bündnisse abgeschlossen haben. China sieht sich mit einem davor liegenden Riegel aus Verbündeten der USA, nämlich Japan, Südkorea, Taiwan und den Philippinen konfrontiert.

Derart eingemauert, versucht China, den Seestreifen rund um seine Küsten (Südchinesisches Meer) zu kontrollieren und den Einfluss auf den auf der anderen Seite gelegenen indischen Ozean auszudehnen. Dies betrifft insbesondere die Spratley-Inseln. Die Spratley-Inseln liegen im mutmaßlich öl- und rohstoffreichen Südchinesischen Meer, auf das China umfangreiche territoriale Ansprüche erhebt, die von den anderen Anrainern abgelehnt werden[574].

Angesichts der Einkreisung durch Konkurrenten pflegt China seine Beziehungen mit **Burma (Myanmar)** sorgfältig und baut intensiv an der Infrastruktur in Burma mit, die sich auch als zukünftiger Handelsweg nach Südasien eignen wird. Burma ist eine erste ‚Perle' in der sogenannten **Perlenkette** Chinas, die es um Indien herumlegt, um sich strategisch und handelspolitisch gut zu positionieren[575]. Das Ziel Chinas ist es, Handelsstationen und Häfen in ganz Asien zu errichten.

Aus diesem Grunde half es auch den Singhalesen auf **Sri Lanka (Ceylon)**, den Konflikt mit der tamilischen Minderheit 2009 durch einen umfassenden militärischen Sieg über die Tamilische Befreiungsfront LTTE (Tamil Tigers) für sich zu entscheiden[576]. Die Perlenkette umfasst ebenfalls einen Hafen in Bangla Desh und auch in Pakistan ist China

---

[574] vgl. von Hardenberg 2010, S.13, Fischer 2010, S.4, Nass 2010, S.11. Mit Japan wurde im September 2010 heftig um die Senkaku-Inseln (chinesisch Diaoyu) gestritten.

[575] vgl. Lin 2008

[576] vgl. Meiler 2009, S.10

schon aktiv[577]. Um eine Einkreisung durch China zu verhindern, intensiviert Indien seine Beziehungen zu Vietnam, das Indien die Nutzung des Tiefseehafens Cam Ranh erlaubt hat. Außerdem hat Indien eine Beobachtungsstation auf Madagaskar eingerichtet[578].
Indien versucht also dem chinesischen Druck entgegen zu wirken und Einfluss auf den indischen Ozean zu erhalten. Dabei grenzen die indischen Kontrollversuche aber auch schon an die EU-Mission um Somalia, deren Operationsgebiet großzügig bemessen ist. Die Versuche des Westens, die Kontrolle über die Strasse von Malakka zu erhalten, und so ein wichtiges Nadelöhr von Asien in den indischen Ozean zu kontrollieren, sind bislang fehlgeschlagen.
Die Golfregion ist durch einen Ring westlicher Militärbasen in der arabischen Halbinsel abgesichert, auch gegen den Iran. Das Mittelmeer fällt wesentlich in den Bereich der EU und der Atlantische Ozean ist weitgehend in den Händen des Westens, womit die Reise um den Globus einmal abgeschlossen ist.
Russland definiert sich traditionell als Kontinentalmacht, versucht aber nun nach Norden zu expandieren. Die einzige wirklich offene und noch umstrittene See- und Weltregion ist die Antarktis.

Auf dem Land gibt es ähnliche Strategien: Im so genannten **Great Game** versuchen Staaten, sich Energiequellen und/oder ihre Zufuhr zu sichern. Deshalb versucht jeder, sofern er die Mittel dazu hat, Staaten mit Ressourcen bzw. Transportwegen zu kontrollieren und/oder zu befrieden und/oder vertraglich zu binden oder wie bei der **Nord-Ostsee-Pipeline** Transitstaaten zu umgehen oder wie bei den **Off-shore-Strategien** in Westafrika fernab der Küste (off shore) zu fördern, so dass man sich die Konflikte der Region auf Abstand hält und den jeweiligen Machthabern nur die Gebühren schicken muss[579].

---

577 vgl. Rogers 2009: In Chittagong handelt es sich um einen Containerhafen, im burmesischen Sittwe um einen Tiefseehafen und eine Basis im pakistanischen Gwadar. In Sri Lanka baut China den Hafen von Hambantota aus.

578 vgl. Kumar 2009, Rogers 2009

579 vgl. Smoltczyk 2006, S.82ff.

Ein spezielles Problem stellen **Ethnien** dar. Der Begriff der Rassen und der Ethnie als Untergruppe wird von manchen Autoren wegen der nicht unberechtigten Befürchtung gemieden, damit dem Rassismus Vorschub zu leisten. Richtig verstanden stellen Ethnien und Rassen aber keine Hierarchien dar, sondern repräsentieren **Diversität**, d.h. die Vielfalt des Menschseins und ein Verzicht auf diese Kategorien schränkt gerade die sicherheitspolitische Analyse erheblich ein und erzeugt blinde Flecken.

In der Literatur wird kontrovers diskutiert, ob Ethnien genetisch basiert oder sozial konstruiert sind. Letztlich greifen aber beide Aspekte ineinander, weil soziale Interaktion und Genetik über Ehe und Nachkommenschaft zusammenwirken.

In der geostrategischen Analyse spielen **Ethnolinguistische Gemeinschaften** eine wichtige Rolle, d.h. Gruppen, die durch Verwandtschaft und eine gemeinsame Sprache verbunden sind.

Wenn diese Gruppen geschlossene Territorien bewohnen, wirft dies stets die Frage nach Autonomie oder Unabhängigkeit auf. Es ist ein Vorurteil, dass dies auf Afrika beschränkt sei, man denke in Europa nur an den Kosovo-Konflikt, an den Zerfall Jugoslawiens, an Berg-Karabach oder Südossetien.

Ein weiteres Problem, dass zum Beispiel in den westafrikanischen Konflikten der jüngeren Vergangenheit eine Rolle spielt, ist die Überlappung einer Ethnie auf mehrere Staaten. Dies führt zu immer wiederkehrenden Konfliktmustern, bei denen Rebellenbewegungen oder politische Konflikte auf Nachbarstaaten übergreifen. Aber auch die Geschichten des Tschad und der Zentralafrikanischen Republik sind voll von solchen Konflikten zwischen nördlichen und südlichen Ethnien. Auch die Tuareg sind auf mehrere Staaten verteilt. Beispiele außerhalb Afrikas sind z.B. die Belutschen (Iran/Pakistan)[580] oder die Kurden (Türkei/Syrien/Irak/Iran).

---

[580] vgl. Lerch 2010, S.10

4.1.4 Politikwissenschaftliche Diskurse

Sicherheit kann einerseits durch Machtpolitik, d.h. durch den Einsatz von politischen und notfalls auch militärischen Druckmitteln erreicht werden, aber auch durch Verhandlungen, Kompromisse und internationale Verträge, also durch Institutionen, wobei aber hier die Frage der Durchsetzungsfähigkeit von Vereinbarungen im Raum steht.
Obwohl Macht natürlich auch innenpolitisch, mitunter auch in zwischenmenschlichen Beziehungen eine Rolle spielt, sind die Machttheorien außenpolitisch orientiert (z.B. zur Erklärung von Themen Globalisierung, Rohstoffe, Friedenssicherung etc.).
Max Webers **Definition von Macht** gilt als die klassische Definition: Macht ist „jede Chance, innerhalb einer sozialen Beziehung den eigenen Willen auch gegen Widerstreben durchzusetzen, gleichviel, worauf diese Chance beruht." (Wirtschaft und Gesellschaft).
Mao-Tse Tung (Mao Zedong) stellte auf die physische Gewalt ab, indem er definierte: *Die Macht kommt aus den Läufen der Gewehre.* Aus der Managementlehre stammt folgende Definition: *Macht heißt, aus Fehlern nicht mehr lernen zu müssen.* Einfluss wiederum kann abgestuft sein und auf Drohungen, Anreizen, oder auch Orientierung (Vorbildfunktion) beruhen. Macht ist auch von **Aktualisierungspotential** der Akteure abhängig, d.h. sie müssen darauf achten, dass sie die Quellen ihrer Macht beständig pflegen und bereit sind, sich in neuen Situationen rasch anpassen zu können.

In der politikwissenschaftlichen Debatte konkurrieren insbesondere der machtorientierte **Realismus**, der regel-orientierte **Institutionalismus**, der auf Zwangsläufigkeiten abstellende **Funktionalismus**[581] und die marxistisch orientierten Klassen/Konflikttheorien mit einander. Alle

[581] Dieser spielt aber insbesondere in der EU-Debatte eine Rolle. In der alten Fassung ging die Theorie davon aus, dass es einen Integrationsdruck gibt, der zwangsläufig das Zusammenwachsen Europas bedingt. In der modifizierten Form (Neo-Funktionalismus) wird eher vom **spill-over (Übergreifen)** ausgegangen, bei dem Integrationsschritte in dem einen Gebiet den Integrationsdruck in anderen Gebieten erhöhen.

Theorien wurden im Laufe der Zeit modifiziert und mit dem Vorsatz **Neo-** versehen. Neo- heißt in der Praxis, dass man die Theorie nicht mehr so rigoros wie die Ursprungstheorie. Die alten Theorien waren oft mit dem Anspruch verbunden, immer und überall zu gelten. Die überarbeiteten Theorien tun dies nicht mehr, sie formulieren einschränkende Bedingungen, unter denen sie gültig sein wollen, (also statt: „es gilt stets…“ jetzt „unter den Bedingungen x und y gilt…“)

Realismus: Der alte Realismus stellte den Kampf um die Macht in den Mittelpunkt. Für internationale Kooperation war außerhalb von Militärbündnissen wenig Platz. Staaten sind theoriegemäß monolithische Blöcke in einem permanenten Überlebenskampf untereinander. Das internationale System ist tendenziell anarchisch, denn auf niemanden ist dauerhaft Verlass und es ist nicht in der Lage, dauerhafte übergeordnete Machtstrukturen auszubilden (z.B. Kissinger). Macht ist ein **Nullsummenspiel** (Wenn einer mehr Macht hat, hat der andere weniger).

Neorealismus: Der Neo-Realismus hält internationale Kooperation in internationalen Arrangements einschließlich der Kooperation auf gleicher Augenhöhe (Governance) für möglich, aber in der Regel nur im **Schatten der Hierarchie**, hier einer Vormacht (**Hegemon**), die sicherstellt, dass die getroffenen Vereinbarungen auch tatsächlich umgesetzt werden. Internationale Organisationen sind demnach **derivativ**, d.h. nur Instrumente der Nationalstaaten, letztlich wird Politik immer noch von den Staaten hinter der internationalen Organisation gemacht. Die Ausbreitung von internationalen Organisationen ist keine **Isomorphie** (Nachbau), d.h. Übernahme erfolgreicher Praxis und Strukturen von anderen Organisationen, sondern nur **Emulation** (Nachahmen von Mustern), ohne die dahinter stehende Idee zu teilen. Daher kann nach Meinung der Neorealisten die Global Governance jederzeit zusammenbrechen, wenn ein mächtiger Staat nicht mehr mitspielen will.

Die Neo-Realisten bevorzugen den **Unilateralismus**, also das einseitige Handeln, weil man eine Seite, sprich sich selber, jederzeit unter Kontrolle hat, während bei globaler Vernetzung immer die Gefahr besteht, in irgendwas reingezogen zu werden, an dem man nicht wirklich interessiert ist. Nicht-Regierungsorganisationen (NGOs) mischen sich in dieser Perspektive selektiv und egoistisch ein.

Neo-Institutionalismus: Der alte Institutionalismus (z.B. vertreten von Veblen im frühen 20. Jahrhundert) ging von der prägenden Kraft formaler Institutionen aus, der sich die Akteure letztlich nicht entziehen können (also eine idealistische Vorstellung). Der heutige Neo-Institutionalismus sieht die Rolle der Institutionen nicht mehr als zwingend (deterministisch) und erkennt auch die Bedeutung informeller Institutionen, sprich ungeschriebener Gesetze an. Die wichtigste Theorie ist hier die **Interdependenztheorie** (Keohane), die von einer komplexen Interdependenz mit einer untergeordneten Rolle militärischer Macht, keiner eindeutigen Hierarchie zwischen den Beteiligten und der Beteiligung auch nicht-staatlicher Akteure ausgeht. Man kann zusammenfassend vom **Embedded Liberalism (eingebetteter Liberalismus)** sprechen. Die Märkte sind in ein System politischer Regulierung eingebettet mit Denationalisierung und Entgrenzung.

Der **Neo-Marxismus** betont die Rolle der Aufrechterhaltung einer kapitalistischen Weltordnung, insbesondere in der französischen **Regulationsschule**, einer Gruppe kapitalismuskritischer Theorien, die davon ausgehen, dass **Akkumulationsregime** (Kapitalströme) und die Regulationen (Regeln) eine **hegemoniale Struktur** (Herrschaft) stabilisieren, die den Kapitalismus auch über Krisensituationen retten kann. Wie, das gilt es zu untersuchen (z.B. **Fordismus**: Zahle Arbeitern mehr Geld, fördere den Konsum, mache mehr Gewinn in Verbindung mit Wohlfahrtsstaat, der über Krisen hinweghilft). Die Entwicklung internationaler Organisationen dient einem **globalen Konstitutionalismus**, mit dem die Absicherung der Rechte und Privateigentum gegenüber Staaten und Organisationen erfolgt. Internationale Organisationen sind, so die Meinung der Kritiker, inhaltlich oft von amerikanischem Recht geprägt, so dass sie Transmissionsriemen der entsprechenden Rechtsauffassungen seien.
Die **Global Governance-Konzepte** sind häufig normativ gefärbt, denn die globale wirtschaftliche Entwicklung soll in den Konzepten in der

Regel wirtschaftspolitischen, sozialen und ökologischen Leitlinien unterworfen werden. Der Begriff wurde schon in den 1970ern geprägt, seit den 1990ern aber normativer, d.h. auf Sollverstellungen hin gefärbt. Hieran war insbesondere Willy Brandt beteiligt, der an der Commission on Global Governance der UN mitwirkte (1995 'Our Global Neighbourhood') und die Stiftung Entwicklung und Frieden SEF in Bonn und das Institut für Entwicklung und Frieden INEF in Duisburg initiierte. Für Global Governance-Konzepte sprechen die vielen ungelösten globalen Probleme, generelle Hindernisse sind aber Asymmetrien an Geld, Macht und Information. Die Nachhaltigkeit kann schon am widersprüchlichen Vorgehen in verschiedenen Politikbereichen (**inkohärenter sektoraler Politik**) scheitern, z.B. an den unterschiedlichen Logiken von Umwelt- und Energiepolitik (bei letzterer soll Energie billig und reichlich verfügbar sein, was der Umwelt nicht unbedingt gut tut).

In der **Dependenztheorie** (Dependencia-Theorie, Zentrum-Peripherie-Modell) werden Abhängigkeiten (Dependenzen) zwischen Industrie (**Metropolen**) und Entwicklungsländern (**Peripherien**) betont, ungleiche Handelsbedingungen und Preisrelationen (**terms of trade**) halten die Entwicklungsländer dauerhaft arm, d.h. **exogene (äußere) Faktoren** sind schuld. Dem wird jedoch die **Modernisierungstheorie** entgegengehalten, bei der die traditional-statisch orientierten Entwicklungsländer einfach unfähig sind, sich modernen Erfordernissen anzupassen und deshalb arm bleiben, d.h. **endogene (innere) Faktoren** sind schuld.

Es gibt aber auch alternative Annahmen, nach *denen die Ressourcen die Politiker kontrollieren* statt umgekehrt. Jered Diamond stellt in seinem Buch **Kollaps** 2005 die Vermutung auf, dass nicht das Wachstum der Bevölkerung, sondern vor allem der gleichzeitig wachsende Lebensstandard den ökologischen Kollaps bringen wird. Daraus schloss er, dass die westlichen Länder ihren Lebensstandard beschränken müssten, um die Erde zu retten. Realpolitisch ließ sich das aber auch so lesen, dass man die Menschen in den Entwicklungsländern gar nicht erst so weit hochkommen lassen soll, dass sie den Planeten ruinieren können. Diese Überlegung ist praktisch bedeutsam: die aufstrebenden Staaten sehen in den Forderungen der Industriestaaten nach Umwelt- und Sozialauflagen Versuche, ihren Aufstieg zu verhindern. Das Thema wird auch 2006 in Gabor Steingarts Buch **Weltkrieg um Wohlstand** erörtert.

Die **Theorie vom Ende der Nationalstaaten** besagt, dass die Nationalstaaten im Zeitalter der Globalisierung, internationalen Verflechtung und Entgrenzung immer mehr an Bedeutung verlören. Ein Blick auf die Landkarte Ex-Jugoslawiens sagt da etwas anderes, und auch anderswo nimmt die Zahl der Nationalstaaten seit den Neunzigern stetig zu (Zerfall der CSSR, Zerfall der Sowjetunion, Osttimor, Abspaltung von Eritrea, die bisher nur von Russland und Nicaragua anerkannte Abspaltung von Abchasien und Südossetien, die geplante Gründung von Südsudan 2011 usw...).

4.2 Die Erben des Kommunismus

Häufig wird davon ausgegangen, dass Kommunismus ‚tot' oder ‚eine Abkehr' erfolgt sei. In den großen Kernländern des Kommunismus hat sich dieser aber weitgehend unbemerkt vom Westen weiterentwickelt. In Russland hat dabei die eurasische Theorie wie ein Katalysator gewirkt und zu einem ideologischen Wandel in der Kommunistischen Partei beigetragen. Die chinesische kommunistische Partei hat den Kommunismus ebenfalls nicht aufgegeben, sondern theoretisch weiterentwickelt.

4.2.1 Russland

Der Vorsitzende der kommunistischen Partei der Russischen Föderation KPRF seit 1992, Gennadij Sjuganow, überraschte viele Anhänger mit dem Bekenntnis, dass er eigentlich ‚**Eurasier**' sei und schloss im Sinne der eurasischen Theorie Frieden mit der orthodoxen Kirche[582]; d.h. er

---

[582] In der Prawda Rossii vom 18. April 1996 hieß es: „Die KPRF verurteilt die politischen Repressionen der Vergangenheit, die Verfolgung von Gläubigen und die Begrenzung ihrer Rechte …Sie (die

entschuldigte sich offiziell bei der orthodoxen Kirche und ließ die Fahnen der kommunistischen Partei von orthodoxen Priestern segnen. Wie konnte es dazu kommen, wer waren die Eurasier und wer sind jene, die sich auf die Eurasier heute berufen?
Wie zu zeigen sein wird, hat der Westen die Eurasier durchaus wahrgenommen, sich aber auf die radikale Splittergruppe der rechten Eurasier konzentriert, während die Einflüsse auf den Kommunismus durch die ‚linken' Eurasier wenig beachtet wurden[583].

4.2.2.1 Die eurasische Theorie

Einführung[584]

In den Zwanziger Jahren analysierten Exilanten des ehemaligen zaristischen Regimes die Gründe für die russische Revolution und eine kleinere Gruppe kam zu dem Ergebnis, dass sich der Zarismus in der herkömmlichen Form überlebt hatte und dass man deshalb *nicht* versuchen sollte, die alten Zustände wiederherzustellen. Mehr noch sahen sie, obwohl sie selbst zum Teil adelig waren, im Sowjetsystem einige brauchbare Ansätze, die vielleicht auch in Zukunft noch weiterentwickelt werden könnten.
Diese Gruppe nannte sich Eurasier, deren Kernthese war, dass Eurasien nicht einfach 'Europa und Asien' ist, sondern eine eigene geographische, geschichtliche und kulturelle Einheit. Die Eurasier nahmen an, dass die Geschichte von den geographischen Verhältnissen bestimmt wird und, da Eurasien von ihnen als eigenständiges geographisches Gebiet angesehen wurde, die auf diesem Gebiet lebenden Völker durch eine gemeinsame eurasische Geschichte miteinander verbunden sind.

Partei) erklärt, dass etwas Ähnliches sich niemals in Zukunft wiederholen wird…." (nach: Roth 1996)

583 vgl. Ehlers 2002, Yasmann 1992

584 Es gibt zwei Standardwerke, von Böss aus dem Jahr 1961 und von Wiederkehr 2007, die auch die wesentliche Grundlage dieses Kapitels bilden.

Eurasien als Kulturraum

Diese Überlegungen wurden in einem mehrschrittigen Prozess entwickelt:

Zunächst wurden Belege für einen von Europa und Asien unterscheidbaren geographischen Raum 'Eurasien' gesammelt. Ausgangsüberlegung war die These des eurasischen Theoretikers Savickij, dass der Ural keine Trennlinie im geographischen Sinne darstellen würde. Die Gemeinsamkeiten innerhalb Eurasiens wurden gesucht und herausgestellt, während die weitaus schwierigeren Fragen der Abgrenzung gegen Europa und Asien deutlich weniger beleuchtet wurden. Die Eurasier betrachteten jedoch ihre Überlegungen zur Geographie Eurasiens als fundiert genug, um Eurasien als geschlossene Kulturlandschaft zu betrachten.

Danach wurde im zweiten Schritt Eurasien als Kulturlandschaft beschrieben, die die darin lebenden Menschen formt, da die Menschen in dieser Landschaft gleichartigen Bedingungen ausgesetzt sind, die zwangsläufig Auswirkungen auf die kulturelle Entwicklung der Menschen haben. Der Mensch formt zwar auch die Landschaft, die treibende Kraft geht jedoch von den räumlichen Verhältnissen aus.

Diese Triebkräfte führen dazu, dass die geschichtliche Entwicklung des eurasischen Raumes und die Russlands durch die ständigen Bemühungen, einen eurasischen Staat zu errichten, schließlich eins werden und dass diese Geschehnisse durch den vorgegebenen Raum letztendlich determiniert wurden. Bildlich gesprochen finden in dieser Geschichtsvorstellung die Menschen, die in einem gemeinsamen Raum leben, irgendwann auch zueinander. Dies manifestiert sich schließlich auch in Gemeinsamkeiten des 'Volkscharakters'.

Zur Untermauerung ihrer Theorie führten die Eurasier detaillierte Untersuchungen zu Gebieten wie z.B. Mineralogie, Linguistik, Musik und geschichtswissenschaftlichen Spezialgebieten wie der mongolischen Goldenen Horde durch.

Die eurasische Geschichtsdeutung

Die Eurasier standen vor dem Problem, dass Eurasien zum Zeitpunkt der Revolution 1917 faktisch von den Russen dominiert wurde, die historisch gesehen nur einen kleinen Teil der eurasischen Fläche besiedelten. Um das Problem zu lösen, wurden vom eurasischen Theoretiker Vernadskij zwei Geschichtsstränge miteinander verwoben, der ‘eurasische’ und der ‘russische’. Der eurasische Geschichtsstrang befasst sich mit dem Schicksal der Völker auf eurasischem Boden und versucht zu zeigen, dass sozusagen ‘schon immer’ Bestrebungen bestanden, auf eurasischem Boden einen eurasischen Staat zu errichten, und die Russen letztenendes diejenigen waren, die die ‘Mission’, Eurasien zu einigen, erfolgreich durchführten. Auf diese Weise werden die Geschichte Russlands und Eurasiens letztenendes eins.

Mit den westlich orientierten Reformen Peters des Großen setzten aus eurasischer Sicht Fehlentwicklungen ein, insbesondere bildete sich eine nicht mehr zu überbrückende Kluft zwischen weiterhin den traditionellen Werten verhafteten Volk und den verwestlichten Herrschenden, die die innere Einheit des Landes schwächte (nicht zwischen den Völkern Eurasiens, sondern zwischen Eliten und einfachem Volk) und an deren Ende letztenendes die Revolution von 1917 stand, die als unumgängliches Faktum und als Ausgangspunkt der politischen Analyse gesehen wurde. Die Bedeutung der Oktoberrevolution von 1917 sahen die Eurasier darin, dass eine herrschende Schicht beseitigt wurde, die offenbar nicht mehr in der Lage war, das Land zu führen. Problematisch erschien den Eurasiern am Marxismus, dass er materialistisch und internationalistisch (mit anderen Worten: ‘europäisch’) ausgelegt war, wobei sie den Leninismus schon als erstes Anzeichen einer Umformung der revolutionären Ideologie in eine spezielle russische Form ansahen. Auf lange Sicht würden ideologische Krisen mit Gewaltausübung zur Stabilisierung der Herrschaft bekämpft, aber letztenendes würde die herrschende Schicht wieder Verbindungslinien zur Vergangenheit zulassen.

Thesen zu Staat und Gesellschaft[585]

Die Eurasier verstanden ihre Theorie als Alternativentwurf zum Kommunismus, ohne deshalb die Sowjetunion generell abzulehnen, deren Konzeption ihnen in vieler Hinsicht sinnvoller erschien als das vorrevolutionäre Russland und auch als die westlichen Demokratien, die sie als volksferne Parlamentsherrschaft ansahen. Der eurasische Staat sollte 'demotisch' sein, d.h. demokratische und 'aristokratische' (im Sinne der Herrschaft der Besten[586]) Elemente enthalten. Der eurasische Staat war als starker, autoritärer Staat gedacht, der Rechte und Pflichten der Individuen umfassend regelt und ihre Einhaltung durchsetzt. Das Herrschaftssystem war dualistisch gedacht. Zum einen sollte es eine eurasische Partei geben, die wie in der Sowjetunion eine 'Bestenauslese' zwecks Bildung einer 'Führungsschicht' über Jugend- und Parteiorganisationen vornehmen sollte. Die Partei sollte im Unterschied zum Kommunismus nicht einer Klasse, sondern dem Staatsganzen verpflichtet sein. Die Vorstellung von Klassen galt den Eurasiern als eine für Rußland-Eurasien unpassende materialistisch-europäische Denkfigur. Diese Führungsschicht sollte zum einen Experten für die Regierung stellen, sich zum anderen sich unabhängig von der Regierungstätigkeit um geistig-moralische Führerschaft bemühen. Auf der anderen Seite sollte die Bevölkerung über Berufsverbände den anderen Teil der Regierung stellen ('mittelbare' Demokratie). Für die innere Organisation dieser Verbände sahen die Eurasier das Rätesystem als im Prinzip geeignet an, der Staat hat also stark korporatistische Züge. Ziel des Systems sollte die Einbindung aller Interessen in einen von Experten geführten Staat sein. Um dem faktischen sowjetischen Zentralismus zu entgehen, sollte den kleinsten Verwaltungseinheiten, den Kreisen, größtmögliche reale Autonomie gewährt werden. Die Wirtschaftspolitik war als Nebeneinander von staatlicher Industrie und Privatwirtschaft gedacht, wobei die private Industrie die staatliche

---

[585] vgl. Böss 1961, S.82ff.

[586] Um eine Wiederherstellung des Adels ging es primär also nicht, die Vorstellungen der Eurasier zum Staatsaufbau weisen im Übrigen in einigen Punkten auf die platonische Idealstaats-Konzeption hin (vgl. Demandt 1993).

Industrie gezielt ergänzen sollte, der Staat sollte aber die Kontrolle behalten, u.a. um einen regional möglichst einheitlichen Mindestlebensstandard zu sichern.
Die Eurasier gingen von einem gleichberechtigten Nebeneinander national verschiedener Kulturen aus, die orthodoxe Kirche sollte hier aber die Rolle einer allgemeinen moralisch-sittlichen Instanz einnehmen, die Belange nicht-orthodoxer Volksgruppen sollten daher ebenfalls durch sie wahrgenommen werden, was die Angehörigen anderer Religionen jedoch zu einer Art 'potentielle Orthodoxe' werden lässt.

'Linke' und 'rechte' Eurasier

Ab 1928 spaltete sich die eurasische Bewegung in einen 'linken' Pariser Flügel und einen rechten Prager Flügel. Beide Flügel stimmten noch darin überein, dass die Sowjetunion in organisatorischer Hinsicht mit ihren Vorstellungen zumindest teilweise vereinbar war und sahen den dort herrschenden Kommunismus schon als eine Art nationale, russische Form des Marxismus an. Die linken Eurasier bewerteten die Sowjetunion zunehmend positiv[587] und bemängelten an den rechten Eurasiern deren positive Sicht der orthodoxen Kirche, während die rechten Eurasier den Marxismus letztenendes auch in der sowjetischen Form als zu überwindendes westeuropäisches Kulturprodukt ansahen. Im nachfolgenden Streit löste sich die eurasische Bewegung bis Mitte der 1930er Jahre weitgehend und danach vollständig auf, die letzten 'eurasischen' Publikationen stammen aus dem Jahr 1940.

4.2.2.2 Entwicklungen der Neuzeit

Im Vorfeld des Zerfalls der Sowjetunion wird die eurasische Theorie von verschiedenen Gruppen wieder aufgegriffen. Die Sowjetunion, deren Veränderung im Mittelpunkt der bisherigen Theorie stand,

[587] In der allerletzten Phase übernehmen die linken Eurasier zum Teil wörtlich sowjetische Texte und Auffassungen (vgl. Böss 1961, S.120), so dass man vermuten könnte, dass die linken Eurasier als Exilantengruppe sowjetisch infiltriert worden sind, Belege dafür finden sich jedoch nicht.

existierte nicht mehr, auch die Rolle Europas hatte sich gegenüber der Zwischenkriegszeit verändert. Yasman kommt in seiner Studie von 1992 zu dem Ergebnis, dass es Anhänger der Eurasier schon vor der Perestroika im Generalstab, der Akademie der Wissenschaften, dem Außenministerium und im Geheimdienst KGB gegeben hätte[588]. Auslöser für die Rückbesinnung wäre der Befund des KGB gewesen, dass die Kräfte der kommunistischen Staaten um 1979/80 verbraucht gewesen wären.

In Anpassung an die neuen Verhältnisse wurde die Theorie an verschiedenen Stellen modifiziert. Sahen die ‘alten’ Eurasier ihre Theorie primär als Alternative zum (nun nicht mehr existierenden) kommunistischen System, so wurde die neoeurasische Theorie vorrangig als Antithese zur westlichen Gesellschaftsform (Demokratie, Marktwirtschaft, westliche Kultur) entworfen, wenngleich die alte eurasische Theorie hier schon viele Anknüpfungspunkte lieferte. Beschäftigten sich die Eurasier noch überwiegend mit der Innenpolitik, rückt bei den Neoeurasiern die Außenpolitik verstärkt ins Blickfeld. Die Sowjetunion wird nun als Macht gesehen, die sich gegen westliches Hegemoniestreben stellte und besonders aus diesem Grunde eindeutig positiv beurteilt[589]. Der Zerfall des alten Systems, der im Sinne der alten Eurasier als Chance gesehen geworden wäre, wurde nun eher als problematisch angesehen, insbesondere, als sich schließlich die Postkommunisten unter dem Parteivorsitzenden Sjuganow der neoeurasischen Theorie annahmen. Die neoeurasische Neuinterpretation der Geschichte hat es möglich gemacht, alte politische Konfliktlinien, insbesondere zwischen der orthodoxen Kirche und dem Kommunismus zu überbrücken, vorzunehmen, wobei hier jedoch der Bezug zu geographischen Gesetzmäßigkeiten, auf den die alten Eurasier soviel Wert legten, in den Hintergrund tritt.

---

[588] Das Politibüromitglied Alexander Yakovlev hätte, so Yasmann, dann auch Mitte 1988 in einem Memorandum angeregt, die kommunistische Propaganda in den Medien auszusetzen, was dann auch geschehen sei. Für die aktuelle Entwicklung ist es aber nicht mehr relevant, ob die Eurasier damals wirklich zu so etwas in der Lage gewesen sind.

[589] vgl. Ottininen 1995, S.952

Es gibt *keine homogene neo-eurasische Theorie*, jedoch lassen sich zwei Hauptgruppen unterscheiden, nämlich die rechte Gruppe um Alexander Dugin, die wegen des Rückgriffs auf alte Verschwörungstheorien[590] und antisemitische Äußerungen die Aufmerksamkeit des Westens erlangte[591] und die wenig beachtete linke Gruppe unter Sjuganow, die zwar in Russland auch keine Macht mehr besitzt, die aber die Vorstellung propagierten, dass zu einem starken Russland einerseits ein starker und straff organisierter Staat gehört (Kommunismus als Methode), andererseits aber auch die orthodoxe Kirche als geistiger Träger des Glaubens und der Traditionen.

Auch wenn Putin definitiv kein Eurasier[592] ist und eurasische Parteien bei russischen Wahlen bedeutungslos geblieben sind, hat sich doch die eurasische Idee, die Sowjetzeit und die Kirche *gleichermaßen* als positive Traditionslinien eines starken Staatswesens wahrzunehmen, weit verbreitet. In dieser eurasischen Sicht stellt es keinen Widerspruch

---

[590] Aus der Sowjetära wird hierzu das Konzept des 'Atlantismus' übernommen, das die NATO als Schicksalsgemeinschaft von Staaten ansah, die unter amerikanischer Führung ein antikommunistisches Militärbündnis mit dem Ziel gegründet haben, den Kapitalismus mit aller Macht (auch gegen die eigene Arbeiterklasse) am Leben zu erhalten, vgl. Tibor 1989, S.212-217. Die Vertreter des Atlantismus werden von den Neoeurasiern als 'Atlanter' oder 'Atlantiker' bezeichnet, während die NATO selbst von 'Atlantizismus' spricht und unter Atlantikern solche Politiker verstand bzw. versteht, die sich für das westliche Bündnis als Wertegemeinschaft engagieren.
Die Sowjetunion wurde demnach durch 'atlantische Einflüsse', die z.B. an Chrustschows friedlicher Koexistenz, Gorbatschows Peristroijka und Jelzins Reformen festgemacht werden, geschwächt und zerstört, so daß sich Rußland unter Jelzin quasi unter westlicher Herrschaft befand (vgl. Timmermann 1996, S.8, von Ssachno 1993).
Der Begriff des Atlantiks sollte auch eine geostrategische Differenz des kontinental orientierten Russlands im Unterschied zu den Seemächten in der NATO verdeutlichen.

[591] wobei insbesondere L.N. Gumilev als Vordenker auftrat, vgl. Wiederkehr 2007, 196ff., aber auch Umland 2006. Gumilev interpretierte die russische Geschichte als ethnische Geschichte, bei es den Russsen gelang, die Völker in einer eurasischen Suoperethnie zu integrieren (**Ethnogenese**).

[592] Schmidt 2005

mehr dar, z.B. im Kreml, wie in einer Dokumentation von ARTE und 3SAT im Jahre 2008 gezeigt, sowohl kirchliche als auch Symbole der Sowjetzeit bewusst zu pflegen. Insbesondere hat die Neuinterpretation der Geschichte der KPRF einen stabilisierenden Rahmen gegeben, der eine radikale ideologische Wende im Bezug auf Zarismus und Orthodoxie ermöglichte, die die Partei andernfalls wohl auseinander gerissen hätte.
So gesehen war die Entscheidung der russischen Regierung, der russischen Kirche ihr das 1917 enteignete Eigentum zurückzugeben, nur konsequent, wenngleich den Kommunisten dies wegen des enormen Umfangs von 11.000 Objekten zu weit ging und sie dagegen stimmten[593].

4.2.3 China

Neben den wirtschaftlichen Reformen hat China auch den Kommunismus weiterentwickelt. Nach dem neuen **Konzept der drei Repräsentationen** (sange daibiao) soll die KP China in Zukunft nicht mehr die Interessen nur der Klasse der Proletarier, also der Arbeiter, Bauern und Soldaten, sondern auch die fortschrittlichen Produktivkräfte, das sind insbesondere die Unternehmer und der fortschrittlichen Kräfte in Kultur und Medien und somit insgesamt die Mehrheit der chinesischen Bevölkerung vertreten.

Die Konsequenz aus diesem Konzept ist, dass die chinesischen Kommunisten den Klassenkampf und damit ein Kernelement des Marxismus-Leninismus streichen.

Ein zweites Konzept, das sowohl innen- als auch außenpolitische Dimensionen hat, ist das Leitbild der „**Harmonischen Gesellschaft**", das an konfuzianische Traditionen anknüpft[594]. Nach diesem Konzept sind Religionen und die Kirchen Teil der Gesellschaft und nicht mehr Gegner im Klassenkampf. Dabei werden positive und negative Seiten

[593] vgl. SZ 2010, S.7
[594] vgl. Wacker/Kaiser 2008

von Religionen unterschieden: Alle großen Religionen halten den Menschen zu einer ethischen Lebensweise mit Respekt vor anderen, Liebe zur Familie, Hilfsbereitschaft für Kranke und Schwache und der Ablehnung von Verbrechen an. Als negative Seiten gelten einerseits Rückwärtsgewandtheit, antimoderne Lebenshaltungen und Fanatismus. Fanatismus meint nicht die Missionierung, d.h. das Bestreben, andere Menschen von der Wahrheit der Religion zu überzeugen, sondern den Versuch, anderen Menschen gegen ihren Willen einen Glauben aufzwingen zu wollen.

Ähnlich wie die Eurasier haben auch die chinesischen Kommunisten den grundsätzlichen Konflikt mit den Religionen aufgegeben. Zuweilen wurde die Bekämpfung der Religion durch den Kommunismus als bloßer Kampf um die Vorherrschaft zwischen Partei und Kirche interpretiert, aber es geht um einen philosophischen Kernpunkt der Marx'schen Lehren. Marx' Vorbehalt gegen die Religion fußte auf der These, dass die wesentlichen Probleme der Menschen von anderen Menschen gemacht werden und nicht von höheren Mächten, so dass Religion die Menschen von der wahren Ursache ihrer Probleme wegführen würde (daher der Satz: Religion ist Opium fürs Volk).
Die praktischen Folgen sind enorm, insbesondere das Christentum erfährt einen raschen Aufschwung, die Zahl der Christen wird auf ca. 90 Millionen mit stark wachsender Tendenz geschätzt, so dass China schon bald das größte christliche Land der Erde sein könnte, auch wenn es immer noch Spannungen zwischen den Behörden und den Kirchen, neben der staatlichen Kirche gibt es noch private bzw. Untergrundaktivitäten.
Zuweilen wird im Westen bezweifelt, dass China überhaupt noch eine Ideologie hätte, aber es darf nicht übersehen werden, dass die KP nach wie vor bei politischem Bedarf ganz selbstverständlich mit Weisungen in die Wirtschaft eingreift, so wie während der Finanzkrise. Die Rolle der KP ist (auch hier gibt es vage Parallelen zu den Eurasiern) die des dauerhaften Trägers des starken, einheitlichen und stabilen Staates.

4.2.4 Andere (post-)kommunistische Staaten

Das generelle Problem der noch verbliebenen kommunistischen Staaten sind vor allem wirtschaftliche Schwierigkeiten. Marktöffnungen und Liberalisierungen könnten jedoch zur Erosion der Macht führen, so dass Reformen so zurückhaltend und kontrolliert wie möglich ausgeführt werden. Der Zerfall der Sowjetunion war ein abschreckendes Beispiel für unkontrollierte Reformen.

Nordkorea

Aus westlicher Sicht erscheint es völlig unlogisch, dass Nordkorea sich einem straffen Kommunismus verpflichtet sieht, bei dem Arbeiter, Bauern und Intelligenz im Rahmen der **Juche-Ideologie**[595] zusammenwirken, andererseits aber eine Familiendynastie dominiert, bei der dem Staatsgründer Kim-Il-Sung sein Sohn Kim-Yong-Il und aufgrund gesundheitlicher Probleme wohl bald der Enkel Kim-Yong-Un folgen werden.

Analysen haben jedoch gezeigt, dass die Spitzenpositionen des Staates von einigen Hundert Familien geteilt werden, die sich während der Revolution und im Koreakrieg bewährt hatten[596]. Diese Geschichte und die Familienbande bilden das stabilisierende Element im System.

Die wirtschaftlichen Probleme des Landes, die in den Neuziger Jahren durch Missernten noch verstärkt wurden, haben zu Hilfslieferungen der internationalen Gemeinschaft geführt. Wichtigster Unterstützer ist aber sowohl politisch als auch wirtschaftlich das Nachbarland China, das kein Interesse daran hat, dass das mit den USA verbündete Südkorea bis an die chinesische Grenze reicht[597]. Trotz zuweilen aggressiver Rhetorik bis hin zu wiederholten Grenzzwischenfällen auf See hat sich das Verhältnis zu Südkorea insgesamt beruhigt, vor allem, weil die Kosten der deutschen Einheit, die von den Südkoreanern intensiv analysiert

---

[595] Dies wird durch die Symbolik aus Hammer, Sichel und Pinsel deutlich gemacht. Dies ist aber kein koreanischer Sonderweg, die DDR führte analog Hammer, Ähren und Zirkel in ihrem Wappen.

[596] vgl. Nass 2009

[597] vgl. Hardenberg 2010

wurde, das Interesse an einer raschen Wiedervereinigung merklich abkühlen ließen.
Der Versuch, die Situation durch eine vorsichtige Liberalisierung von Kleinmärkten zu entspannen, hat rasch zu einem steilen Einkommensgefälle geführt, so dass zur Jahreswende 2009/2010 eine Währungsreform durchgeführt wurde, bei der Beträge oberhalb eines bestimmten Levels nicht mehr umgetauscht werden konnten. Die neuen Vermögen sollten so neutralisiert werden, um wieder mehr Gleichheit herzustellen, außerdem sollte so überschüssige Liquidität aus dem Markt genommen werden. Dies hat aber zu erheblichen Spannungen geführt, so dass der verantwortliche Regierungsbeamte für die Währungsreform hingerichtet wurde. Die Versuche, das Land abzuschotten, werden durch Chinas zunehmende Öffnung schwieriger.

Kuba

Kuba hat durch den Wegfall der Sowjetunion in den Neunziger Jahren eine schwere wirtschaftliche Krise durchlaufen, dann aber den Verfall zumindest stoppen können. Um den Kurs fortzusetzen, hat Fidel Castro die Macht aus gesundheitlichen Gründen an seinen Bruder Raul abgegeben, wobei größere Reformen bisher ausgeblieben sind. Für die Entwicklung Kubas ist auch die seit den Sechziger Jahren bestehende Wirtschaftsblockade der USA wichtig, die seither auch umstritten ist. Während die einen argumentieren, dass so das Regime geschwächt würde und eine Liberalisierung das Leben des Regimes verlängern würde, glauben die Gegner der Blockade, dass der beste Weg, Kuba zu verändern, der Austausch und Handel wäre.

Vietnam

Die Geschichte Vietnams nach dem zweiten Weltkrieg ist zunächst durch eine Kette von Kriegen bestimmt gewesen. Der erste Krieg ging gegen die französische Kolonialmacht, die dann 1954 in Dien Bien Phu geschlagen wurde. Danach wurde Vietnam in einen kommunistischen Norden und eine kapitalistischen Süden geteilt. Südvietnam litt unter anderem an Konflikten zwischen buddhistischen und katholischen Teilen der Oberschicht und war schon vor dem Ausbruch des

Vietnamkrieges sehr labil. Dies erleichterte kommunistische Aktivitäten, die nach 1964 in einen offenen Krieg zwischen Nordvietnam und den USA mündeten. Der Krieg breitete sich dann auch, weil die Nachschubwege als **Ho-Tschi-Minh-Pfad** zum Teil auf die Nachbarstaaten Kambodscha und Laos ausgelagert wurden, auf diese Nachbarländer aus, so dass schließlich drei kommunistische Bewegungen, der **Vietcong** (Vietnam), der **Pathet Lao** (Laos) und die Roten Khmer beteiligt waren, die dann alle in Jahre 1975 die Kontrolle über ihre Länder erreichten. 1976 wurde Vietnam wiedervereinigt, 1978/1979 führte es noch mal Krieg gegen Kambodscha und kurz auch gegen China. Der strenge innenpolitische Kurs führte zu einer Massenflucht in den Achtziger Jahren, den *boat people*, aber schon Mitte der Achtziger entschloss sich Vietnam zu marktorientierten Reformen in der **DoiMoi**-Initiative (Erneuerung), die aber langsam und vorsichtiger angegangen wurden, um die Stabilität zu sichern, so dass das Lohnniveau heute unter dem chinesischen liegt und die Ansiedlung neuer Produktion fördert. Wie in China steht die Vorherrschaft der kommunistischen Partei jedoch trotz des wirtschaftlichen Aufschwungs nicht zur Debatte.

4.3 Der Islam

An dieser Stelle werden nur die politisch relevanten Aspekte des Islams präsentiert. Insbesondere soll gezeigt werden, dass

- der Islam vielschichtig ist und nicht etwa ein monolithischer Block oder eine geschlossene Front (gegen wen oder was auch immer)
- politisch vor allem eine Konkurrenz zwischen Saudi-Arabien und Iran bedeutend ist
- der Fundamentalismus kein neuzeitliches Phänomen ist, aber durch die Moslembruderschaft, insbesondere durch die Schriften von **Qutb** im 20. Jahrhundert einen Aufschwung im Sinne einer Rückbesinnung auf die alten und elementaren Werte erlebte.

Auch wenn es in den Medien zuweilen anders erscheint, ist das Verhältnis westlicher und islamischer Staaten insgesamt gut; die meisten Staaten der arabischen Halbinsel unterhalten nicht nur sehr gute wirtschaftliche Beziehungen zum Westen, sondern arbeiten mit diesem auch sicherheitspolitisch zusammen, so dass es in mehreren Staaten amerikanische und französische Militärbasen gibt. Ironischerweise ist das Verhältnis der EU-Staaten zum Iran, auch das der Deutschen, in den Augen der Irankritiker sogar *zu gut*.

Es sind vor allem drei Themen, die den Diskurs dominieren, nämlich Fragen des Terrorismus, der nur von einer sehr kleinen Minderheit unterstützt wird, so dass eine Gleichsetzung von Islamismus und Terrorismus nicht angebracht ist, der Nahost-Konflikt und Fragen der Integration von muslimischen Migranten in westlichen Ländern.

4.3.1 Grundlagen des Islams

Der **Islam** (Unterwerfung unter Gott/völlige Hingabe an Gott) ist mit mehr als 1,2 Milliarden Gläubigen, die sich selbst Muslime oder Moslems nennen, eine der größten Weltreligionen. Der Prophet **Mohammed** (570-632) gründete als Gesandter Gottes 622 in Medina erste Gemeinde. Die Offenbarungen Allahs wurden im **Koran** niedergelegt, der als unverfälschtes Wort Gottes[598] die wichtigste Quelle ist. Eine weitere wichtige Quelle ist die **Sunna** (Brauch), d.h. die Sammlung von Taten und Aussprüchen Mohammeds (**Hadithe**) als Anleitung.

Die Gläubigen haben vor allem 5 Pflichten, die **fünf Säulen**, nämlich das Glaubensbekenntnis, die Verrichtung der Gebete, die Leistung der Almosensteuer, das Fastengebot im Monat Ramadan und einmal im Leben die Pilgerfahrt nach Mekka. Natürlich gibt es noch weitere Regeln, so z.B. die Speiseregeln; Speisen, die gemäß den Geboten zubereitet worden sind, sind *halal*.

---

[598] Aus diesem Grunde gibt es auch anders als bei der Bibel keine autorisierten Übersetzungen, denn nur das Original zählt.

Die **Scharia** ist die islamische Rechts- und Werteordnung, die aus den Rechtsquellen Koran, Sunna, **idschma** (Konsens der Gläubigen) und **qiyas** (Analogieschluss) schöpft.

Geschichte

Mohameds Familie hatte nach dem Tod Mohameds zunächst wichtige Führungspositionen inne, sein erster Nachfolger wurde als **Kalif** (chalifa =Stellvertreter) Abu Bakr. Es folgen vom geeinigten Arabien ausgehende rasche Eroberungen, die Anfang des 8. Jahrhunderts Nordafrika und den größten Teil Spaniens, den Nahen Osten, Persien und Zentralasien bis hin zum Indus umfassen.
Die Frage, wer die Gemeinschaft der Muslime leiten soll, führte zu Abspaltungen von der bis heute dominierenden Mehrheitslinie der **Sunniten**, die meisten dieser Abspaltungen werden als **Schiiten** bezeichnet. Dieser Begriff ist von „Partei Alis" abgeleitet, Ali war der vierte Kalif, Vetter und Schwiegersohn Mohameds, dessen Sohn später am 10.10.680 die **Schlacht von Kerbala** schlug, die das politisch-religiöse Schlüsselereignis der meisten Schiiten ist, bezeichnet.
Das Machtzentrum des Islams verschob sich um 800 in den persischen Raum. Seither herrscht im islamischen Raum ein geistiger und kultureller Wettstreit zwischen Arabern und Persern, der zum eine kulturelle und wissenschaftliche Blüte z.B. im Bereich der Mathematik, Astronomie und Philosophie ermöglichte, aber auch ein bis heute anhaltendes Konkurrenzdenken[599] förderte. Um die Jahrtausendwende dominierten zerstrittene Teilreiche. Den Türken gelang es ab dem 14. Jahrhundert unter ihrem Herrscherhaus Osman (daher **Osmanen**), ein großes Reich zu schaffen, das Nordafrika, große Teile der arabischen Halbinsel und Gebiete des heutigen Irak umfasste und in Europa schon im 16. Jahrhundert bis kurz vor Wien reichte. In dieser Zeit waren die Türken die führende islamische Macht. Sie verzichteten auf aggressive Bekehrungen, so dass Großteile ihrer europäischen Bevölkerung

---

[599] So sagte der irakische Diktator Saddam Hussein als letzte Worte zu seinen Henkern (sofern die Übersetzung des Videos im deutschen Fernsehen korrekt war): „Ihr besorgt das Geschäft der Perser".

christlich blieben mit Ausnahme von **Bosnien**[600], in dem die Eliten in beachtlicher Zahl freiwillig zum Islam übertraten. Im Osmanischen Reich erlebte der **Sufismus** als mystisch-innerlich ausgerichtete Strömung des Islams eine Blütezeit.
In Afrika breitete sich der Islam derweil langsam in südliche Richtung aus, so dass das heutige Nigeria aus einem muslimischen Norden und einem christlichen Süden besteht.
In Indien gelingt es den **Mogul**kaisern, muslimischen Nachkommen von Dschingis Kahn und Timur Lenk, Indien von Norden im 16 Jahrhundert her weitgehend zu erobern. Der Islam dringt danach weiter nach Asien, insbesondere in die Regionen des heutigen Indonesien und Malaysia vor. Die Eroberungen der Moguln konnten zwar auf Dauer nicht gehalten werden, jedoch blieben Teile Indiens muslimisch, aus denen dann 1947/48 **Pakistan** und 1971 **Bangladesh** als unabhängig gewordenes Ostpakistan hervorgehen. Das osmanische Reich verlor den ersten Weltkrieg und wurde auf das Staatsgebiet der heutigen Türkei beschränkt, so dass u.a. Syrien und der Irak als unabhängige Staaten entstanden.
Unter dem Gründer der türkischen Republik Kemal Atatürk kam es in der Türkei zur strikten Trennung von Staat und Religion, zur Abschaffung des Kalifats und Sultanats und der arabischen Schrift. Durch die Machtübernahme des Königshauses der Saudis und der Eroberung der meisten Teile der arabischen Halbinsel wurde 1932 **Saudi-Arabien** gebildet, das konservativ-sunnitisch ist.

---

[600] Das Christentum hatte im 13 Jahrhundert eine Krise mit der Abspaltung gnostischer Gruppen hinter sich, zu denen die Katarer, Waldenser und Albigenser, aber auch die in Bosnien aktiven Bogumilen gehörten, so dass in Folge dieser Krise das Christentum in Bosnien stark geschwächt war. Das erklärt die muslimische Enklave in Bosnien inmitten christlicher Nachbarstaaten. Gleich ‚nebenan' fiel Serbien in der Schlacht am Amselfeld (Kosovo) 1389 an das Osmanische Reich, was die besondere Rolle des Kosovo in der serbischen Geschichte begründete.

Sunniten und Schiiten

Die folgende Tafel gibt eine Übersicht über die Zweige des Islams, aus der auch sofort klar wird, dass die Sunniten und Schiiten die beiden großen Hauptrichtungen sind, deren aktuelle religiöse Zentren Saudi-Arabien und der Iran sind. Mit ‚Schiiten im engeren Sinne' ist jene Gruppe gemeint, in den Medien und im politischen Kontext als ‚Schiiten' bezeichnet werden, das bezeichnet also keine religiöse Wertung oder Rangordnung.

Tab. 32 Gesamtübersicht über den Islam

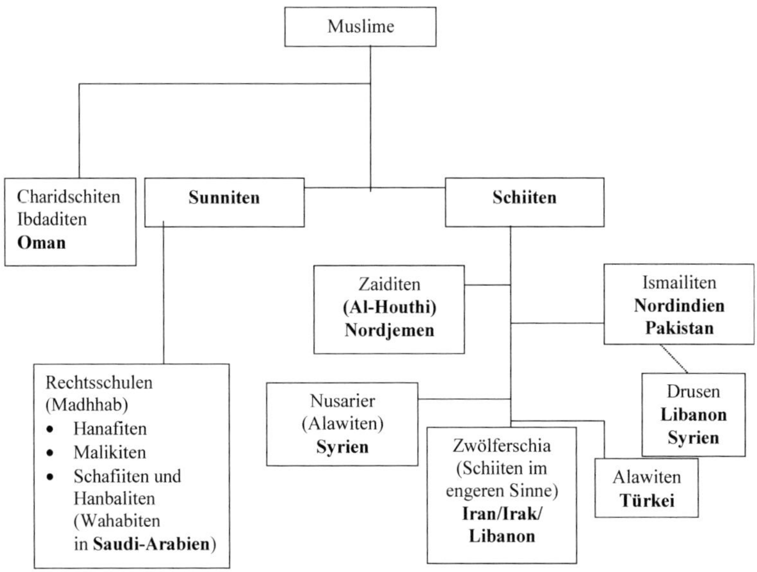

Der vierte Kalif (=Nachfolger), der Vetter und Schwiegersohn Mohameds war, **Ali** ibn Abi Talib verliert nach 658 einen Teil der Anhänger als **Charidschiten** (Auszügler), von denn heute noch die **Ibaditen** als kleinste Richtung des Islam existieren, die vor allem im **Oman**, in der algerischen Sahara und auf der tunesischen Insel Djerba leben. Der Oman hat erst 1962 ein noch existierendes regionales

Ibaditen-Imamat abgeschafft und den nachfolgenden Aufstand 1976 endgültig beendet[601]

Die **Zaiditen** (Fünfer-Schiiten) sind die Anhänger des Zaid ibn Ali Zain al-Abidin, der als Nachkomme des Propheten Mohammed bei einem Aufstand gegen den herrschenden Kalifen 740 ums Leben kann. 896 gelang es Yahya al-Hadi, den zaiditischen Islam in heutigen Nordjemen zu etablieren und als Imam die Führerschaft zu übernehmen. Yahya war der erste von 66 Imamen der Zaiditen im Jemen, die bis 1962 herrschten. Die Anhänger dieser Richtung sind heute noch als **Al-Houthi**-Rebellen aktiv.

Ein weiterer Nachfolgestreit führte zur Abspaltung der **Ismailiten** (Siebener-Schiiten), die sich nach dem Nachkommen Alis Ismail ibn Djafar nannten. Die Ismailiten zersplitterten sich in Untergruppen, von denen die größte Gruppe, die **Nizaris**, in Indien und Nordpakistan und den Nachbarstaaten Afghanistan und Tadschikistan lebt. Deren geistiges Oberhaupt ist **Aga Khan**, der sich in direkter Linie vom Propheten Mohamed ableitet. Eine kleinere Abspaltung aus den Ismailiten waren ab 1021 die **Drusen**, die heute noch im Libanon und Syrien leben.

Alis Sohn Hussein wurde am 10.10.680 mit seinen Anhängern in der Schlacht von Kerbala geschlagen, seine Anhänger bilden die größte Gruppe der Schiiten, die **Zwölfer-Schiiten (Imamiten)**, die vor allem im Iran, im Südirak und dem Libanon weit verbreitet sind, aber auch in Bahrain und Aserbeidschan leben. Der zwölfte Imam fiel jedoch gemäß dem schiitischen Glauben in der Schlacht nicht, sondern lebt in einer Verborgenheit weiter, aus der er als **Mahdi** (Erlöser) wiederkehren wird. In der Zwischenzeit übt der schiitische Klerus stellvertretend die Macht aus[602].

---

[601] vgl. Hermann 2010b, S.10

[602] Der sunnitische Islam hat keinen derart strukturierten Klerus, theoretische und praktische Probleme werden im Diskurs von Gelehrten und durch Rechtsgutachten (**fatwas**) gelöst. Der Koran, der nur in Originalfassung gültig ist, also nicht in übersetzten Fassungen, hat sich hier über die Jahrhunderte hinweg als einheitlicher und fester Bezugsrahmen bewährt, so dass alle Versuche, den Koran in Frage

Erst Mitte der 9. Jahrhunderts bilden sich die **Nusairier (Alawiten)** unter Muhammad ibn Nusair an-Namiri al-Fahri, der als Empfänger geheimer Offenbarungen des elften Imams al-Hasan gilt. Die Nusairier gelten als Geheimreligion, zu der auch das Buch der Schatten gehört. 1963 übernimmt in Syrien die **Baath-Partei** in Macht, deren Führungspositionen ganz wesentlich von den Nusairern gestellt wurden. Obwohl die Nusairer sich selber als Schiiten betrachten, ist die Stellung derselben im Islam umstritten, so dass der syrische Präsident Assad unter latentem Druck steht.
Im Osmanischen Reich erlebte der **Sufismus** als mystisch-innerlich ausgerichtete Strömung des Islams eine Blütezeit, aus dem dann im 13./14. Jahrhundert eine letzte neue schiitische Gruppe, die **Aleviten** (Anhänger Alis) hervorgeht, die nicht mit den Alawiten verwechselt werden darf.

Die stets dominierende Mehrheitsrichtung der Sunniten gliedert sich in **Rechtsschulen (Madhhab),** die Hanafiten, Malikiten, Schafiiten und Hanbaliten; aus letzteren gingen als konservative Gruppe die **Wahabiten** hervor, die in Saudi-Arabien die Macht erringen konnte. Die beiden wichtigsten Stätten des Islam, die Kaaba in Mekka und das Grab des islamischen Propheten Mohammed in Medina liegen in Saudi-Arabien, nachdem sie vorher zum Osmanischen Reich gehörten. Es sind aber auch schon vorher und später Gruppen aufgetreten, die die Rückbesinnung auf die Zeit und Lebensweise der Vorfahren (**salaf salih** = die frommen Altvorderen) forderten und die allgemein als **Salafiyya** oder auch als **salafistisch** bezeichnet werden.

Die Rückbesinnung begann mit dem Aufstieg der saudisch-wahabitischen Macht, die 1744 durch einen Pakt des Stammesführers **Ibn Saud** mit Mohamed **Al-Wahab** (daher Wahabiten) entsteht. Schließlich endete die erste wahabitische Ära durch das Eingreifen der Ägypter (1811-1819). Von 1881-1898 bestand im Sudan ein streng

---

stellen, zwangsläufig als inakzeptabel gelten, vgl. Lau 2003, S.47, Heine 2008, S.13

islamischer Staat, der von dem Mohamed Ahmed, der als verheißener **Mahdi** auftrat, gegründet worden war.
1902 eroberten saudisch-wahabitische Kräfte Riad im Handstreich und es gelang ihnen, die Provinzen Hedschas und Neschd einzunehmen, aus denen dann 1932 **Saudi-Arabien** hervorging. Dieser Durchbruch war auch mit Hilfe strenggläubiger Wehrbauern, der **ichwan**, möglich, die sich aber dann gegen die Saudis wendeten und 1929 in der Schlacht von Sabila geschlagen wurden.
Im Iran (Persien) des frühen 16. Jahrhunderts erklärte der Safawiden-**Schah Ismail I** die Zwölferschia zur Staatsreligion, womit eine 2 Jahrhunderte währende intensive Förderung des Schiismus verbunden war, der im Iran zwischenzeitlich gegenüber den Sunniten sogar in die Minderheit geraten war. 1979 gelangte jedoch im Iran **Ajatollah Chomeini** an die Macht und errichtet eine schiitische Theokratie, die die Schiiten auch in anderen Ländern wie dem Irak politisch unterstützt und im Libanon die schiitische **Hisbollah**-Miliz.

Schon hier wird im Zwischenergebnis die Vielschichtigkeit des Islams deutlich. Im Mittelpunkt steht momentan die Konkurrenz zwischen den aktuellen Führungsmächten Saudi-Arabien und Iran, die zugleich eine sunnitisch-schiitische und eine arabisch-persische Konkurrenz ist. In beiden Staaten sind Religion und Staat nicht getrennt und die religiösen Gebote und nicht weltliche Ordnungen gelten als oberste Leitschnur des Handelns.
Beide Staaten haben aber auch ein **Nachfolgeproblem**, da immer noch die Generation der jeweiligen Staatsgründer an der Macht ist, in Saudi-Arabien haben nun schon 5 Brüder, die Söhne des ersten Königs **Abdul Aziz** nacheinander regiert, während die geistigen Führer im Iran über 70 Jahre alt sind. Beide Seiten zögern mit der Übergabe der Macht an die nächste Generation, wobei man die Gefahren eines Generationenwechsels nicht unterschätzten darf, wie das Schicksal der Sowjetunion gezeigt hat, die nach einem derartigen Wechsel gerade noch 6 Jahre und 9 Monate existierte. Aber auch ein weiteres bedeutendes islamisches Land, Ägypten, steht vor dem Problem, da sich

für den seit knapp 20 Jahren regierenden Präsidenten Hosni Mubarak noch kein Nachfolger abzeichnet.

4.3.2 Islamismus – Konzepte und Organisationen

4.3.2.1 Einführung

Der **Islamismus** ist der Versuch, den Prinzipien des Islams im gesellschaftlichen Leben wieder mehr Geltung zu verschaffen. Ohne sich im Details zu verlieren, haben politisch-religiöse Bewegungen, auch die christlichen, schon im Mittelalter die Themen *Gerechtigkeit und Gemeinschaft* in den Mittelpunkt gestellt, d.h. neben religiösen Bedürfnissen spielt oft eine tiefgreifende Unzufriedenheit mit den herrschenden politischen Zuständen eine Rolle[603]. Die Beschäftigung mit politisch-religiösen Bewegungen erfordert daher neben der Beschäftigung mit der religiösen Dimension eine Analyse der jeweils bestehenden politischen Verhältnisse, die häufig eine starke Triebfeder für den Aufschwung dieser Bewegungen bilden. Einige Autoren bezweifeln jedoch, dass Unzufriedenheit und Armut die Triebfedern sind, und verweisen darauf, dass die Protagonisten häufig gebildet und aus den Eliten stammen. Vielmehr scheint es einen starken Zusammenhang zwischen politischer Freiheit eines Landes und der Zahl der Terroristen zu geben, je unfreier das Land, desto mehr Terroristen pro Einwohner[604].

Aber wie dem auch sei, ist nicht zu verkennen, dass Region außerhalb des säkularen Europas eine Renaissance erlebt, die nicht nur, aber insbesondere den Islam umfasst. Dieser Aufstieg wird auch durch die Rückbesinnung von Ländern auf ihre vorkoloniale Geschichte gefördert, die letzten Staaten der arabischen Halbinsel wurden erst 1971 von Großbritannien unabhängig. Dies erklärt auch, dass das religiöse und traditionelle Bewusstsein in manchen Ländern unter den Jugendlichen eher noch ausgeprägter ist als bei der Vorgeneration.

---

[603] vgl. Gsteiger 1993

[604] vgl. Flickert 2010

Nach dem zweiten Weltkrieg dominierten ursprünglich zunächst weltliche Konzepte im arabischen Raum, Nationalismus und Sozialismus standen hierbei im Zentrum. Die aus panarabischen Diskussionen stammende These, dass im Bereich des Islam nur **Quasi-Staaten**[605] existieren, die nicht wie die europäischen Staaten auf historischen und ethnischen Kriterien beruhen, sondern durch kolonialen bzw. einheimischen Leiten geschaffen und zusammengehalten werden, führte zu vergeblichen Vereinigungsversuchen. Die nachlassende Attraktivität des arabischen Sozialismus ging mit einem Aufschwung des Islams einher.

Auch wenn scheinbar der Terrorismus das Hauptproblem zu sein scheint, ist er es auf lange Sicht nicht. Langfristig ist viel bedeutender, dass in vielen Staaten mit muslimischer Bevölkerung die islamische Rechts- und Werteordnung Scharia wieder auf dem Vormarsch ist, zum Teil durch Verankerung im Gesetzeswerk, zum Teil aber auch durch die wachsende gesellschaftlich Akzeptanz oder Praxis. Die sicherheitspolitische Relevanz ergibt sich daraus, dass die kulturelle Distanz zwischen muslimischen Staaten und dem Westen dadurch wachsen könnte.

4.3.2.2 Die Moslembruderschaft und ihre Tochterorganisationen

Aber schon vor dem zweiten Weltkrieg wird die sunnitische **Moslembruderschaft** gegründet, die eine Rückbesinnung auf die religiösen Werte und Traditionen fordert und in den kommenden Jahrzehnten immer mehr an Einfluss gewinnt[606].

Die Muslimbrüder oder Moslembruderschaft (**al-ichwan al-muslimun**) wurde 1928 von **Hasan al-Banna** in Ägypten gegründet[607]. Seitdem hat sich die Moslembruderschaft in andere Länder, einschließlich Syriens

[605] vgl. Tibi 1995
[606] vgl. LfV Berlin (2006)
[607] vgl. Reissner 2007

und Jordaniens, ausgebreitet und mit Ausnahme Syriens auch an politischem Einfluss gewonnen.
Nach dem Sturz der Monarchie Anfang der Fünfziger Jahre nahmen in Ägypten die Spannungen zwischen der Bruderschaft und der neuen Regierung zu, schließlich kam es im Oktober 1954 zu einem erfolglosen Attentat auf Staatspräsident Nasser. Daraufhin wurden viele Moslembrüder verhaftet, auch der 1951 beigetretene Vordenker **Sayyid Qutb**.
1957 studierte **Osama bin Laden**, der Gründer der Al-Kaida, bei Qutb. Qutb schrieb in seinem wichtigen Werk *Wegzeichen* von 1964, dass sich auch muslimische Staaten im Zustand der Unwissenheit und Ignoranz befinden könnten, so dass die Regierungen von rechtgläubigen Muslimen gestürzt werden dürften und sollten, um einen Gottesstaat zu errichten. Alle Gläubigen sind radikal gleich und frei vor Gott. Nach kurzzeitiger Freilassung und Wiederfestnahme 1965 wurde Qutb 1966 schließlich hingerichtet.
Ab 1984 beteiligte sich die Bruderschaft mit wachsendem Erfolg an den Parlamentswahlen. Mit unabhängigen Kandidaten (da sie nicht als Partei antreten durfte) zog sie bei der Parlamentswahl 2000 mit 17, bei der Wahl 2005 mit 88 Abgeordneten in die Volksvertretung ein und wurde damit zur stärksten Oppositionskraft.

In Syrien wurde die Moslembruderschaft 1937 gegründet, die Anfang der 1980er Jahre einen Aufstand gegen die **Baath-Partei** startete, der nach dem Zusammenstössen in Hama 1982, wo es mehrere Tausend Tote gab, endete, so dass die Aktivitäten der Moslembruderschaft in Syrien praktisch zum Erliegen kamen.

Schon in den 30er Jahren unterstützte die Bruderschaft die Araber in Palästina. Aus der Moslembruderschaft ging 1986 in Palästina die **Hamas** mit den **Kassam-Brigaden** hervor, die mittlerweile mit der weltlich orientierten **Fatah** um die politische Führung der Palästinenser konkurriert, wobei 2010 der Gazastreifen von der Hamas, das Westjordanland von der Fatah kontrolliert wird.

In Algerien geriet die sozialistische Regierung wegen wachsender wirtschaftlicher Probleme unter Druck. Soziale Unruhen von 1988 führten zur Öffnung des bis dahin als sozialistisches Einparteiensystem gestalteten Staates[608]. Es entstand als Tochterorganisation der Moslembruderschaft die **Islamische Heilsfront** (Front Islamique du Salut) **FIS**, die bei den freien Wahlen von schließlich 1991 188 von 231 im ersten Wahlgang zu vergebenden Sitzen gewann, woraufhin die Wahlen vom Militär abgebrochen wurden. Es bildeten sich jedoch auch bewaffnete Gruppen, insbesondere die **GIA (Groupe Islamique Arme)**, der man auch in Frankreich 1995 und 1996 Anschläge zuschrieb, die aber inzwischen keine Rolle mehr spielt[609].

4.3.2.3 Al-Kaida

Der Wegfall des US-freundlichen Schahs von Persien an der russischen Grenze erleichterte die Entscheidung der Sowjetunion, Ende 1979 in das politisch instabile Afghanistan einzumarschieren. Die Bevölkerung organisierte den Widerstand von den Bergregionen aus und die Widerstandskämpfer (Mujaheddin) brachten allmählich vor allem die ländlichen Bereiche und Bergregionen unter Kontrolle. Die Amerikaner unterstützten die Mujaheddin logistisch[610] und Ende der Achtziger Jahre zogen die Sowjets ab.

Die amerikanischen Truppenstationierungen in Saudi-Arabien im Zuge des Golfkrieges von 1990/1991 stoßen auf Ablehnung und förderten den Aufschwung einer Gruppe, die sich seit 1988 **Al-Kaida** (Al-Qaida, Al-Qaeda = die Basis) nannte und die in den Neunziger Jahren Anschläge auf amerikanische Einrichtungen durchführte[611]. Diese Gruppe wurde

---

[608] vgl. im Detail Dingel 2004

[609] Lueders, Die Zeit 37/1997.

[610] Die CIA hat betont, dass sie zu keiner Zeit ausländische Kämpfer für Afghanistan unterstützt hatte, also auch nicht Osama bin Laden, sondern nur afghanische Mujaheddin, vgl. Katzman 2005

[611] vgl. Katzman 2005. Dies waren Attentate gegen US-Soldaten 1991 in Saudi-Arabien, 1992 erfolgte eine erste Selbstbezichtigung nach einem Anschlag auf ein Hotel in Jemen. On Al-Kaida 1993 am ersten Anschlag

von **Osama bin Laden** gegründet, der 1957 bei Qutb studiert hatte und der zunächst als Spender für den afghanischen Widerstand gegen die Sowjets auftrat, dann aber ab 1984 ein Netzwerk, das **Maktab al Khidimat** aufbaute, aus dem dann die Al-Kaida hervorging.
Im Einklang mit Qutbs Thesen, verfolgt Al-Kaida drei Forderungen:

- Islamische Staaten sollten auf Basis des Korans und der Scharia regiert werden
- Es gilt zunächst einmal darum, die Heimat zu befreien
- Befreiung meint insbesondere die Ablösung falscher Herrscher[612].

Diese Sichtweise ist auch die des **Dschihadismus**, d.h. dem Versuch, im Rahmen eines heiligen Krieges (*dschihad, auch jihad*) mit Gewalt politische Veränderungen herbeizuführen.[613]

Mitte der Neunziger Jahre baute Al-Kaida Verbindungen zur ägyptischen al-Jihad al islami auf, was ein Indiz für die zunehmende globale Ausrichtung war. Osama bin Laden ging in den Neunziger Jahren unter amerikanischem Fahndungsdruck nach Afghanistan, wo sich im Grenzgebiet mit Pakistan die sunnitischen **Taliban** organisiert hatten, die unter **Mullah Omar** Afghanistan nach und nach bis auf kleine Reste im Norden eroberten.

Pakistan und die Vereinigten Staaten unterstützten die Firma UNOCAL bei dem Versuch, eine Pipeline durch Afghanistan bauen zu lassen für ein auf dreißig Jahre geplantes Erdöl- und Erdgasprojekt[614]. Die Taliban wurden auf pakistanischem Boden vor allem in Koranschulen

---

auf das World Trade Center 1993 beteiligt war, bleibt unklar. 1998 folgten Bombenattentate in Kenia und Tansania, 1999 wurden US-Handelsaktivitäten mit den Taliban von den USA unterbunden, 2000 kam es zum Anschlag auf die USS Cole in Aden, wobei Al Kaida die Täterschaft bestritt.

[612] vgl. Blanchard, C.M. 2007

[613] vgl. McCants 2006, der vorschlägt, diese Strömungen als **Qutbismus** zu bezeichnen.

[614] vgl. FAZ 1997, Croitoru 2009

(Medressen, talib = Schüler) rekrutiert, trainiert und ausgerüstet, wobei sie vom pakistanischen Geheimdienst Inter-Services Intelligence Directorate **(ISI)** unterstützt werden, der den indischen Einfluss in Afghanistan möglichst klein halten will[615].
Nach den Anschlägen vom 11. September 2001 marschierten die USA in Afghanistan ein und 2003 dann auch im Irak. Diese Aktionen, die dem Kampf gegen den Terror dienen sollen, brachten vor allem in Afghanistan keine Stabilität, da die Taliban von nur schwach kontrollierten Rückzugsgebieten in Pakistan aus operieren, so dass Pakistan 2009 zunehmend instabil wurde und die Taliban phasenweise ihre Kontrolle bis in die Nähe der Hauptstadt in die Region Buner ausdehnten[616].

Mittlerweile haben die USA unter anderem durch militärische Aktionen, gezielte Zugriffe und durch Drohnen die Al-Kaida-Führung zu einem beachtlichen Teil ausgeschaltet, so dass die Relevanz oder gar die Existenz von Al-Kaida in Sicherheitskreisen zunehmend umstritten ist[617]. Die eine Theorie ist, dass Al-Kaida von vornherein mehr als Netzwerk von Menschen mit gemeinsamen Leitideen denn als Organisation angelegt war. Die andere Auffassung sieht Al-Kaida mehr als eine Art Marke oder Symbol, das hilft, den ganzen Aktivitäten einen Namen zu geben[618]. In der Praxis erscheinen die Aktivitäten immer mehr als informelles Netzwerk mit Audio-, Video- und Internetbotschaften[619].

Es wurde diskutiert, inwieweit Saudi-Arabien die Islamisierung und auch Osama bin Laden finanziell gefördert hat. Saudi-Arabien hat jedoch, nachdem es auch im eigenen Land von 2003-2006 zu Anschlägen kam, die Kontrolle der Spendenpraxis und die

---

[615] vgl. Spanlinger 2009, Jalal 2009
[616] So dass der Afghanistankrieg auch dem Export von Terror entgegenwirken soll, vgl. Lerch 2009
[617] vgl. Katzman 2005
[618] vgl. Todenhoefer 2009, S.6
[619] vgl. LfV Berlin 2006

Gesetzgebung verschärft, so dass die USA Saudi-Arabien als kooperativen Partner ansehen[620].

In Pakistan und Afghanistan sind neben Al-Kaida auch ihr inhaltlich nahestehende Gruppen, insbesondere natürlich die **Taliban**, aber auch die indische **Lashkar-e-Taiba** und die **Islamische Dschihad Union** aktiv[621].

Aktuell agiert in Algerien insbesondere die **Salafistische Gruppe für Kampf und Predigt**, wobei zunehmend auch von **Al-Kaida Maghreb** gesprochen wird. Einige Bombenattentate dieser Gruppe in Algerien konnten jedoch nicht verhindern, dass Algerien langfristige Abkommen mit Frankreich geschlossen hat, zu denen auch die Lieferung des algerischen Erdgases gehört[622].

In Somalia ist die wichtigste islamistische Gruppe die **Harakat al-Shabaab al-Mujahidin** (kurz Al-Schabab Miliz), 2009 und 2010 ständig auf dem Vormarsch, wobei es aber offen ist, inwieweit Verbindungen zu Al-Kaida existieren. Sunnitische Al-Kaida-Anhänger werden auch im Jemen vermutet[623], jedoch spielen im Jemen die schiitischen **Al-Houthi** die Hauptrolle.

Dschihadisten werden in Analysen häufig nach ihrem Verhältnis zu Al-Kaida beschrieben, wobei in Europa die Unabhängigen, die lediglich von Al-Kaida inspiriert, aber nicht direkt instruiert werden, dominieren. Diese Gruppen sind oft zugleich **home grown**, also im Heimatland Geborene, die einen Radikalisierungsprozess durchlaufen haben[624].

4.3.2.4 Die Türkei

In der Türkei regiert die Adalet ve Kalkınma Partisi, AK Parti (**Partei für Gerechtigkeit und Aufschwung, AKP**) unter Führung von Tayyip

---

[620] vgl. Prados, Blanchard 2007

[621] vgl. auch Spanlinger 2009

[622] vgl. Handelsblatt 2007

[623] vgl. Steinberg 2010. Ein junger Nigerianer, der Ende 2009 versucht hatte, ein Flugzeug in Detroit zu sprengen, hatte Kontakte in den Jemen.

[624] vgl. auch BfV März 2008

Erdoğan. Die AKP wurde im Westen als moderat islamistisch wahrgenommen[625]. In der Praxis jedoch hat dann entgegen westlicher Befürchtungen keine tiefgreifende Islamisierung stattgefunden und es wäre auch fraglich, ob das Militär, das sich den laizistischen Idealen Kemal Atatürks verpflichtet sieht, dies zulassen würde. Jedoch hat ab 2009 eine immer schneller verlaufende außenpolitische Umorientierung stattgefunden, die insbesondere zu einer Abwendung von Israel und einer Hinwendung zu Syrien und dem Iran geführt hat[626]. Westliche Vorbehalte finden immer weniger Gehör.

Andererseits wurde die Türkei bezüglich des EU-Beitritts schon seit Jahrzehenten hingehalten. Neben Vorbehalten gegen die Aufnahme eines islamischen Landes werden auch immer wieder Demokratiedefizite als Hindernis vorgebracht, der wahre Grund scheint jedoch zu sein, dass die Türkei schlicht zu groß ist. Ein Beitritt wäre mit einem erheblichen Machtverlust (und Fördermittelverlust) für die bisherigen Großen, wie Deutschland, Frankreich, Großbritannien und Italien, verbunden. Die Türkei wird sich ihrer Größe zunehmend bewusst, so dass jetzt das Konzept der **tiefen Macht** verfolgt wird, d.h. der planvolle Ausbau einer regionalen Vormachtstellung.

Premierminister Tayyip Erdoğan hat im September 2010 eine Verfassungsreform durchgeführt, die den Einfluss des Militärs zurückdrängt. Die Befürworter, die auch in der Volksabstimmung die Mehrheit erhielten, sehen hierin einen Schritt zu Demokratisierung und Normalisierung, während die Gegner eine schleichende Aufgabe des laïzistischen Staates befürchten, als dessen Garant sich das Militär sieht[627].

[625] vgl. Asseburg 2007

[626] Martens 2010, S.5

[627] vgl. Zapf 2010, S.12

4.3.3 Muslime in Deutschland

Deutschland hat inzwischen schon eine relativ große islamische Bevölkerung, 2009 wurde eine Zahl von 4,3 Millionen Muslimen ermittelt[628]. Diese wiederum sind nach Herkunft und Religiosität recht heterogen. Weniger als die Hälfte hat die deutsche Staatsbürgerschaft.

Tab. 33 Muslime in Deutschland

Herkunft	**Südost-europa**	**Türkei**	**Zentral-asien, GUS**	**Iran**	**Süd/Südost-asien**	**Naher Osten**	**Nordafrika**	**Sonstiges Afrika**	**Gesamt**
Anteil (%)	13,6	63,2	0,4	1,7	4,6	8,1	6,9	1,5	100
Sehr stark gläubig	15,4	41,4	5,0	10,1	15,4	23,0	34,3	46,7	36,0
Stark gläubig	63,0	47,1	95,0	34,8	63,0	53,0	58,1	40,0	50,4
Eher nicht gläubig	18.8	8,4	--	24,6	18,8	8,5	5,2	6,7	9,6
Gar nicht gläubig	2,7	3,1	--	30,4	2,7	2,6	2,3	6,7	4,0

Quelle: Spiewak 2009, S.10

Zur besseren Integration und zur Initiierung eines langfristigen Dialogs hatte der damalige Bundesinnenminister Wolfgang Schäuble 2007 die **Deutsche Islam Konferenz (DIK)** ins Leben gerufen.

Anlässlich dessen wurde der **Koordinationsrat der Muslime in Deutschland (KRM)** als Spitzenverband der größten islamischen Organisationen, dem Zentralrat der Muslime in Deutschland (ZMD), der Türkisch-Islamischen Union der Anstalt für Religion (DİTİB), dem

[628] Carstens 2009

Islamrat für die Bundesrepublik Deutschland (IRD) und dem Verband der Islamischen Kulturzentren (VIKZ) gegründet.
Obwohl die Notwendigkeit eines Dialoges allgemein begrüßt und anerkannt wurde, gab es auch Kritik, insbesondere wegen der fraglichen Repräsentativität des KRM für die Muslime[629]. Der KRM wurde als Versuch angesehen, deutsche Verbändemuster (Korporatisierung) den Muslimen überzustülpen, mit der Folge, dass unter anderem deutsche Konvertiten überproportional vertreten seien. Manche Autoren kritisierten die konservative Grundhaltung, und es hat Ende 2009 keine wirklich fassbaren Ergebnisse gegeben[630].
Hinter dem Diskurs steht auch die Besorgnis, dass sich nicht nur in Deutschland Parallelgesellschaften bilden könnten, in der sich eigene, abgeschlossene Kulturmuster herausbilden, was eine Ablehnung der freiheitlich-demokratischen Grundordnung und eine spätere Radikalisierung begünstigen kann[631].
Diese Entwicklungen haben auch zu einem zunehmenden Diskurs um Symbole wie die Kleidung (Burka und Kopftuch) und die Symbole der Ausübung des Glaubens (Moscheen und Minarette) geführt, der in einigen Ländern wie z.B. Frankreich und Belgien schon die Parlamente beschäftigt[632].

---

[629] vgl. NZZ 2009a, FAZ 2009g
[630] vgl. NZZ 2009a, FAZ 2009g
[631] vgl. BfV März 2008 Das Bundesamt für Verfassungsschutz sieht einen legalistischen Islamismus mit einer Tendenz zur Bildung von Parallelgesellschaften bei Teilen der „Islamischen Gemeinschaft Millî Görüş“ (IGMG) oder die „Islamische Gemeinschaft in Deutschland“ (IGD).
[632] vgl. Krüger, K. 2010, S.31

5. Die strategischen Regionen der Erde

5.1 Europa

5.1.1 Fragmentierung und Osterweiterung

Die folgende Karte zeigt Europa mit der augenblicklichen Ausdehnung der Europäischen Union.

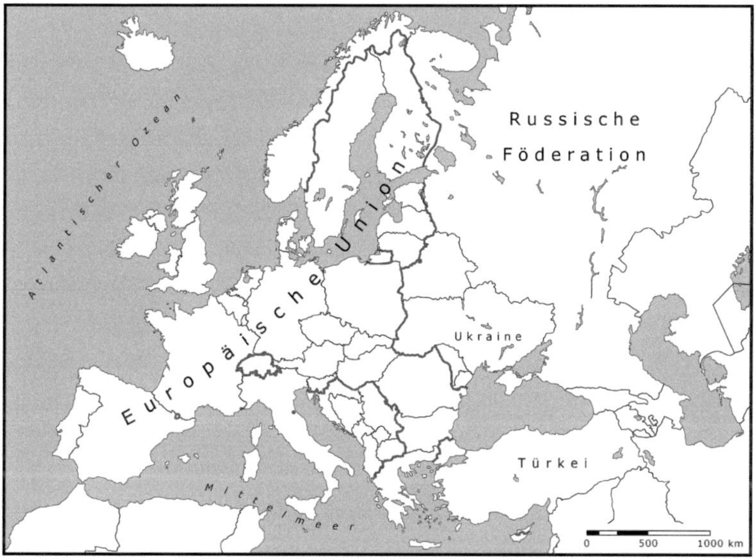

Seit dem kalten Krieg hat Europa sein Gesicht wesentlich verändert, insbesondere schreitet die **Fragmentierung** in Kleinstaaten immer weiter fort.

Die Sowjetunion 1991 und Jugoslawien ab 1992 sind in ihre Teilrepubliken zerfallen und darüber hinausgehend wurde auch noch der Kosovo unabhängig. Bei Bosnien-Herzegowina haben manche Autoren den Eindruck, dass es lediglich durch äußeren Druck zusammengehalten werden kann. 1993 teilte sich die CSSR in Tschechien und die Slowakei. Belgien droht der Zerfall in einen flämischen und einen wallonischen Teil und in Spanien wachsen die zentrifugalen Kräfte ständig an, wobei

nicht mehr so sehr die Basken, sondern die Katalanen die treibende Kraft sind. Die schottische Unabhängigkeitsbewegung ist noch in der Minderheit, wobei sich der Regionalisierungsprozess in Großbritannien dennoch beschleunigt hat. Dänemark musste Grönland weitreichende Autonomie gewähren und auch die Färöer-Inseln versuchen sich vom Mutterland zu lösen[633].
Für die EU hat das zur Folge, dass wenige große Staaten von einem Kranz von immer zahlreicheren bevölkerungsarmen oder wirtschaftlich kleinen Staaten umgeben sind.

Aber auch außerhalb der heutigen EU existiert das Problem in Form von Regionen, die alle durch den Zerfall der Sowjetunion de facto unabhängig wurden: so ist in Moldova der östliche des Dnjestr gelegene Teil als Trasnistrien schon seit fast 2 Jahrzehnten de facto unabhängig, ebenso Südossetien und Abchasien von Georgien, auch wenn dies nur von Russland, Venezuela und Nicaragua anerkannt wurde und Berg-Karabach von Aserbeidschan.
Nur bei Tschetschenien wurde die De-facto-Unabhängigkeit durch Rückeroberung rückgängig gemacht, weil dies das russische Staatsgebiet selbst betraf und Russland einen gefährlichen Präzedenzfall fürchtet(e).

Der zweite große Trend ist die **Osterweiterung der Europäischen Union und der NATO**.
Die Europäische Union und auch die NATO dehnen sich nimmer mehr nach Osten aus, wobei die NATO meist einen Schritt voraus ist, überlappen. Bis auf die Türkei, die Schweiz, einige ehemaligen jugoslawische und sowjetische Republiken im Osten und Norwegen und Island im Norden sind Europa und die EU/NATO nun weitgehend deckungsgleich, wobei die EU nach den **Berlin plus-Vereinbarungen** bei militärischen Aktionen mit der NATO kooperiert bzw. ihre Fähigkeiten nutzt. Irland, Österreich, Malta und Zypern sind nicht in der

[633] Jung 2009, S.9

NATO, während Norwegen, Albanien, Kroatien, die Türkei und Island nicht in der EU sind.

Dies geht mit einem schleichenden Bedeutungsverlust von Organisationen einher, die im kalten Krieg halfen über die Blockgrenzen hinweg zu arbeiten, wie der Organisation für Sicherheit und Zusammenarbeit OSZE und dem Europarat.

5.1.2 Die Strategie der EU

Bei der Frage nach der Strategie der Europäischen Union läge es nahe, nur an die Außenpolitik der EU zu denken. Aber gemessen am tatsächlichen politischen Einfluss spielt eine Art erweiterte Innenpolitik, bei der die EU andere Länder in ihre Regularien einbindet, eine weitaus größere Rolle, während die Außenpolitik entsprechend der unterschiedlichen Interessen ihrer Mitglieder vielschichtig und fragmentiert erscheint[634].

Die EU verfolgt in der Praxis eine mehrgleisige Strategie.

- Von der faktischen politischen Bedeutung steht die Anbindung durch Aufnahme neuer Mitglieder (so wie Kroatien vielleicht schon 2011) und durch Einbindung von Nicht-EU-Staaten in ihre Regularien als eine Art ‚erweiterte Innenpolitik' die Hauptrolle
- Weitere Aktivitäten entfaltet die EU auf diplomatischem Gebiet durch EU-Sonderbeauftragte und ab 2010 auch durch den Europäischen Auswärtigen Dienst EAD, dazu treten die Militärischen Aussenmissionen, bei denen Friedenssicherung und Stabilisierung im Zentrum stehen (siehe Kapitel 3.1.2)
- Eine dritte Strategie richtet sich auf die Schaffung eines Ringes befreundeter Staaten rund um die EU, wobei zunächst die Europäische Nachbarschaftspolitik ENP im Zentrum stand, nun aber eine zunehmende Differenzierung durch neue regionale Initiativen stattfindet
- Der vierte Strang ist die Entwicklungspolitik, bei der rein nach Größe und praktischer Bedeutung das Coutonou-Abkommen mit

---

[634] vgl. Wippermann 2002

78 afrikanischen, karibischen und pazifischen Staaten (AKP-Staaten) im Mittelpunkt steht.

Limitiert werden diese Strategien insbesondere durch den Abstimmungsbedarf zwischen den EU-Staaten und dem Umstand, dass in machtrelevanten Fragen wie Handel, Energie, Militär und Geheimdiensten parallel zu den EU-Aktivitäten nach wie vor nationale Politik betrieben wird, die mitunter der EU-Politik zuwiderläuft. Aber selbst da, wo Einigkeit besteht, erschwert der Abstimmungsbedarf oft rasche Reaktionen, auch wenn der Vertrag von Lissabon hier Verbesserungen schafft, z.B. dadurch, dass die EU jetzt eine eigene Rechtspersönlichkeit hat.
Manchmal lassen sich gewünschte Partnerschaften wegen unterschiedlicher Interessenlagen auch nicht etablieren, insbesondere mit Russland, mit dem auf dem Papier schon seit 1997 eine Partnerschaft besteht, hat es insgesamt wenig substantielle Verbesserungen geblieben[635].

5.1.2.1 Erweiterung und ‚erweiterte Innenpolitik'

Bei der Erweiterung zielt die EU perspektivisch auf alle noch verbliebenen europäischen Nicht-EU-Staaten ab, wobei Kroatien und Island an erster Stelle stehen. Es ist nach langen Diskussionen klar geworden, dass eine Erweiterung in den arabischen Raum auch langfristig nicht geplant ist. Die EU versucht ihren Einfluss neben der Erweiterung insbesondere über zwei Mechanismen über ihre Mitglieder hinaus zu erweitern:

- Der Europäische Wirtschaftsraum EWR und Sonderbeziehungen zu Kleinstaaten
- Die Einflusszone des Euro

[635] Manche Autoren fragen auch, ob die unter französischer Führung erfolgte EU-Friedensinitiative im Krieg Russland-Georgien wirklich so ein großer Erfolg war, denn faktisch wurden Abchasien und Südossetien der russischen Kontrolle überlassen, also lediglich die schon vollendeten Tatsachen bestätigt.

Der **Europäische Wirtschaftsraum EWR** erweiterte den Binnenmarkt der Europäischen Gemeinschaft seit 1994 um die Mitgliedsstaaten der **Europäischen Freihandelszone (EFTA)** mit Ausnahme der Schweiz, also nur um Island, Liechtenstein und Norwegen. 1999 wurden jedoch mit der Schweiz sieben bilaterale Verträge unterzeichnet, die zum 1. Juni 2002 in Kraft traten.

Im EWR wurden die Zölle zwischen den Mitgliedsstaaten abgeschafft und es gelten etwa 80% der Binnenmarktvorschriften der EU. Island ist z.B. dem Schengen-Abkommen beigetreten, hat sich aber aus Angst vor den EU-Fischern von der EU noch ferngehalten, deshalb trat auch Grönland aus der EU aus. Seit der Finanzkrise wird ein Beitritt Islands diskutiert. San Marino, Vatikanstadt und Monaco sind faktisch Bestandteil der EU, wobei schon vor der EU jeweils Vereinbarungen mit den umgebenden Ländern Italien und Frankreich in Kraft waren.

Andorra wurde 7 Jahrhunderte gemeinsam von Spanien und Frankreich verwaltet. Erst die Verfassung vom 16. März 1993 etablierte Andorra als einen souveränen Staat mit einem parlamentarisch-demokratischen System. Andorra ist kein Mitglied der Europäischen Union, es genießt jedoch eine Sonderbehandlung seitens der EU.

Die Einflusszone des Euro

Die Europäische Zentralbank EZB umfasst und beeinflusst mehr Länder als die EU selbst. Neben den 16 Euro-Staaten (Dtl., F, It, Irland, Lux, B, NL, Öst, Sp, Por, Fin, Gr, Cyp, Malta, Slowenien, Slowakei; ab 2011 auch Estland als 17. Staat), haben zahlreiche weitere Staaten einen Bezug zum Euro, insgesamt nutzen **über 40 Staaten** den Euro oder eine vom Euro abhängige Währung, ohne der Eurozone, formal **auch Europäische Wirtschafts- und Währungsunion EWWU** genannt, anzugehören. Diese Staaten lassen sich gliedern in:

- Teilnehmer an der Euro-Vorstufe EWS II. Europäischer Wechselkursmechanismus EWS II als Vorstufe zum Euro mit stabilen Kursen: Estland, Lettland, Litauen und Dänemark
- Währungsunionen mit Euro-Ländern zwischen Frankreich und Monaco, zwischen Italien und den Kleinstaaten San Marino und

der Vatikanstadt sowie zwischen Spanien/Frankreich und Andorra

- Ländern mit fester Bindung an den Euro sind Bosnien und Herzegowina (Bosnische Konvertible Mark), Bulgarien (bulgarischer Lew), Montenegro und als de facto-Euroland das Kosovo, das noch keine eigene Währung hat.

Länder, die mit Frankreich wirtschaftlich und währungsmäßig verbunden sind:

- **14 Länder** der afrikanischen **CFA-Franc**-Zone (Franc de la Communauté Financière d'Afrique), die in zwei Unterzonen gegliedert sind und zuerst fest an den Franc, jetzt an den Euro gekoppelt sind: Äquatorialguinea, Benin, Burkina Faso, Elfenbeinküste, Gabun, Guinea-Bissau, Kamerun, Republik Kongo, Mali, Niger, Senegal, Togo, Tschad und die Zentralafrikanische Republik. Das französische Finanzministerium garantiert die Wechselkursbindung, die Devisenreserven befinden sich in Frankreich.
- In **Südamerika** gehört Französisch-Guayana zur Euro-Zone.
- Eine ähnliche Bindung unterhalten mehrere französische Übersee-Territorien; Französisch-Polynesien, Neukaledonien sowie Wallis und Futuna sind über den Franc des **Colonies françaises du Pacifique CFP-Franc** ebenso fest an den Euro gebunden, wie die frühere französische Kolonie Komoren und die ehemalige portugiesische Kolonie Kap Verde. In den französischen CFP-Gebieten wird darüber diskutiert, den Euro direkt einzuführen.

Der Euro hat für die Euro-Staaten aber auch Nachteile, insbesondere den Verlust der eigenen Geldpolitik, denn die EZB ist für Geldmenge, Inflationsrate und Wechselkurse zuständig und Anpassungen an nationale Gegebenheiten sind nicht mehr möglich. Dies kann solche Staaten mit hohen Ausgaben, worauf immer diese auch fußten, in Bedrängnis bringen, wie es 2009/2010 mit Griechenland, Italien, Spanien und Portugal der Fall ist. Die Ungleichgewichte haben den Euro 2010 in einen schwere Krise mit ungewissem Ausgang gebracht.

In dem Zusammenhang muss auf die besondere Rolle **Großbritanniens** und **Frankreichs** hingewiesen werden. Beide Staaten haben folgende Merkmale, die sie von den restlichen EU-Mitgliedern abheben:

- sie sind Atommächte
- sie haben einen Sitz im UN-Sicherheitsrat (anders als z.B. Deutschland und Japan) und daher politisch besonders einflussreich
- sie sind ehemalige große Kolonialmächte mit immer noch zahlreichen, wenn zumeist auch kleine Überseeterritorien, die eine globale Präsenz begründen
- sie pflegen Sonderbeziehungen zu ihren ehemaligen Kolonien, insbesondere im Rahmen des Commonwealth (GB) und die CFA-Franc-Zone, der meistens Militärabkommen beigesellt sind[636]. Frankreich interveniert bei instabilen Verhältnissen ggf. auch selbst militärisch
- und sie betreiben Militärbasen im Ausland und dies nicht nur in den ehemaligen Kolonien.

Beide Staaten haben auch als Folge der Finanzkrise im November 2010 eine umfassende Militärkooperation vereinbart, bei der die gemeinsame Nutzung von Basen, die Kooperation im Bereich des Cyberwars und die Zusammenarbeit bei der Entwicklung neuer Waffen angestrebt wird[637].

5.1.2.2 Die EU-Sonderbeauftragten und der Europäische Auswärtige Dienst EAD

Schon seit einigen Jahren, insbesondere ab 2006, ist die EU mit Hilfe von **Sonderbeauftragten** (Special Representatives) zur Durchführung bestimmter Aufgaben im Bereich der Gemeinsamen Außen- und Sicherheitspolitik (GASP) in vielen Regionen der Erde aktiv.

Die genauen Beschreibungen der Aufgabenfelder variieren, aber es gibt doch einen gemeinsamen Aufgabenkern: Sonderbeauftragte dienen

---

[636] Das französische Gegenstück zum Commonwealth, die **Communauté française**, wurde nach einem schon in den Sechziger Jahren einsetzenden Bedeutungsverlust 1995 aufgelöst.

[637] vgl. Thibaut/Alich 2010, S.15

neben der Vertretung der EU vor Ort dazu, Frieden und Stabilität in der Region zu sichern und ggf. die Umsetzung von Friedens- und Konfliktlösungsabkommen zu unterstützen. Die realpolitischen Möglichkeiten der Sonderbeauftragten sind natürlich insbesondere außerhalb Europas relativ begrenzt.

Tab. 34 EU-Sonderbeauftragte (Stand 2010)

Afghanistan	Umsetzung der Afghanistan-Politik der EU in enger Zusammenarbeit mit der UNO und Leitung der EU Mission in Kabul
Region der Afrikanischen Großen Seen	Beitrag zur Lösung der politischen Krisen im Zielgebiet
Afrikanische Union (AU)	Koordinierung der Zusammenarbeit zwischen der EU und der AU
Bosnien und Herzegowina	Unterstützung bei Durchführung des Rahmenabkommens für den Frieden in Bosnien und Herzegowina
Kosovo	Stärkung der Stabilität der Region und Umsetzung einer Regelung für den künftigen Status des Kosovo
Mazedonien	Unterstützung bei Umsetzung des Ohrid-Rahmenabkommens
Moldawien	Beitrag zur Beilegung des Transnistrien-Konflikts
Naher Osten	Förderung insbesondere einer friedlichen Zwei-Staaten-Lösung

Sudan	Aufgaben: Beitrag zu einer politischen Lösung des Konflikts in Darfur, Umsetzung des Friedensabkommens CPA (Comprehensive Peace Agreement)
Südkaukasus	Unterstützung Armeniens, Aserbaidschans und Georgiens bei Reformen, Konfliktverhütung und -eindämmung
Zentralasien	Aufgaben: Stärkung von Demokratie, Rechtsstaatlichkeit und Menschenrechten

Entsprechend dem Lissabonner Vertrag, der erstmals eine Art „EU-Außenminister" vorsieht, hat Catherine Ashton diese Position als Hohe Außenbeauftragte der Europäischen Union übernommen. Als solche steht leitet sie auch den **Europäischen Auswärtigen Dienst EAD**, der noch 2010 seine Arbeit aufnahm und dessen offizieller Name **European External Action Service EEAS** ist. Der EAD setzt sich aus Beamten der Kommission, des Ratssekretariats und der diplomatischen Dienste aller Mitgliedstaaten zusammen[638] und wird aus einheitlichen geografischen und thematischen Ressorts (für alle Regionen und Länder) bestehen, die die gegenwärtig von den zuständigen Diensten der Kommission und des Ratssekretariats wahrgenommenen Aufgaben fortführen sollen. Für die Handels- und Entwicklungspolitik im Sinne des Vertrags sollen aber weiterhin die betreffenden Mitglieder und Generaldirektionen der Kommission zuständig sein.

Um den Zugriff auf sicherheitspolitisch relevante Informationen zu sichern, ist vorgesehen, dass Institutionen der Europäischen Sicherheits- und Verteidigungspolitik wie z.B. das EU-Lagezentrum **Sitcen** dem EAD organisatorisch zugeordnet werden sollen. Da das Sitcen schon wegen der Geheimdienstkoordination für die innere Sicherheit ebenfalls bedeutsam ist, wird es für die alltägliche Sicherheitspolitik der EU sehr

[638] vgl. EU2009g

wichtig sein, hier eine gute Zusammenarbeit zum Komitee für innere Sicherheit, dem COSI, zu etablieren.

5.1.2.3 Die Europäische Nachbarschaftspolitik ENP und regionale Initiativen

Eine dritte Strategie richtet sich auf die Schaffung eines Ringes befreundeter Staaten rund um die EU, wobei zunächst die 2004 etablierte Europäischen Nachbarschaftspolitik ENP im Zentrum stand, seither aber eine zunehmende Differenzierung durch neue regionale Initiativen stattfand, insbesondere die Mittelmeerunion, die Östliche Partnerschaft und die Schwarzmeersynergie. Daneben gibt es weitere regionale Initiativen wie den Ostseerat[639].

Allen Initiativen ist -ganz im Unterschied zu der erweiterten Innenpolitik und der Entwicklungspolitik- der Mangel an Geld, rechtlich verbindlichen Vereinbarungen und anderen Machtmitteln gemeinsam, was nicht etwa in einer grundlegenden Unfähigkeit der EU-Politiker begründet liegt, sondern in der Furcht der Mitglieder, dass ihr eigener außenpolitischer Spielraum zu sehr beschnitten werden könnte, d.h. die EU könnte auch mit der vorhandenen Strukturen weitaus mehr leisten, wenn man sie nur ließe.

- Die **ENP** richtet sich nach Osten an die Ukraine, Weißrussland und Moldawien sowie im südlichen Kaukasus an Armenien, Aserbaidschan und Georgien und an die Mittelmeerregion mit Marokko, Algerien, Tunesien, Libyen, Ägypten, Israel, die Palästinensischen Autonomiegebiete, Jordanien, Libanon und Syrien.
- 2007 machte der französische Präsident Nicolas Sarkozy den Vorschlag zur Gründung einer **Mittelmeerunion**, die an die Stelle des bisherigen Barcelona-Prozesses treten sollte. Die Befürchtungen der anderen EU-Staaten, dass sich eine konkurrierende Parallelstruktur zur EU bilden könnte, hat in der

[639] vgl. Schäffer/Tolksdorf 2009

politischen Praxis dazu geführt, dass die Finanzierung spärlich ausfiel, die Uneinigkeit zwischen den Mittelmeeranrainern tat ihr übriges, so dass die Mittelmeerunion bislang nur symbolische Bedeutung erlangt hat[640].

- Die **Östliche Partnerschaft** ist ein Assoziierungsabkommen, das die Europäische Union mit Armenien, Aserbaidschan, Georgien, Moldawien, der Ukraine und Weißrussland geschlossen hat. Im Unterschied zu den anderen Initiativen ist für die Partner in der ‚östlichen Nachbarschaft' eine EU-Mitgliedschaft prinzipiell möglich.
- Mit der **Schwarzmeer-Synergie** (Black Sea Synergy) will die EU die bisher bilateral geregelten Beziehungen zu Russland, der Türkei und den anderen Anrainerstaaten auf eine neue Basis stellen, wobei fraglich ist, ob die Partnerländer an diesen Maßnahmen wirklich interessiert sind, insbesondere weil der Beitritt der Türkei wieder nicht in Sichtweite ist.
- Der **Ostseerat** soll die Zusammenarbeit in dieser Region fördern, die sich über die baltischen Staaten bis Russland erstreckt und auch die skandinavischen Staaten mit einbezieht.

5.1.2.4 Die Europäische Entwicklungspolitik und das Abkommen von Cotonou

Die EU und ihre Mitgliedstaaten bringen zusammen mehr als die Hälfte der globalen öffentlichen Mittel für Entwicklungszusammenarbeit auf. Schwerpunkt der EU ist die Zusammenarbeit mit 78 Staaten **A**frikas, der **K**aribik und des **P**azifiks (**AKP**-Ländern) auf Grundlage des **Cotonou-Abkommens** von 2000, das das Lomé-Abkommen von 1975 ablöste. Wichtige Schwerpunkte des Abkommens sind die Förderung verantwortungsvoller Regierungsführung (Good Governance), die Einbindung der Zivilgesellschaft bei der Gestaltung und Umsetzung der Entwicklungszusammenarbeit und eine Anpassung an die Regeln der Welthandelsorganisation WTO, bei der die bisher einseitig von der EU

---

[640] Schmid 2009, S.13

gewährten Zollpräferenzen durch WTO-konforme biregionale Freihandelsabkommen (**Wirtschaftspartnerschaftsabkommen WPA** für sechs AKP-Regionalgruppen) ersetzt werden.

Im Zuge der engeren Verknüpfung von Sicherheits- und Entwicklungspolitik wurden in einer Revision im Jahre 2005 neue politische Zielsetzungen in das Abkommen integriert, insbesondere zur Bekämpfung des Terrorismus, der Nicht-Verbreitung von Massenvernichtungswaffen und zur Unterstützung des Internationalen Strafgerichtshofs.
Die Finanzierung des Cotonou-Abkommens erfolgt im Wesentlichen aus dem **Europäischen Entwicklungsfonds (EEF)**, der aus Beiträgen der Mitgliedstaaten finanziert wird. Der 10. EEF hat eine Laufzeit von 2008 - 2013 und einem Gesamtumfang von 22,6 Mrd. €.

5.1.3 Russland und seine Nachbarn

Russlands Politik hat nach dem Zerfall der Sowjetunion vier Phasen durchlaufen

- **1990-1993** Übergang und Etablierung des neuen präsidialdemokratischen Systems. Erst mit der gewaltsamen Auflösung des ehemaligen Obersten Sowjets hatte sich Boris Jelzin sich als einziges Machtzentrum etablieren können.
- **1994-1999** Tendenz zur Liberalisierung und Dezentralisierung. 1998 kam es zu einer Finanzkrise an den russischen Börsen, die das Finanzsystem schwer erschütterten.
- **2000-2008** Mit der Machtübernahme von Wladimir Putin setzte ein Prozess der Rezentralisierung und Stabilisierung Russlands ein. Die steigenden Rohstoffeinnahmen erlaubten es Russland, nicht nur die Schulden abzubauen, sondern auch einen Staatsfonds anzulegen. Zudem begann unter Putin eine Sicherung strategischer Industrien und der Ressourcen, d.h. der westliche Einfluss auf den Rohstoff- und Energiesektor wurde systematisch zurückgedrängt. Der Westen kritisierte, dass mit der Stärkung der Zentrale auch der Druck auf die freie Presse und die Zivilgesellschaft erheblich zugenommen hat, Putin verweist auf die wiedererlangte Stabilität.
- **2008-heute** Putin konnte laut Verfassung keine dritte Amtszeit in Folge haben, das Präsidentenamt wurde durch seinen Vertrauten und damaligen Gazprom-Aufsichtsratschef Dimitri Medwedew übernommen. Medwedew versucht auch unter dem Eindruck der Finanzkrise, die Russland auch durch die einbrechenden Energiepreise betraf, Kurskorrekturen vorzunehmen, insbesondere die Kontrolle und Bürokratie etwas zurückzufahren, wobei Putin aber nach wie vor als Ministerpräsident ebenfalls bedeutsam ist.

Die aktuellen Hauptprobleme Russlands sind

- der Modernisierungsbedarf der eigenen Industrie und der Armee

- die Kontrolle und möglichst profitable Vermarktung der Energie- und Rohstoffressourcen
- der demographische Wandel, der zu einer schleichenden Entvölkerung Russlands mit einer schon absehbaren muslimisch-chinesischen Mehrheit östlich des Urals führen wird
- der Umgang mit dem Westen (EU, NATO) und den Nachbarstaaten.

Viele politische Herausforderungen Russlands hängen immer noch mit den Folgen des Zerfalls der Sowjetunion zusammen. Durch diesen hat Russland nicht nur große Gebiete verloren, sondern es leben nun auch viele Russen außerhalb Russlands und Russland sieht sich als Schutzmacht der Auslandsrussen. Die Einflusssphäre Russlands in den ehemaligen Sowjetrepubliken wird auch von diesem als **nahes Ausland** bezeichnet.

Die Verbindungen mit den Nachbarstaaten sind auch nicht vollkommen aufgelöst. So existiert formal noch die **Gemeinschaft unabhängiger Staaten GUS**, die an die Stelle der Sowjetunion trat, aber nicht mal im Ansatz deren Bindungswirkung entfaltete, die **Eurasische Wirtschaftsgemeinschaft EURASEC** mit den Mitgliedern Russland, Weißrussland, Kasachstan, Kirgisistan und Tadschikistan, mit deren Hilfe seit 2000 Handelsschranken abgebaut werden sollen und die **Organisation des kollektiven Sicherheitspakts (CSTO)**, in der seit 1992 Russland, Armenien, Kasachstan, Kirgisistan, Tadschikistan, Weißrussland und Usbekistan in Sicherheitsfragen zusammenarbeiten.

Der Zerfall der Sowjetunion prägt auch nach wie vor die Militärpolitik. Die Armee war auf die Führung eines großen Krieges und eines aus mehreren Staaten bestehenden Miltärbündnisses ausgerichtet. Die Altlasten bestehen nun nicht nur aus Massenvernichtungswaffen, deren Entsorgung so aufwendig ist, dass Russland hier anstandslos die Hilfe des Westens im Rahmen der **Globalen Partnerschaft der G8** in Anspruch nimmt, sondern auch aus einem überdimensionierten Offizierskorps und relativ unbeweglichen Militäreinheiten. Die Weite des russischen Raums wird hier zum Problem, und Militärmanöver zeigten erhebliche Schwächen bei der konventionellen Kriegsführung, insbesondere der Truppenverlegung, so dass nun neben einer Verschlankung der Armee auf 1 Million Soldaten nun eine deutlich flexiblere Kommandostruktur mit Brigaden statt Regimentern und Divisionen aufgebaut wird[641].

Da dies aber für einen großen Krieg z.B. gegen China nicht mehr ausreicht, setzt Russland weiter auf eine Nuklearmacht, die zwar im Vergleich zum kalten Krieg sehr abgespeckt ist, aber weiterhin genug Sprengkraft für einen potentiellen Weltkrieg aufweist und so die nötige Sicherheit gegen Angriffe schafft.

Russland fühlt sich durch die NATO-Osterweiterung bedroht, aber auch durch die lange diskutierte Aufstellung von Raketenabwehrsystemen in Tschechien und Polen, wobei diese Systeme offiziell gegen Angriffe aus dem Iran aufgestellt werden sollten, aber aus russischer Sicht einen erheblichen Teil des russischen Territoriums (das zwischen dem Iran und dem Westen liegt) miterfasst hätten.

Die räumlichen Verhältnisse bestimmen hier Russlands Politik ganz wesentlich mit. Am engsten sind die Bindungen nach wie vor an die direkten Nachbarn Weißrussland, Ukraine und Kasachstan, wobei das Verhältnis zu Weißrussland und der Ukraine ambivalent sind.

Weißrussland und Russland haben zwar enge geschichtliche und kulturelle Bindungen, so dass die Frage einer Vereinigung beider Länder ständig im Raum schwebt, aber nachdem der weißrussische Präsident Lukaschenko erkannt hat, dass Weißrussland als Juniorpartner letztlich nicht nur die Eigenständigkeit, sondern zwangsläufig auch seinen Einfluss verlieren würde, hat sich die Begeisterung für eine Vereinigung erheblich abgekühlt und versucht die Unabhängigkeit zu sichern.

Dies fällt jedoch angesichts der Abhängigkeit von russischen Energielieferungen und einem wachsenden Schuldenberg immer schwieriger, eine Hinwendung zum Westen ist jedoch ebenfalls

---

[641] vgl. Ludwig 2009, S.1-2. Russland hat seine Nukleardoktrin wiederholt überarbeitet, wobei aber generell fraglich ist, welche Rolle solche Doktrinen in einer echten Krise wirklich spielen würden.

schwierig, da der Westen ihn als letzten Diktator Europas ansieht, wenngleich er die letzten Wahlen vielleicht auch frei gewonnen hätte, insbesondere die Landbevölkerung stützt ihn immer noch.

In der **Ukraine** lebt im Osten eine große russische Minderheit, so dass die Ukraine politisch in einen pro-westlichen Westen und einen pro-russischen Osten geteilt ist. Die veraltete Industrie, die gleichfalls vorhandene Abhängigkeit von russischen Energielieferungen und ein ebenfalls wachsender Schuldenberg lassen es jenseits aller Rhetorik angeraten erscheinen, sich gegenüber Russland vorsichtig zu verhalten.
Hinzu kommt eine belastete Geschichte. Der Versuch des sowjetischen Diktators Stalin, die als Klassenfeinde identifizierten Grossbauern (Kulaken) zu vernichten, führte vor allem in der Ukraine zu Millionen von Hungertoten im Rahmen des sog. **Holodomor** 1932/33[642]. Dies begünstigte nach dem Ende des zweiten Weltkrieges bis tief in die fünfziger Jahre einen hinhaltenden Partisanenwiderstand der Ukraine gegen die Wiedereingliederung in die Sowjetunion, wobei sich beide Seiten erheblicher Grausamkeiten im Kampf beschuldigten.
Als eine Geste der Versöhnung und in Anerkennung der Leiden der Ukraine im Krieg gegen Deutschland schenkte Nikita Chrustschow der Ukraine die Krim-Halbinsel. Dabei hatte er natürlich nicht die endgültige Abtretung russischen Territoriums im Sinn, sondern eine symbolische Geste. Nach dem rapiden Zerfall der Sowjetunion fand sich die Krim dennoch in der Ukraine wieder, obwohl von Russen bewohnt und von großer strategischer Bedeutung als Schwarzmeerflottenstützpunkt. Der **Krim-Konflikt** lastet im Hintergrund immer auf den Beziehungen. In der Praxis spielt die Frage nach dem richtigen Kurs gegenüber Russland daher die absolute Hauptrolle. Die Erwartung westlicher Medien, dass infolge der vom Westen gestützten **orangenen Revolution**, bei der Präsident Viktor Juschtschenko 2004 nach Protesten gegen Wahlmanipulationen die Macht erlangte, ein umfassender prowestlicher Politikwechsel stattfinden würde, war angesichts der realpolitischen Konstellationen

---

[642] vgl. Zank 2008, S.110

von vornherein nicht realistisch, auch ein EU- oder NATO-Beitritt waren und sind vorläufig nicht zu erwarten. Im Übrigen befindet sich westlich der Ukraine mit **Transnistrien** noch ein kleines an Russland orientiertes Territorium.

Im Osten der Moldaurepublik lebt eine russische Minderheit östlich des Dnjestr. Als die Moldaurepublik unabhängig wurde, stand zuerst eine Vereinigung mit Rumänien zur Debatte, die wiederum die Minderheiten der Moldau, die **Gagausen** und die Russen, zum Widerstand motivierte. Während mit den Gagausen eine einvernehmliche Regelung gefunden wurde, hat sich Transnistrien unter dem Schutz dort noch stationierter russischer Soldaten abgespalten. Das Transnistrienproblem steht aber nicht mehr in Zentrum, die Besserung der schwierigen wirtschaftlichen Situation der Moldauer hat insgesamt Vorrang.

Das Verhältnis Russlands mit **Kasachstan** unter Nasarbajew, der das Land seit der Unabhängigkeit regiert, ist insgesamt sehr entspannt. Der Norden des Landes wird von einer großen zusammenhängenden russischen Minderheit bewohnt, wobei eine Rückwanderungstendenz nach Russland zu beobachten ist.

Mit den baltischen Republiken **Litauen, Lettland** und **Estland** ist das Verhältnis aus historischen Gründen, aber auch wegen der noch im Lande befindlichen russischen Minderheiten insgesamt belastet. Die baltischen Republiken lasten Russland die Annexionen von 1940 an, wo die Russen darauf pochen, die Republiken im zweiten Weltkrieg von den Deutschen befreit zu haben. Die Balten lasten der Sowjetunion wiederum eine Russifizierungspolitik an, was sich wiederum nach dem Ende der Sowjetunion auf den Umgang mit den russischen Minderheiten ausgewirkt hat. Die Spannungen entluden sich in dem kurzen Cyberwar mit Estland von 2007, der jedoch nicht vom russischen Staat ausging.
Die baltischen Republiken haben sich nach der wiedererlangten Unabhängigkeit im August 1991 sehr rasch gen Westen orientiert und den NATO – und EU-Beitritt erfolgreich angestrebt. Für Russland ist das Heranrücken des ehemaligen Gegners des kalten Krieges bis an die

eigenen Grenzen strategisch sehr problematisch. Andererseits konnte Russland realpolitisch gesehen nach dem Ende des kalten Krieges nicht ernsthaft glauben, dass der Westen auf Erweiterungsmöglichkeiten nach Osten verzichten würde.

Mit dem nördlichen Nachbar **Norwegen** hat sich das Verhältnis im Jahre 2010 entspannt, nachdem sich beide Seiten auf die Aufteilung des umstrittenen rohstoffreichen Territoriums in der Barentssee geeinigt haben.
Auf **Finnland** hatte die Sowjetunion nach dem zweiten Weltkrieg stets großen Einfluss und war auch ein wichtiger Handelspartner. Der Zusammenbruch der Sowjetunion führte zu einer Umorientierung Finnlands, so dass Finnland nicht nur EU-Mitglied wurde, sondern auch der Eurozone beitrat.

Im Kaukasus ist das Verhältnis zu **Armenien, Aserbeidschan und Georgien** kompliziert. Schon beim Zerfall der Sowjetunion haben sich von Georgien faktisch die Regionen **Abchasien** und **Südossetien** abgelöst. Bis 2008 herrschte ein labiler Status Quo, dann kam es zu einem kurzen Krieg, bei dem die georgische Armee die südossetische Hauptstadt Zhinwali unter Beschuss nahm und der mit der russischen Besetzung dieser Regionen endete. Die Einzelheiten des Krieges sind umstritten, der georgische Präsident Sakaschwili argumentierte, einem russischen Angriff zuvorgekommen zu sein. Aber selbst wenn das zutrifft, was die Russen energisch bestreiten, war die Sinnhaftigkeit eines Präventivangriffes auf einen Gegner zu bezweifeln, der in allen wichtigen Bereichen dutzendfach überlegen war und ohne dass Hilfe von außen zur Verfügung stand. Dass sich die Lage destabilisierte, hatte der Westen schon erkannt, denn noch kurz vor dem Krieg war Außenminister Steinmeier zur Sondierung der Lage in Georgien gewesen, aber physischer Entsatz westlicher Truppen war viel zu weit weg, um auch nur rein theoretisch noch eingreifen zu können.
Die EU-Friedensmission endete mit der Anerkennung der neuen Verhältnisse und Medwedew erkannte Abchasien und Südossetien als unabhängig an. Diese Maßnahme, die auch als Antwort auf die vom

Westen geförderte einseitige Unabhängigkeitserklärung des Kosovo zu sehen war, fand jedoch bei China keine Unterstützung[643], so dass sich außer Nicaragua zunächst keine weiteren Unterstützer fanden.
Da die Olympischen Winterspiele 2014 in Sotchi in großer Nahe zu Abchasien stattfinden werden, ist dem Konflikt weitere Aufmerksamkeit schon gewiss.

Armenien und **Aserbeidschan**, die anderen beiden Nachbarn an der Südflanke Russlands, sind vor allem miteinander verfeindet und schon 1988 kam es zu ethnischen Konflikten, die die Sowjetunion nicht unter Kontrolle halten konnte. Es geht um die mehrheitlich von Armeniern bewohnte, aber zu Aserbeidschan gehörige Region **Bergkarabach** (Nagorny Karabach), die Armenien 1994 samt einer Landbrücke von Aserbeidschan erobert hat und bis heute besetzt hält. Aserbeidschan hat es trotz seines Ölreichtums, der es für das Ausland politisch attraktiv macht, nicht mehr geschafft, den Status Quo zu ändern.
Kultureller und historischer Orientierungspunkt sind für beide Staaten eher die Türkei als Russland, da deinerseits die Aserbeidschaner den Türkei kulturell und ethnisch nahe stehen, während die Türkei und die Armenier im ersten Weltkrieg einen Konflikt hatten, der zur Ermordung zahlreicher Armenier führte. Die Armenien werfen der Türkei systematischen Genozid vor, was diese bestreitet, so dass das Verhältnis beider Staaten bis heute stark belastet ist.
Gleichwohl bildet Russland den entscheidenden militärischen Machtfaktor und hat im Sommer 2010 mit Armenien ein Militärabkommen bis 2044 verlängert[644].

Aber auch innerhalb des russischen Kaukasusterritoriums hat Russland Probleme. **Tschetschenien** hatte sich während des Zerfalls der Sowjetunion faktisch aus dem russischen Staatsverband gelöst, wurde

---

643 China sieht darin die Förderung eines Separatismus, den es als eines der Grundübel der Politik schlechthin betrachtet. Obwohl China Russlands Sicht beim Kosovo unterstützte, konnte es hier aus prinzipiellen Überlegungen Russland nicht helfen.
644 Spiegel 35/2010, S.86, FAZ2010r, S.7

dann aber von Russland, dass einen Präzedenzfall für einen Zerfall Russlands fürchtete, in zwei Kriegen 1994-1996 und 1999-2000 zurückerobert, bei den Kämpfen wurde die Hauptstadt Grosny vollkommen zerstört. Die Russen lasteten Tschetschenien an, auch ein Rückzugsgebiet für Kriminelle, Terroristen und Islamisten zu sein, während die Tschetschenen argumentieren, sich nur gegen die russische Gewalt zu wehren.
Seit die Tschetschenen nach dem zweiten Weltkrieg wegen des Verdachtes der Deutschfreundlichkeit deportiert wurden, ist das Verhältnis zu den Russen schwer belastet.
Mittlerweile wird Tschetschenien unter Kadyrow wieder aufgebaut, wobei der Konflikt aber immer noch schwelt[645]. Die Grenzen zwischen Bürgerkrieg, Terrorismus und Rebellen sind in Tschetschenien aber auch den Nachbarregionen wie **Inguschien** und **Dagestan** fließend. Die Terroranschläge von Moskau 2010 werden Doku Umarow zugeschrieben, der an die Stelle der 2005/2006 getöteten Führer Maschadow und Bassajew getreten ist[646].
Die im Westen geäußerte Befürchtung, der Kaukasus könnte von Russland abfallen und sich in einem aggressiven islamistischen Staat verwandeln, scheint jedoch unrealistisch zu sein. Die Zersplitterung in viele kleine Teilvölker, die großen Wert auf ihre Unabhängigkeit legen, wobei diese Unabhängigkeit insbesondere das Recht meint, ihre inneren Angelegenheiten nach ihren althergebrachten Traditionen selber regeln zu dürfen, bedingt in praxi eine starke intrinsische Resistenz gegen wie auch immer übergreifende politische Ideologien oder Zielsetzungen.

In Mittelasien wurde nach dem Zerfall der Sowjetunion die Telrepubliken Usbekistan, Turkmenistan, Tadschikistan, Kirgisistan und Kirgisistan unabhängig. Allen Teilstaaten ist gemeinsam, dass die dahinter stehenden Völker schon seit langem ansässig sind, die Grenzen der Sowjetrepubliken jedoch willkürlich und ohne Rücksicht auf die ethnischen Grenzen gezogen wurden, so dass alle Teilrepubliken Minderheiten anderer Volksgruppen haben. Historisch ist Russland bzw.

---

[645] vgl. Quiring 2009
[646] vgl. Ludwig 2010

die Sowjetunion erst seit dem 19. Jahrhundert präsent, vorher spielten die beiden Chanate **Buchara** und **Chiwa** die Hauptrolle in der Region. In allen Teilrepubliken übernahmen die vorherigen regionalen Chefs der Republiken auch die Macht als Staatspräsidenten. Die Lage hat sich danach jedoch recht unterschiedlich entwickelt:

- **Tadschikistan** wird von lokalen Konflikten und islamistischen Aktivitäten heimgesucht und gilt als relativ instabil, wobei die schlechte Zugänglichkeit vieler Regionen dies noch begünstigt.
- **Usbekistan** gilt seit 2 Jahrzehnten als sehr stabil, wenn der Staat sich auch zunehmend mit islamistischen Tendenzen konfrontiert sieht. Zusammen mit Turkmenistan kann es als regionale Vormacht angesehen werden.
- **Turkmenistan** geriet unter seinem ersten Herrscher, der sich selber **Turkmenbashi** (Vater aller Turkmenen) nennen ließ, in einem sehr autoritären Personenkult. Für das Ausland waren und sind jedoch die großen Gasreserven sehr viel wichtiger, Turkmenistan liefert u.a. an die russische Gasprom. Kurz nachdem die EU die Fühler nach Turkmenistan ausstreckte, so war der damalige Außenminister Steinmeier zu Besuch, verstarb der Turkmenbashi plötzlich. Sein Nachfolger nahm den Personenkult zurück, vermied aber eine einseitige Orientierung an Russland. Nun wird auch China als Partner immer wichtiger.
- **Kirgisistan** leidet an der Armut und auch an Korruptionsproblemen, die insgesamt schon zu zwei Umstürzen geführt hat. 2010 kamen auch noch ethnische Unruhen mit der usbekischen Minderheit in der Stadt Osch hinzu. Kirgisistan ist aus amerikanischer und russischer Sicht als Militärstützpunkt interessant, so dass beide Länder an einem guten Verhältnis zu Kirgisistan interessiert sind. Der Sturz von Präsident Akajew im Rahmen der „Tulpenrevolution" von 2005 hat bei den Nachbarrepubliken die Befürchtung erweckt, dass ein zu großer Einfluss des Westens letztlich die starke Stellung der Präsidialsysteme in ihren Ländern unterminieren könnte, so dass sich das Verhältnis der mittelasiatischen Staaten zum Westen insgesamt abgekühlt hat.

Die zwischen China und Russland gelegene **Mongolei** wurde ab den 1920er Jahren von der Sowjetunion kontrolliert und ein kleiner Teil, die phasenweise unabhängige Republik Tannu-Tuva 1944 sogar annektiert. Nach dem Zerfall der Sowjetunion hat sich die Mongolei auf die eigene Geschichte besonnen und von der Sowjetunion in jeder Hinsicht gelöst. Es gibt auch eine, wenn auch sehr instabile und von Unruhen geprägte Demokratie, bei der die Regierungen immer wieder von Versagens- und Korruptionsvorwürfen erschüttert werden, auch wenn sich die ex-kommunistische Volkspartei MPRP insgesamt behaupten konnte. Ein Grossteil der Bevölkerung ist in der Hauptstadt Ulan-Bator ansässig. Ein Teil der Mongolen lebt in Nordchina, wo sie aber von den Chinesen durch Siedlungspolitik längst majorisiert worden sind. Die Mongolei lehnt sich stark an die USA an, dass offiziell als **„dritter Nachbar“** bezeichnet wird und mit dem intensive Handels- und Sicherheitskooperationen bestehen.

5.1.4 Das ehemalige Jugoslawien

Jugoslawien zerfiel schrittweise, erst spaltete sich **Slowenien** ab, dann auch **Mazedonien** und mit diplomatischer Unterstützung vor allem aus Deutschland[647] Anfang 1992 Kroatien und kurz danach auch 1992 Bosnien-Herzegowina.

Mazedonien hat seit seiner Unabhängigkeit erhebliche Spannungen mit dem Nachbarn Griechenland, das ebenso wie Mazedonien das historische Erbe Alexanders des Großen beansprucht, auch weil sich davon Territorialansprüche ableiten lassen. Griechenland konnte international bislang den Namen **FYROM (Former Yugoslavian Republic of Macedonia)** durchsetzen.

In Bosnien-Herzegowina war eine Teilung des Landes diskutiert worden, aber die starke Vermischung der Ethnien ließ eine einfache Trennung wie in der CSSR nicht zu, so dass es rasch zu gewaltsamen

[647] Das wurde zwar später zuweilen bestritten (vgl. Martens 2006, S.12, aber in Deutschland begannen die Nachrichten an dem Tag mit einer Einspielung aus dem kroatischen Fernsehen, das in seinen Nachrichten zur Unabhängigkeit „Danke, Deutschland“ getitelt hatte.

Auseinandersetzungen kam, die dann im ersten Schritt zu einer Besetzung serbisch beanspruchter Gebiete in Kroatien (vor allem die Republik Krajina) und großer Teile Bosniens durch serbische Truppen führte. Es folgte ein blutiger Krieg zwischen Serben, Kroaten und muslimischen Bosniern.

Das Hauptproblem am Krieg im ehemaligen Jugoslawien war, das die EU ohne amerikanische Hilfe nicht imstande war, in ihrer unmittelbaren Umgebung den Frieden zu sichern. Die USA erzwangen schließlich das **Dayton-Abkommen**, mit dem 1995 Frieden geschlossen wurde, u.a. in dem sie die Verhandlungspartner drei Wochen in strenger Klausur hielt. Zuvor hatten die USA schon ein bosnisch-kroatisches Bündnis erzwungen, nachdem die Kroaten phasenweise als Teilrepublik Herceg-Bosna eigene Wege gingen.

Vor dem Dayton-Abkommen hatten die Kroaten und die Bosnier im Sommer 1995 in etwa die Hälfte Bosnien-Herzegowinas erobert, nachdem kurz zuvor die kleine serbische Republik Krajina von Kroatien erobert worden war.

Bosnein-Herzegowina besteht nun als ein Staat mit zwei Unterstaaten (Entitäten), nämlich der Föderation aus Bosniern und Kroaten sowie der serbischen Republik **Srpska**, wobei der Staat und beide Entitäten einen voll ausgestatteten Verwaltungsapparat besitzen. Um dieses Gebilde am Funktionieren zu halten, besitzt der Hohe Beauftragte der EU Sondervollmachten, mit der dieser direkt in Beschlussfassungen bzw. Postenbesetzungen eingreifen kann, was zu in der Summe zu einem schwachen und ineffizienten Staatswesen geführt hat, in dem die Wunden der Vergangenheit nur mühsam heilen. Ob Bosnien-Herzegowina ohne die EU weiterexistieren würde, erscheint vor dem Hintergrund der Entwicklung im restlichen ehemaligen Jugoslawien mehr als fraglich.

1999 kam es zum **Kosovo-Krieg**, bei dem die NATO Jugoslawien durch ein mehrwöchiges Bombardement zur Räumung des Kosovo zwang, der ethnisch von einer albanischen Mehrheit bewohnt wird, die schon seit vielen Jahren ein gespanntes Verhältnis zu Serbien hatte und ein wachsender politischer Druck auf die Albaner ausgeübt wurde. Die Frage des Umgangs mit den Albanern wurde auch zum Problem in Mazedonien, wo aber mit Hilfe des **Abkommens von Ohrid** 2001 weitergehende Konflikte unterbunden werden konnten.

Jugoslawien bestand am Ende nur noch aus Serbien und Montenegro. **Montenegro** hatte sich im Jahr 1999 wirtschaftlich wegen der Hyperinflation des serbischen Dinars von Serbien abgekoppelt, wurde als Währung die Deutsche Mark eingeführt, danach der Euro verwendet. Obwohl das Verhältnis von Serben und Montenegrinern insgesamt gut war und ist, beschleunigte dies Sezessionstendenzen, die 2006 zu einer knappen Entscheidung für die Unabhängigkeit Montenegros führten.

2008 wurde nach langen, aber von vornherein aussichtslosen Verhandlungen, weil der Verbleib des Kosovo bei Serbien für die albanischen Kosovaren genauso inakzeptabel war, wie die Unabhängigkeit des Kosovo für die Serben, die einseitige Unabhängigkeit des Kosovo erklärt. Diese wurde von Staaten, die selber Sezessionsbewegungen oder territoriale Veränderungen fürchten, nicht gut geheißen, so dass selbst die EU nicht einheitlich dafür votierte.

5.1.5 Die Türkei

Die herausragende strategische Bedeutung der Türkei ergibt sich neben ihrer Größe auch aus ihrer Lage mit Russland im Norden und Syrien und Irak im Süden. Die Türkei ist daher als NATO-Partner stets von besonderer Bedeutung gewesen.

Dennoch sind gewisse Spannungen nicht zu übersehen, insbesondere mit dem Nachbarland **Griechenland**, mit dem das Verhältnis seit dem Ende des ersten Weltkrieges und der letztendlichen Vertreibung der Griechen von der türkischen Ostküste belastet ist. Die Spannungen erhielten neue Nahrung, nachdem die Türkei 1974 N**ordzypern** besetzte, weil sie befürchtete, dass es vielleicht doch zur Vereinigung des mehrheitlich griechisch bewohnten Zyperns mit Griechenland kommen konnte und sie die Rechte der türkischen Minderheit schützen wollte[648]. Im November 1983 erklärte sich das türkische Nordzypern für unabhängig, woran sich faktisch trotz andauernder Verhandlungen nichts grundlegend geändert hat. Dennoch hat die EU das griechische Zypern 2004 als Mitglied aufgenommen, was Nordzypern weiter isoliert.

Ein weiteres Problem sind die Kurden im Osten, die auch über den Irak und den Iran verteilt leben und bei denen immer wieder Unabhängigkeitsbestrebungen aufkamen, insbesondere durch den bewaffneten Kampf der **kurdischen Arbeiterpartei PKK**. Als Nebenprodukt des Irakkrieges hat sich im Norden des Irak erstmals ein autonomes kurdisches Gemeinwesen etabliert, das von der Türkei aufmerksam beobachtet wird.

Das Verhältnis mit dem Westen hat sich in den letzten Jahren langsam verschlechtert. Andererseits wurde die Türkei bezüglich des EU-Beitritts schon seit Jahrzehnten hingehalten. Neben Vorbehalten gegen die Aufnahme eines islamischen Landes werden auch immer wieder Demokratiedefizite als Hindernis vorgebracht, der wahre Grund scheint jedoch zu sein, dass die Türkei schlicht zu groß ist. Die Türkei wird sich ihrer Größe zunehmend bewusst, so dass jetzt das Konzept der **tiefen Macht** verfolgt wird, d.h. der planvolle Ausbau einer regionalen Vormachtstellung.

2003 hatte sich die Türkei gegen die logistische Unterstützung des Irakkrieges gesträubt, wodurch es zu einer ernsten Verstimmung mit den USA kam. Das lange Zeit gute Einvernehmen mit Israel hat sich in den letzten Jahren verschlechtert und ab 2009 findet eine immer schneller verlaufende außenpolitische Umorientierung zu Syrien und dem Iran statt[649].

---

[648] Zypern ist genau genommen dreigeteilt, denn es gibt auch noch ein britisches Territorium, an dessen Grenzen die Türken 1974 auch Halt machten.

[649] Martens 2010, S.5

5.2 Asien

5.2.1 Einführung

Die folgende Karte zeigt eine Übersicht von Asien.

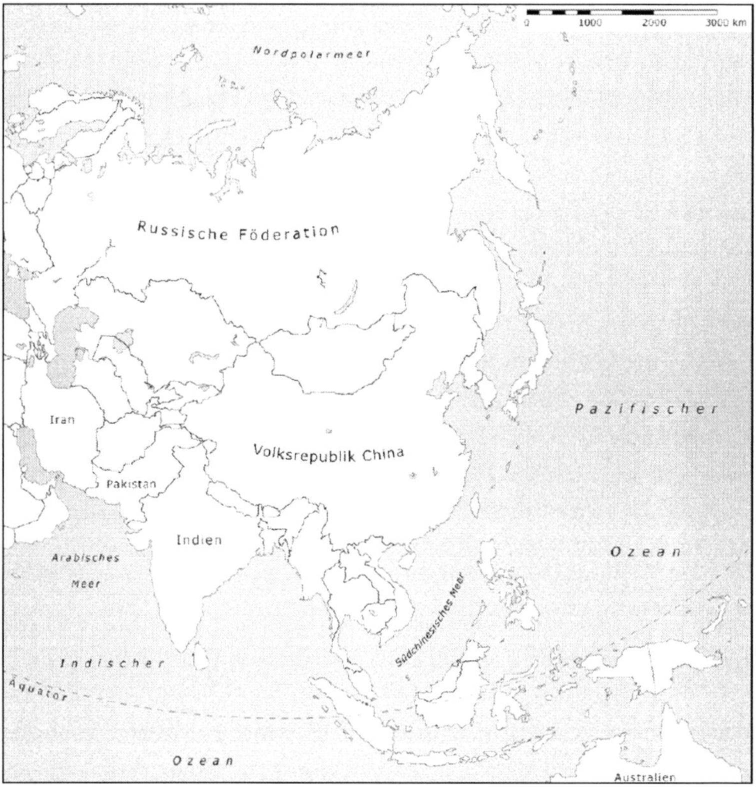

Asien hat nach dem Ende des kalten Krieges einen raschen wirtschaftlichen Aufschwung genommen, der zuerst mit den sogenannten **Tigerstaaten** begann, insbesondere Südkorea und Taiwan, dem dann weitere Staaten wie Malaysia und Indonesien folgten, die aber in der Asienkrise von 1997/98 schwer getroffen wurden, bei der eine Überhitzung der Wirtschaft mit zu optimistischer Kredittaufnahme und instabilen Währungen eine wesentliche Rolle spielten. Die

Wachstumsdynamik wurde dann aber von China und Indien weiter getragen, die mit Japan heute die Hauptrolle in Asien spielen.

5.2.2 Japan

Japan ist ein stabiles Land, das mit über 120 Millionen Einwohnern eine der größten Volkswirtschaften der Welt ist. Sicherheitspolitisch stand es zuletzt mit den Anschlägen der Aum Shrinkyo-Sekte Mitte der Neunziger Jahre im Rampenlicht. Japan hat sich nach dem zweiten Weltkrieg eine Beschränkung der Militärausgaben von 1% des Bruttoinlandsprodukts auferlegt, wegen der Wirtschaftskraft gehört es mit seinen **Selbstverteidigungskräfte** genannten Armee trotzdem zu den großen Militärmächten. Japan hat z.B. mit 53 Zerstörern und Fregatten eine Stärke wie Großbritannien und Frankreich zusammen[650]. In den letzten Jahren haben sich japanische Militärs auch zunehmend in internationalen Friedensmissionen engagiert.

Hauptproblem Japans ist seit zwei Jahrzehnten der Umgang mit einer Banken- und Finanzkrise, in der wie viele Jahre später in der USA auch eine geplatzte Immobilienblase eine zentrale Rolle spielte, die zu einem nachhaltigen Absinken der Börsenkurse, einem verlangsamten Wachstum und einer rapide wachsenden Staatsverschuldung geführt hatte. Die westlichen Länder werfen Japan zuweilen vor, seine Märkte durch nicht-tarifäre Handelshindernisse, sprich durch Vorschriften und Bürokratie abzuschotten. Ein weiteres Problem ist der demographische Wandel, der viele Staaten der Nordhalbkugel betrifft.

Die Außenpolitik ist von einem ambivalenten Verhältnis zu China, bei dem sich eine durch den zweiten Weltkrieg belastete Geschichte mit der Besetzung großer Teile Chinas und ein großes wirtschaftliches Potential gegenüberstehen, gekennzeichnet. Wegen territorialer Streitigkeiten mit China um einige südlich von Japan gelegene Inseln richtet Japan Ende 2010 seine Militärstrategie neu aus und wird den Schwerpunkt von

---

[650] vgl. Wacker 2006

Norden (gegen Russland) nun nach Süden (gegen China) verlegen[651]. Ebenso verhalten sich die Dinge mit dem damals von Japan besetzten Korea. Gleichwohl gehört Japan zum westlichen Lager und ist mit den USA verbündet, wenngleich es zuweilen Streitigkeiten wegen der auf Japan (Okinawa) stationierten US-Truppen gibt.

5.2.3 China und seine Nachbarn

China hat sich seit den Reformen unter Deng Xiaoping zu einer führenden wirtschaftlichen Macht entwickelt. Dennoch sieht sich China mit einer Reihe großer innen-, handels- und außenpolitischer Herausforderungen konfrontiert.

Innenpolitisch haben sich durch den wirtschaftlichen Aufschwung **soziale und regionale Disparitäten** herausgebildet, die zunehmend für Spannungen sorgen. Die reichen Küstenregionen stehen dem armen Binnenland gegenüber und die Herausbildung einer chinesischen Mittelschicht hat den Unmut der Arbeiter gefördert, die deshalb zunehmend Lohnerhöhungen fordern[652]. Der Anstieg der Löhne in China kann zum sozialen Frieden beitragen, aber auch den Standortvorteil Chinas beeinträchtigen.

Mit dem Aufschwung ist auch die **innerchinesische Konkurrenz** zwischen den chinesischen Regionen größer geworden, so dass diese sowohl durch zunehmende Eigeninitiative als auch durch zuweilen zögerliche Umsetzungen von Anweisungen der Zentrale die Kontrolle des Staates und der Wirtschaft erschweren.

Die innerchinesischen Konflikte zeigen sich auch an einem Sprachenstreit, bei denen die Regierung das Mandarin-Chinesisch als Putonghua (normale Sprache) gegen andere chinesische Dialekte wie das immerhin von 71 Millionen Chinesen gesprochene Kanton-Chinesisch durchsetzen will[653].

---

[651] vgl. Kölling/Fahrion 2010, S.9

[652] vgl. Mayer-Kuckuck 2010a, S.16

[653] vgl. Kühl 2010, S.14

Hinzu kommen die demographischen Probleme mit einer Überalterung der Bevölkerung, die die Frage nach der Versorgung der vielen Älteren zu einem drängenden politischen Problem machen. Die inzwischen erfolgte teilweise Aufhebung der Ein-Kind-Politik kann diesen Prozess nur verlangsamen, aber auf absehbare Zeit nicht stoppen oder gar umkehren.

Ein weiteres Problem ist der Separatismus, der sich in Bestrebungen nach mehr Autonomie und Unabhängigkeit der beiden westlichen Regionen Chinas, nämlich **Sinkiang-Uigur**, das von dem muslimischen Turkvolk der Uiguren bewohnt wird und des erst nach 1949 endgültig eingegliederten **Tibet**s äußern. Die Chinesen beginnen durch Ansiedlung von Han-Chinesen in diesen Regionen die Struktur der Bevölkerung zu verändern, was bei den angestammten Einwohnern zu Protesten geführt hat. Die Tibet-Politik wird auch durch den im Exil lebenden **Dalai Lama** beeinflusst, der versucht, den Westen für die Sache Tibets zu gewinnen.

Der Wechselkurs der chinesischen Währung **Renminbi Yuan (RMB)** wird von China streng kontrolliert, was insbesondere in den Augen der USA zu einer deutlichen Unterbewertung geführt hat. Diese wiederum erlaubt es China, seine Produkte billiger auf den Markt zu bringen und so Vorteile im Export gegenüber den USA zu erlangen. Auf diese Weise hatte sich bis zur Finanzkrise eine fatale Symbiose entwickelt, bei die Chinas Produkte den USA billigen Konsum und China einen raschen Aufschwung erlaubten, wofür wiederum China die Dollareinnahmen als Reserve behielt und durch den Kauf amerikanischer Staatsanleihen die neuen Schulden der USA finanzierte. Die steigende Schuldenaufnahme der USA erlaubte den weiteren Konsum (chinesischer Produkte). Der Yuan wurde zwar in den letzten Jahren schon schleichend aufgewertet, aber eine weitere Aufwertung würde zwar die USA entlasten, doch die chinesischen Dollarreserven entwerten und die chinesische Wirtschaft belasten, was wiederum den Anreiz, Amerikas Kapitalbedarf weiter zu finanzieren, untergraben würde. Dadurch könnte eine Aufwertung des Yuan den USA vielleicht sogar mehr schaden als nützen.

Ein weiteres Problem sind die **Copyright- und Patentschutzstreitigkeiten** mit dem Westen[654], der China vorwirft, durch Industriespionage und Raubkopien auf Kosten des Westens seinen Aufschwung voranzutreiben. Die Chinesen sehen im Patentschutz eher ein Instrument des Westens, neue Konkurrenten durch hohe Lizenzkosten am Boden zu halten. In den gleichen Bahnen verläuft die Debatte um die Einhaltung von Sozial- und Umnweltstandards.
China wird vom Westen wegen Demokratie- und Menschenrechtsdefiziten kritisiert, China weist dies wie auch die andere westliche Kritik auch als unzulässige Einmischung in die inneren Angelegenheiten Chinas zurück.

Chinas rasches Wachstum erfordert eine stetige Zufuhr an Rohstoffen und Energie. Die Sicherung solcher Ressourcen hat daher oberste Priorität. China konzentriert sich dabei auf Afrika, wo China Verträge mit rohstoffreichen Staaten schließt und diese dann nicht nur mit Geld, sondern auch der Bereitstellung von Infrastruktur wie Strassen, Krankenhäusern, Bürogebäuden etc. bezahlt. Die Infrastruktur wird jedoch oft von China in Eigenregie gebaut, so dass sich dies auf die einheimischen Arbeitsmärkte oft nicht unmittelbar auswirkt[655]. Im Zuge des Ausbaus der Beziehungen fängt China auch an, einfache und preiswerte Konsumgüter auch nach Afrika zu exportieren[656].
Für den Westen ist neben der Unterminierung der eigenen Rohstoffbasis auch problematisch, dass China offen mit dem Anspruch auftritt, keine Fragen zu stellen und sich nicht in die inneren Angelegenheiten der afrikanischen Staaten einmischen zu wollen. Als Folge fällt es dem Westen immer schwerer, seine Forderungen nach guter Regierungsführung (Good Governance) zu verankern oder durchzusetzen[657].

---

654 Mitte 2010 stehen jedoch die Verhandlungen über ein globales Produktpiraterieabkommen kurz vor dem Abschluss, das Anti-Counterfeiting Trade Agreement ACTA, vgl. FAZ 2010p, S.11

655 vgl. Putsch 2010; in Angola hat dies zu entsprechenden Spannungen geführt.

656 vgl. Liebert 2009

657 vgl. Kappel, Schneidenbach 2006

China kaufte sich strategisch über den Staatsfonds Safe bei Ölfirmen wie BP und Total ein und erwarb über den Konzern **China National Offshore Cooperation (CNOOC)** den norwegischen Ölförderer Awilco. Mit den USA und Australien hat China erhebliche Spannungen wegen der Versuches, strategisch wichtige Firmen wie den kalifornischen Ölförderer Unocal und die australische Rohstoffirma Rio Tinto zu übernehmen, was –vorerst- abgeblockt werden konnte[658].

Außenpolitisch hat China das Problem, von Staaten umgeben zu sein, die China nicht unbedingt positiv gegenüberstehen bzw. mit den USA verbündet sind[659].
Im Uhrzeigersinn sind dies vor allem:
Japan, mit dem China aufgrund der japanischen Besetzungen und Eroberungen im zweiten Weltkrieg ein schwieriges Verhältnis hat. Da sich auf Japan auch noch amerikanische Militärbasen befinden, sieht sich China hier auch mit den USA konfrontiert.
Es folgt **Korea,** bei dem China Nordkorea politisch und wirtschaftlich als Bollwerk gegen Südkorea stützt, das ebenfalls ein enger Verbündeter der USA ist. Die schwierige wirtschaftliche Lage Nordkoreas stellt insoweit auch für China eine große Herausforderung dar. Aus dieser Frontstellung erklärt sich aber auch, warum Nordkorea gegenüber westlichem Druck oder diplomatischem Offensiven so resistent ist.

Es folgt **Taiwan**, das mit China durch eine schwierige Geschichte verbunden ist. Bis zum Ende des zweiten Weltkrieges war Taiwan als Formosa lange Zeit japanisch gewesen und nachdem es gerade mal 4 Jahre wieder zu China gehört hatte, musste es die fliehenden Truppen der gegen die Kommunisten kämpfenden **Koumintang KMT** aus China aufnehmen. Fortan erhob Taiwan als Republik China den Alleinvertretungsanspruch für China. Der Volksrepublik China gelang es jedoch ab den Siebziger Jahren, Taiwan systematisch zu verdrängen, so dass es heute nur noch mit wenigen Staaten volle diplomatische Beziehungen unterhält. Die Volksrepublik China vertritt die Auffassung,

---

[658] FAZ 2010l, S.U8
[659] vgl. Rogers 2009

dass es sich bei Taiwan nicht um ein zweites China, sondern um eine abtrünnige Provinz handelt, die es wiederzuvereinigen gilt (Ein China-Politik).
Die einheimischen Taiwanesen und die zugewanderten Chinesen, die zunächst dominierten, haben untereinander gewisse Spannungen und nach dem Ende des kalten Krieges wurden um die Jahrtausendwende Stimmen laut, die eine Unabhängigkeit Taiwans dergestalt forderten, dass Taiwan fortan ein eigener Staat sein solle (und kein China mehr, welches auch immer), also sich von allem einfach lossagen sollte.
Dies führte zu einer erheblichen Verschärfung des Tones zwischen Taiwan und China und es hätte für den Fall, dass Taiwan sich endgültig losgesagt hätte, mit einer ernsten Eskalation gerechnet werden müssen trotz des Schutzes, den die USA Taiwan für den Fall gewähren würden.
Als dies klar wurde, wurde die Debatte wieder auf Eis gelegt. Da China inzwischen von Großbritannien 1997 die Kronkolonie **Hongkong** und 1999 dann von Portugal auch noch **Macao** wiedererlangt hatte und sich in beiden Fällen die Formel „Ein Staat-zwei Systeme“ weitgehend bewährt hat, steht auch immer noch die Option eines friedlichen Zusammengehens mit Taiwan im Raum.
Taiwan, das in Relation zur Bevölkerungszahl wirtschaftlich sehr stark ist, hatte über Umwege wie Hongkong bereits die Wirtschaftsbeziehungen zur Volksrepublik stark ausgebaut. Diese wachsende Verflechtung hat die geschichtlich-politischen Differenzen in den Hintergrund treten lassen, so dass Ende Juni 2010 ein umfassenden Handels- und Wirtschaftsabkommen unterzeichnet werden konnte, durch das die Kontakte erheblich intensiviert werden dürften.

Als nächstes folgt **Vietnam**, das sich als regionale Vormacht in Indochina begreift und schon in früheren Jahrhunderten mit China um die Dominanz in der Region konkurrierte. Wie bereits erwähnt, hat China mit Vietnam 1979 wegen Kambodscha einen kurzen Krieg geführt. Vietnam dominiert immer noch das Nachbarland Laos, Mittlerweile stehen, von einem Konflikt um die vor Vietnam und China liegenden Spratley-Inseln einmal abgesehen, wirtschaftliche Aspekte immer mehr im Vordergrund, insbesondere seit Vietnam sich als

Niedriglohnland gegen China etabliert hat und zunehmend Produktion anlockt.
Die Spratley-Inseln liegen im mutmaßlich öl- und rohstoffreichen Südchinesischen Meer, auf das China umfangreiche territoriale Ansprüche erhebt, die von den anderen Anrainern abgelehnt werden[660].
Angesichts der Einkreisung durch Konkurrenten pflegt China seine Beziehungen mit **Burma (Myanmar)** sorgfältig und die unter dem Kürzel SLORC regierenden Militärs gegen Kritik und Druck aus dem Westen in Schutz nimmt. China baut intensiv an der Infrastruktur in Burma mit, die sich auch als zukünftiger Handelsweg nach Südasien eignen wird. Burma hat neben den innenpolitischen Problemen mit der Oppositionspolitikerin Aun Sung Kyi, die aufgrund ihrer Herkunft aus den Eliten einen gewissen Schutz genießt und bis Ende 2010 im Hausarrest leben musste, auch Probleme mit kleinen Völkern im Norden, die wie schon in vorherigen Jahrhunderten Distanz zur Zentrale halten, so wie die Shan, die Karen und die Hmong, so dass es immer wieder zu Auseinandersetzungen kommt.

Burma ist eine erste Perle in der sogenannten **Perlenkette** Chinas, die es um Indien herumlegt, um sich strategisch und handelspolitisch gut zu positionieren[661]. Das Ziel Chinas ist es, Handelstationen und Häfen in ganz Asien zu errichten.
Aus diesem Grunde half es auch den Singhalesen auf **Sri Lanka (Ceylon)**, den Konflikt mit der tamilischen Minderheit 2009 durch einen umfassenden militärischen Sieg über die Tamilische Befreiungsfront LTTE (Tamil Tigers) für sich zu entscheiden[662]. Die Perlenkette umfasst ebenfalls einen Hafen in Bangla Desh und auch in Pakistan ist China schon aktiv[663]. Um eine Einkreisung durch China zu verhindern,

---

[660] vgl. von Hardenberg 2010, S.13, Fischer 2010, S.4, Nass 2010, S.11. Mit Japan wurde im September 2010 heftig um die Senkaku-Inseln (chinesisch Diaoyu) gestritten.
[661] vgl. Lin 2008
[662] vgl. Meiler 2009, S.10
[663] vgl. Rogers 2009: In Chittagong handelt es sich um einen Containerhafen, im burmesischen Sittwe um einen Tiefseehafen und

intensiviert Indien seine Beziehungen zu Vietnam, das Indien die Nutzung des Tiefseehafens Cam Ranh erlaubt hat. Außerdem hat Indien eine Beobachtungsstation auf Madagaskar eingerichtet[664].

Mit **Indien** ist das Verhältnis ambivalent. Indien ist einerseits historischer und wirtschaftlicher Konkurrent, und aufgrund der weitaus besseren demographischen Struktur wird Indien China bevölkerungsmäßig zum Schluss wahrscheinlich noch überholen, andererseits ist es ein riesiger Markt und potentieller Partner mit einem unabsehbaren Konsumpotential. Wegen territorialer Streitigkeiten um einige Regionen im Norden, insbesondere um Aksai Chin, kam es 1959/60 zu einem kurzen Krieg, bei dem China Indien aus allen beanspruchten Gebieten vertrieb. Dies und ein weiterer Zusammenstoss 1962 hat Indien die von China ausgehenden Gefahren bewusst gemacht, so dass zuweilen in der Presse auch von **Sinophobia** die Rede ist. Auch leistete China Hilfe bei der atomaren Aufrüstung Pakistans, um ein Gegengewicht zu Indien zu schaffen, zeigt wie ernst die Konkurrenz zwischen beiden Staaten ist. Andererseits sieht China zunehmend die Möglichkeiten einer Zusammenarbeit mit Indien, wie zum Beispiel im Rahmen der BRIC-Konferenz oder der Shanghaier Konferenz zur Zusammenarbeit SOZ. Statt von Sinophobia reden manche Autoren lieber von **Chinindia**, um anzudeuten, wo das zukünftige Machtzentrum des 21. Jahrhundert liegen könnte.

Ebenso ambivalent ist das Verhältnis Chinas mit **Russland** im Norden. Der Einmarsch der Sowjetunion in die Mandschurei im August 1945 brachte Nordchina in die Hände der Kommunisten und schuf die Machtbasis für Maos Sieg 1949. Im kalten Krieg hatten sich die Sowjetunion und China dann jedoch derart entzweit, dass es 1969 zu einem kurzen Krieg am Ussuri kam und Chinas Verbündete wie Albanien und Kambodscha waren zugleich kommunistisch und anti-

---

eine Basis im pakistanischen Gwadar. In Sri Lanka baut China den Hafen von Hambantota aus.

[664] vgl. Kumar 2009, Rogers 2009

sowjetisch eingestellt. Auch in den Jahrzehnten nach 1969 hat es immer wieder territoriale Streitigkeiten gegeben.
Nun sind China und Russland **zwischen Konkurrenz und Kooperation** gefangen. Einerseits sind beide nicht an westlichem Einfluss in der Region interessiert, andererseits möchten beide Seiten Einfluss in Mittelasien entfalten. Russland liefert zunehmend Energie nach China, fürchtet aber den wachsenden Einfluss in den östlichen Bezirken aufgrund der fortschreitenden Entvölkerung östlich des Urals. Außerdem möchte sich China nicht von Russland abhängig machen und versucht, sich die Ressourcen Turkmenistans zu sichern, von denen bisher Russland am meisten bekam.
Beide Seiten fürchten jedoch wiederum Separatismus und Islamismus, so dass auf diesem Gebiet eine tragfähige Basis für die Zusammenarbeit in der SOZ existiert. In der Praxis liegen Russland und China auch im UNO-Sicherheitsrat oft auf einer Linie, insbesondere wenn es um Anliegen der USA geht.

Chinas Militärpolitik zielt insgesamt auf die Vermeidung offener Konfrontation, um nicht in einen ruinösen Rüstungswettlauf wie die Sowjetunion zu geraten, der den wirtschaftlichen Aufschwung stören oder gar zerstören könnte[665]. Die Strategie des in Kap. 2 beschriebenen Cyberwars hat den Vorteil, dass sie im Vergleich zu anderen Waffensystemen außerordentlich preiswert ist und nebenbei auch noch viele nützliche Informationen für die Geheimdienste und die Industrie liefert[666]. Der chinesische Staat bremst und rügt nach Northrop Grumann jedoch auch übereifrige Hacker, um eine übermäßige Eskalation zu vermeiden.

5.2.4 Indien und seine Nachbarn

Indiens Nachbarn im Uhrzeigersinn sind im Nordwesten Pakistan, China, den beiden zwischen China und Indien gelegenen Staaten Nepal

---

[665] vgl. Wegner 2010, S.5
[666] vgl. Wacker 2006

und Bhutan, im Westen dann Bangladesh und Myanmar (Birma) und im Süden schließlich Sri Lanka (Ceylon) und die Malediven.

Indien hat zahlreiche innen- und außenpolitische Probleme zu bewältigen:

Innenpolitisch hat sich durch Wirtschaftsreformen seit den frühen 1990er Jahren das Land sehr entwickelt und hat sich zunächst als Anbieter von Servicedienstleistungen wie Callcenter und Programmiertätigkeiten im IT-Bereich profiliert, Mittlerweile hat sich eine breite Mittelschicht herausgebildet, die auch eine Binnennachfrage entfaltet, die wiederum den Aufstieg einheimischer Produktionen fördert, z.B. Tata Automobile. Obwohl Indien auch schon in der Raumfahrt aktiv ist, dominieren bisher aber in der einheimischen Produktion immer noch die Niedrigtechnologiesektoren bzw. die niedrigpreisigen Konsumgüter.

Dennoch profitierten von dem Aufschwung vor allem die städtischen und gebildeten Schichten, während auf dem Land es immer noch ein großes soziales Gefälle gibt.
Diese Gefälle hat zur Bildung einer ausgedehnten maoistischen Guerilla, den **Naxaliten**, geführt, die anderes als islamistische Terroristen zunehmend auf eine dauernde Kontrolle von Territorien hinarbeitet und inzwischen in einem Drittel Indiens aktiv ist. Der Einfluss der Naxiliten nimmt ständig zu und sie stellen das größte Sicherheitsproblem Indiens dar.
Das heißt nicht, dass die religiösen Spannungen keine Rolle mehr spielen. Auf allen Seiten nimmt das religiöse Selbstbewusstsein zu, nicht nur der Islam, sondern auch der **Hinduismus** hat in den letzten beiden Jahrzehnten eine Renaissance auch in Form der Rückbesinnung auf die eigene große Geschichte und Tradition erlebt. Auch mit christlichen Gemeinden gibt es Spannungen und zuweilen auch mit den im Norden vertretenen **Sikh**.

Die Demographie stellt sich in Indien anders dar als in China, die Bevölkerung ist deutlich jünger und expandiert und zu den Herausforderungen gehört es, diese wachsende Bevölkerung angemessen auszubilden und mit Nahrung und Arbeitsplätzen zu versorgen. Indien geht selber davon aus, China als größtes Land binnen einer Generation abzulösen.

Außenpolitisch wurde Indien nach dem zweiten Weltkrieg von Großbritannien unabhängig, wobei die muslimischen Teile als Pakistan unabhängig wurden, während das heutige Indien mehrheitlich von Hindus bewohnt wurde. Dieser Trennungsprozess ging mit Gewaltausbrüchen und Vertreibungen einher, die das Verhältnis beider Staaten erheblich belasten. Hinzu kommt der **Kaschmir-Konflikt,** bei dem das nördlichste gemeinsame Territorium, Kaschmir, faktisch in drei Teile zerlegt wurde, nämlich einen pakistanischen und einen indischen Teil sowie einen 1959/60 von China besetzten Teil (Aksai Chin). Der kurze Krieg mit China 1959/60 hat Indien wegen der schnellen Niederlage erschüttert und die Furcht vor den Chinesen bestärkt.
1971 spaltete sich mit indischer Hilfe der östliche Teil Pakistans als **Bangladesh** von Pakistan ab. Wegen Kaschmir hat es auch nach 1971 lange Zeit wiederholte Auseinandersetzungen, z.B. Artilleriegefechte und auch Anschläge gegeben. Dies ließ mittlerweile etwas nach, nachdem seit 1998 beide Staaten Atommächte sind[667].

Pakistan hat inzwischen über 160 Millionen Einwohner und ist ganz überwiegend muslimisch und zwar vorrangig sunnitisch, es gibt aber auch schiitische Gruppen[668]. Pakistan hatte mit Blick auf den Nachbarn Indien schon lange nach einer Atombombe gestrebt, so dass die USA die Beziehungen zu Pakistan erstmals 1979 stark beschränkten, nachdem es heimlich Uran angereichert hatte. Nach der sowjetischen Invasion beim

---

[667] vgl. jedoch Adam 1999, der beide Länder noch am Rande eines Krieges sah

[668] Die Sunniten gehören aber verschiedenen Rechtsschulen an, die Barelwis und Deobandis sind Hanafiten, daneben gibt es streng konservative Wahabiten (siehe Kap. 4.3.1).

Nachbarn Afghanistan blieb aber keine Wahl, als Pakistan weiter zur Seite zu stehen. Da die USA am Ende der Afghanistaninvasion wieder mehr Abstand zu Pakistan nahmen, ging Pakistan mit Abdul Khan seinen eigenen Weg[669].

In den 1980er hat während der Militärdiktatur von General Zia ul-Haq eine Islamisierungspolitik begonnen, durch die es auch zu einem Zuwachs an Medressen (Koranschulen) gekommen ist, Die Taliban wurden in den Medressen rekrutiert, trainiert und ausgerüstet, wobei sie vom pakistanischen Geheimdienst **ISI** unterstützt werden, der den indischen Einfluss in Afghanistan möglichst klein halten will[670].

Immerhin rund ein Siebtel der Bevölkerung sind Paschtunen, die aufgrund der sogenannten **Durand-Linie** zu Kolonialzeiten von den Paschtunen in Afghanistan getrennt wurden, was ein Grund für die besonders engen grenzübergreifenden Beziehungen zu Afghanistan ist, so dass die ebenfalls paschtunischen Taliban von nur schwach kontrollierten Rückzugsgebieten in Pakistan aus operieren können, so dass Pakistan 2009 zunehmend instabil wurde.
Dominant sind aber in Pakistan die Panjabi, die deshalb mit den Gruppen der Sindh, der Paschtunen und der Belutschen Spannungen haben, so dass die letzteren drei Gruppen mehr Rechte, zum Teil auch die Unabhängigkeit fordern. Pakistan ist also erheblichen zentrifugalen Kräften ausgesetzt und die Taliban sind letztlich nur eines von mehreren Problemen.

Obwohl Indien **Bangladesh** mit zur Eigenständigkeit verhalf, ist das Verhältnis schwierig. Bangladesh ist sehr arm, mit 153 Millionen Einwohnern und mehr als 1000 Einwohnern/km^2 sehr dicht bevölkert, wird immer wieder von verheerenden Überschwemmungen heimgesucht und politisch relativ instabil. Um die Bevölkerung an der Flucht nach Indien zu hindern, kam Indien auf die Idee, Bangladesh als Ganzes (!) einzuzäunen.

---

[669] vgl. Kronstadt 2009
[670] vgl. Spanlinger 2009, Jalal 2009

Zwischen China und Indien befinden sich die beiden Staaten Nepal und Bhutan. Ursprünglich gab es sogar drei Staaten, nämlich noch den kleinen Staat **Sikkim**, der aber nach einem Protektoratsvertrag von 1950 im Jahre 1975 von Indien ganz einverleibt wurde, so dass sich Indien jetzt strategisch günstig zwischen Nepal und Bhutan nach China vorschiebt (was China erst 2002 akzeptierte).

Obwohl Indien auf **Nepal** großen Einfluss hat, konnte es den Niedergang der Monarchie und den Aufstieg der Maoisten nicht verhindern. Der König Birendra hatte versucht, die Macht der Monarchie zu erhalten, wurde aber 2001 ermordet, seinem Bruder Gyanendra gelang es nicht mehr, das Blatt zu wenden. 2008 wurde die Monarchie abgeschafft und die Maoisten sind seither an der Regierung beteiligt. Ob sich dies auf lange Sicht als stabil erweisen wird, ist fraglich, zu viele Fragen sind offen und unklar.

In **Bhutan**, das versucht hat, seine traditionelle buddhistische Lebensart auch durch Abschottung gegenüber Touristen aufrecht zu erhalten, hat es in den letzten Jahrzehnten behutsame Modernisierungen gegeben, angefangen vom Fernsehen bis hin zur Demokratisierungsinitiative des vor einigen Jahren an die Macht gekommenen Königs. In Bhutan gab wie vom Westen wenig beachtete ethnische Spannungen mit nepalesischen Einwanderern, deren Einfluss mit Hilfe einer Bhutanisierung zurückgedrängt werden sollte. Auf Grundlage des Freundschaftsvertrages von 1949 nimmt Indien die außenpolitischen Beziehungen Bhutans wahr.

In **Sri Lanka**, dem ehemaligen Ceylon, das seit 1948 unabhängig ist, bilden die Singhalesen die Mehrheit, gefolgt von den vor allem im Norden lebenden Tamilen. Auch in Südindien (Tamil Nadu) leben Tamilen. Die Tamilen, die während der britischen Kolonialzeit bevorzugt worden waren, wurden von der singhalesischen Mehrheit nach und nach aus führenden gesellschaftlichen Positionen verdrängt, bis es schließlich in den Achtzigern zum Bürgerkrieg kam, bei dem die Tamilische Befreiungsfront, die Befreiungstiger LTTE, die tamilischen

Gebiete im Norden weitgehend erobern konnte. Ein Versuch Indiens im Jahre 1987, mit einer militärischen Intervention Frieden zu stiften, schlug fehl. 2009 wurde mit chinesischer Hilfe nach langen Auseinandersetzungen die LTTE endgültig geschlagen[671].

Die rein muslimischen **Malediven**, die wegen eines straffen Präsidialregimes immer wieder unter innenpolitischen Spannungen leiden, sehen sich langfristig vor allem vom Klimawandel und den steigenden Meeresspiegeln bedroht.

5.2.5 Südostasien

Der Verband südostasiatischer Staaten (Association of Southeast Asian Nations), 1967 gegründet, umfasst neben der Gründungsstaaten Thailand, Indonesien, Malaysia, den Philippinen und Singapur nun auch Brunei (1984), und seit den Neuziger Jahren Vietnam, Kambodscha, Laos und Burma (Myanmar). In den Neunzigern wurde die bis dahin nur lockere Zusammenarbeit intensiviert, und ein Sekretariat steuert nun 19 Ministertreffen, die von Komitees und Arbeitsgruppen unterstützt werden. Wichtig ist der streng intergouvernementale Charakter mit Nichteinmischung in die Angelegenheiten anderer Staaten (‚Asean Way'). Wichtige Aktivitäten, die im nächsten Jahrzehnt vollendet werden sollen, sind der Freihandel in der Freihandelszone AFTA, der Abbau der Investitionsschranken im Asean Investment Area und die schrittweise Öffnung der Dienstleistungsmärkte. Am 26. August 2007 gab die ASEAN bekannt, die Freihandelsverträge mit China, Japan, Süd-Korea, Indien, Australien und Neuseeland bis 2013 abschließen und bis 2015 die ASEAN-Wirtschaftsgemeinschaft verwirklichen zu wollen.

Im Zentrum von Südostasien liegen die großen und bevölkerungsreichen Staaten **Indonesien** und **Malaysia** und die beiden wohlhabenden Kleinstaaten **Singapur** und **Brunei**.

---

[671] vgl. Meiler 2009, S.10

Indonesien hat an den Grenzen seines Landes immer wieder mit Separatisten und regionalen Widerstandsgruppen zu kämpfen, so in **West-Papua** im Osten, mit **Timor-Leste** im Süden, das als ehemalige portugiesische Kolonie von Indonesien zunächst übernommen wurde, um dann doch noch unabhängig zu werden, und **Aceh** im Norden.
Indonesien hat seit 1998 eine Demokratie, in der religiöse Parteien bei den letzten Wahlen im Jahr 2009 Verluste hinnehmen mussten, dennoch sind gewisse Islamisierungstendenzen in der Gesetzgebung zu beobachten. In Indonesien gab es von 2002-2005 insgesamt 4 terroristische Anschläge, 2 auf Touristenzentren in Bali, 2 in Jakarta, wobei die Regierung aber entschieden gegen die Terroristen vorging.

In **Malaysia** haben die fast ausschließlich muslimischen Malaien seit der Unabhängigkeit Malaysias die politischen Führung, wobei sie vom Staat systematisch gefördert werden, was mit der im Handel dominierenden Minderheit der Überseechinesen, die ca. 25% der Bevölkerung stellt, zu latenten Spannungen führt.
Auf den **Philippinen**, die von ca. 88 Millionen Menschen bewohnt werden, sind mehr als 90 % der Bevölkerung christlich, ca. 5% sind hingegen Muslime, die historisch erst während der Kolonisierung durch die USA hinzukamen, die das Land von Spanien mit Hilfe eines Krieges übernahmen, und vor allem auf der Insel Mindanao leben. Auf Mindanao gibt es immer wieder Konflikte und Anschläge, was mit der Religion, aber auch einer historischen Ungleichbehandlung der Muslime zu tun hat.

Das Königreich **Thailand** ist das einzige Land der Region, das sich konsequent der Kolonialisierung entziehen konnte und in dem das Militär traditionell eine starke Rolle in der Politik spielt. Der König Bhumibol ist schon seit 1946 das Staatsoberhaupt und erfreut sich großer Beliebtheit, was jedoch die Sorge hochkommen ließ, wie es nach ihm weitergehen wird. Seit einigen Jahren kämpfen Anhänger des ehemaligen Premierministers Thaksin als sog. **Rothemden**[672] um seine

[672] Über den Charakter der Auseinandersetzung gibt es viele unterschiedliche Ansichten: Elite gegen Arme, Bauern gegen Städter,

Wiedereinsetzung, was insbesondere in Bangkok zu Ausschreitungen beiträgt.

5.2.6 Afghanistan

Auch 2010 geht der Westen offiziell davon aus, dass der seit 2001 laufende Krieg in Afghanistan noch gewonnen werden könnte, indem zum einen die afghanischen Institutionen gestärkt, andererseits die Taliban militärisch entscheidend geschwächt werden können, so dass evtl. ab 2011 die Kontrolle schrittweise an die afghanischen Sicherheitskräfte übergeben werden kann.
Für die Nachbarn Afghanistans dreht sich hingegen alles nur noch um die Frage, wann die westlichen Truppen abziehen und wer dann eventuell die Macht haben könnte. Deshalb engagieren sich Indien, Pakistan, Iran und China mit Diplomatie, Wirtschaftshilfe und Geheimdiensten, um Einfluss auf die zukünftige Entwicklung Afghanistans haben zu können[673].

Afghanistan, dessen Bevölkerungszahl nur grob auf ca. 28 Millionen geschätzt werden kann, wird im Kernland von den Paschtunen bewohnt, die sich als Staatsvolk verstehen sowie von der kleineren Gruppe der persisch sprechenden Hazara. Grosse Minderheiten, die vor allem im Norden wohnen, sind die Tadschiken und Usbeken[674].
Großbritannien hat im 19 Jahrhundert alles versucht, Afghanistan unter Kontrolle zu bekommen, dabei aber in insgesamt drei Kriegen große Mühe und Opfer erlitten, so dass Afghanistan 1919 schließlich unabhängig wurde. Dabei wurde jedoch ein Teil der Paschtunen dem heutigen Pakistan zugeschlagen, was Afghanistan nie akzeptiert hat. Das erklärt, warum Pakistan zwar sehr enge Bindungen an Afghanistan hat, aber dieses koloniale Paschtunenproblem auch fürchtet und daher

---

Nord gegen Süd, andere meinen wiederum, es ginge um bloße Klientelpolitik usw.

[673] vgl. Spanlinger 2010, S.7

[674] vgl. Buchsteiner 2009, S.2

ständig bestrebt ist, Afghanistan zu beeinflussen oder idealerweise zu kontrollieren.

Der Wegfall des US-freundlichen Schahs von Persien an der russischen Grenze erleichterte der Sowjetunion die Entscheidung, Ende 1979 in das politisch instabile Afghanistan einzumarschieren. Die Bevölkerung organisierte den Widerstand von den Bergregionen aus und die Widerstandskämpfer (Mujaheddin) brachten allmählich vor allem die ländlichen Bereiche und Bergregionen unter Kontrolle. Die Amerikaner unterstützten die Mujaheddin logistisch[675] und Ende der Achtziger Jahre zogen die Sowjets ab
Die Sieger im Krieg zerstritten sich jedoch und Afghanistan zerfiel in viele Machtbereiche, die sich unter anderem durch eine stetig wachsende Drogenproduktion finanzierten. Mit Hilfe Pakistans wurden in den Neuziger Jahren **Taliban** organisiert, die unter **Mullah Omar** Afghanistan nach und nach bis auf kleine Reste im Norden eroberten.

Nach dem 11. September 2001 griffen die USA von Norden her an, mit Hilfe der in der Nordallianz organisierten Usbeken, Tadschiken und Hazara. Der seit dem Krieg bis heute an der Macht befindliche Präsident **Hamid Karzai** ist zwar Paschtune, wird aber insbesondere von den Minderheiten unterstützt, was sich auch an der Kopfbedeckung zeigt, Karzai verzichtet normalerweise auf den Turban[676]. Karzai wurde dann aber von einer ersten großen Versammlung, der Loya Jirgah, als Leiter einer Übergangsregierung und dann nach einer zweiten verfassungsgebenden Versammlung 2004 als Präsident gewählt und 2009 wiedergewählt. Infolge der **Petersberg-Konferenz** von 2001 und einem Mandat der UNO die **internationale Afghanistan-Schutztruppe ISAF** etabliert, die den Wiederaufbau Afghanistans schützen soll.

[675] Die CIA hat betont, dass sie zu keiner Zeit ausländische Kämpfer für Afghanistan unterstützt hatte, also auch nicht Osama bin Laden, sondern nur afghanische Mujaheddin, vgl. Katzman 2005

[676] vgl. Spanlinger 2009, S.30

Vier Probleme des Afghanistaneinsatzes werden am meisten diskutiert[677]:

- Rückzugsmöglichkeiten der Taliban nach Pakistan und zurückhaltende Kooperation Pakistans mit dem Westen
- Defizitäre Institutionen
- Unrealistische militärische Ziele
- Das Drogenproblem

Rückzugsmöglichkeiten der Taliban nach Pakistan und zurückhaltende Kooperation Pakistans mit dem Westen

Da die Taliban vor allem von den Paschtunen getragen werden, ist das Interesse des Westens, die Taliban zu schlagen, für Pakistan in zweischneidiges Schwert, weil Pakistan über den Geheimdienst ISI nach wie vor Einfluss auf die Taliban hat. Insofern ist es fraglich, ob die Beseitigung der Taliban wirklich pakistanischen Interessen dient. Dies widerspricht nicht dem harten Durchgreifen, als die Taliban in Pakistan selbst aktiver wurden und 2009 phasenweise die Provinz Buner nahe der Hauptsstadt eroberten: Solange die Taliban in Afghanistan aktiv sind, ist dies akzeptabel, aber nicht, wenn sie sich gegen Pakistan selber wenden. Insofern kann es nicht wundern, wenn Pakistan die westlichen Ziele nur bedingt unterstützt. Die wiederholten Versöhnungssignale Karzais an die Taliban wurden von diesen als Zeichen der Schwäche bewertet und ermunterte daher ihren Kampf.

Defizitäre Institutionen

Der Westen stand vor dem Problem, ein stark zerstörtes Land wiederaufbauen zu müssen und gleichzeitig eine moderne Staatlichkeit. Dass Karzai von den Minderheiten gestützt wird, die gerade in der Anfangszeit als siegreiche Nordallianz eine führende Rolle innehatten, hat seine Position bei den Paschtunen geschwächt. Am schwersten wurde jedoch die Glaubwürdigkeit der afghanischen Institutionen durch die Präsidentschaftswahlen von 2009 geschwächt, bei denen es selbst nach Ansicht der westlichen Medien zu Wahlmanipulation gekommen

---

[677] vgl. Schmidt P. 2008

war und bei denen der zweite Wahlgang nur durch den Rückzug des Gegenkandidaten vermieden werden konnte. Hinzu kommt die chronische Schwäche der Zentralregierung, denn der Krieg von 2001 hatte nichts an der starken Stellung von miteinander konkurrierenden Provinzfürsten geändert. Insofern sind die Handlungsmöglichkeiten der Zentrale im Wesentlichen auf die Hauptstadt begrenzt.

Der Versuch, Sicherheitsstrukturen (Polizei, Armee, Geheimdienste) nach westlichem Vorbild zu installieren, erweist sich auch vor dem Hintergrund ethnischer Konflikte, dem Risiko der Unterwanderung und Korruptionsproblemen als recht schwierig, so dass bezweifelt wird, dass die Sicherheitskräfte, sofern sie nicht ohnehin schon unterwandert sind, sich den Taliban lange entgegenstellen könnten[678]. Es geht bei den Taliban eben nicht nur um Religion, sondern auch um ethnische Konflikte, bei denen der Westen, wenn auch in der Weise nicht beabsichtigt, zunächst *nicht* auf der Seite der Paschtunen stand, obwohl diese den größten Teil der Bevölkerung stellen. Es mangelt also an der Unterstützung von Teilen der Bevölkerung, was den Taliban das Überleben zwangsläufig erleichtert. Die Erfolgsaussichten eines *Nation building* waren unter solchen Umstanden von vornherein sehr ungewiss.

Unrealistische militärische Ziele

Je länger der Krieg seit 2001 geht, desto ähnlicher wird die Lage dem Krieg der Sowjets an gleicher Stelle. Nach einer raschen Eroberung, bei der kein wirklich nennenswerter Widerstand zu brechen war, insbesondere wegen einer totalen Kontrolle des Luftraums durch die Invasion, regte sich ein wachsender Widerstand, der auf lange Sicht dazu geführt hat, dass sich die tatsächliche Kontrolle des sehr unwegsamen Landes auf die Städte und zumindest tagsüber die dazwischenliegenden großen Strassen beschränkt, wobei die Strassen für Anschläge sehr anfällig sind.

---

[678] vgl. Busse 2010, S.5

Die Strategie, die Taliban zu ‚vertreiben', scheitert nicht nur an deren Rückzugsmöglichkeiten nach Pakistan, sondern auch daran, dass die westlichen Verbündeten eroberte Regionen und Ortschaften oft nicht dauerhaft kontrollieren, sondern sich immer wieder zurückziehen, so dass die Taliban immer wieder auf Neue nachrücken können. Eine geschlossene Frontlinie wie im zweiten Weltkrieg ist aber unter den gegebenen geographischen Umständen und wegen des dafür notwendigen extremen Ressourceneinsatzes einfach nicht möglich. Wenn sich aber die Taliban immer wieder zurückziehen und nach dem Kampf immer wieder nachrücken können, steht die Nachhaltigkeit der Erfolge in Frage.
Man muss jedoch sagen, dass diese Sichtweise umstritten ist. Die USA gehen schon davon aus, die Taliban weitestgehend geschlagen zu haben, jedoch erlaubten die Rückzugsräume in Pakistan eine Neuformierung, die als **Neo-Taliban** bezeichnet wird[679].

Die politische Einbettung der Einsätze gilt ebenfalls als problematisch, sowohl die unrealistischen Einschätzungen hinsichtlich des Kriegsverlaufes in Afghanistan als auch hinsichtlich der Ziele, die in einem solchen Einsatz erreicht werden können. Selbst auferlegte Beschränkungen bei den Einsatzregeln (**rules of engagement**) mögen politisch geboten sein, führen aber vor Ort, da jedes Land seine eigenen Regeln mitbringt, zu Koordinationsproblemen und inkonsequentem Vorgehen, von dem letztlich nur die Gegner profitiert haben. Zudem ist das Konzept, Soldaten als bewaffnete Wiederaufbauhelfer einzusetzen, generell umstritten[680]. Die zögerliche Haltung beim Einsatz schwerer Waffen bei der Bundeswehr kann auch als Versuch gewertet werden, das politische **Konzept des ‚lächelnden Soldaten'** aufrechtzuerhalten,

---

[679] vgl. Kronstadt 2009

[680] Man darf auch nicht vergessen, dass die Deutschen mit dem Einsatz des Kommandos Spezialkräfte KSK zunächst als kämpfende Kriegspartei aufgetreten waren und somit eine Frontstellung etabliert wurde und erst danach der Fokus auf die Aufbauhilfe gerichtet wurde, so dass die Deutschen nicht nur unter dem Aspekt ihres Engagements für bessere Lebensbedingungen in Afghanen gesehen werden.

das nach dem Einsatz der KSK bereits zu Kriegsbeginn nicht mehr realisierbar war.

Das Drogenproblem

Hauptproduzenten für Opiate ist Afghanistan mit 93% Weltmarktanteil[681] und die westlichen Staaten könnten die Drogenproduktion selbst zu stoppen, aber in der Praxis würde ein über symbolische Aktionen hinausgehender Kampf gegen die Drogenproduktion neben den Taliban zusätzliche Feinde schaffen, die die angespannte Sicherheitslage weiter verschärfen und die Möglichkeiten des Westens einfach überspannen würden. Die Drogenproduzenten verfügen außerdem über gute politische Kontakte zur Regierung, sogar den Halbbruder des Präsidenten Karzai hat man der Beteiligung am Rauschgifthandel beschuldigt[682]. Damit wurde auch die Glaubwürdigkeit des Westens im Krieg gegen die Drogen im Allgemeinen beeinträchtigt.

In der Summe ist noch ungewiss, wer nach dem Abzug des Westens in Afghanistan die Macht haben wird, denn die Taliban sehen sich dann auch mit vielen innerafghanischen Interessen konfrontiert und es ob z.B. noch mal gelingt, die Drogenproduktion in den Griff zu kriegen, erscheint angesichts ihrer inzwischen erlangten Bedeutung auch unsicher.

---

[681] vgl. Petersen 2007

[682] vgl. Etzioni 2010, S.8

5.2.7 Australien und Ozeanien

Die folgende Karte zeigt eine Übersicht des pazifischen Raums.

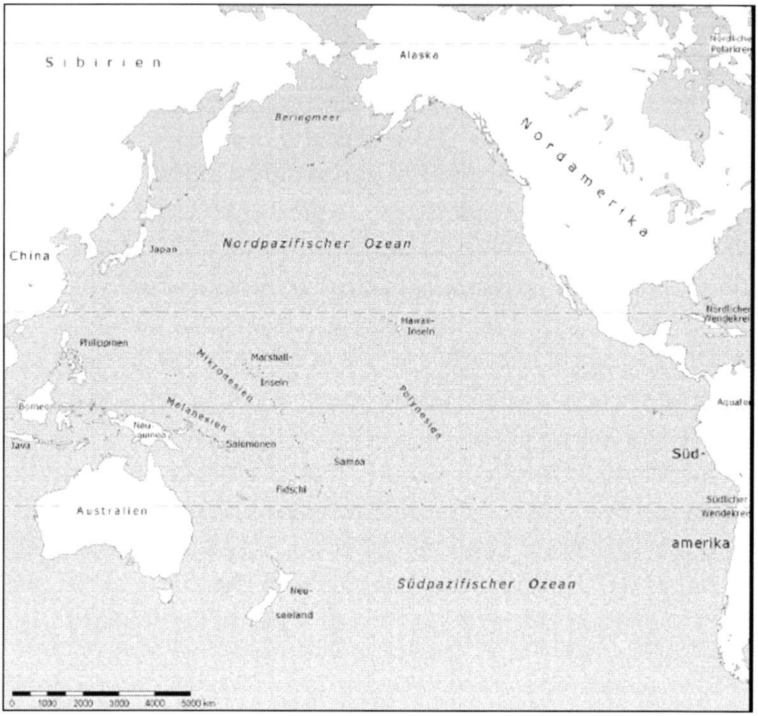

Australien ist schon aufgrund seiner Größe und Wirtschaftskraft die regionale Führungs- und Ordnungsmacht in Ozeanien und greift, wie z.B. bei der Unabhängigkeit von Osttimor (Timor-leste) mit Friedenstruppen ins Geschehen ein.

Australien fürchtet aufgrund der dünnen Besiedelung aufgrund von Migrationsbewegungen von asiatischen und pazifischen Einwanderern nach und nach majorisiert zu werden und hält daher an einer strengen Asylpolitik fest. Seit China versucht, wirtschaftlichen Zugriff aus Australiens Rohstoffe zu nehmen, hat sich das Verhältnis zu China merklich abgekühlt.

Der Pazifik wirkt oberflächlich betrachtet als ein ziemlich leerer unkontrollierter Raum, doch der Eindruck täuscht. Östlich der formalen Datumsgrenzen kontrollieren die USA einen Grossteil der wenigen pazifischen Inseln, und auch im pazifischen Staatensystem sind mit **Guam**, **Amerikanisch-Samoa** und den **nördlichen Marianen** noch weitere US-Territorien vertreten.

Dazu treten französische Besitzungen wie **Wallis Futuna, Neukaledonien und Französisch-Polynesien**[683] und neuseeländische Territorien wie **Niue, Tokelau** und die **Cook-Inseln**.

Die pazifischen Inselstaaten wie **Nauru, Palau (Belau), Tuvalu, Kiribati, Fidschi, Salomonen, Mikronesien, Vanuatu** und die **Marschallinseln** leiden unter großen wirtschaftlichen Problemen und sind auf Entwicklungshilfe angewiesen, wobei bei Staaten wie Mikronesien und Kiribati die Zersplitterung der Inseln über riesige Wasserflächen hinzukommt. So bringt Kiribati es bei ca. 5.2 Millionen km^2 Wasserfläche gerade mal auf ca. 810 km^2 Landfläche.

Die pazifischen Inselstaaten sind anfällig für verheerende tropische Wirbelstürme und auf lange Sicht auch für den Anstieg des Meeresspiegels, da viele Atolle nur geringfügig aus dem Meer emporragen, so dass Tuvalu schon ernsthaft die Evakuierung der kompletten Bevölkerung diskutiert. Papua-Neuguinea hat 2009 schon die Cateret-Inseln evakuieren lassen, die in ca. 15 Jahren im Meer versunken sein könnten.

---

[683] In Polynesien gibt es eine Unabhängigkeitsbewegung, aber nachdem klar wurde, dass in dem Falle auch die Zahlungen aus Frankreich versiegen würden, hat das Streben nach Unabhängigkeit nachgelassen.

5.3 Nord- und Südamerika

5.3.1 Die USA und ihre Nachbarn

Die USA sind nach wie vor die wirtschaftlich, technologisch und militärisch führende Nation, was sich auch in dem bereits erwähnten großen Vorsprung bei den weltweiten Rüstungsausgaben zeigt.

Das Hauptproblem der USA ist inzwischen nicht mehr der Terrorismus, sondern die Schuldenkrise infolge der Finanzkrise und des Irakkrieges, die die größte Bedrohung der Vormachtstellung der USA seit dem kalten Krieg darstellt. Wie in Kapitel 2.7.1 berichtet, will die US-Regierung 2010 soviel Schulden aufnehmen wie übrige Welt zusammen, 40 Millionen Amerikaner sind auf Essensmarken des Landwirtschaftsministeriums angewiesen, 33 von 50 Bundesstaaten konnten im Juni 2010 keine Arbeitslosenunterstützung mangels Geld mehr bezahlen.

Zudem sehen sich die USA mit zahlreichen außenpolitischen Problemen konfrontiert, wobei die USA sich mit China und Russland in einer komplexen Balance aus Kooperation und Konfrontation befinden.
China ist der größte Kreditgeber und Gläubiger der USA, so dass finanzpolitisch die USA China für die weitere Aufnahme von Schulden auch dringend braucht, den Chinesen aber vorwirft, durch Unterbewertung ihrer Wahrung und nachfolgende billige Exporte in die USA das Handelsungleichgewicht mit den USA zu verschärfen. Wegen der Bedeutung Chinas als Gläubiger und Kreditgeber durch Aufkauf von US-Staatsanleihen sind die faktischen Möglichkeiten der USA, gegen China vorzugehen, begrenzt. Ein Zusammenbruch der USA hätte aber auch verheerende Auswirkungen auf die exportorientierte Wirtschaft Chinas, so dass China an der wirtschaftlichen Handlungsfähigkeit der USA interessiert ist.

Ein weiterer Streit dreht sich um den Patent- und Copyrightschutz, bei dem die USA China Produktpiraterie und Industriespionage vorwerfen. Vermischt mit diesem Problem ist der an Intensität ständig zunehmende

kalte Cyberwar mit China. Die USA versuchen außerdem jedweden Zugriff Chinas auf strategisch wichtige US-Firmen und Häfen zu vermeiden.
Der Taiwan-Konflikt ist durch die Entspannung zwischen China und Taiwan immer mehr in den Hintergrund getreten. China und Russland halten im UN-Sicherheitsrat auch häufig dagegen, wenn die USA einen Vorschlag einbringen, so dass der Sicherheitsrat wie schon oft in seiner Geschichte uneinig und geschwächt agiert. Chinas Rückendeckung für Nordkorea, aber auch die Hilfeleistungen für Pakistan zuvor haben eine nukleare Proliferation ermöglicht, die die USA unbedingt verhindern wollten, aber nicht konnten. Die Aufrüstung Nordkoreas zur Atommacht hat den Handlungsspielraum der USA gegenüber Nordkorea sehr eingeengt. Chinas konsequente Unterstützung Nordkoreas und Myanmars mag Chinas Image in der westlichen Presse schaden, aber China ist ansonsten von amerikanischen Militärbasen und Verbündeten auf seiner Küstenseite eingekreist.

Mit Russland werden ebenfalls ambivalente Beziehungen gepflegt. Der Westen, allen voran die USA helfen den Russen, die Altlasten an Massenvernichtungswaffen abzubauen, d.h. Russland lässt sich freiwillig von Westen in großem Umfang entwaffnen, andererseits fühlt sich Russland von der an die russischen Grenzen heranrückende NATO und EU vital bedroht, so dass der Streit um die Aufstellung von Raketenabwehrstationen in Tschechien und Polen mit einer zum Teil sehr scharfen Rhetorik einherging. Dann jedoch haben sich die USA und Russland auf einen weiteren nuklearen Abrüstungsschritt geeinigt, der beiden Seiten hilft, sich einer kostenträchtigen Waffe in Teilen zu entledigen, ohne die nukleare Option aus der Hand zu geben.
Die USA versuchen ihren Einfluss in Zentralasien auszubauen, was Russlands Interessen elementar berührt, da es sich um ehemalige Sowjetrepubliken handelt. Die Machthaber in der Region haben diesen Gegensatz aber erkannt und versuchen, sich nicht auf eine Seite zu schlagen. Dies wiederum nutzt China aus, dessen Einfluss insbesondere im rohstoffreichen Turkmenistan rasch wächst.

Im Nahen und mittleren Osten ist zunächst festzuhalten, dass die USA die arabische Halbinsel mit Militärstützpunkten gut abgedeckt haben und auch jenseits des Kampfes gegen den Terror mit der Region insgesamt gute und konstruktive Beziehungen pflegen.

Die fünf aktuellen Problemfelder sind

- die **Nahost-Politik**, wobei sich in den letzten Jahren immer weniger bewegt hat, die arabischen Gesprächspartner werfen den USA vor, zu sehr auf israelischer Seite zu stehen
- die **Iran-Politik**, bei der die USA fürchten, dass der Iran eine Atombombe erfolgreich zu Ende entwickeln könnte. Dies wäre für die USA nicht nur mit Blick auf Israel als außenpolitische Katastrophe, sondern auch mit Blick auf den Iran selbst, mit dem die USA schon seit dem Sturz des Schahs ein schlechtes Verhältnis haben. Auch die Unterstützung von Saddam Hussein im Krieg gegen die Iran lastet schwer auf den Beziehungen. China und Russland zeigen in der Praxis jedoch wenig Neigung, den USA volle Unterstützung in der Frage zukommen zu lassen, auch die EU fragt sich, ob sie es sich mit einem an Energierohstoffen sehr reichen Land wie dem Iran wirklich verscherzen wollen, so dass die USA auch hier die notwendige Unterstützung vermissen.
- Der **Irakkrieg** ist inzwischen in den Hintergrund getreten, nachdem es den USA gelang, die Lage schrittweise zu stabilisieren. Hierzu gehörten auch eine auf Versöhnung ausgerichtete Politik mit den Sunniten und eine Entspannung im Verhältnis zu den Schiiten. Trotz latenter Streitigkeiten z.B. um die Ölförderung und die Grenzen des kurdischen Siedlungsgebietes hat noch kein Staatszerfall eingesetzt. Die extreme Härte von Terroristen und Al-Kaida-Kämpfern hat ihre Stellung bei den Einheimischen untergraben und so indirekt die USA gestärkt. 2009 konnten die USA-Truppen die meisten Städte an irakische Kräfte übergeben, und ein weitestgehender Abzug ist bis 2011 geplant, wobei noch offen ist, wie viele US-Truppen vielleicht doch auf Dauer bleiben müssen.

- Der **Afghanistankrieg** wird wahrscheinlich in absehbarer Zeit mit dem Abzug der US-Truppen und der ISAF erfolglos zu Ende gehen. Im Moment versuchen die USA aber die Taliban durch konsequentes militärisches Vorgehen nochmals erheblich zu schwächen, um so auf Dauer vielleicht doch ein nicht von den Taliban kontrolliertes Afghanistan zu erreichen
- Der **Kampf gegen Al-Kaida** und verwandte Gruppen, wobei sich der Schwerpunkt 2010 auf den Jemen und Somalia verlagert hat. In Somalia blieben die Bemühungen, die Al-Shaabab-Miliz einzudämmen, weitgehend erfolglos.

Mit seinen direkten Nachbarn Kanada und Mexiko sind die USA wirtschaftlich eng über die NAFTA verbunden. Mit Mexiko gibt es jedoch Spannungen, zum einen wegen der illegalen Einwanderung, die zusammen mit einer Hispanisierung der USA allmählich das Gesicht der USA zu verändern beginnt, zum anderen wegen der Drogenproblematik, die Mexikos Stabilität wegen der damit einhergehenden Gewalt immer mehr bedroht[684].

Kanada war in der Praxis stets ein zuverlässiger Verbündeter der USA. Die USA betrachteten jedoch in den Neuziger Jahren die Unabhängigkeitsbestrebungen der französischsprachigen Provinz **Québec** mit Sorge, da dies Kanada vielleicht gesprengt und eine Art zweites Frankreich an der Grenzen der USA etabliert hätte. Das Québec-Unabhängigkeitsreferendum von 1995 endete aber äußerst knapp mit 50,58 % Neinstimmen.
Mittlerweile beherrscht aber der Klimawandel mit der Bildung neuer eisfreier Routen um Kanada herum (**Nordwestpassage**) die Debatte, die USA betrachten eine solche Passage als internationales Gewässer, die Kanadier hingegen als eine zu Kanada gehörende Route, so dass Kanada seine Seekräfte ausbaut, um die Ansprüche gegenüber den USA und an deren Anrainern ggf. auch behaupten zu können.

---

[684] vgl. Sullivan/Beittel 2009

Es ist nicht neu, dass sich die mittel- und südamerikanischen Staaten von den wirtschaftlich und militärisch übermächtigen USA zuweilen bevormundet fühlen und sich emanzipieren wollen, gleichwohl sind die USA durchaus auch willkommen so wie in **Haiti**, wo die USA das nach einem Erdbeben 2010 praktisch komplett ruinierte Land verwalten und versorgen.

Aktuelle Brennpunkte sind

- **Kuba**, das immer noch von einer kommunistischen Partei unter Führung der Castro-Brüder regiert wird. Alle Beteiligten warten faktisch darauf, wie sich Kuba nach dem wegen des fortgeschrittenen Alters und der angeschlagenen Gesundheit Fidel Castros absehbaren Machtwechsels an eine neue Generation entwickeln wird.
- **Venezuela**, wo Präsident Chavez eine nach dem Befreiungskämpfer Simon Bolivar benannte **bolivarianische Revolution** durchgeführt hat, die einen modernen sozialistischen Wohlfahrtsstaat begründen soll. Die wirtschaftliche Lage Venezuelas hat sich in den letzten Jahren aber stetig verschlechtert, so dass immer mehr Eingriffe notwendig werden, um den angestrebten politischen Kurs zu halten. Chavez und die USA haben aus ihrer gegenseitigen Abneigung von Anfang an keinen Hehl gemacht, so dass Chavez außenpolitisch die Gegner der USA schon wiederholt unterstützt hat. Der Ölreichtum Venezuelas macht die Sache auch zu einem energiepolitischen Problem.
- **Kolumbien**: Die USA haben im Rahmen des Krieges gegen die Drogen sich immer stärker in Kolumbien engagiert, so dass Kritiker eine fortschreitende Beschneidung der kolumbianischen Souveränität fürchten. Das Land wird aber weiterhin von Kämpfen der Drogenbanden untereinander einerseits und zwischen der Regierung, Paramilitärs und der FARC-Guerilla andererseits geplagt, so dass ein beachtlicher Teil der Kolumbianer inzwischen als Flüchtlinge im eigenen Land leben muss.

5.3.2 Lateinamerika

In Mittel- und Südamerika gibt es zahlreiche Probleme und Veränderungen, von denen sicherheitspolitisch neben den bereits genannten Staaten die folgenden aktuell sind:

Brasilien hat durch die stabilitätsorientierte Politik unter Präsident **Lula** einen deutlichen Aufschwung genommen und scheint nach jüngeren Erkenntnissen auch über recht große Rohstoffreserven zu verfügen, die es auch als Ölland bedeutsam werden lassen könnten. In Brasilien bildet sich eine wachsende Mittelschicht heraus, die das Wachstum durch Binnennachfrage unterstützt. Brasilien verfolgt eine Politik der ‚Stärkung des Südens', bei der parallel zur Wirtschaftsvereinigung Mercosur auch eine südamerikanische Verteidigungsgemeinschaft ohne die USA befürwortet wird. Die Beziehungen zu China und Indien werden deshalb auch intensiviert. Die Nachbarn Brasiliens fürchten jedoch eine wachsende Vormachtstellung, so dass diese Pläne auch auf Widerstand stoßen.

Argentinien leidet noch immer an den Folgen einer schweren Wirtschafts- und Finanzkrise, die von 1998 bis 2002 ging und bei der das Bruttoinlandsprodukt phasenweise um über 20% sank und große Teile der Bevölkerung verarmten. Da Argentinien aber seine Staatschulden zumindest gegenüber privaten Gläubigern nicht mehr bediente, sondern Abschläge auf Staatsanleihen forderte, haben die Fnanzmärkte Argentinien einige Jahre erhebliches Misstrauen entgegengebracht, auch wenn Argentinien große Anstrengungen zur Überwindungen der Krise unternommen hat und wieder auf Wachstumskurs zurückgekehrt ist[685].

Ganz anders stellen sich die Probleme in **Bolivien** und **Peru** dar, wo die indigene Bevölkerung in beiden Ländern mehr Rechte und die Anerkennung ihrer Geschichte und Traditionen fordert. Das heißt nicht,

---

[685] vgl. Busch 2010, S.16

dass es das Problem nicht anderswo auch gibt, sondern nur, dass hier die Probleme gerade besonders akut sind.
In Bolivien hat dies seit der Übernahme der Macht durch **Evo Morales** zu erheblichen Spannungen zwischen den armen indianischen Hochlandbewohnern und den Tieflandbewohnern geführt, da sich die relevanten Rohstoffe und Industrien im Tiefland befinden. Eine Zweiteilung des Landes konnte bisher noch abgewendet werden, schwebt als *worst case*-Option aber immer noch im Raum.
In Peru, wo in den Neunziger Jahren die maoistische Guerilla des **Leuchtenden Pfades** (Sendero Luminoso) durch die Festnahme ihres Führers Guzman entscheidend geschwächt werden konnte, ist der Leuchtende Pfad nun wieder aktiver, wobei aber nun der Drogenhandel eine wichtige Rolle spielt (‚Narcoguerilla'). Auch in Peru fordert die indigene Bevölkerung mehr Rechte, was zu langsam wachsenden Spannungen führt.

Gesellschaftspolitisch beginnt sich der Kontinent übrigens auf religiösem Gebiet zu verändern. Der aufgrund der spanisch-portugiesischen Kolonialherrschaft zunächst rein katholische Kontinent wird zunehmend zu einem Ziel evangelikaler Missionierung mit jährlichen Konversionen im Millionenbereich. Wahrend China nun die größte Wachstumszone der christlichen Kirche ist, ist Südamerika nun Schauplatz eines harten Wettbewerbs zwischen den christlichen Kirchen geworden.

5.4 Der Nahe und Mittlere Osten

5.4.1 Israel und seine Nachbarn

Das britische Mandatsgebiet Palästina wurde zwischen den Weltkriegen das Ziel jüdischer Siedler, die nach und nach insbesondere den Küstenstreifen zu besiedeln begannen. Nach dem Holocaust und der Frage einer Heimstätte für die Juden wurde ein UN-Teilungsplan entwickelt, der das Mandatsgebiet in einen jüdischen und einen arabischen Teil teilen sollte. Als Israel 1948 gegründet wurde, befand es sich sofort mit seinen Nachbarn im Krieg, die die Gründung eines jüdischen Staates nicht akzeptieren wollten. Israel gewann diesen Krieg nicht nur, sondern konnte sein Staatsgebiet erheblich vergrößern. Hinzu kam die Flucht einer großen Zahl arabischer Einwohner, die in den Nachbarländern nun in Flüchtlingslagern hausen mussten.
Dadurch bestand das Mandatsgebiet nun nur noch aus Israel und dem **Westjordanland**, das zu Jordanien gehörte. Die Araber unternahmen große militärische Anstrengungen, um die Existenz Israels rückgängig machen zu können. Als die Israelis davon ausgingen, dass ihre Nachbarn bereit zum Angriff seien, entschieden sie sich 1967 zu einem Präventivkrieg, dem **Sechstagekrieg**, bei dem sie das Westjordanland einschließlich des Ostteils von Jerusalem, von Ägypten die später zurückgegebene Sinai-Halbinsel und den Gaza-Streifen und von Syrien die Golanhöhen eroberten.
1973 versuchten Ägypten und Syrien im **Yom-Kippur-Krieg** die Ergebnisse von 1967 zu revidieren, gerieten aber in die Defensive, so dass der Status Quo mehr oder minder erhalten blieb. Größere Kriege blieben seither schon mit Hinblick auf Israels Status als de facto-Atommacht aus.

Das Schicksal der eroberten Gebiete entwickelte sich ganz unterschiedlich: Die **Sinai-Halbinsel** wurde zurückgegeben und Israel und Ägypten schlossen auf Grundlage des **Camp David-Abkommens** 1978 einen stabilen Frieden. Der **Gaza-Streifen** war vorher von Ägypten nur verwaltet worden und blieb nun unter israelischer

Kontrolle. Die **Golanhöhen** wurden zum großen Teil 1981 von Israel endgültig annektiert.

Jordanien verzichtete 1988 von sich aus auf das Westjordanland. Das Verhältnis der Palästinenser und der Jordanier war durch den erfolglosen Versuch der **Palästinensischen Befreiungsfront (PLO),** in Jordanien 1970 die Macht zu übernehmen (schwarzer September), belastet, so dass Jordanien die Bindungen an Palästina aufgab. Die Trennung von Jordanien machte den Weg frei für die eine erste Ausrufung eines palästinensischen Staates noch im selben Jahr. Seither ist in den westlichen Medien ‚Palästina' das Westjordanland mit dem Gaza-Streifen.
Von den Sympathiebekundungen für den Irak im Golfkrieg von 1991 einmal abgesehen, hat sich Jordanien seither so gut wie möglich aus dem Nahostkonflikt herausgehalten und schloss 1994 mit Israel Frieden. Der jetzige König ist prowestlich eingestellt.
1993 kam es zum Autonomieabkommen (**Oslo-Abkommen**), so dass es seit 1995 die **Palästinensischen Autonomiegebiete** mit voller bzw. eingeschränkter Selbstverwaltung (Zonen A und B) gibt, das übrige Westjordanland verbleibt als Zone C unter vollständiger israelischer Kontrolle.
Letztlich sollte dies auf die Bildung eines eigenen Staates hinauslaufen, die anhaltenden Konflikte zwischen Israel und den Palästinensern haben dies bislang verhindert. Konfliktpunkte sind u.a. das Schicksal Ostjerusalems, Israels Wunsch nach Sicherheit, die Beibehaltung von bestimmten jüdischen Siedlungen im Westjordanland, was territoriale Änderungen gegenüber 1968 nach sich ziehen würde, und die Übernahme der Macht im Gaza-Streifen durch die islamische **Hamas**, die im Gegensatz zur im Westjordanland regierenden der PLO zugehörigen weltlich orientierten **Fatah** steht, was wiederum die noch anhaltende Blockade des Gaza-Streifens zur Folge hatte.

Der seit Jahren herrschende Stillstand in den Verhandlungen hängt mit dem Problem zusammen, dass eine **Zwei-Staaten-Lösung**, bei der Israel und Palästina ko-existieren, immer noch nicht die Frage der Rückkehr

der Flüchtlinge von 1948 löst, zweitens nicht die Frage nach dem Umgang mit Jerusalem und drittens nicht sicher ist, ob es wirklich eine friedliche Koexistenz geben könnte.
Das Hauptproblem ist auf lange Sicht aber der **demographische Wandel**, der langfristig auf eine arabische Mehrheit in Israel hinausläuft, wobei die Abgabe Ostjerusalems diesen Prozess erheblich verzögern könnte. Jerusalem ist aber der Ort wichtiger religiöser Stätten der drei großen Religionen Christentum, Judentum und Islam, so dass hier um weit mehr als nur um Territorium geht.

Deshalb läuft die reale Nahostpolitik nun auf ein **Konzept der physischen Trennung** bei weitgehender Beibehaltung der Kontrolle der Palästinenser durch Israel hinaus. Hierzu gehört die Errichtung von Sperranlagen rund um das Westjordanland, die Schaffung möglichst zusammenhängender Neusiedelungsgebiete und der Versuch, in Ostjerusalem durch schrittweisen Aufkauf der Gebäude der Kernstadt vielleicht später die religiös bedeutenden Stätten in rein israelischem Siedlungsgebiet zu haben, so dass eine Abgabe Rest-Ostjerusalems dann als politische Option leichter möglich wäre.
Das Konzept der physischen Trennung bei weitergehender Kontrolle hat aus israelischer Sicht den strategischen Vorteil, dass es einseitig, d.h. ohne fremde Hilfe und ohne Verhandlungen realisierbar ist, was auch das deutliche Nachlassen von Verhandlungsaktivitäten erklärt. Für die Palästinenser stellt es aus diesem Grunde auch das größte Problem dar. Die Blockade des Gaza-Streifens wird von Israel mit der Hamas-Regierung und der problematischen Sicherheitslage begründet, während die Kritiker die daraus resultierende humanitäre Situation beklagen und z.B. das Verhältnis zur Türkei momentan schlechter wird.

Im Norden hat Israel immer wieder Problem mit dem **Libanon**. Dieser hat ein komplexes konfessionelles Gleichgewicht, das sich aus demographischen Gründen immer mehr zu den Muslimen verschiebt. In den siebziger Jahren kam es zum Bürgerkrieg, der die Hauptstadt **Beirut** komplett zerstörte. 1982 entschied sich Israel zum Angriff und brachte den Südteil des Landes vorübergehend unter seine Kontrolle, nachdem

es 1978 schon eine Pufferzone südlich des Flusses **Litani** eingerichtet hatte. Anlässlich dieser Ereignisse wurde noch im selben Jahr die schiitische **Hisbollah**-Miliz gegründet, die wie die Hamas zu den entschlossensten Gegnern Israels gehört.
Das **Abkommen von Taif** von 1989 beendete den libanesischen Bürgerkrieg, wobei es aber besondere Beziehungen zu Syrien festlegte, das dann bis 2005 als Ordnungsmacht im Libanon agierte. 2005 zogen die Syrer dann nach massivem Druck aus dem Libanon ab, nachdem die internationale Presse Syrien die Ermordung des syrienkritischen Politikers Rafik **al-Hariri** anlastete, was sich jedoch nicht nachweisen ließ. Die Wahlen im Libanon von 2009 bestätigten die neuen politischen Verhältnisse.
Der Machtzuwachs der Hisbollah und Raketenangriffe der Hisbollah mit **Kassam-Raketen** veranlassten Israel im Sommer 2006 zum zweiten Libanonkrieg, der dazu diente, die Hisbollah entscheidend zu schwächen, was aber nicht im erwarteten Umfang gelang.

Syrien ist aufgrund des Umstandes, dass die Elite vor allem von den Nusairern gestellt werden, während die große Mehrheit der Bevölkerung ganz konventionelle Sunniten sind, vor allem um innere Stabilität bemüht, so dass ein straff organisierten Einparteienstaat mit der **Baath-Partei** unter der Führung von Assad existiert. Der Streit mit Israel um die Golanhöhen ist nicht nur ein bloßer Kampf um ein Territorium, sondern hat etwas mit ihrer großen strategischen Bedeutung als günstiger militärischer Stützpunkt und wegen der damit verbundenen Zugriffsmöglichkeiten auf das Jordanwasser zu tun. Es geht also um vitale Interessen und dies erklärt, warum anders als mit Jordanien und Ägypten noch kein Friedensvertrag geschlossen werden konnte.
Israel zerstörte mit einem Präventivschlag im Jahre 2007 eine wohl mit nordkoreanischer Hilfe gebaute Nuklearanlage in Ost-Syrien[686].
Syrien betrachtet sich außerdem als Schutzmacht des Libanon, so dass die Kontrolle des Libanon ein weiterer Streitpunkt ist. Mittlerweile

[686] vgl. Rühle 2010

bemüht sich Syrien um eine ständige Verbesserung der Beziehungen zum Iran und zur Türkei.
Russland engagiert sich mittlerweile verstärkt im Nahen Osten, so errichtet es einen Marinestützpunkt in der syrischen Hafenstadt Tartus und plant auch Stützpunkte im Jemen und Libyen[687].

5.4.2 Die Golfregion

Nachbarland Syriens ist der **Irak**, der als Zweistromland zwar die Heimstätte der ersten großen Hochkulturen der Menschheit ist, als Staat aber ein Kunstprodukt war, das nach dem ersten Weltkrieg bei der Neuordnung der Region durch die Briten und Franzosen geschaffen wurde. Dadurch kamen drei Regionen zusammen, nämlich der kurdische Norden, die sunnitische Zentralregion und der schiitischen Süden. Schließlich übernahmen junge Offiziere und die Baath-Partei die Herrschaft im Irak, wobei sich dann wiederum nach einigen Jahren **Saddam Hussein** an die Spitze setzen konnte.
Der Nachbar und Konkurrent Iran hatte unter dem Schah die Kurden im Irak gestützt und um dem ein Ende zu machen, einigte sich der Irak mit dem Iran in den Siebziger Jahren auf eine lange umstrittene Grenze im ölreichen **Schatt-el-Arab**. Nach der Revolution im Iran durch Chomeini sah Saddam Hussein die Chance gekommen, die Ergebnisse gewaltsam rückgängig zu machen und griff den Iran 1980 an, was nach ersten Erfolgen rasch in einen sehr blutigen Stellungskrieg mündete.
Mit Hilfe des Westens und Saudi-Arabien konnte der Krieg als Abnutzungskrieg noch bis 1988 durchgeführt werden. Saddam Hussein, der vom Westen nach einem Gasangriff auf Kurden faktisch unbehelligt bleib, wähnte sich der Unterstützung zu sicher und hoffte, der Westen werde seine überraschende Invasion and Annexion von Kuwait 1990 dann letztlich schlucken.
Dies mündete im **ersten Golfkrieg**, den die USA 1991 rasch gewannen. Aus Furcht vor einem instabilen Irak wurde der Vormarsch jedoch abgebrochen und Saddam blieb an der Macht. Der Sohn von George

---

[687] FAZ 2010o, S.5

Bush sah dies jedoch anders als sein Vater und griff den Irak 2003 an und eroberte ihn vollständig. Die internationale Staatengemeinschaft war sich uneins, schon wegen des nachher nicht bewiesenen Kriegsgrundes, dass der Irak Massenvernichtungswaffen lagere, so dass die USA mit einem Bündnis der Befürworter, der **Koalition der Willigen**, einmarschierten. Saddam wurde schließlich gefunden und nach langen Prozessen hingerichtet.

Die US-Truppen waren jedoch ohne klares Nachkriegskonzept und mit zu wenig Soldaten einmarschiert, so dass die staatlichen Institutionen des Irak zerfielen und jahrelang Gewalt und Chaos an der Tagesordnung waren. Die Sunniten, die bis dahin die Elite gestellt hatten, sahen sich um ihre Macht und ihre Rechte gebracht, so dass im Kernland erhebliche terroristische Aktivitäten, z.B. in **Falludscha**, herrschten.
Seit sich die Amerikaner unter Führung des neuen Generals **Petraeus**, der 2010 nach Afghanistan abkommandiert wurde, anfingen, mit den lokalen Gruppen zu arrangieren, hatte sich die Sicherheitslage soweit verbessert[688], dass die USA einen weitgehenden Abzug bis 2011 in Betracht ziehen und schon 2009 die Städte an die Irakis übergaben. 2010 wurden die meisten Truppen bis auf rund 50.000 Soldaten ab. Jedoch ist noch ungewiss, ob die zentrifugalen Kräfte nicht doch noch obsiegen, da die Kurden im Norden und die Schiiten im Süden die Chance auf Eigenstaatlichkeit immer noch vor Augen haben.

Der schiitische Iran und das sunnitische Saudi-Arabien sind die beiden Führungsmächte in der islamischen Welt.

Nachdem im **Iran (Persien)** der Schah Ismail im frühen 16. Jahrhunderts die Zwölferschia zur Staatsreligion erklärte, gelangte 1979 Ajatollah Chomeini an die Macht und errichtet eine schiitische Theokratie, die die Schiiten auch in anderen Ländern wie dem Irak politisch unterstützt.

---

[688] vgl. Bierling 2010, S.9

Die Theokratie hat sich als **Islamische Republik** formiert, in der als Oberster Rechtsgelehrter der **Revolutionsführer** die politische Führung innehat. Seit dem Tode Chomeinis im Jahre 1989 hat Ali **Chamenei** das Amt inne. Als solcher ist er Oberkommandierender der Streitkräfte, ernennt die obersten Richter und den für die Überprüfung der Gesetzte zuständigen **Wächterrat**, der aus sechs geistlichen und weltlichen Rechtsexperten besteht. Der Wächterrat genehmigt auch die Kandidaten des Expertenrates, die dann vom Volk gewählt werden und die erforderlichenfalls auch einen neuen Revolutionsführer wählen müssten, wobei dessen Amt auf Lebenszeit vergeben wird.

Erst *danach* kommen Präsident und Parlament, wobei alle vom Volk zu wählenden Kandidaten und die Gesetze vom Wächterrat bestätigt werden müssen. So gesehen gibt es auch demokratische Strukturen, die jedoch stets unter dem Vorbehalt des Wächterrates stehen.[689]
Seit 2005 ist Mahmud **Ahmadinedschad** Präsident, der auch 2009 wiedergewählt wurde, wenn auch das Wahlergebnis heftig umstritten war. Ahmadinedschad fördert systematisch das iranische Atomprogramm (Kapitel 2.2) und macht aus Abneigung gegen Israel keinen Hehl, so dass wie schon in Kapitel 2.2.1 beschrieben, bereits seit Jahren ein israelischer Präventivschlag gegen den Iran diskutiert wird.
Aber bisher hat weder diese Drohung noch die von den USA geförderte Sanktionspolitik wirklich etwas ändern können. Einerseits sind weder Russland noch China an der Förderung des Islam interessiert, andererseits ist der Iran ein willkommener Puffer an ihrer Südwestflanke, der zudem große Kapazitäten der Amerikaner bindet, weshalb letztlich Russland und China auf US-Initiativen zurückhaltend reagieren. Der Energierohstoffreichtum bedingt Irans relative Stärke im Umgang mit dem Ausland, die EU zögert bei deshalb bei Sanktionen.

Die Eroberung des Irak im Jahre 2003 hatte aus US-Sicht den Vorteil, dass dadurch Syrien zwischen Israel und dem von US-Truppen kontrollierten Irak und der Iran zwischen dem Irak und dem ebenfalls

---

[689] vgl. Nirumand 2006

von US-Truppen kontrollierten Afghanistan eingeklemmt war. Die damit verbundene Hoffung, beide Staaten unter Druck zu setzen und politische Reformen durchsetzen zu können, hat sich jedoch nicht erfüllt.

Der Iran ist ethnisch nicht homogen, so dass nur zwei Drittel der Bevölkerung Perser sind, gefolgt einem Sechstel Aserbeidschanern, aber er ist religiös sehr homogen mit ca. 90% Schiiten, 9% Sunniten und kleinen Minderheiten von Juden, Christen und Bahai, die allesamt schon lange im Iran ansässig sind.
Die Wirtschaft wird in wichtigen Bereichen von geistlichen Stiftungen kontrolliert, die sinngemäß wie Holdings fungieren, ein großes wirtschaftliches Problem ist die hohe offene und verdeckte Arbeitslosigkeit.
Zu den Staaten der arabischen Halbinsel ist anzumerken, dass mit Ausnahme Saudi-Arabiens die meisten Staaten erst nach dem zweiten Weltkrieg von der britischen Kolonialherrschaft unabhängig wurden.

Die jüngere Geschichte der arabischen Halbinsel kennt mehrere Schlüsseldaten:
1918 brach das Osmanische Reich zusammen, so dass sich bald danach der Nordjemen und dann Saudi-Arabien etablieren können.
1932 entstand endgültig das heutige **Saudi-Arabien**, das mit dem Jemen sogleich einen Grenzkrieg führte. Als neue Hüterin der heiligen Stätten Mekka und Median fiel Saudi-Arabien sogleich eine bedeutende Rolle im Islam zu. Der Beginn der saudisch-wahabitischen Macht begann schon 1744 durch einen Pakt des Stammesführers **Ibn Saud** mit Mohamed **Al-Wahab** (daher Wahabiten) und der erste Staat endete durch das Eingreifen der Ägypter (1811-1819). 1902 eroberten saudisch-wahabitische Kräfte Riad im Handstreich und es gelang ihnen, die Provinzen Hedschas und Neschd einzunehmen, aus denen dann 1932 das heutige **Saudi-Arabien** hervorging.
Heute wird Saudi-Arabien durch ein gestuftes Sicherheitssystem aus 5 Ringen geschützt. Im Kern steht die 120.000 Mann starke Leibgarde, die sich nur aus Angehörigen der ehemaligen Gründerstämme

zusammensetzt[690]. Den zweiten Ring bildet die 200.000 Mann starke reguläre Armee, die zur Zeit gegen den Iran massiv hochgerüstet wird[691]. Den dritten Ring bildet die unter Leitung von EADS im Bau befindliche Grenzanlage, die mit 9000 km ganz Saudi-Arabien hermetisch abriegeln soll[692]. Den vierten Ring bildet die Verteidigungsgemeinschaft der Golfstaaten, in der die Vereinigten Arabischen Emirate ebenfalls stark aufgerüstet haben (Ende 2010: 184 Kampfflugzeuge, zum Vergleich hat der 12-fach größere Iran mit 66 Mio. Einwohnern 312 Flugzeuge)[693]. Den fünften Ring bilden die westlichen Militärbasen, die die Halbinsel bis auf den Jemen gut abdecken. Die USA scheinen jedoch Ende 2010 erreicht zu haben, dass der Jemen die vorgelagerte Insel **Socotra** als Basis für B52-Bomber und als Schiffsanlegeplatz zur Verfügung stellt[694].

Alle weiteren Gebiete der Halbinsel standen unter mehr oder minder strengem Einfluss der Briten.
Infolge 1968 angekündigten Abzuges der britischen Truppen **‚östlich von Suez'** wurden **1971** die Staaten Bahrain, Katar und die Vereinigten Arabischen Emirate VAE unabhängig. Die VAE wurden von 7 Emiraten gebildet, die beiden bedeutendsten Emirate sind **Dubai** und Abu **Dhabi**.
Der noch unter britischer Kontrolle stehende Südjemen konnte sich bereits 1967 lösen, Kuwait wurde schon 1961 in die Unabhängigkeit entlassen. Der **Oman** war formal keine Kolonie, war aber nun ebenfalls auch faktisch in allen Belangen unabhängig[695].
1981 wurde als Reaktion auf die iranische Revolution der **Golf-Kooperationsrat** (engl. Gulf Cooperation Council, GCC) durch Kuwait, Bahrain, Saudi-Arabien, Katar, die Vereinigten Arabischen Emirate und Oman gegründet.

---

690 vgl. Chimelli 2010, S.10
691 vgl. Mertins 2010a, S.12
692 vgl. Hildebrand 2010, S.6
693 vgl. Mertins 2010a, S.12
694 vgl. Hermann 2010c, S.10
695 vgl. Hermann 2010b, S.10

Ziel der Organisation ist die Zusammenarbeit in der Außen- und Sicherheitspolitik sowie die Förderung der wirtschaftlichen und gesellschaftlichen Beziehungen zwischen den Mitgliedern, wozu 1982 der Warenverkehr liberalisiert wurde. Die Mitglieder sind zu gegenseitigem Beistand im Verteidigungsfall verpflichtet, wobei die verfügbare Truppenstärke jedoch gering ist. 2003 wurde eine Zollunion eingeführt, 2008 ein gemeinsamer Binnenmarkt. 2010 wollte der GCC mit Ausnahme von Oman eine Gemeinschaftswährung einführen, jedoch gab es im GCC Unstimmigkeiten, die diesen Schritt zusammen mit der Finanzkrise verhinderten.

Der 1990 erfolgte Einfall Iraks in Kuwait führte zum ersten Golfkrieg, sodass die westliche Militärpräsenz auf der Halbinsel deutlich zunahm.
Alle Länder der arabischen Halbinsel außer Jemen pflegen gute Beziehungen zum Westen, so dass US-Militärbasen in den VAE, Bahrain, Qatar, Kuwait und Oman die Halbinsel gut abdecken[696]; seit 2009 auch eine französische Basis in den VAE.
Diesen Ländern ist auch der Öl- bzw. Gasreichtum gemeinsam und ein relativ hoher Anteil ausländischer Arbeitskräfte, die die Wirtschaft und die Produktion aufrechterhalten, was natürlich auch ein Sicherheitsrisiko darstellt; in Dubai schätzte man den Anteil ausländischer Arbeitskräfte phasenweise auf 95%. In der VAE führte Dubai eine Modernisierungs- und Tourismusoffensive an, die dann zu einem Bauboom führte, der 2009 in eine schwere Krise führte, so dass Abu Dhabi einspringen musste und nun nicht nur territorial, sondern auch wirtschaftlich die VAE anführt.
Und schließlich sind auch alle Länder (wiederum außer dem Jemen) Monarchien, die von Scheichs, Emiren und Königen geführt werden, die auch noch faktische Macht besitzen, wenngleich beratende Versammlungen ebenfalls üblich sind.
Die Muslime sind mehrheitlich sunnitisch, jedoch gibt es auch Schiiten wie im **Bahrain**, mit denen die Regierung zuletzt gewisse

---

[696] vgl. Wiegel 2009, S.6

Spannungen[697] hatte, wie die Ibaditen im Oman und die Zaiditen im Jemen.

Der Jemen ging einen ganz eigenen Weg[698]. Im Nordjemen regierten seit mehr als 1000 Jahren die **Zaiditen** (Fünfer-Schiiten), bis sie 1962 gestürzt wurden. Die Anhänger dieser Richtung sind heute noch als **Al-Houthi**-Rebellen aktiv.
Im Südjemen war faktisch schon immer nur die Küste unter Kontrolle der Zentralregierung, während die Stämme in den Bergregionen weitgehend unabhängig sind. Die im Westen herrschende Vorstellung, der Jemen sei allein deshalb ein failed state, trifft es nicht ganz, weil diese Machtbalance schon sehr lange Bestand hat. 1986 erschütterte ein Bürgerkrieg den marxistisch orientierten Südjemen dermaßen, dass der Weg zur Vereinigung mit dem Norden im Jahre 1990 frei wurde. Die Parteinahme Jemens für den Irak im ersten Golfkrieg belastet das Verhältnis zu Saudi-Arabien schwer.
1994 kam es zwischen Nord- und Südjemen zu einem kurzen Bürgerkrieg, den der Norden nach kurzer Zeit für sich entscheiden konnte. Der in Nordjemen schon seit 1978 regierende Präsident Salih regiert seither den ganzen Jemen.

2009 hat sich die Sicherheitslage immer mehr verschlechtert. Da sind zum einen die Al-Houthi-Rebellen, deren Einfluss im Nordjemen seit 2004 wächst, so dass Saudi-Arabien auch schon mit Luftangriffen reagiert hat, wobei es den Iran der Parteinahme für die Al-Houthi beschuldigt[699]. Zudem werden auch Al-Kaida-Kämpfer im Jemen vermutet. 2009 kamen im Jemen Deutsche ums Leben, die von ihren Entführern ganz gegen die üblichen Gepflogenheiten getötet wurden, statt sie gegen Lösegeld freizulassen. Ob dies aber mit Al-Kaida zu tun hatte oder lediglich damit, dass sie offen in christlicher Mission auftraten, wurde nie ganz geklärt[700].

---

[697] vgl. Katzman 2009
[698] Sharp, J.M. 2010
[699] vgl. Hermann 2009a, b, 2010a
[700] vgl. Ehrhardt 2009

Nachdem Ende 2009 ein Flugzeugattentat in Detroit verhindert werden konnte, bei dem die Spuren in den Jemen führten, wurde im Westen diskutiert, eine neue Front gegen den Terror zu eröffnen. Aufgrund der jemenitischen Vorgeschichte hätte ein solches Vorgehen jedoch gute ‚Chancen', zu einem zweiten Afghanistan zu werden, so dass die Diskussion von einigen Drohnenangriffen abgesehen, die aber in Zukunft ausgedehnt werden sollen, schon wiederholt im Sande verlief[701]. Die USA bekommen jedoch vielleicht schon 2011 einen Stützpunkt auf der jemenitischen Insel Socotra.

5.5 Afrika

5.5.1 Einführung

Afrika ist politisch ein sehr heterogener Kontinent mit einer außerordentlich komplexen Geschichte. Die Vorstellung, dass Afrika vor der Kolonisierung unorganisiert oder irgendwie ‚leer' war, ist längst widerlegt, viele Staaten wie z.B. Mali haben jahrhundertealte Vorläufer. Die koloniale Grenzziehung ist aber bis heute eine nicht enden wollende Quelle ethnischer Konflikte. Die Befürchtung ist jedoch ähnlich wie im Jugoslawienkrieg, dass Grenzkorrekturen die Büchse der Pandora öffnen konnten und zu nicht enden wollenden Kriegen führen würden.
Außerdem schreitet in Afrika die Bildung von Wirtschaftsgemeinschaften voran, die sich zum Teil überlappen und zu Doppelmitgliedschaften der Staaten führen, was einerseits sehr verwirrend ist, aber zeigt, dass der Kontinent trotz allem langsam zusammenwächst.

Zunächst ist hervorzuheben, dass Afrika in mehrfacher Hinsicht geteilt ist, nämlich in einen arabisch dominierten Norden und eine schwarzafrikanisch dominierten Süden.
Eine weitere Nord-Süd-Differenz ist die Teilung in einen muslimischen dominierten Norden und einen vom Christentum und Naturreligionen

---

[701] vgl. FAZ 2010m, S.1

dominierten Süden, wobei diese Trennungslinie durch Schwarzafrika läuft und ausgerechnet eines der mächtigsten Länder, nämlich Nigeria quer durchtrennt.
Daneben gibt es eine Ost-West-Differenz. Der Westen Afrikas ist sehr stark von Frankreich durch die CFA-Franc-Zone mit 14 Staaten sowie Militärabkommen mit den meisten dieser Staaten beeinflusst. Das anglophone Nigeria fällt hier fast ein wenig aus dem Rahmen. Im Osten dominieren die ehemaligen britischen Kolonien bis herunter nach Zimbabwe, dem früheren Rhodesien.

Während der französische Einfluss in Nordafrika, insbesondere Algerien, wieder zunimmt, beginnt er in Schwarzafrika allmählich nach zulassen. Die Bindungen an Frankreich sind in der jungen Generation nicht mehr so groß wie in der Elterngeneration (sog. ‚**zweite Unabhängigkeit**') und die wirtschaftliche Vormachtstellung französischer Firmen in ‚Francafrique' und die schlagartige Halbierung des Wertes des CFA-Francs im Jahre 1994 durch Frankreich haben ebenso für Unzufriedenheit gesorgt wie der relativ niedrige Entwicklungsstand der Länder in der Zone[702].
Im Süden findet sich eine weitere afrikanische Vormacht, nämlich **Südafrika**, das politisch und wirtschaftlich die Region dominiert. Gewissermaßen in der Mitte befindet sich der **Kongo** (früher Zaire), das ehemals eine belgische Kolonie war, dann Jahrzehnte lang als Zaire von Mobutu regiert wurde, um dann ab den 1990er Jahren Schauplatz eines nicht enden wollenden Kriegs um Macht und Rohstoffe zu werden, der wegen seiner Grausamkeit, der vielen Toten und der Beteiligung praktisch aller Nachbarstaaten auch als **afrikanischer Weltkrieg** bezeichnet wird.

5.5.2 Nordafrika

Die arabischen Staaten Nordafrikas haben in den letzten Jahren eine ganz unterschiedliche Entwicklung genommen.

---

[702] vgl. auch Lecontre/Kambudzi 2009, LMD 2009

Marokko hatte 1976 die südlich gelegene **Spanisch-Sahara (Westsahara)** besetzt und nach einigen Jahren Mauretanien und Algerien aus dem Konflikt gedrängt. Die Einwohner Spanisch-Saharas setzten sich mit Hilfe der Befreiungsfront Polisario zur Wehr, dann jedoch errichtete Marokko eine Sperranlage, durch die die Sahauris auf einem kleinen Teil ihres früheren Territoriums zusammengedrängt wurden. Der Konflikt ist aus dem öffentlichen Blickfeld längst verschwunden.
2002 führten Territorialstreitigkeiten über die spanischen Exklaven **Ceuta** und **Melilla**[703] als letzten Resten des ehemaligen Spanisch-Marokko zu einem kurzen Konflikt. König Mohamed VI. fördert die Modernisierung des Landes und den Handel mit den USA und der EU durch entsprechende Abkommen, so dass das Verhältnis zum Westen trotz der aktuellen Probleme mit der Haschischproduktion (Kap. 2) insgesamt gut ist.

Algerien hatte sich in einem harten und blutigen Unabhängigkeitskampf vom Mutterland Frankreich gelöst. Soziale Unruhen von 1988 führten zur Öffnung des bis dahin als sozialistisches Einparteiensystem gestalteten Staates[704]. Es entstand als Tochterorganisation der Moslembruderschaft die **Islamische Heilsfront** (Front Islamique du Salut) **FIS**, die bei den freien Wahlen von 1991 schließlich 188 von 231 im ersten Wahlgang zu vergebenden Sitzen gewann, woraufhin die Wahlen vom Militär abgebrochen wurden. Es bildeten sich jedoch auch bewaffnete Gruppen, insbesondere die **GIA (Groupe Islamique Arme)**, die aber inzwischen keine Rolle mehr spielt[705]. Algerien hat in den letzten Jahren sich Frankreich deutlich angenähert, das auch sehr an den Gasreserven Algeriens interessiert ist; diese Entwicklung konnte auch durch einige Anschläge der Salafistischen Gruppe für Kampf und

[703] Die Existenz dieser Territorien ist auch psychologisch sehr ungünstig, weil ständig Menschen versuchen, auf diese Weise illegal nach Spanien einzuwandern, so dass deutlich höhere Zäune gegen Marokko gebaut werden mussten.
[704] vgl. im Detail Dingel 2004
[705] Lueders, Die Zeit 37/1997.

Predigt, auch als Al-Kaida Maghreb bekannt, letztlich nicht gestoppt werden.

Libyen hatte unter seinem Führer Ghaddafi mit dem Westen vor allem in den Achtziger Jahren erhebliche Spannungen, die mit panarabischen Plänen und der Besetzung des rohstoffreichen Auzou-Streifens beim Nachbarn Tschad zusammenhingen. Dazu kam dann noch der Anschlag auf die auch von Amerikanern besuchte Diskothek La Belle in Westberlin, die 1986 zu einem Luftschlag gegen Tripolis und Benghazi führten und der Libyen zugeschriebene Lockerbie-Anschlag von 1988, bei dem ein Passagierflugzeug gesprengt worden war. 1999 wurden UN-Sanktionen gegen Libyen verhängt. Libyen entschied sich 2003, mit dem Westen zusammenzuarbeiten und gab auch sein Atomprogramm auf. In der Folge hat Libyen einen wirtschaftlichen Aufschwung genommen[706]. Die jüngsten Streitigkeiten mit der Schweiz wurden durch die kurzzeitige Verhaftung eines Ghaddafi-Sohns in der Schweiz ausgelöst, wobei die Libyer die in ihren Augen ehrverletzende Behandlung des Vorganges in der Schweizer Presse beklagten. Dies trug zu der ungewöhnlich heftigen Reaktion Libyens bei, zu der auch der Vorschlag gehörte, die Schweiz in drei Teile zu zerschlagen.

Tunesien wird seit der Unabhängigkeit von 1956 durch eine Einheitspartei regiert, die bislang keine islamistische Oppositionspartei zuließ; das Land gilt als sehr stabil.

Ägypten, das ein gutes Verhältnis zum Westen pflegt, hat große innenpolitische Probleme, die aus einer rasch wachsenden Bevölkerung resultieren, die ausgebildet, ernährt und in den Arbeitsmarkt integriert werden muss. Hinzu kommen absehbare ökologische Probleme mit dem überlasteten Nil, der für die Nahrungsversorgung und die Bewohnbarkeit Ägyptens entscheidend ist.

---

[706] vgl. Gehlen 2010a, S.16

Ein weiteres Problem ist der wachsende Erfolg der Muslimbruderschaft, die bei der Wahl 2005 zur stärksten Oppositionskraft wurde, wobei das soziale Gefälle und die angespannte Wirtschaftslage eine Rolle spielen. Für den seit knapp 20 Jahren regierenden Präsidenten Hosni Mubarak zeichnet sich noch kein Nachfolger ab, auch wenn die Nachfolge durch seinen Sohn schon zur Debatte stand, die Lösung dieser Frage ist für die weitere politische Entwicklung von erstrangiger Bedeutung.

In der Sahelzone spielen im Moment der **Tschad** und der **Sudan** die Hauptrolle. Der Tschad wird von ständigen ethnisch unterlegten innenpolitischen Konflikten geplagt, die schon wiederholt mit der gewaltsamen Einnahme der Hauptstadt N'Djamena durch wechselnde bewaffnete Rebellengruppen beendet wurden. 2008 hatte die EU unter französischer Führung die Militärmission EUFOR Tschad entsandt, die mittlerweile abgeschlossen wurde. Tschad und sein östlicher Nachbar Sudan haben sich in den letzten Jahren wiederholt gegenseitig vorgeworfen, Rebellengruppen zu unterstützen.

Der **Sudan** hatte nach einem langen Bürgerkrieg zwischen dem muslimischen Norden und dem Süden 2005 die **Nairobi-Vereinbarung** über Wahlen im Südsudan geschlossen, die ggf. zur Abspaltung des Südsudans im Jahre 2011 führen könnten[707]. Die provisorische Grenze zwischen Nord- und Südsudan läuft durch wichtige Ölfelder, was immer wieder zur Reibereien führt. Im Süden ist die Rebellenorganisation **Sudan Peoples Liberation Movement SPLM** Favorit, die aber ethnisch von den Dinka dominiert wird, so dass die anderen Ethnien bereits mit Sorge in die Zukunft blicken, denn in dem Bürgerkrieg wurde ganz nebenbei auch schon lange um Wasserstellen und Vieh gekämpft[708].

Im Norden verblieb das muslimische, aber vorrangig von Schwarzen bewohnte Darfur. Arabische **Djandjawid-Reiter** begannen 2003 nach vorangegangenen ethnischen Konflikten zwischen schwarzfrikanischen und arabischen Bevölkerungsgruppen, die schon bis in die 1980er Jahre

---

[707] vgl. Dange 2009

[708] FAZ 2009a

zurückreichen, mit der gewaltsamen Vertreibung der Darfurer, so dass der Tschad auch ein Flüchtlingsproblem aus Darfur hat. Auch wenn der Konflikt phasenweise abgeflaut war, ist seit 2007 die gemischte Friedenstruppe der UN und der Afrikanischen Union UNAMID in Darfur im Einsatz, aber nur mit weniger als 10.000 Personen auf einem Gebiet von rund 500.000 km². Die Aktivitäten der Djandjawid von vielen Beobachtern der sudanesischen Regierung angelastet, was deren Kooperationsbereitschaft nicht unbedingt fördert.

Nachdem die Chinesen in Afrika aktiver wurden, haben auch die USA haben ein großes Interesse an Nordafrika entwickelt, wobei seit 2007 an einem eigenen Militärkommando für Afrika (**Africom**) gearbeitet wird[709]. 2010 gelang den USA ein großer strategischer Erfolg im Terrorkampf, denn Mauretanien, Niger und Mail haben in Tamanrasset ein gemeinsames Militärkommando gegen Al-Qaida-Kämpfer gegründet, um die Wüstenregionen der Sahara als potentielles Rückzugsgebiet besser zu überwachen[710].

5.5.3 Somalia und seine Nachbarn

Das heutige **Somalia** wurde 1960 aus dem Zusammenschluss von Britisch- und Italienisch-Somaliland gebildet. 1969 kam es zu einer Militärdiktatur unter Siad Barre. Dieser versuchte in den späten Siebziger Jahren, die **Ogaden-Region** von Äthiopien zu erobern, scheiterte aber damit, woraufhin sich Somalia von der Sowjetunion ab- und den USA zuwandte. 1991 wurde Barre gestürzt, es gelang der zersplitterten Opposition aber nicht mehr, eine Regierung zu etablieren, so dass das von Clans dominierte Somalia zerfiel.

Im Norden bildete sich sofort wieder der Staat **Somaliland**, der insgesamt stabil und funktionsfähig ist. Die internationale Gemeinschaft verweigert Somaliland dennoch die Anerkennung, weil sie an der Fiktion eines einheitlichen Somalias festhält. Eine US-Intervention im Jahre 1993, an der die Bundeswehr mit Aufbaumaßnahmen in **Belet**

---

[709] vgl. Perras 2007

[710] vgl. FAZ 2010e

Huen auch beteiligt war, scheiterte schließlich vor allem am Widerstand des Clanchefs Aidid.

Somalia gilt also in den Medien als völlig desorganisiert, ist aber nun de facto in mehrere Regionen zerfallen, von Nord nach Süd in die seit 1991 bestehende und gut funktionierende *Republik Somaliland*, die *autonome Region Puntland*[711], die wiederum kleine *Region Galmudug* und Rest-Somalia um die Hauptstadt Mogadischu, das zunehmend von den **Al-Shabaab** kontrolliert wird.
Der Vormarsch der islamischen Al-Shabaab veranlasste die USA zunächst zu kleineren Militärschlägen, dann erklärte **Äthiopien** mit Unterstützung der USA Ende 2006 der Al-Shabaab den Krieg[712] und eroberte Mogadischu. Die Milizen waren jedoch abgetaucht und rieben die Äthiopier durch Anschläge und kleine Gefechte soweit auf, dass diese 2009 wieder abzogen. Der Erfolg der Shabaab hängt auch damit zusammen, dass diese ihre Kämpfer regelmäßig bezahlt, was in der Region keineswegs selbstverständlich ist[713].
Es gibt Mutmaßungen, dass in Somalia auch ein Stellvertreterkrieg zwischen Äthiopien und Eritrea geführt wird.
Die 2000 nach Friedensverhandlungen gebildete offizielle Übergangsregierung Somalias wird zwar von den USA und der EU unterstützt, hat aber im Land nur wenig faktische Kontrolle, 2009 eigentlich nur noch die Umgebung des Präsidentenpalastes[714]. Es sind noch Friedenstruppen der Afrikanischen Union AU präsent, bei denen Uganda eine wichtige Rolle spielt. Dies führte am 10. Juli 2010 zu einem Anschlag der Shabaab auf ugandische Fußballfans mit mehr als 70 Toten, die Shabaab bekannte sich zwei Tage später zu dem Anschlag[715].

---

[711] Puntland will mit der Bezeichnung als autonom deutlich machen, dass es weiter an dem Ziel der Einheit Somalias festhält.
[712] vgl. England et al. 2006
[713] NZZ 2009b
[714] vgl. Guled/Dietrich 2009
[715] vgl. FAZ 2010l

Der Somaliakonflikt droht inzwischen auch auf **Kenia** überzugreifen, das 2008/2009 von massiven ethnischen Konflikten erschüttert wurde, bei denen die Stämme der Kikuyu von Präsident Mwai Kibaki (Kikuyu) und der Luo vom Kandidaten Odinga anlässlich der Präsidentenwahl aneinandergerieten. Dank einer Einigung von Kibaki und Odinga konnte der Frieden wiederhergestellt werden.

Fehlende Polizeifunktionen erlauben es anderen Staaten, illegal vor Somalia zu fischen, umgekehrt boomt dafür die Piraterie. Diese hat sich inzwischen zu einer regelrechten Industrie entwickelt, bei der ein halbes Dutzend Syndikate den Markt beherrschen, die von Kenia, Dubai und dem Libanon aus gesteuert werden und die über spezialisierte Firmen die Lösegeldverhandlungen mit den Reedern führen[716]. Der Versuch, die Ölfelder Somalias zu erschließen, führt zu einem Gemisch aus Kooperation und Konkurrenz zwischen den Staaten der internationalen Gemeinschaft.

Im kleinen Nachbarland **Dschibuti**, das 1977 von Frankreich als ehemaliges Afar- und Issagebiet unabhängig wurde, haben Frankreich, die USA und Deutschland ständige Militärstützpunkte.

Äthiopien ist eines der ältesten christlichen Länder der Welt. Von einer kurzen Phase der italienischen Besetzung abgesehen, war es stets unabhängig geblieben. Der Kaiser Haile Selassie wurde jedoch 1974 von Offizieren unter der Führung von Mengistu gestürzt und ermordet, der eine sozialistische Diktatur unter Anlehnung an die Sowjetunion errichtete. Die Sowjetunion half ihm auch, die Somalis im Ogadenkrieg 1977 zurückzuschlagen. Nach einer schweren Hungersnot und dem Ende des kalten Krieges wurde Mengistu von der Revolutionären Demokratische Front der Äthiopischen Völker[717] (EPRDF) von Meles Zenawi 1991 besiegt.

---

[716] vgl. Haefliger 2010

[717] Der Der Präsident Zenawi gehört ebenso wie viele Angehörige der Sicherheitsapparates der tigrischen Ethnie an, vgl. The Economist 23 Oct 2010, S.44

1993 wurde dann im Norden **Eritrea** unabhängig, das nach dem Ende des zweiten Weltkrieges als autonomes Gebiet Äthiopien zugeordnet wurde, dann aber von der Zentralregierung rasch entmachtet wurde, so dass es insbesondere unter Mengistu sehr harte Konflikte zwischen der eritreischen Befreiungsfront und der Zentralregierung gab. Eritrea und Äthiopien führten 1998 einen Krieg um strittige Territorien, insbesondere um die Grenzstadt Badme, dem ein labiler Frieden folgte. Unter Präsident Meles Zenawi versucht Äthiopien die Kontakte zu China zu intensivieren[718].

5.5.4 Nigeria und seine Nachbarn

Nigeria steht im Zentrum der Westafrikanischen Wirtschaftsgemeinschaft ECOWAS, mit den weiteren Mitgliedern Benin, Burkina Faso, Gambia, Ghana, Guinea, Guinea-Bissau, Elfenbeinküste, Kap Verde, Liberia, Mali, Niger, Senegal, Sierra Leone und Togo. Die ECOWAS zielt auf eine wirtschaftliche und eine teilweise politische Integration, die zur Einrichtung eines gemeinsamen westafrikanischen Gerichtshofes und eines gemeinsamen westafrikanischen Parlaments im Jahre 2001 führte. Darüber kam der ECOWAS mit der Intervention der ECOMOG-Truppe in Liberia während des Bürgerkrieges Anfang der 90er Jahre eine wichtige sicherheitspolitische Rolle zu, die den sich verändernden Rahmenbedingungen nach Ende des Kalten Krieges Rechnung tragen soll. Die ECOWAS hat bisher insgesamt fünf Friedensmissionen durchgeführt.

1960 wurde Nigeria unabhängig, und musste zunächst gegen die Sezession seiner Provinz **Biafra** kämpfen, die zu einem heftigen Krieg von 1967-1970 führte, in dem Biafra wieder eingegliedert wurde. Nigeria stellt mit 146 Millionen Einwohnern mehr als die Hälfte der Bevölkerung und Wirtschaftskraft der Gemeinschaft.
Hauptprobleme Nigerias[719] sind

---

[718] vgl. The Economist 23 Oct 2010, S.44
[719] vgl. Ploch, LMD 2009

- die Teilung des Landes in einen muslimischen Norden und einen christlichen Süden, wobei die Konflikte in den letzten Jahren ständig zugenommen haben. Im Norden haben einige Bundesstaaten die Scharia eingeführt[720]
- Neben den religiösen spielen auch ethnische Differenzen zwischen den zahlreichen Ethnien des Landes eine Rolle. Diese führt zu einem wenig beachteten **inneren Zerfall**, der sich an einer ständigen Zunahme der Bundesstaaten zeigt, inzwischen sind es statt 12 schon 36, wobei die Zellteilung immer weiter geht mit dem Ziel, ethnisch-religiös homogene Gebiete zu schaffen
- die Konzentration des Öls im Niger-Delta, so dass der Kampf um die Verteilung der Gewinne vor allem in der ökologisch stark belasteten Förderregion zu gewaltsamen Auseinandersetzungen führt
- die Stabilität der politischen Institutionen, wo Phasen militärischer und ziviler Herrschaft abgewechselt haben, wobei seit 1998 wieder Demokratie herrscht.

Das anglophone Nigeria liegt im Kern einer von Krisen und Bürgerkriegen heimgesuchten Region[721] und hat sich in viele der Konflikte eingeschaltet[722].

- **Liberia**: hier herrschte von 1989-1996 and 1999-2003 Bürgerkrieg, nachdem die National Patriotic Front of Liberia (NPFL) unter Charles Taylor versuchte, die Macht an sich zu ziehen. Nigeria führte die ECOWAS-Friedensmission von Liberia 1990-1995 durch und griff beim erneuten Ausbrechen des Konfliktes wiederum im Rahmen einer weiteren ECOWAS-Mission ein. 2003 konnte ein Waffenstillstand vereinbart werden und Präsident Taylor gab die Macht ab.
- **Sierra Leone**: hier herrschte von 1991-2000 Bürgerkrieg. Charles Taylor trug den Bürgerkrieg aus Liberia auch nach Sierra

---

[720] Hassan 2008

[721] vgl. Gilbert 2007

[722] vgl. Bergstresser/Tull 2008

Leone, wobei dieser u.a. durch den illegalen Handel mit Diamanten („Blutdiamanten“) finanziert wurde. Nigeria war maßgeblich an einer ECOWAS-Friedensmission von 1993-2000 beteiligt, zusätzlich trugen die UN mit der UNAMSIL-Mission und Großbritannien zur Befriedung im Jahre 2000 bei.

- **Elfenbeinküste**: hier brach 2002 ein Konflikt aus, bei dem es um die Frage ging, wer Ivorer sei, woraufhin das Land faktisch in einen rebellierenden Norden und den ivorischen Süden zerbrach. Frankreich geriet 2004 unerwartet zwischen die Fronten und zerstörte die Luftwaffe des Landes, so dass Nigeria vermittelnd einzugreifen versuchte. Dennoch blieb die Teilung des Landes bis zum Friedensvertrag 2007 erhalten.
- **São Tomé und Principe**: Nigeria schloss 2003 mit dem Inselstaat ein Abkommen zur Nutzung der vor beiden Staaten liegenden Ölvorkommen und vereitelte einen Putsch, mit dem der Präsident, der das Abkommen unterzeichnet hatte, gestürzt werden sollte.
- **Togo**: hier konnte sich Nigeria 2005 nicht gegen den Sohn der verstorbenen Herrschers Gnassingbé durchsetzen und musste dessen Machtübernahme akzeptieren.

Warum nun ausgerechnet die Region um Nigeria so instabil ist, ist umstritten. Einerseits werden die Rohstoffinteressen angeführt, die dann die Bürgerkriege auslösen und finanzieren, während andere Autoren auch soziale Probleme anführen, bei der eine insgesamt junge, arme und perspektivlose Bevölkerung, die anders als die Elterngeneration keine tieferen Bindungen an Frankreich mehr hat (sog. zweite Unabhängigkeit nach der politischen Unabhängigkeit als ‚erster' Unabhängigkeit) sich für Xenophobie und/oder von Politikern bzw. Rebellenführern propagierte Gewaltlösungen empfänglich erwies. [723]

Das anglophone Nigeria hat gute Beziehungen zu Großbritannien und den USA, und Deutschland hat im August 2008 ein Energieabkommen

---

[723] vgl. Gilbert 2007

mit Nigeria geschlossen, bei dem ab 2014 Flüssiggas (*Liquid Natural Gas LNG*) nach Deutschland geliefert werden soll, im Gegenzug baut Deutschland für Nigeria Infrastruktur (Stromnetz). Die Chinesen sind aber ebenfalls an dem nigerianischen Gas sehr interessiert.

5.5.5 Der Kongo und seine Nachbarn

Die Demokratische Republik **Kongo** (bis 1997 Zaïre) wurde von der Kolonialmacht Belgien 1960 unabhängig[724]. Nach politischen Wirren und dem Versuch der Abspaltung der reichen Provinz Katanga gelang es **Mobutu Sese Seko** 1965 die Macht zu übernehmen und eine Diktatur zu errichten, in deren Verlauf er das Land in Zaïre umbenannte und ein Einparteiensystem errichtete. Da dieses System auch die Bodenschätze kontrollierte, griff Korruption rasch um sich.

1994 bildete sich unter der Führung von Laurent-Désiré **Kabila**, der von Uganda und Ruanda gestützt wurde, eine Rebellion, die immer mehr anschwoll, so dass Kabila 1997 die Macht übernehmen konnte[725].
Die ugandischen und ruandischen Truppen, die ihn zunächst unterstützen, griffen immer mehr auf die rohstoffreichen Ostprovinzen des Kongo zu. Kabila zerstritt sich mit ihnen, woraufhin ihm die Nachbarn Angola, Simbabwe und Namibia ebenfalls mit Truppen zu Hilfe eilten und seine Absetzung verhinderten. Kabila wurde 2001

---

[724] Es gibt noch eine kleines westliches Nachbarland, das ebenfalls Kongo heißt und nach seiner Hauptstadt **Kongo-Brazzaville** genannt wird, während das große Kongo/Zaïre zuweilen auch **Kongo-Kinshasa** genannt wird.

[725] Burundi und Ruanda werden von zwei Ethnien, den Tutsi und den Hutu bewohnt. In Burundi war es schon öfter zu massiven Konflikten gekommen, so auch 1993 wieder. Beim Nachbarn Ruanda kam es 1994 zum Massenmord an den Tutsi durch radikale Hutu, so dass die Rebellenorganisation der Tutsi, die Ruandische Patriotische Front RPF von Uganda aus in einem Grossangriff Ruanda eroberte und die Regierung übernahm. Dabei mussten deutsche Staatsbürger aus Ruanda evakuiert werden, so man für zukünftige Fälle dieser Art die KSK in Calw aufbaute. Das Argument, fliehende Hutu-Milizen zu verfolgen, war für Ruanda ein Grund, in den Kongo einzumarschieren.

ermordet und sein Sohn übernahm die Macht. Ihm gelang es, in Verhandlungen zumindest den Abzug der ausländischen Truppen zu bewirken, so dass der Kongokrieg 2002 endete und die UN-Friedenstruppe MONUC ins Land kam. Die Schätzungen gingen von ca. 4 Millionen Toten aus.
Kabila wurde 2006 als Präsident wiedergewählt, wobei die Wahlen durch eine EU-Militärmission (EUFOR RD Congo) abgesichert wurden.
Dennoch gab es auch danach Kämpfe mit Rebellengruppen, insbesondere von 2007-2009 in der Region Kivu unter dem inzwischen festgenommenen **General Nkunda**. Der Wiederaufbau des Landes und die Einrichtung funktionierender staatlicher Institutionen sind nun die vorrangigen Ziele.

Uganda spielt in der Region auch eine wichtige Rolle. Es konnte dank starker bereits bestehender Königreiche wie dem seit dem 13. Jahrhundert existierenden Reich **Buganda** gegenüber den Briten eine relative Unabhängigkeit als Protektorat behaupten. 1962 wurde Uganda ganz unabhängig unter Führung des Königs (Kabaka) von Buganda. Jedoch wurde dieser von Milton Obote gestürzt, der weiderum 1971 von Idi Amin gestürzt wurde. Idi Amin war ein begabter Soldat, der noch bei den Briten trotz aller damaligen Vorbehalte gegen Schwarzafrikaner zum Leutnant befördert wurde und so im neuen Staat rasch in hohe Ämter aufstieg. Wegen seines außerordentlich harten Vorgehens gegen Regimegegner geriet er jedoch schnell ins internationale Rampenlicht, verstand es aber, sich durch eine Schaukelpolitik zwischen den USA und der Sowjetunion zu behaupten. Als er jedoch den Nachbarn Tansania 1977 angriff, und ein kleines Stück annektierte, stürzte ihn Tansania 1979 im Gegenschlag. Obote übernahm erneut die Macht bis 1985. Sein Nachfolger Okello wurde 1986 vom bis heute amtierenden Präsidenten Museveni und dem **National Revolutionary Movement NRM** gestürzt und seine Anhänger nach Norduganda verdrängt. Dort wurden die Rebellengruppen schließlich von Joseph Kony übernommen, der hieraus die **Lords Resistance Army LRA** formte. Diese war mit dem Nordsudan verbündet und Uganda seinerseits mit den nach Unabhängigkeit strebenden Rebellen des Südsudans, so dass der

Nordsudan, der Südsudan, die LRA und Uganda quasi sandwichartig aufeinander lagen. Durch den Sieg Südsudans 2006 wendete sich das Blatt und Uganda und der neuen provisorischen Regierung Südsudans **GOSS** (Government of South Sudan) gelang es, die LRA ab 2008 weitgehend aufzureiben. Uganda bemüht sich um den Wiederaufbau im Norden und hat auch, um der Bevölkerung den Respekt vor Traditionen n zu zeigen, das Königreich Buganda wieder zugelassen. Die Entdeckung von Öl im Westen Ugandas an der Grenze zum Kongo ist ein aktuelles Thema der ugandischen Politik.

5.5.6 Südafrika und seine Nachbarn

Südafrika stellt einen Sonderfall in Afrika dar, da es in recht großem Umfang von weißen Siedlern besiedelt wurde, insbesondere den niederländischen Buren, die dann nach kriegerischen Auseinandersetzungen mit Großbritannien Teil der britischen Kolonie Südafrika wurden. Heute sind noch ein knappes Zehntel der 49 Millionen Einwohner Weiße.

Nach dem zweiten Weltkrieg wurde die Politik der Rassentrennung von Weißen und Nicht-Weißen, die **Apartheid**, immer mehr verschärft, so dass Südafrika immer mehr isoliert wurde.

In den Siebziger Jahren wurde der Versuch unternommen, durch Schaffung von **Homelands** einen Teil der schwarzen Bevölkerung aus Südafrika in eigene Staaten auszugliedern, wie die an der Küste liegende **Transkei**, die **Ciskei**, der Binnenstaat **Bophutatswana**, der u.a. im Glücksspiel sehr aktiv war, und **Venda**. Der Plan scheiterte auch an der fehlenden internationalen Anerkennung dieser Staaten, die mit dem Ende der Apartheid untergingen.

Auch die Außenpolitik der Siebziger und Achtziger Jahre war von harten Auseinandersetzungen mit den gegnerischen Nachbarn gekennzeichnet. Namibia (Südwestafrika) war besetzt, um von dort aus gegen **Angola** vorzugehen, das nach Mitte der Siebziger Jahre nach dem Ende der Kolonialzeit mit kubanischer Hilfe von der marxistischen MPLA in einen kommunistischen Staat umgewandelt wurde. Auch im Nordosten war **Mocambique** kommunistisch geworden und als

Bedrohung angesehen. In Angola wurde die antikommunistische Unita, in Mocambique die antikommunistische Renamo gegen die kommunistische Frelimo unterstützt.
Zwischen beiden gab es noch Rhodesien, das aber 1980 als **Zimbabwe** unabhängig wurde und seither von Robert Mugabe regiert wird.

In Südafrika formierte sich der Widerstand der schwarzen Mehrheit, wobei sich der **African National Congress ANC** unter Nelson Mandela nach dem Ende des kalten Krieges schließlich durchsetzen konnte. Nach 1990 wurde der ANC legalisiert, 1994 übernahm er in freien Wahlen die Macht. Südafrika wurde international wieder voll anerkannt.
Es dominiert nicht nur die Wirtschaft des südlichen Afrika über die schon 1910 zusammen mit Swasiland, Namibia, dem von Südafrika komplett umgebenen Lesotho und Botswana gebildeten **Südafrikanische Zollunion (SACU)**, sondern ist auch zu einem bedeutenden Faktor der innerafrikanischen Politik z.B. bei Verhandlungen und Konfliktlösungen geworden.

Der Wirtschaftsaufschwung hat zur Bildung auch einer schwarzen Mittelschicht geführt, dennoch sind breite Schichten der Bevölkerung immer noch arm, was zu innenpolitischen Spannungen führt. Die Stabilität der südafrikanischen Institutionen beginnt auch allmählich durch Korruption zu bröckeln, so dass insbesondere wohlhabende Weiße das Land zunehmend verlassen. Nachdem die ersten beiden ANC-Präsidenten der im ANC führenden Ethnie der Xhosa angehörten, gehört der jetzige Präsident Zuma den Zulu an. Gegen Zuma wurden verschiedene Vorwurfe und Anklagen vorgebracht, jedoch konnte er den Machtkampf gegen Mbeki gewinnen und wird auch als Brückenbauer zwischen Xhosa und Zulu angesehen, die sich nach 1990 vorübergehend schwere Konflikte mit mehreren tausend Toten geliefert hatten.

Genau wie Brasilien verfolgt Südafrika eine Politik der Stärkung des Südens, bei der parallel zur Wirtschaftsvereinigung SACU auch eine südafrikanische Verteidigungsgemeinschaft befürwortet wird. Die Beziehungen zu China und Indien werden deshalb ebenfalls intensiviert.

Wie bei Brasilien fürchten auch hier die Nachbarn jedoch eine wachsende Vormachtstellung, so dass diese Pläne auch auf Widerstand stoßen.

Im Nachbarland Zimbabwe wurde die Regierung von Mugabe zunehmend autoritär. Das Land stürzte nach einer gewaltsamen Landreform, mit der die ungleiche Landverteilung zwischen Schwarzen und Weißen beseitigt werden sollte, ab 2000 in eine sehr schwere Wirtschaftskrise, die unter anderem dazu führte, dass eine Hyperinflation das Währungssystem 2009 völlig zerstörte und statt des Zimbabwe-Dollars nur noch ausländisches Geld kursiert. Mugabe hat sich trotz allen westlichen Drucks bislang im Amt halten können.

Auch in **Namibia**, das 1990 unabhängig wurde, und seither von Politikern der ehemaligen Widerstandsbewegung SWAPO regiert wird, gibt es eine Ungleichverteilung des Landbesitzes zugunsten der Weißen, vor dem Hintergrund der Entwicklung in Zimbabwe zögert die Regierung mit einer großen Landreform.

In **Angola** wurde der Bürgerkrieg zwischen der MPLA und der Unita 2002 beendet, wobei die MPLA immer noch die Macht hat und die Unita in der Opposition ist. Nun stehen aber nicht mehr Ideologien, sondern die Nutzung der Bodenschätze und Ölvorkommen im Vordergrund. In **Mocambique** endete der Bürgerkrieg bereits 1994, wo die Frelimo, die sich vom Marxismus lossagte, ebenfalls noch die Regierung stellt und die Renamo die Opposition stellt.

6 Literatur/Quellennachweise

Abramovici, P. (2009): Die Wiederentdeckung Afrikas durch die USA. In: Le Monde diplomatique 2009 Afrika. Stolz und Vorurteile, S. 50-53

Adam, W. (1999): Schwelende Kriegsgefahr an den Hängen des Himalaja. Frankfurter Allgemeine Zeitung Nr. 12/1999, S.12.

Afansjew, W. (2001): Nichtmarxistische russische Geschichtsphilosophie im 19. und 20. Jahrhundert am Beispiele der slawophilen und eurasischen Philosophie. Dissertation Berlin 2001

Africa, S. (2008): African Security Sector Network. Minutes of the first Meeting of the Intelligence Working Group, held on 22 May 2008, in Cape Town, Republic of South Africa, Venue: Winchester Mansions Hotel, Sea Point, 5 S.

Africa, S., Kwadjo, J. (2009): Changing Intelligence Dynamics in Africa. Publication by GNF-SSR, ISBN 987 07400 2763 1, 206 S.

Africa, S. (2010): Governing Intelligence in the South African Transition, and Possible Implications for Africa, S.57-76 in: Cawthra, G. (2010): African Security Governance - Emerging Issues.Wits University Press and P&DM in collaboration with the Friedrich Ebert Stiftung ISBN 978-1-86814-483-9, 239 S.

AILAB (2006): Artificial Intelligence Laboratory. Programmable Artificial Cell Evolution. http//ailab.ch/projects/pace

Akne, J. van, Johannsen, S., Kollek, R. (2004): Die Terror-Angst und ihre Folgen. In: Dt. Ärzteblatt, Jg. 101, H.45, S.C2429-C2430

Albert, H. (1972): Konstruktion und Kritik. Aufsätze zur Philosophie des kritischen Rationalismus, Hoffmann & Campe Verlag, Hamburg, 391 S.

Albert, H. (1975): Kritischer Rationalismus. Vier Kapitel zur Kritik illusionären Denkens. 4. Auflage, Mohr Siebeck Verlag, 149 S.

Albert, H. (1991): Traktat über kritische Vernunft. Mohr Siebeck Verlag, 5. Auflage 1991, 284 S.

Albrecht, J. (2008): Es sickert die Lauge, es rostet der Müll. Frankfurter Allgemeine Sonntagszeitung Nr. 28/2010, S.65.

Angenendt, S. (2009): Migration. In: Deutsche Nah-, Mittelost- und Nordafrikapolitik. Interessen, Strategien, Handlungsoptionen. SWP-Studie 2009/S 15, Mai 2009, S.41-50

ArcSight (2009): Cyberwar: Sabotaging the System. Managing Network-Centric Risks and Regulations. ArcSight White Paper Research 021-111609-03

Arzt, C. (2007): Präventionsstaat zwischen Rechtsgüterschutz und Abbau von Freiheitsrechten in den USA. In: Simon, D., Graulich K: Terrorismus und Rechtstaatlichkeit - Analysen, Handlungsoptionen, Perspektiven. Berlin: Akademie Verlag, 2007, Forschungsberichte der Interdisziplinären Arbeitsgruppe der Berlin-Brandenburgischen Akademie der Wissenschaften, S. 241-271.

Asseburg, M. (2007): Moderate Islamisten als Reformakteure. SWP-Studie 2007/S 05, Februar 2007, 103 S.

Asseburg, M., Kempin, R. (2009): Die EU als strategischer Akteur in der Sicherheits- und Verteidigungspolitik? Eine systematische Bestandsaufnahme von ESVP-Missionen und –Operationen. SWP-Studie 2009/S 32, Dezember 2009, 187 Seiten

Avenarius, T. (2010): Die Zündschnur glimmt noch. Süddeutsche Zeitung 20.08.2010, S.6

Bacia, H. (2010): Und die Piloten sitzen in Langley. Frankfurter Allgemeine Zeitung Nr. 236/2010, S.3.

Baier, T. (2005): Das Phantom aus dem Erbgut. Süddeutsche Zeitung Nr. 17 vom 22. Januar 2005, S.6.

Bailes, A.J.K., Dunay, P., Guang, P., Troitskiy, M. (2007): The Shanghai Cooperation Organization, SIPRI Policy Paper No. 17, Mai 2007, 66 S.

Bardt, H. (2010): Rohstoffe für die Industrie. Frankfurter Allgemeine Zeitung Nr. 275/2010, S.12

Barnford, J. (2010): Passen Sie auf, was Sie tippen. Interview in: Angriff aus dem Cyberspace. In: Die Zeit Nr.8/2010

Bartl, H. (2010): Wirtschaftsschutzkonzept des BfV – Bilanz der letzten zwei Jahre. In: Proaktiver Wirtschaftsschutz: Prävention durch Information 4. Sicherheitstagung des BfV und der ASW am 18. März 2010 in Köln

BBC News (2009): Major cyber spy network uncovered. 29. März 2009

BBKG (2004): Gesetz über die Errichtung des Bundesamtes für Bevölkerungsschutz und Katastrophenhilfe (BBKG), BGBl. I, 2004, S. 630f.

BDI (2006): Positionspapier zur Bedeutung der Sicherheit in der Industrie für Deutschland BDI Security & Defence Dokumenten Nr. D 0099 Datum Dezember 2006

Beck, L. (2008): Krieg ums Wasser? Samstag, 24 Mai 2008, S.3

Beck, R. (2010): Sicherheitspolitik gestalten statt verwalten. Frankfurter Allgemeine Zeitung Nr. 158/2010, S.10.

Behrens M. (2005): - Globalisierung als politische Herausforderung - Global Governance zwischen Utopie und Realität –VS Verlag 2005

Benders, R., Dörner, A. Eberle, M. (2010): Die Vereinigten Staaten von Amerika, ungeschminkt. Handelsblatt 120/2010, S.4

Bendiek, A. (2007): Europäische Union: Netzwerke bilden um Netzwerke zu bekämpfen. in: Ulrich Schneckener (Hg.) Chancen und Grenzen multilateraler Terrorismusbekämpfung. SWP-Studie 2007/S 14, Juni 2007, 120 Seiten, S.43-51

Bendiek, A. (2006): Die Terrorismusbekämpfung der EU. Schritte zu einer kohärenten Netzwerkpolitik. SWP-Studie 2006/S 21, August 2006, 34 Seiten

Benedikt XIV (2009) Generalaudienz vom Mittwoch, 28. Oktober 2009 http://www.vatican.va/holy_father/benedict_xvi/audiences/2009/documents/hf_ben-xvi_aud_20091028_ge.html

Bergstresser, D.E., Tull, M. (2008): Nigeria als regionale Ordnungsmacht in Westafrika. SWP-Studie 2008/S 02, Februar 2008

Bernau, P. (2006): Trojanischer Mikrochip. Financial Times Deutschland, 21.07.2006, S.32

Bernau, P. (2010): Was taugt der elektronische Brief? Frankfurter Allgemeine Sonntagszeitung Nr. 28/2010, S.33

Bernauer, H. et al. (2008): Report on the workshop Technical solutions for biosecurity in synthetic biology held on April 03rd, 2008 in Munich

Berndt, C. (2003): Das Werk eines Profis. In: Süddeutsche Zeitung Nr.274:13 vom 28.11.2003.

Best, R.A. (2009a): The National Intelligence Council: Issues and Options for Congress. CRS Report R40505

Best, R.A. (2009b): Intelligence Issues for Congress. CRS Report RL33539

Best, R.A. (2010a): The National Counterterrorism Center (NCTC)—Responsibilities and Potential Congressional Concerns Richard A. Best Jr. Specialist in National Defense January 15, 2010 Congressional Research Service 7-5700 www.crs.gov R41022

Best, R.A. (2010b): Intelligence Authorization Legislation: Status and Challenges. CRS Report R40240

Best, R.A. (2010c): Intelligence Reform After Five Years: The Role of the Director of National Intelligence (DNI). CRS Report R41295

BfV (2008): Spionage gegen Deutschland - Aktuelle Entwicklungen. bfv-Themenreihe November 2008

BfV (2010): Verfassungsschutz –was wir für Sie tun. Broschüre des BfV, download 2010

BGR (2009): Energierohstoffe 2009: Reserven, Ressourcen, Verfügbarkeit. Kurzstudie

Biddle, S.D. (2005): American Grand Strategy after 9/11: An assessment. April 2005 US Army War College Strategic Studies Institute

Bierach, B. (2010): Australien will Seltenerdmetalle fördern. Neue Zürcher Zeitung 18.12.2010, S.11

Bierling, S. (2010): Operation Neue Morgenröte. Frankfurter Allgemeine Zeitung Nr. 198/2010, S.9.

Bischoff, M. (2009): Kommando Strategische Aufklärung (Kdo StratAufkl) -Stand Juli 2009, http://www.manfred-bischoff.de/KSA.htm

BKA (2007): Organisierte Kriminalität Bundeslagebild 2007 - Pressefreie Kurzfassung -, 23 S.

Black, J. (2000): DuMont Atlas der Weltgeschichte. DuMont Verlag, Köln, 2000, 352 S.

Bläske, G. (2005): Frankreichs Industriepolitik ärgert Nachbarn. SZ 2005, S.23

Blanchard, C.M. (2007): Al Qaeda: Statements and evolving ideology. CRS Report RL32759

Blech, J. et al (2009): Nackt unter Freunden. Der Spiegel 10/2009, S.119-131

Blume, G. (2010): Im Wald der Teufelsgötter. Die Zeit Nr.17, 22.04.2010, S.9

BMVg (2003): Verteidigungspolitische Richtlinien 2003

BMVg (2004): Konzeption der Bundeswehr 2004

BMVg (2006): BMVG Weissbuch 2006 zur Sicherheitspolitik Deutschlands und zur Zukunft der Bundeswehr

Bock, A. (2004): Verschwörung oder Taktik? Die Geschichte des Angriffs auf Pearl Harbour. Süddeutsche Zeitung Nr. 18, S.15

Böckenförde, S., Gareis, S.B. (2008): Deutsche Sicherheitspolitik: Herausforderungen, Akteure und Prozesse UTB, Stuttgart; Auflage: 1. Aufl. (19. November 2008)

Böss, O. (1961): Die Lehre der Eurasier. Otto Harrasowitz Verlag Wiesbaden.

Boeing, N. (2006): Projekt Genesis. In: Die Zeit Nr.8/2006 vom 16. Februar 2006:35

Bomsdorf, C. (2010): Ermittlungen gegen den Gründer von Wikileaks. Financial Times Deutschland, 23.08.2010, S.13

Bonstein, J. et al. (2008) Operation Datenschutz. Spiegel 44/2008, S.76-78

Bonse, E. (2007): Europa läßt die Muskeln spielen. Handelsblatt vom 27.11.2007, S.7

Bonse, E. (2009): Kritik an Datenaustausch mit USA

Bonse, E., Menzel, S. (2010): Angriff auf Chinas Rohstoffkartelle. Handelsblatt 18.06.2010, S.18

Borchers, D. (2010): Raketen vorhersagen. Frankfurter Allgemeine Zeitung Nr. 174/2010, S.29.

Borgstede, D. (2010): Saudische Helfer. Die Welt, 01.11.2010, S.3.

Bornhoeft, P., Gebauer, M., Rosenbach, M. (2007): Hacken für jedermann. Spiegel 7/2007, S.44-45

Bowman, S.R./Barel, H. 2002: Weapons of Mass Destruction – the Terrorist Threat, in: Congressional Research Service (CRS), Report RS20412

Bpb (2010): Extremismus. APuZ 44/2010. Beilage zur Wochenzeitung Das Parlament

Brambusch, J., Lambrecht, M. (2008): Sex. Lügen und Video .Financial Times Deutschland 2008, S.29-32

Brambusch, J. (2010a): Deutschlands geheimste Baustelle. In Financial Times Deutschland vom 18.06.2010, S.1 der Wochenendbeilage

Brambusch, J. (2010b): Wunderbarer Waschsalon. In Financial Times Deutschland vom 08.09.2010, S.23

Braun, S. (2010): Mehr Waffen im Kriegsgebiet. Süddeutsche Zeitung Nr.87, S.5

Bredow, W. von (2006): Die Außenpolitik der Bundesrepublik Deutschland – Eine Einführung. Wiesbaden.

Bredow v. et al. (2010): Ende der Privatheit. Spiegel 2/2010, S.58-69

Brinkbäumer, K., Goetz, J. (2010): Der ferngesteuerte Krieg. Spiegel 41/2010, S.108-112.

BS (2006): Veröffentlichung der Bertelsmann Stiftung 2006: Violence, Extremisms and Transformation

BSI (2000): Das Ende der Anonymität? Datenspuren in modernen Netzen. SecuMedia-Verlag. ISBN 3-922746-37-3

BSI (2003-2007): Jahresberichte 2003, 2004, 2005, 2006-07

BSI (2006): Mobile Endgeräte und mobile Applikationen: Sicherheitsgefährdungen und Schutzmassnahmen.

BSI (2009): Die Lage der IT-Sicherheit in Deutschland 2009

BT (2007): Deutscher Bundestag Drucksache 16/10007. 16. Wahlperiode 18.07.2008

Buchsteiner, J. (2009): Eine schwerbewachte Geisterstadt. FAZ 21.08.2009, S.2

Buchsteiner, J. (2010): Indiens roter Gürtel wird ständig größer. FAZ 07.04.2010, S.5

Büschemann, K.-H., Uhlmann, S. (2010): Deutschland braucht eine Rohstoffstrategie. Süddeutsche Zeitung vom 15.10.2010, S.19

Bundestag (2009): Blickpunkt Bundestag Spezial. Globale Aufgabe Klimaschutz.

Bunn, M., Tsipis, K. (1985): Die Unsicherheiten eines nuklearen Präventivschlages. In: Rüstung und Sicherheit, Sepktrum der Wissenschaft Verlag 1985, S.18-29

Buuren, J. van (2009): Secret Truth. The EU Joint Situation Centre. Amsterdam: Eurowatch, 30. S.

Busch, A. (2010): Argentinien meldet sich zurück. Handelsblatt 148/2010, S.16

Busse, N. (2007): Krieg im Cyberspace. Frankfurter Allgemeine Zeitung 22.11.07, S.10.

Busse, N. (2010): Die Unberechenbarkeit des Stammespräsidenten. FAZ 07.04.2010, S.5

Carmody, N.F. (2005): National Intelligence Reform. USAWC Strategy Research Report. US Army War College.

Carstens, P. (2005): Viel Aufregung um ein Indiz. In Frankfurter Allgemeine Zeitung Nr. 29 vom 04.02.2005, S.10.

Carstens, P. (2008): Nicht verrührt, nicht geschüttelt. Frankfurter Allgemeine Zeitung Nr. 96/2008, S.10

Carstens, P. (2009): Viel mehr Muslime als gedacht. Frankfurter Allgemeine Zeitung 24 Juni 2009, S.4

Carstens, P. (2010): Annäherung an Berlin. Frankfurter Allgemeine Zeitung 08 Juli 2009, S.10

Carter, A.B. (1985): Gefechtsführung im Nuklearkrieg. In: Rüstung und Sicherheit, Sepktrum der Wissenschaft Verlag 1985, S.42-51

Chimelli, R. (2010): Kommandowechsel bei der Leibwache. Süddeutsche Zeitung Nr. 268, S.10

Clarke, R.A., Knarke, R.K. (2010): Cyberwar. The next threat to national security and what to do about it. Ecco/HarperCollinsPublishers, 290 S.

Clauß, U. (2009): Balkanisieren Diktatoren das Internet? Welt am Sonntag, Nr. 26/2009

Copeland, C. (2008): CRS Report for Congress RL32189. Terrorism and Security Issues Facing the Water Infrastructure Sector.

COWI-Report (2009): Frontex: External evaluation of the European Agency for the Management of Operational Cooperation at the External Borders of the Member States of the European Union Final Report January 2009

Cranor, L.F. (2010): Computer an der Angel. Spektrum der Wissenschaft Januar 2010, S.90-95

Croitoru, J. (2010): Taliban oder: Die Geister, die ich rief. Frankfurter Allgemeine Zeitung Nr.221/2009, S.N4

CRS (2010): RL34248. Pakistan's Nuclear Weapons: Proliferation and Security Issues. February 23, 2010

Cumming, A. (2010): Intelligence Reform at the Department of Energy: Policy Issues and Organizational Alternatives. CRS Report RL34595

Daase, C. (2005): Terrorgruppen und Massenvernichtungswaffen, in: APuZ 48/2005, S. 31 ff

Dähne, H. (2008): Wissenschaftlicher Dienst des Deutschen Bundestags: Ausländer- und Jugendkriminalität WD 7 007/08

Dahlkamp, J. et al. (2007): Prinzip Sandkorn. Der Spiegel 35/2007, S.18-34

Darnstädt, T. (2007): Im Vorfeld des Bösen. Der Spiegel 28/2007, S.18-30

Dange, T. (2009): Sudan: the crisis in Darfur and Status of the North-South Peace Agreement. RL33574, March 12, 2009

Daum, M. (2010): Kleine Helferlein. In: Handy-ein Telefon macht Revolution NZZ Folio Mai 2010, 44-46

Daun, A. (2009): Die deutschen Nachrichtendienste. In: Geheimdienste in Europa. Transformation, Kooperation und Kontrolle VS Verlag für Sozialwissenschaften.

DCAF (2009): Geneva Centre for the Democratic Control of Armed Forces (DCAF) Regional Foundation Council Meeting Pretoria, (South Africa), 15-16 October 2009 Summary Report, S.8-9

Deckers, D. (2007): Rauschgiftlage stabilisiert. Frankfurter Allgemeine Zeitung 2007, Nr. 145, S.9

Demandt, A. (1993): Der Idealstaat. Die politischen Theorien der Antike. 477 S., Köln-Weimar-Wien.

DHS (2008): The Cyber-Terror Threat. New Jersey Office of Homeland Security and Preparedness 7 pages

Diamond, J. (2005): Kollaps - Warum Gesellschaften überleben oder untergehen. Fischer Taschenbücher Allgemeine Reihe.

Die Zeit (2008): Nichts bleibt privat. Die Zeit 2008, Nr. 34, S.24

Die Zeit online (2010): Bundesregierung untersagt Mitarbeitern Blackberry-Nutzung. Die Zeit online 5.8.2010 - 08:03 Uhr

Dingel, Eva (2004): Der algerische Burgerkrieg 1992-2002: Hintergründe eines Krieges ohne Namen. http://www.weltpolitik.net/print/1489.html

DLR (2009): Forschungsbilanz und wirtschaftliche Entwicklung 2008/2009, 88 S.

DLR (2010a): Sicherheitsforschung im DLR. Online-Artikel von Andreas Schütz, 11.05.2010

DLR (2010b): Zweiter Kommunikationssatellit für die Bundeswehr an Bord der 50. Ariane 5 gestartet. Mitteilung vom 22. Mai 2010

DNA (2000): DNA-Identitätsfeststellungsgesetz vom 7. September 1998 (BGBl. I, S.2646), zuletzt geändert durch Artikel 4 Strafverfahrensänderungsgesetz 1999 (StVÄG 1999) vom 02.08.2000.

DNI Handbook (2006): An overview of the United States Intelligence Community 2007. Published 15 December 2006, 9:41:06 am

Dougherty, J.E. (2004): Will Israel Become an Arab State? archive.newsmax.com/archives/articles/2004/1/11/124803.shtml

Drissner, G. (2008) Hört nichts. Financial Times Deutschland 11 Juli 2008, S.4

Dworschak, M., Müller, M.U., Rosenbach M. (2010): Der Popanz vom Finsterling. Der Spiegel 32/2010, S.122-123

Eberbach, H.E. (2002): Neuorientierung des Militärischen Nachrichtenwesens der Bundeswehr http://www.europaeische-sicherheit.de/alt/ausgaben/10Oktober2002/1002,04.html

EC (2007a): NEST Pathfinder. Safety and Ethics of Synthetic Life. European Commission, 2007.

EC (2007b): Communication from the Commission to the European Parliament, the Council and the Committee of the Regions of 22 May 2007 – Towards a general policy on the fight against cyber crime COM(2007) 267 final

ECG (2008): European Government CERTs Group (EGC) Fact sheet December 15th, 2008

ECLT (2006): European Center for Living Technology. Homepage http://bruckner.biomip.rub.de/bmcmyp/Data/ECLT/Public

EDA (2006): Initial Long-Term Vision for European Defense Capability and Capacity Needs, 3rd October 2006

EDA (2008a): Defence Data 2008

EDA (2008b): Development of European Military Capabilities Updated: September 2008

EDA (2008c): EDA CBRN Exercise „Firm Foundation 2008“ 8. December 2008

EDA (2009a): the European Defence Standardization Journal Issue 2 2009

EDA (2009b): Bulletin Issue 10 - February 2009

EDA (2010): EDA Bulletin Issue 13 - February 2010

EGF (2007): Treaty Between the Kingdom of Spain, the French Republic, the Italian Republic, the Kingdom of The Netherlands and the Portuguese Republic, establishing the European Gendarmerie Force EUROGENDFOR Signed at Velsen, on 18 October 2007, 18 S.

EGF (2010): Offizielle Homepage der Eurogendfor. www.eurogendfor.org/ September 2010

Ehlers, K. (2002): Euroasiatismus im heutigen Russland. Eurasisches Magazin Ausgabe 07-02

Ehrhardt, C. (2009): Steckt Al Qaida hinter der Tötung der deutschen Geiseln? Frankfurter Allgemeine Zeitung Nr.136/2009, S.6

Elleman, B. (2009) Chinese Invasion of Vietnam February 1979 www.GlobalSecurity.org/military/world/war/prc-vietnam.htm 27 May 2009 aufgerufen

Elsea, J, Schwartz, M., Nakamura, K.H. (2008): CRS report for congress, Private security contractors in Iraq: Background, legal status and other issues" (PDF). http://www.fas.org/sgp/crs/natsec/RL32419.pdf

EMEA (2002): EMEA/CPMP/4048/01 - Guidance document on use of medicinal products for treatment and prophylaxis of biological agents that might be used as weapons of bioterrorism London, 25 July 2002, Last update: 1 June 2007

EMEA (2003): EMEA/CPMP/1255/03 - Guidance Document on the Use of Medicinal Products for the Treatment of Patients Exposed to Terrorist Attacks with Chemical Agents (NEW 13/05/2003). http://www.emea.eu.int/pdfs/human/chemicalterrorism/125503en.pdf , 29 Seiten

Encke, J. (2006): Im völkerrechtsfreien Raum. Frankfurter Allgemeine Sonntagszeitung Nr. 45/2006, S.27

England, A. et al. (2006): USA unterstützen Äthiopiens Feldzug. 28 Dezember 2006, S.13

ENISA (2007): Overview of Current Developments in Network and Information Security Technologies ENISA/TD/ST/D(2007)0006

ENISA (2009): Analysis of Member States' Policies and Regulations. Policy Recommendations, 112 Seiten

ENISA (2010a): Interim findings of CYBER EUROPE 2010, the First Pan-European Cyber Security Exercise; a successful ’cyber stress test’ for Europe. Press release 10 Nov 2010

ENISA (2010b): Q&As on the first, pan-European Cyber Security Exercise ‘CYBER EUROPE 2010’.

EP (2001): Technologische Voraussetzungen für Lösungen zu Erhaltung und Schutz von Denkmälern und archäologischen Ausgrabungen. Generaldirektion Wissenschaft - Direktion A. STOA – Technikfolgenabschätzung. PE Nr. 303.120 Oktober 2001, 4 S.

Epping, B. (2008); Leben vom Reissbrett-ein bisschen zumindest. Spektrum der Wissenschaft Nov 2008, S.83-90

Esterle, A. Hanno, R., Schmitt, B. (2005): Information security; a new challenge for the EU. EU-ISS Chaillot Paper No. 76

ETC (2007): Extreme Genetic Engineering: An Introduction to Synthetic Biology. ETC Group January 2007

Ettel, A., Greive, M., Kaiser, T. (2010): 52 000 000 000 000 Dollar Schulden. Welt am Sonntag Nr. 21, S.26-27

Ettel, A., Zschäpitz, H. (2010): Wann kommt das böse Erwachen?. Welt am Sonntag Nr. 45, S.43-44

Etzioni, A. (2010): Sicherheit zuerst. Frankfurter Allgemeine Zeitung Nr. 124, S.8

EU (2001 a): Council Decision on 22 January 2001 setting up the Political and Security Committee. Decision 2001/78/FSP

EU (2001b): Council Joint Action of 20 July 2001 on the establishment of a European Union Satellite Centre 2001/555/FSP

EU (2001c): Gemeinsamer Standpunkt 2001/931/GASP des Rates vom 27. Dezember 2001 über die Anwendung besonderer Maßnahmen zur Bekämpfung des Terrorismus

EU (2001d): Regulation (EC) N° 1049/2001 of the European Parliament and of the Council of 30 May 2001 regarding public access to European Parliament, Council and Commission documents

EU (2003): Ein sicheres Europa in einer besseren Welt. Europäische Sicherheitsstrategie. Brüssel, den 12. Dezember 2003, 14 Seiten

EU (2004a): Die Europäische Agentur für die operative Zusammenarbeit an den Außengrenzen der Mitgliedstaaten der Europäischen Union wurde errichtet durch die Verordnung (EG) 2007/2004 des Rates vom 26. Oktober 2004 (ABl. L 349 vom 25.11.2004).

EU (2004b): Mitteilung der Kommission an den Rat und das Europäische Parlament vom 20. Oktober 2004: Terroranschläge - Prävention, Vorsorge und Reaktion KOM(2004) 698 endg.

EU (2004c): Gemeinsame Aktion 2004/797/GASP zur Unterstützung der Maßnahmen der Organisation für das Verbot chemischer Waffen im Rahmen der Umsetzung der Strategie der Europäischen Union gegen die Verbreitung von Massenvernichtungswaffen

EU (2005a): Gemeinsame Aktion 2005/913/GASP vom 12. Dezember 2005 zur Unterstützung der Maßnahmen der Organisation für das Verbot chemischer Waffen im Rahmen der Umsetzung der Strategie der Europäischen Union gegen die Verbreitung von Massenvernichtungswaffen

EU (2005b): Vorschlag für einen Beschluss des Rates über die Übermittlung von aus den Tätigkeiten der Sicherheits- und Nachrichtendienste resultierenden Informationen über terroristische Straftaten. Brüssel, den 22.12.2005, KOM(2005) 695 endgültig, 2005/0271 (CNS)

EU (2005c): Proposal for a Council Decision on the transmission of information resulting from the activities of security and intelligence services with respect to terrorist offences. COM/2005/0695 final - CNS 2005/0271

EU (2005d): Vorschlag für einen Rahmenbeschluss des Rates über den Schutz personenbezogener Daten, die im Rahmen der polizeilichen und justiziellen Zusammenarbeit in Strafsachen verarbeitet werden {SEC(2005) 1241} KOM/2005/0475 endg. - CNS 2005/0202

EU (2006a): Gemeinsame Aktion 2006/184/GASP des Rates vom 27. Februar 2006 zur Unterstützung des Übereinkommens über das Verbot von biologischen Waffen und Toxinwaffen

EU (2006b): Mitteilung der Kommission vom 12. Dezember 2006 über ein Europäisches Programm für den Schutz kritischer Infrastrukturen [KOM (2006)786 endg. – Amtsblatt C 126 vom 7. Juni 2007

EU (2007a): Gemeinsame Aktion 2007/185/GASP des Rates vom 19. März 2007 zur Unterstützung der Maßnahmen der OVCW im Rahmen der Umsetzung der Strategie der Europäischen Union gegen die Verbreitung von Massenvernichtungswaffen

EU (2007b): Gemeinsame Aktion 2007/468/GASP des Rates vom 28. Juni 2007 zur Unterstützung der Tätigkeiten der Vorbereitungskommission der Organisation des Vertrags für das umfassende Verbot von Nuklearversuchen (CTBTO) mit dem Ziel der Stärkung ihrer Überwachungs- und Verifikationsfähigkeiten im Rahmen der Umsetzung der Strategie der EU gegen die Verbreitung von Massenvernichtungswaffen

EU (2007c): Mitteilung der Kommission an das Europäische Parlament, den Rat, der Europäischen Wirtschafts- und Sozialausschuss und den Ausschuss der Regionen über die Bewertung der Europäischen Agentur für Netzwerk- und Informationssicherheit (ENISA). (Europäische Kommission, KOM(2007) 285 endg.

EU (2007d): Die EU und Zentralasien: Strategie für eine neue Partnerschaft, 19 S.

EU (2008a): Rat der Europäischen Union. Brüssel, 11. Dezember 2008, Declaration of Strengthening Capabilites

EU (2008b): Freedom, Security, Privacy – European Home Affairs in an open world. Report of the Informal High Level Advisory Group on the Future of European Home Affairs Policy („The Future Group“) June 2008

EU (2008c): Bericht über die Umsetzung der Europäischen Sicherheitsstrategie. Sicherheit schaffen in einer Welt im Wandel. Dokument S407/08 Brüssel, dem 11.Dezember 2008

EU (2008d): Implementation of the Strategy and Action Plan to Combat Terrorism June-November 2008 15912/08 Brussels 19 November 2008

EU (2008e): Gemeinsame Aktion 2008/550/GASP des Rates vom 23. Juni 2008 zur Errichtung eines Europäische Sicherheits- und Verteidigungskollegs (ESVK) und zur Aufhebung der Gemeinsamen Aktion 2005/575/GASP.

EU (2008f): Beschluss 2008/975/GASP des Rates vom 18. Dezember 2008 über einen Mechanismus zur Verwaltung der Finanzierung der gemeinsamen Kosten der Operationen der Europäischen Union mit militärischen oder verteidigungspolitischen Bezügen (Athena)

EU (2008g): Verordnung (EG) Nr. 767/2008 des Europäischen Parlaments und des Rates vom 9. Juli 2008 über das Visa-Informationssystem (VIS) und den Datenaustausch zwischen Mitgliedstaaten über Visa für einen kurzfristigen Aufenthalt (VIS-Verordnung).

EU (2009a): Schutz Europas vor Cyber-Angriffen und Störungen großen Ausmaßes: Stärkung der Abwehrbereitschaft, Sicherheit und Stabilität. Mitteilung der Kommission an das Europäische Parlament, den Rat, der Europäischen Wirtschafts- und Sozialausschuss und den Ausschuss der Regionen über den Schutz kritischer Informationsinfrastrukturen. Europäische Kommission, März 2009 KOM(2009) 149 endg.

EU (2009b): EU social network spy system brief, INDECT Work Package 4, 2009

EU (2009c): Mitteilung der Kommission an das Europäische Parlament, den Rat, den Europäischen Wirtschafts- und Sozialausschuss und den Ausschuss der Regionen vom 30. März 2009 über den Schutz kritischer Informationsinfrastrukturen - „Schutz Europas vor Cyber-Angriffen und Störungen großen Ausmaßes: Stärkung der

Abwehrbereitschaft, Sicherheit und Stabilität" [KOM(2009) 149 endg. – Nicht im Amtsblatt veröffentlicht].

EU (2009d): Verordnung (EG) Nr. 428/2009 des Rates vom 5. Mai 2009 über eine Gemeinschaftsregelung für die Kontrolle der Ausfuhr von Gütern und Technologien mit doppeltem Verwendungszweck

EU (2009e): Beschluss 2009/569/GASP des Rates vom 27. Juli 2009 zur Unterstützung der Maßnahmen der OVCW im Rahmen der Umsetzung der Strategie der Europäischen Union gegen die Verbreitung von Massenvernichtungswaffen

EU (2009f): Ein Raum der Freiheit, der Sicherheit und des Rechts im Dienste der Bürger KOM(2009)262 Brüssel 10.06.2009

EU (2009g): Vermerk des Vorsitzes für den Rat/Europäischer Rat Betr.: Bericht des Vorsitzes an den Europäischen Rat über den Europäischen Auswärtigen Dienst. Rat der Europäischen Union, Brüssel, den 23. Oktober 2009, Dokument 14930/09, POLGEN 163

EU (2009h): Communication from the Commission to the European Parliament, the Council, the European Economic and Social Committee and the Committee of the Regions Internet of Things — An action plan for Europe COM(2009) 278 final

EU (2009i): Communication from the Commission to the European Parliament, the Council, the European Economic and Social Committee and the Committee of the Regions on Critical Information Infrastructure Protection "Protecting Europe from large scale cyber-attacks and disruptions: enhancing preparedness, security and resilience" COM(2009) 149 final

EU (2010a): Draft Internal Security Strategy for the European Union: "Towards a European Security Model". Council of the European Union. Brussels, 2 February 2010 (05.02). Document 5842/10

EU (2010b): Bürgerinfo EU-Vorschlag – Schutz kritischer digitaler Systeme

EU-ISS (2007): Chaillot Paper No. 76 des Europäischen Institutes für Sicherheitsstudien EU-ISS

EU-Memo (2010): Digital Agenda: Kroes to present Digital Agenda for Europe at 31 May EU Telecoms Council. Brussels, 28 May 2010. EU-Memo 10/223

Falliere, N. (2010): Stuxnet Introduces the First Known Rootkit for Industrial Control Systems. Meldung von Symantec 06.08.2010, http://www.symantec.com/connect/blogs/stuxnet-introduces-first-known-rootkit-scada-devices

FAZ (2001): Forscher schaffen aus Versehen tödliches Mäusevirus. Frankfurter Allgemeine Zeitung Nr. 10/2001, S.9

FAZ (2004): Neue Offenheit. Frankfurter Allgemeine Zeitung vom September 2004:N1.

FAZ (2007a): Norwegens Militär zweifelt an NATO-Hilfe gegen Russland. Frankfurter Allgemeine Zeitung, 25.09.2007

FAZ (2007b): Auftragsgerangel im Sternehimmel. Frankfurter Allgemeine Zeitung Nr. 177/2009, S.19

FAZ (2007c): Wie Behörden Computer ausspionieren. FAZ Nr. 31/2007

FAZ (2008a): Das Pentagon warnt vor einem Cyberkrieg. Frankfurter Allgemeine Zeitung 06.03.08.

FAZ (2008b): Überwachung russischer emails. FAZ, Nr.160/2008, S.7

FAZ (2008c): Das Pentagon warnt vor einem Cyberkrieg. Frankfurter Allgemeine Zeitung, 6.03.2008, S.18

FAZ (2009a): Kämpfe unter den Stämmen erschüttern Südsudan. Frankfurter Allgemeine Zeitung Nr.223/2009, S.6

FAZ (2009b): Cyberattacke aus Russland. Frankfurter Allgemeine Zeitung 11.03.09.

FAZ (2009c): HD-Fernsehen soll besser vor Raubkopierern geschützt werden. Frankfurter Allgemeine Zeitung Nr.206, S.14

FAZ (2009f): Gelowicz: Kein Auftrag Al Qaidas. Frankfurter Allgemeine Zeitung Nr. 228, S.5.

FAZ (2009g): Erfolgreich gescheitert. Frankfurter Allgemeine Zeitung 25 Juni 2009, S.31

FAZ (2009h): Kommando gegen Cyberattacken. FAZ 25 Juni 2009, S.5

FAZ (2009i): Bundeswehrsatellit in den Weltraum. FAZ 01.10.2009 S.5

FAZ (2009j): HD-Fernsehen soll vor Raubkopieren geschützt werden. FAZ 05.09.2009, S.14

FAZ (2009k): China fordert Zensurwall für Computer. Frankfurter Allgemeine Zeitung Nr.145/2009

FAZ (2009l): Blühende Geschäfte mit Computerzombies. Frankfurter Allgemeine Zeitung Nr.225/2009, S.15

FAZ (2010a): Frontex darf Flugzeuge kaufen. Frankfurter Allgemeine Zeitung Nr. 47, S.5

FAZ (2010b): Konzernsicherheit der Telekom hatte ein Eigenleben. Frankfurter Allgemeine Zeitung 2010, Nr. 35, S.13

FAZ (2010c): Griechen-CDS erreichen ein Rekordniveau. Frankfurter Allgemeine Zeitung Nr.145/2010, S.14

FAZ (2010d): Notmassnahmen sollen den Euro retten. Frankfurter Allgemeine Zeitung 10. Mai 2010, S.9

FAZ (2010e): Sahara-Staaten gründen gemeinsames Militärkommando. FAZ 22.04.2010, S.8

FAZ (2010f): Mehr als nur ein wohlinformierter Kühlschrank. Frankfurter Allgemeine Zeitung Nr. 51, S.14

FAZ (2010g): EU will Mission gegen Piraten ausweiten. Frankfurter Allgemeine Zeitung Nr.133/2010, S.7

FAZ (2010h): Ein digitaler Radiergummi fürs Netz. Frankfurter Allgemeine Zeitung Nr.142/2010, S.9

FAZ (2010i): Wenn der Postmann Briefe öffnet. Frankfurter Allgemeine Zeitung Nr.145/2010, S.14

FAZ (2010j): Kurse privater Militärunternehmen unter Druck. Frankfurter Allgemeine Zeitung Nr.150/2010, S.20

FAZ (2010k): China will Kontrolle über Spezialrohstoffe. Frankfurter Allgemeine Zeitung Nr.154/2010, S.11

FAZ (2010l): Der Rohstoffmoloch aus Fernost. Frankfurter Allgemeine Zeitung Nr.154/2010, S.U8

FAZ (2010m): China hält die Hand drauf. Frankfurter Allgemeine Zeitung Nr.154/2010, S.U10.

FAZ (2010l): Terroristen aus Somalia Drahtzieher der Anschläge in Uganda. Frankfurter Allgemeine Zeitung Nr.159/2010, S.1-2.

FAZ (2010m): Amerika plant Drohnenkrieg gegen Qaida im Jemen. Frankfurter Allgemeine Zeitung Nr.197/2010, S.1.

FAZ (2010n): Apples Spionage-Handy. Frankfurter Allgemeine Zeitung Nr.196/2010, S.15.

FAZ (2010o): Rätsel um toten General. Frankfurter Allgemeine Zeitung Nr.203/2010, S.5.

FAZ (2010p): Bald Abkommen über Produktpiraterie. Frankfurter Allgemeine Zeitung Nr.203/2010, S.11.

FAZ (2010q): Bing zeigt Deutschland aus der Vogelperspektive. Frankfurter Allgemeine Zeitung Nr.193/2010, S.14.

FAZ (2010r): Russen bleiben in Armenien. Frankfurter Allgemeine Zeitung Nr.203/2010, S.7.

FAZ (2010s): Experte mit BND-Erfahrung sucht neue Herausforderung. Frankfurter Allgemeine Zeitung Nr.183/2010, S.4.

FAZ (2010t): Blackberry-Streit mit Saudi-Arabien beendet. Frankfurter Allgemeine Zeitung vom 09.08.2010, S.9

FAZ (2010u): Rätselhaftes Schadprogramm Stuxnet. Frankfurter Allgemeine Zeitung Nr. 224/2010, S.17

FAZ (2010v): Militärischer Abschirmdienst soll offenbar aufgelöst werden. Frankfurter Allgemeine Zeitung Nr. 255/2010, S.4

FAZ (2010w): Drohnen über Liverpool. Frankfurter Allgemeine Zeitung Nr. 266/2010, S.6

FAZ (2010x): Amerika gehen die Drohnen aus. Frankfurter Allgemeine Zeitung Nr. 230/2010, S.6

FAZ (2010y): Iran erfolgreich sabotiert? Frankfurter Allgemeine Zeitung Nr. 275/2010, S.6

FAZ (2010z): Australien sichert Japan seltene Erden zu. Frankfurter Allgemeine Zeitung Nr. 275/2010, S.12

Feldenkirchen, M., Nelles, R., Schmidt, C., Stark, H., Ulrich, A. (2005): Riskante Aufrüstung. In: Der Spiegel 4/2005, S.48-50.

Fischer, P.A. (2010): Muskelspiele im Südchinesischen Meer. In Neue Zürcher Zeitung vom 02.08.2010, S.4

Fischermann, T. (2010): Attacke im Sicherungskasten. Die Zeit Nr.38/2010, S.26

Flickert, P. (2010): Die Ökonomie des Terrors. FAZ Nr. 4/2010

Frey, A. (2010): Der schwimmende Holländer. Frankfurter Allgemeine Sonntagszeitung Nr. 10/2010, S.61

Friesendorf, C. (2005): Drogen, Krieg und Drogenkrieg, in: WeltTrends. 49/2005, S. 47-59; http://www.welttrends.de/downloads/WT49_Friesendorf.pdf, Stand 24.11.2009.

Frittelli, J., Parfomak, P.W. (2007): CRS Report RL33787, Maritime Security: Potential Terrorist Attacks and Protection Priorities

Fritz, J. (2008): "How China will use cyber warfare to leapfrog in military competitiveness," Culture Mandala: The Bulletin of the Centre for East-West Culture and Economic Studies, Bond University, Vol. 8, No. 1, October 2008, pp.28-80

FTD (2008): Dossier spezial der Financial Times Deutschland. Klimawandel. 3. Juni 2008

FTD (2009): USA teilen Kontrolle über Webverwaltung. Financial Times Deutschland 2.10.2009

G8 (2007): Bericht über die Globale Partnerschaft der G8, 5 S.

Gaffron, S., Preu, M. (2008): Darf mein Chef mich beobachten? Die Welt am Sonntag Nr. 22, S.56

Gareis, S.B. (2007): Deutschlands Außen und Sicherheitspolitik. Eine Einführung. 2. aktualisierte Auflage.Ulm.

Garfinkel, S.L. (2009): Big Brother mit Sehschwäche. Spektrum der Wissenschaft Oktober 2009, S.90

Gaschke, S. (2010): Unter Kriegern. Die Zeit Nr. 31/2010, S.3-4

GASP (2008): Jahresbericht des Rates an das Europäische Parlament über die Hauptaspekte und grundlegenden Optionen der GASP – 2008

Gassmann, M. (2010): Deutschland bohrt nach neuen Gasvorkommen. Financial Times Deutschland 4.11.2010

Gaycken, S. (2009): Die Zukunft des Krieges –Strategische Konzepte und strukturelle Konzepte des Cyberwarfare. Paper. Universität Stuttgart, 18 S.

Gaycken, S. (2010a): Wichtige Rechner müssen vom Netz. In: Die Zeit Nr.12/2010, S.27

Gaycken, S. (2010b): Wer war's ? Und wozu? In: Die Zeit Nr.48/2010, S.31

Gehlen, M. (2010a): Großbaustelle Libyen. Handelsblatt 167/2010, S.16

Gehlen, M. (2010b): Volk unter Drogen. Der Tagespiegel 15.09.2010, S.32

Geiger, G. (2002): Offensive Informationskriegführung. Die »Joint Doctrine for Information Operations« der US-Streitkräfte: sicherheitspolitische Perspektiven. SWP-Studie 2002/S 02, Februar 2002, 29 Seiten

Gelinsky, K. (2005): Bevor das Beweismaterial zerstört ist. Frankfurter Allgemeine Zeitung Nr.23, S.8

Genz, C. (2009): Die Privatisierung von Sicherheit und der Staat: eine Untersuchung am Beispiel der Staaten USA, Kolumbien und Sierra Leone, Verlag Dr. Kovač, Hamburg.

Georgien (2008): Russian Invasion of Georgia – Russian Cyberwar on Georgia. Stellungsnahme der georgischen Regierung vom 10 November 2008. http://georgiaupdate.gov.ge

Gersemann, O., Wettach, S. (2004): Wirtschaftskrieg mit Geheimdienstmethoden. Wirtschaftswoche online www.wiwo.de/.../wirtschaftskrieg-mit-geheimdienstmethoden-346379 18.05.2004

Gibbs, W.W. (2004): Preziosen im DNA-Schrott. In: Spektrum der Wissenschaft, Februar 2004:68-75.

Gibbs, W.W. (2004): Epigenetik. DNA ist nicht alles. In: Spektrum der Wissenschaft, März 2004:68-75.

Giersberg, G. (2008): Die Wasserreserven versiegen schneller als die Ölreserven. Frankfurter Allgemeine Zeitung 7. Juni 2008, S.17

Giersen, C. (2010): Wie China Europa den Himmel klaute. Frankfurter Allgemeine Zeitung 12.04.2010

Gilbert, V. M. (2007): Monitoring a region in crisis: the European Union in West Africa. Chaillot Paper No. 96

Glenny, M. (2010): Die neuen Cyberkrieger. Financial Times Deutschland, 12.10.2010, S.23/26

Gluhak, I. (2004): Intelligence-led border security and cross-border Co-operation.

Goebbels, T. (2010): Die elektronische Identität. In Financial Times Deutschland vom 18.06.2010, S.10

Goetz, R. (2007): Die Debatte um Europas Energieversorgungssicherheit. Diskussionspapier FG 2007/Nr. 05. März 2007

Goetz, J., Rosenbach, M. (2009): Chefsache www Spiegel 19/2009, S.110.

Goetz, J, Rosenbach, M., Szandar, A. (2009): Krieg der Zukunft. In: Der Spiegel 7/2009, S.34-36

Goldmann-Sachs (2006): BRICs-Kompass. Publikation der Goldmann-Sachs Bank. www.goldman-sachs.de/_files/upload/know_how/137-2006-9.pdf

Graf, A., Brychy, U. (2010): Heiter bis wolkig. In Financial Times Deutschland vom 22.12.2010, S.7

Graff, B. (2010): Das neue Profil des Menschen. Süddeutsche Zeitung Nr. 126/2010, S.14

Grant, R. (2010): Battling the Phantom Menace. Air Force Magazine April 2010, p.38-42

Graupner, H. (2005): Ein Mosaik des Menschen. Süddeutsche Zeitung Nr. 17 vom 22. Januar 2005, S.6.

Gray, J. (2009) Gebt die Drogen frei! Die ZEIT, Nr. 43/2009, S.13

Grill, B. (2010): Überall in Afrika. Die Zeit Nr. 7/2010, S.22

Gross, J. (2009): Das kaufen wir euch ab. Frankfurter Allgemeine Sonntagszeitung, S.53

Gsteiger, F. (1993): Der Islam-Feind oder Feindbild? In: Die ZEIT (1993): Zeit-Punkte Nr.1/1993 Der Islam-Feind des Westens?, S.6-11

Guled, A., Dietrich, J. (2009): Regierung ohne Land. Financial Times Deutschland, 23.09.2009

Gusy, C. (2004): Geheimdienstliche Aufklärung und Grundrechtsschutz. Aus Politik und Zeitgeschichte 44/2004, S.14-20

Habiger, E. (2010): CSI Whitepaper Cyberwarfare and Cyberterrorism: The Need for a New U.S. Strategic Approach.

Hacke, C. (2004): Die Außenpolitik der Bundesrepublik Deutschland: von Konrad Adenauer bis Gerhard Schröder. 2. Auflage der aktualisierten Neuausgabe. Berlin.

Hackensberger, A. (2008): Marokkos verbotenes Gebirge. Welt am Sonntag Nr. 31/2008, S.10

Haefliger, M.M. (2010): Kenya geht gegen Lösegeldzahlungen vor. Neue Zürcher Zeitung 20 Nov 2010, S.4

Häntzschel, J. (2008): Aufstieg und Fall des Empire. Süddeutsche Zeitung Nr. 27, S.13

Hagen, P. (2007): Künstliche DNA entlarvt Fälscher. In Financial Times Deutschland vom 16. April 2007, S.A3.

Hamann, G. (2008): Das alternative Massenmedium. Die Zeit 2008, Nr. 3, S.17-18

Handelsblatt (2007): Terroranschläge nahe westlicher Einrichtungen erschüttern Algier. Handelsblatt 12.12.2007, S.3

Handelsblatt (2010a): Bund lässt „Talarion" abstürzen. Handelsblatt 07.07.2010, S.11

Handelsblatt (2010b): Das Ende der Privatheit. Handelsblatt 03.08.2010,S.1/4

Handelsblatt (2010c): Wer hört mit? Welche Regeln in anderen Ländern gelten. Handelsblatt 03.08.2010, S.5

Handelsblatt (2010d): Update macht Programme von Microsoft sicherer. Handelsblatt vom 14.10.2010, S.27

Hanimann, J. (2006): Aggressive Embryos – Frankreich streitet: Ist Gewaltbereitschaft erblich? In Frankfurter Allgemeine Zeitung vom 10.04.2006, S.35.

Hardenberg, C. (2010): China pumpt Geld nach Nordkorea. Financial Times Deutschland, 16.02.2010

Harnisch, S. (2005): Das Proliferationsnetzwerk um A.Q. Khan Aus Politik und Zeitgeschichte APuZ 48/2005

Hassan, HD (2008): Islam in Africa. CRS Report RS22873. May 9, 2008

Haupt, F. (2010): Facebook weiß alles über uns. Frankfurter Allgemeine Zeitung 33/2010, S.33

Hauschild, H. (2007): Wassermangel neuer EU-Konfliktstoff. Handelsblatt 169/2007, S.6

Hauschild, H. (2010): Blackberry lässt Indiens Regierung mitlesen. Handelsblatt 16.08.2010, S.3

Hayes, B. (2007): Terroristensuche in Telefonnetzen? In Spektrum der Wissenschaft 02/2007.

Hayes, B. (2009): NeoconOpticon 2009. The EU Security-Industrial Complex. Statewatch

Hecking, C. (2008): Es ist Krieg. Financial Times Deutschland 3 März 2008, S.29

Hegmann, G. (2009): Geschäft mit Geheimnummern. Financial Times Deutschland 06.10.2009, S.6

Hegmann, G. (2010): Rüstungsindustrie verteidigt Internet. Financial Times Deutschland, 02.06.2010, S.5

Hein, C. (2009) China wittert kalten Krieg um Rohstoffe. FAZ Nr. 133/S.18

Hein, C. (2010): Indien findet kein Mittel gegen die Maoisten-Guerilla. Frankfurter Allgemeine Zeitung 5. Mai 2010, S.11

Heine, P. (2008): Der Prophet bekommt ein Gesicht. Süddeutsche Zeitung Nr. 58, S.13

Heinz, W. (2004): Die neue Rückfallstatistik – Legalbewährung junger Straftäter. ZJJ 1/2004 35

Heinz, W. (2007): Wie sicher lebt man in Deutschland? Fakten zur Kriminalitätslage und Folgerungen für eine wissensbasierte Kriminalpolitik. Universität Konstanz. Vortrag, gehalten am 11. April 2007, Universität Kyushu, Fukuoka

Heinz, W. (2008): Der schöne Schein des Strafrechts. Universität Konstanz, Arbeitspapier 36 Seiten.

Hellmann, D. (2010): Sprengsatz Staatsschulden. Handelsblatt 13.10.2010, S.18

Hermann, R. (2008): Tief im „tiefen Staat“. Frankfurter Allgemeine Zeitung, Nr.245/2008, S.6

Hermann, R. (2009a): Die Angst im Jemen vor dem Scheitern des Staates. Frankfurter Allgemeine Zeitung, Nr.108/2009, S.7

Hermann, R. (2009b): Stellvertreterkrieg im Jemen. Frankfurter Allgemeine Zeitung Nr.207/2009, S.5.

Hermann, R. (2009c): Gefangene des Nils. Frankfurter Allgemeine Zeitung Nr. 177/2009, S.7

Hermann, R. (2010a): Dialog statt Sezession. Frankfurter Allgemeine Zeitung Nr. 160/2010, S.12

Hermann, R. (2010b): Vierzig Jahre Renaissance. Frankfurter Allgemeine Zeitung Nr. 269/2010, S.10

Hermann, R. (2010c): Machtkämpfe und Interessen. Frankfurter Allgemeine Zeitung Nr. 276/2010, S.10

Herwig, M. (2010): Die @-Bombe. Welt Am Sonntag Nr.39, 29.06.2010. S.60-61

Hetzer, W. (2004): Europäische Strategien gegen Geldwäsche und Terror. Aus Politik und Zeitgeschichte 44/2004, S.28-32

Hippler, J. (2006): "Counterinsurgency" - Neue Einsatzformen für die NATO? In: Sicherheitspolitik (2006). Aus Politik und Zeitgeschichte (APuZ 43/2006)

Hildebrand, J. (2010): Ein Land schottet sich ab. Welt aktuell, S.6

Hiltbrand, R.K. (1999): Cyberwar: Strategic Information Warfare. Presentation Originally published Spring 1999, 6 pages

Holm, K. (2008): Eurasiens Kampf gegen die Hydra des Liberalismus. Frankfurter Allgemeine Zeitung 11.04.2008, S.4

Hottelet, U. (2009): Attacken im Gewand der Freundschaft. Die Zeit Nr. 31/2009, S.21

Hottelet, U. (2006) Cyber-Räuber am Draht. Die Zeit Nr. 29, S.21

Hürther, T. (2010): Das automatisierte Töten. Die Zeit Nr. 29, S.21

IAEA (2009): Illicit Trafficking Database der International Atomic Energy Agency (IAEA 2009).

ICISS (2001): The responsibility to Protect, Report of the International Commission on Intervention and State Sovereignty

ICT (2008): Homepage des Fraunhofer ICT Institutes. Geschäftsfeld Verteidigung, Sicherheit, Luft- und Raumfahrt. 05/2008

INCSR (2008): The 2008 International Narcotics Control Strategy Report (INCSR)

Iran Daily (2010): Stuxnet hits Computers. 26 July 2010, S.2

Ischinger, W. (1998): Discussion Paper. C 14. Die Gemeinsame Außen- und Sicherheitspolitik nach Amsterdam. - Praxis und Perspektiven Zentrum für Europäische Integrationsforschung

Ischinger, W. (2010): Luxemburg können wir auch noch beschützen. In: Die ZEIT Nr.24/2010, S.13

Iwersen, S. (2010): Experten: Compliance dient oft nur als Deckmäntelchen für den Vorstand. Handelsblatt 10 August 2010, S.21

Jäger, Th. Daun, A. (Hrsg.) (2009): Geheimdienste in Europa. Transformation, Kooperation und Kontrolle VS Verlag für Sozialwissenschaften.

Jalal, A. (2009): Vergifteter Glaube NZZ 5/06.09.2009, S.30

Jess, H. (2008): Spione infiltrieren deutsche Unternehmen. Financial Times Deutschland 16 Mai 2008, S.9

Joffe, J. (2009): Mission Possible. Und hochriskant. Die Zeit Nr. 31/2009

Jung, A. (2006): Wie lange noch? Der Spiegel 14/2006, S.128-138

Jung, E. (2009): Dänemark entläßt seine reiche Insel. Welt am Sonntag Nr.25, S.9

Jüngling, Th. (2009): Was bringt GPS im Handy? Welt am Sonntag Nr. 7/2009, S.48

Kaiser, F.M. (2010): Congressional Oversight of Intelligence: Current Structure and Alternatives. CRS Report RL32525

Kamp, K.H. (2010): Nach Afghanistan. FAZ 2010, S.7

Kanwal, G. (2009): Emerging Cyber War Doctrine. Journal of Defence Studies Vol 3. No 3. July 2009, page 14-22

Kappel, R., Schneidenbach, T. (2006): China in Afrika: Herausforderungen für den Westen. GIGA Focus, Nummer 12

Kaspersky (2010): Stuxnet-Trojaner öffnet Zero-Day-Lücke in Windows. Meldung des Kaspersky Lab ZAO vom 19.07.2010

Kastilan, S. (2010): Vier Flaschen für ein Heureka. Frankfurter Allgemeine Zeitung 21. Mai 2010, S.33

Katzman, K. (2005): Al Qaeda: Profile and Threat assessments CRS Report RL33038 17 Aug 2005

Katzman, K. (2009): Bahrain: Reform, Security, and U.S. Policy. Congressional Research Service Report

Katzman, K. (2009): RL32048, Iran: U.S. Concerns and Policy Responses. 28 Jan 2009

Käufer, T. (2010): Tödliche Männerfantasien. Financial Times Deutschland 19 August 2010, S.13

Keohane, D. (2005): The EU and international terrorism. In: Bertelsmann Stiftung Gütersloh August 2005. Securing the European homeland: The EU, terrorism and homeland security, S.7f.

Keohane, D. (2008): Towards a European Defence Market. Chaillot Paper 113. November 2008

Keuchel, J. (2010): China and Japan streiten um Rohstoffe. Handelsblatt 21.09.2010, S.17

Kittlitz, A. von (2010): Stuxnet und der Krieg, der kommt. Frankfurter Allgemeine Zeitung Nr.283/2010, S.33

Klett, G. (2007): IT-Sicherheit. Konzepte, Standards, Verfahren und Anwendungen. Hagen 2007, 292 S.

Knop, C. (2010): Jetzt kommt die Cloud. Frankfurter Allgemeine Zeitung Nr.229/2010, S.14

Knop, C., Schmidt, H. (2010): Unternehmen und Staaten im Cyberkrieg. Frankfurter Allgemeine Zeitung Nr.237/2010, S.20

Koch, M. (2009): Spekulanten als Spione. Süddeutsche Zeitung Nr. 139, S.1

Köhler, H. (2008): Deutsche Sicherheitspolitik - Stärken, Schwächen, Aufgaben - Ansprache von Bundespräsident Horst Köhler Ansprache beim Berliner Forum am 27. Nov. 2008

Köhne, A. (2005): Die Außen- und Sicherheitspolitik der EU: globaler Vorreiter eines erweiterten Sicherheitsbegriffs? www.germanwatch.org/pubdiv/sow05akr.pdf

Kölling, M./Fahrion, G. (2010): Japan macht China als Hauptfeind aus. Financial Times Deutschland vom 14. Dezember 2010, S.12, S.9

Könen, J., Hottelet, U. (2007): Tagesgeschäft Spionage. Handelsblatt Nr. 171/2007, S.2

Kohl, C. (2007): Wer wann was kauft-Herr Staatsanwalt weiss alles. Süddeutsche Zeitung Nr. 16, S.10

Kolonko, P. (2007): Der Traum vom Flugzeugträger. Frankfurter Allgemeine Sonntagszeitung 11 März 2007, S.9

Knaul, S. (2010): Ein Chip gegen die Bombe. Financial Times Deutschland vom 05. November 2010, S.12

Knop, C. (2010): Jetzt kommt die Cloud. Frankfurter Allgemeine Zeitung Nr.229/2010, S.12

Knop, C., Schmidt, H. (2010): Unternehmen und Staaten im Cyberkrieg. Frankfurter Allgemeine Zeitung Nr.237/2010, S.20

Könen, J., Hottelet, U. (2007): Tagesgeschäft Spionage. Handelsblatt Nr. 171/2007, S.2

Kort, K. (2009): Konfliktstoff für Europa. Handelsblatt Nr. 99, S.2.

Koydl, W. (2009): Vereinigtes Ausspähreich. Süddeutsche Zeitung, Nr. 69, S.7

Krämer, G. (1994): Politischer Islam. Hagen 1994

Kreimeier, N. (2010): Einfallsreiche Onlinegangster. Financial Times Deutschland 29 Juli 2010, S.13

Krekel, B. (2009): Capability of the People's Republic of China to Conduct Cyber Warfare and Computer Network. Exploitation Prepared for The US-China Economic and Security Review Commission. Northrop Grumman Corporation. October 9, 2009

Kronstadt, K.A. (2009): CRS Report for Congress RL33498. Pakistan-U.S. Relations. February 06, 2009.

Krüger, P.A. (2009a): Zwei Söhne und der Vater der Bombe. Süddeutsche Zeitung Nr 157, S.2

Krüger, P.A. (2009b): Angst vor Taliban mit Atomwaffen. Süddeutsche Zeitung Nr 186, S.8

Krüger, P.A. (2010): Zündstoff für die ganze Welt. Süddeutsche Zeitung Nr. 29/2010, S.2

Kruger, K.. (2010): Prävention ist das Gebot der Stunde. Frankfurter Allgemeine Zeitung 16. Juli 2010, S.31

Krüger, P.A., Martin-Jung, H., Richter, N. (2010): Der Wurm und der Luftballon. Süddeutsche Zeitung vom 02./03.10.2010, S.9

Kühl, C. Hardenberg von, C. (2010): Die Chinesen verschwinden. Financial Times Deutschland 09.02.2010, S.13

Kühl, C. (2010): Der bedrohte Stolz von Guangzhou. Financial Times Deutschland 12.11.2010, S.14

Kuhn, J. (2004): Biologische Waffen. In: Mietzsch, A. (Hrsg.): Kursbuch Biopolitik, Biocom AG Verlag, Berlin 2004:147-161.

Kuhn, J. (2010a): Sie wissen, wo wir sind. Süddeutsche Zeitung Nr. 126/2010, S.14

Kuhn, J. (2010b): Der Spion, den ich liebe. Süddeutsche Zeitung Nr. 144/2010, S.17

Kuhlau, F. (2007): Countering Bio-threats. EU Instruments for Managing Biological Materials, Technology and Knowledge SIPRI Policy Paper No. 19

Kuhrt, N. (2006): Die Schöpfung zweiter Versuch. In: Financial Times Deutschland vom 27.April 2006, S.30.

Kumar, A. (2009): China's Island Strategy in the Indian Ocean: Breaching India's Sphere of Influence. www.observerindia.com

Kurz, C. (2010a): Wenn keine Geheimzahl ein Geheimnis bleibt. Frankfurter Allgemeine Zeitung 17.09.2010, S.34

Kurz, C. (2010b): Auf der Mauer, auf der Lauer. Frankfurter Allgemeine Zeitung 15.10.2010, S.33

Lackerbauer, I. (2007): Atommüll zum Dessert. Süddeutsche Zeitung Nr.153, S.16

Ladurner, U., Pham, K. (2010): Iran im Krieg 2.0. Die Zeit Nr.40, S.12

Lange, S. (2005): Neue Bundeswehr auf altem Sockel. Wege aus dem Dilemma. SWP-Studie 2005/S 02. Januar 2005, 29 pages

Lange, H.-J. (2006): Staatsreform und die Diskussion um eine neue Sicherheitsarchitektur für die Bundesrepublik. Vortrag auf dem Workshop „Wandel des Staates und neue Regulationsformen von Sicherheit" des Interdisziplinären Arbeitskreises Innere Sicherheit / des Arbeitskreises Politikfeldanalyse Innere Sicherheit der DVPW im Rahmen des 23. Kongresses der DVPW, Münster am 28. September 2006

Lange, S. (2007): Der erste SAR-Lupe-Satellit im All. in: Strategie und Technik, Februar 2007, S. 14-16

Laruelle, M. (2006): Aleksandr Dugin: A Russian Version of the European Radical Right? Woodrow Wilson Center for Scholars. Kennan Institute, Occasional Paper #294

Lau, J. (2003): Keine Huris im Paradies. Die Zeit Nr.21/2003, 15 Mai 2003, S.47

Leithäuser, J. (2009) FAZ 29 Juni 2009, S.3

Leppegrad, L. (2009): Ihr Rechner ist besetzt! Die Zeit Nr.10/2009, S.34

LeContre, D., Kambudzi A.M. (2009): Fünf Methoden, sich unbeliebt zu machen. In: Le Monde diplomatique 2009 Afrika. Stolz und Vorurteile, S.48-49

Lehming, M. (2001): Pleiten, Pech und Pannen. Der Tagesspiegel vom 26.09.2001, S.3

Lerch, W.G. (2009): Sicherheit am Hindukusch FAZ 15.09.2009

Lerch, W.G. (2010): Unruhig im Südosten. Frankfurter Allgemeine Zeitung Nr.297/2010, S.10

Leyendecker, H., Ott, K. (2009): Größenwahn und Paranoia. Süddeutsche Zeitung Nr. 168/2009, S.20

Leyendecker, H. (2009): Der Geheimdienst der Konzerne. Süddeutsche Zeitung Nr.24

LfV (2006): Wirtschaftsspionage in Baden-Württemberg und Bayern. Stand: Oktober 2006. Landesämter für Verfassungsschutz Baden-Württemberg und Bayern

LfV Berlin (2006): Islamismus. Senatsverwaltung für Inneres und Sport. Abteilung Verfassungsschutz Berlin. November 2006.

Liebert, N. (2009): Zhing-zhong für Afrika In: Le Monde diplomatique 2009 Afrika. Stolz und Vorurteile, S. 55-57

Liebrich, S. (2009): Die Abhängigkeit ist riesig. Süddeutsche Zeitung Nr. 88/2009, S.21

Lin, C.Y. (2008): Militarisation of China's Energy Security Policy – Defence Cooperation and WMD Proliferation Along its String of Pearls in the Indian Ocean. ISPSW Institut für Strategie- Politik- Sicherheits- und Wirtschaftsberatung, 11 S.

Lindner, R. (2009) Raum ohne Volk? Frankfurter Allgemeine Zeitung 22.02.2009, Nr. 43, S.8

LMD (2008): Le Monde Diplomatique. Atlas der Globalisierung Klima 2008

LMD (2009): Le Monde diplomatique 2009 Afrika. Stolz und Vorurteile.

Löwenstein, S. (2008): Geheimnisumwitterte Elitekämpfer. Frankfurter Allgemeine Zeitung Nr.184/2008, S.5.

Louven, S. (2010): US-Behörde setzt Regeln für die Freiheit im Netz. Handelsblatt Nr. 249/2010, S.7

Ludwig, M. (2009): Moskaus Liebe zur Bombe, FAZ, 14.10.2009, S.1-2

Ludwig, M. (2010a): Kirgisische Warnung. FAZ Nr. 101, S.10.

Ludwig, M. (2010b) Die Politik mit einem Horrorszenario. FAZ 31.03.2010

Lütge, G. (2010): Elena, das Datenmonster. In: Die Zeit Nr.12/2010, S.25

Manske, M. (2009) zitiert in: Blühende Geschäfte mit Computerzombies. FAZ 28.09.2009, S.15

Markoff, J., Barboza, D. (2010): 2 China Schools Said to Be Tied to Online Attacks. Published: February 18, 2010 New York Times

Martens, M. (2006): Ein wohlfeiles Ammenmärchen. FAZ Nr. 123/2006, S.12

Martens, M. (2010): Erdogan und die Entdeckung der „tiefen Macht“. FAZ Nr. 129/2010, S.5

Martin-Jung, H. (2008): Die Schlagadern des Internets. Süddeutsche Zeitung Nr. 34, S.22

Mauer, V. (2006): Die Sicherheitspolitik der Europäischen Union. In: Sicherheitspolitik (2006). Aus Politik und Zeitgeschichte (APuZ 43/2006)

Maugeri, L. (2010): Berg- oder Talfahrt? Spektrum der Wissenschaft Juni 2010, S.92-99

Mayer-Kuckuck, F. (2010a): China will seine Gewerkschaften in die Freiheit entlassen. Handelsblatt, 21.08.2010, S.16

Mayer-Kuckuck, F. (2010b): China verknappt exotische Rohstoffe. Handelsblatt 10/11.09.2010, S.34-35

Mayer-Kuckuck, F. (2010c): China gibt die Ein-Kind-Politik auf. Handelsblatt 17/18.09.2010, S.18-19

Mayer-Kuckuck, F., Hauschild, H. (2010): Chinesischer Huawei-Konzern wehrt sich gegen Generalverdacht. Handelsblatt 26.08.2010, S.28

Maurer, H. (2007): Google-Freund oder Feind? Informatik Spektrum 30.04.2007, S.273-278

McCants, W. (2006): Militant Ideology Atlas. Executive Report of the Combating Terrorism Center, WestPoint.

Megill, T.A. (2005): The Dark Fruit of Globalization: the hostile use of the internet. An USAWC Strategy Research Project. 18 March 2005

Mehan, J.E. (2008): CyberWar, CyberTerror, Cybercrime. Role of Process in a Changing and Dangerous Cyber Environment. Presentation 20 pages, IT Governance Ltd 2008

Meiler, O. (2009): Eine weitere Perle in Pekings Kette. Süddeutsche Zeitung Nr. 116, S.10

Meissner, B. (1993): Rußland im Widerstreit von Westlern, Slawophilen und Eurasiern. Frankfurter Allgemeine Zeitung Nr. 115/93, S.12.

Menn, A. (2010): Schutz vor dem Wolkenbruch. Handelsblatt Topic Cloud Computing vom 02.12.2010, S.H12-H13

Merkel, W. (2007): Systemtransformation. Hagen 2007.

Mertins, S. (2010a): Golfstaaten überholen Armee des Iran. Financial Times Deutschland 08.10.2010

Mertins, S. (2010b): Manöver gegen Web War II. Financial Times Deutschland 11.11.2010

Mildner, S., Perthes, V. (2010): Der Kampf um Rohstoffe. Handelsblatt Nr.235/2010, S.12-13

Monar, J. (2005): Does the European Union need a "European Bureau of Investigation" and a "European Intelligence Agency"? In: Bertelsmann Stiftung Gütersloh August 2005. Securing the European homeland: The EU, terrorism and homeland security, S.22f.

Morris, H, Borowski, M. (2009): UNO reformiert Blauhelm-Missionen. Financial Times Deutschland 7.08.2009

Morozov, E. (2010): Vorsicht, Freund hört mit! Frankfurter Allgemeine Zeitung Nr.65/2010, S.29

Müller, H., Schaper, A (2003): US-Nuklearpolitik nach dem kalten Krieg. HSFK-Report 3/2003

Müller-Jung, J. (2008): Versagen im Arzneitest. Die Tücken der Tierversuche. FAZ, 3.Apr. 2008

Müller-Wille, B.W. (2003): Thinking Security in Europe - Is there a European Security and Defence Identity? Inaugural-Dissertation zur Erlangung des Doktorgrades der Philosophischen Fakultät der Westfälischen Wilhelms-Universität zu Münster (Westf.)

Müller-Wille, B.W. (2004): For our eyes only? Shaping an intelligence community within the EU. Occasional Paper - n°50, January 2004

Muscat, S. (2010): Kampf gegen Atomterror Financial Times Deutschland 12.04.2010, S.13

Näsch, M. (1997): Tummelplatz ausländischer Interessen. FAZ 14.10.1997, S.10-11.

Nass, M. (2009): Die feudale Atommacht. Die Zeit 24/2009 vom 4. Juni 2009

Nass, M. (2010): Rote Meere. Die Zeit 41/2010 vom 7. Oktober 2009, S.11

NATO (2010): "Strategic Concept For the Defence and Security of The Members of the North Atlantic Treaty Organisation", 11 S. Adopted by Heads of State and Government in Lisbon

Neuneck, G., Alwardt, C. (2008): The Revolution in Military Affairs, its Driving Forces, Elements and Complexity. Institut für Friedensforschung und Sicherheitspolitik an der Universität Hamburg/Working Paper 13/2008

Northrop Grumman TASC (2004): Cyber Warrior Hacker Methodology. Presentation, 44 S.

Nirumand, B. (2006): Iran - Die drohende Katastrophe. Kiepenheuer & Witsch Verlag.

Noetzel, T. Schreer, B. (2007): Spezialkräfte der Bundeswehr. Strukturerfordernisse für den Auslandseinsatz. SWP-Studie 2007/S 26, September 2007, 24 pages

Noetzel, T., Schreer, B. (2008): Ende einer Illusion. Die sicherheitspolitische Debatte in Deutschland macht einen großen Bogen um die Wirklichkeit. In: Internationale Politik, 63 (Januar 2008) 1, S. 96-101

NZZ (2009a): Mühevoller Dialog der deutschen Muslime. NZZ Nr.146/2009, S.3

NZZ (2009b): Düstere Aussichten für die somalische Regierung. Neue Zürcher Zeitung 02.07.2009, S.3

ODNI (2009): The National Intelligence Strategy of the United States of America. Washington D.C.: ODNI, August 2009, Veröffentlichung: 15. September 2009

Oleszek, W.J. (2007): Congress and the Internet: Highlights. CRS Report RL34148

OPEC (2004): Oil outlook to 2025. OPEC Review paper dated 2004

Opfer, J. (2010): IT-basierte Informationsgewinnung durch Angriffe auf die Mobilkommunikation – Gefährdungen und Schutzmaßnahmen".

In: Proaktiver Wirtschaftsschutz: Prävention durch Information 4. Sicherheitstagung des BfV und der ASW am 18. März 2010 in Köln

Opitz, A. (2007): Intelligencekooperation im Rahmen der ESVP. Vortrag. Stiftungsprofessur für Europäische Sicherheitspolitik, Universität Innsbruck, November 2007

Ottinen, V. (1995): Ein populistischer Zwitter-Rußlands KP zwischen Leninismus und Staatspatriotismus. Blätter für deutsche und internationale Politik Nr. 8/95, S.946-955.

PACE (2006): Programmable Artificial Cell Evolution. Project Pace - Project fact sheet from Sixth Framework Programme. http://134.147.93.66/bmcmyp/Data/PACE/Public Letztes Aufrufdatum: 02.05.2006.

Paul, M. (2007): Soldaten als Entwicklungshelfer? Perspektiven zivil-militärischer Zusammenarbeit im Auslandseinsatz SWP working paper, October 2007, 5 pages

Peer, M. ,Bernau, P. (2008): Die große Entblößung. Frankfurter Allgemeine Sonntagszeitung Nr. 34/2008, S.51

Peer, M. (2008): So verdient die Datenmafia ihr Geld. Frankfurter Allgemeine Sonntagszeitung Nr. 41/2008, S.65

Perras, A. (2007): Amerika entdeckt Afrika. Süddeutsche Zeitung Nr.158, S.8

Perthes, V. (2009): Europäischer Lernprozess. Handelsblatt 2009, S.9

Petersohn, U. (2006): Die Nutzung privater Militärfirmen durch US-Streitkräfte und Bundeswehr SWP-Studie 2006/S 36, December 2006, 32 pages

Petersen, B. (2007): Opium fürs Volksvermögen. Financial Times Deutschland 21.09.2007, S.17

Ploch, L. (2007): Nigeria: Current Issues. CRS Report for Congress RL33964.

Poehner, R., Teuwsen, P. (2009): Sie versetzen Berge. Die Zeit Nr.41, S.28-29

Popper, K. (1968): Was ist Dialektik? in: Ernst Toptisch (Hrsg.) Logik der Sozialwissenschaften, Band 5, 1968, S.262-290

Popper, K. (1982): Interview mit L'Express im Februar 1982 in: Die Wege der Wahrheit. Zum Tode von Karl Popper. Deutsche Übersetzung von Dagmar Niemann. Aufklärung und Kritik 2 (1994), S.38ff.

Popper, K. (2003a): Die offene Gesellschaft und ihre Feinde. Mohr Siebeck Verlag, Band 1, 524 S. mit 29 Seiten Vorwort zu den deutschen Auflagen (S.I-XXIX) und Band 2, 575 S.

Popper, K. (2003b): Das Elend des Historizismus. Mohr Siebeck Verlag, 7. Auflage, 179 S.

Popper, K. (2005): Logik der Forschung. Mohr Siebeck Verlag, 11. Auflage,
601 S. mit 37 Seiten Vorwort zu den deutschen Auflagen (S.I-XXXVII)

Postinett, A. (2008): Wolken-Reich. Handelsblatt Nr.245/2008, S.12

Postinett, A., Schürmann, H. (2009): Web-Browser rüsten sich gegen Angriff. Handelsblatt Nr. 214/2008, S.23.

Postinett, A., Schürmann, H. (2009): Hacker hören E-Mailverkehr von Regierungen ab. Handelsblatt Nr. 63/2009, S.19

Prados, A.B., Blanchard, C.M. (2007): CRS Report RL32499 Saudi Arabia: Terrorist Financing Issues. September 14, 2007

Prantl, H. (2007): Der Terrorist als Gesetzgeber. In: Sicherheit-Die steile Karriere einer Illusion. NZZ Folio 9/2007

PSC (2007): Conclusions of the Retreat Peace and Security Council (PSC) of the African Union (AU) Dakar, Senegal 5-6 July 2007, at the 83rd meeting 30 July 2007 at Addis Ababa, Ethiopia

Putsch, C. (2010): Investoren, benehmt euch! Welt am Sonntag, 29. August 2010, S.29

Quirin, I. (2010): Vorfahrt fürs Netz. FTD Dossier Intelligente Netze 15.10.2010, S.2-7.

Quiring, M. (2009): Die wollen für immer bleiben. Welt am Sonntag Nr. 18/2009, S.8

Ramelsberger, A. (2007): Größte Reform in der Geschichte des BND. Süddeutsche Zeitung 27./28.10.2007

Randol, M.A. (2009): The Department of Homeland Security. Intelligence Enterprise: Operational Overview and Oversight Challenges for Congress. Congressional Research Service R40602

Recorded Future (2010): Firmenwebsite. https://www.recordedfuture.com Aufruf am 06.10.2010

Rehmsmeier, A. (2010): Abwrackprämie. Die Zeit 27/2010, S.27

Reissner, J. (2007): Islam in der Weltgesellschaft. Wege in eine eigene Moderne. SWP-Studie 2007/S 19, July 2007, 32 pages

Relman, D. (2006): Working Group on Synthetic Genomics: Progress Report. National Science Advisory Board for Biosecurity NSABB Meeting March 3, 2006

Reusch, R. (2007): Migration und Kriminalität - Rechtstatsächliche und kriminologische Aspekte und Lösungsansätze für eine erfolgreiche Integration. www.bmj.bund.de/.../Tagungsband_Symposium_Jena_barrierefrei.pdf

Rieger, F. (2010): Du kannst Dich nicht mehr verstecken. Frankfurter Allgemeine Zeitung Nr.43/2010, S.5

Rinke, A. (2009): Europäer im militärischen Tiefschlaf. Handelsblatt 29.07.2008, S.3

Risse, T. (2004): Kontinuität durch Wandel: Eine "neue" deutsche Außenpolitik? In: "Das Parlament" mit der Beilage "Aus Politik und Zeitgeschichte". Ausgabe 11/2004.

Robeck, A., Toon, O. B. (2010): Lokaler Krieg, globales Leid. Spektrum der Wissenschaft November 2010, S.88-96

Rösch, A. (2009): SRG SSR gängelt TV-Zuschauer nicht. Onlineausgabe von SAT+KABEL 31.08.2009, 15:21

Rogers, J. (2009): From Suez to Shanghai: the European Union and Eurasian maritime security. Occasional Paper - n°77, March 2009

Rogers, P. (2009): Globaler Wassermangel muss nicht sein. Spektrum der Wissenschaft Juni 2009, S.80-88

Rohwetter, M. (2008): Kleine Piraten. Die Zeit Nr. 35, S.27

Rooch, A. (2009): Unsichtbarer Angriff. Süddeutsche Zeitung Nr. 193, S.36

Rieger, F. (2010): Du kannst Dich nicht mehr verstecken. Frankfurter Allgemeine Zeitung Nr.43/2010, S.5

Rogers, J. (2009): From Suez to Shanghai: the European Union and Eurasian maritime security. Occasional Paper - n°77, March 2009

Rosenbach, M., Schmitz, G.P., Schmundt, H. (2010): Mord ohne Leiche. Spiegel 39/2010, S.163.

Rost, C. (2005): Spurensuche mit Mundschutz/Europäische Unterschiede. Süddeutsche Zeitung Nr. 17 vom 22. Januar 2005, S.6.

Roth, P. (2000): Im russischen Wahlkampf ist Atheismus verpönt – Kommunisten werben um Christen. Die politische Meinung Nr. 363, Februar 2000

Rudolf, P. (2010): Obamas Grand Strategy. Arbeitspapier der SWP-Arbeitsgruppe FG4, Januar 2010

Rüb, M. (2010): Jenseits der Partnerschaftsrhetorik. FAZ Nr. 129/2010, S.5

Rühl, L. (2010a): Es geht um nationale Sicherheit. FAZ Nr. 132/2010, S.12

Rühl, L. (2010b): Der andere Dienst. Frankfurter Allgemeine Zeitung Nr. 269/2010, S.10

Rühle, M. (2006): Entwicklungslinien des Atlantischen Bündnisses In: Sicherheitspolitik (2006). Aus Politik und Zeitgeschichte (APuZ 43/2006)

Rühle, M. (2010): Die Ökonomisierung der Sicherheitspolitik. FAZ Nr. 29, S.7

Rütsche, N. (2009): EU überlässt Bosnien sich selbst. Financial Times Deutschland 04.08.2009, S.12

Rungg, A., Lagorio, C. (2007): Kanada kämpft um Arktis-Rohstoffe. Financial Times Deutschland, 10.08.2007, S.15

Russia (2009): Strategy and national security of the Russian Federation to 2020. Approved by the Presidential Decree. The Russian Federation of 12 May 2009 No. 537

Rybak, A. (2010): Die Reise zum Mittelpunkt der Erde. Financial Times Deutschland, 03.10.2010, S.25

Sattar, M., Löwenstein, M., Carstens, P. (2010): Vertrauliches, Geheimes und streng Geheimes. Frankfurter Allgemeine Zeitung Nr.279/2010, S.3

Sauer, F. (2007): Nuklearterrorismus: Akute Bedrohung oder politisches Schreckgespenst?, HSFK-Report Nr. 2/2007

Schaaf, C. (2009): Interview mit der FAS vom 07 Juni 2009, S.34

Schaaf, S. (2008): FBI hält Anthraxfall für aufgeklärt. Financial Times Deutschland, 08.08.08

Schaaf, S. (2010): Wikileaks verstreut massenhaft schmutzige Wäsche. Financial Times Deutschland 29.11.2010, S.9

Schäfer, S. et. al. (2010): Daten für die Tonne. Financial Times Deutschland, 03.03.2010

Schäfer, T. (2010): Private Cloud Computing. Mediaplanet Anzeigensonderveröffentlichung vom 02.10.2010, S.4

Schäffer, S., Tolksdorf, D. (2009): „The Eastern Partnership – ‚ENP plus' for Europe's Eastern neighbors", CAPerspectives, 4/2009

Schaller, C. (2007): Völkerrechtliche Rahmenbedingungen und die Rolle der Vereinten Nationen bei der Terrorismusbekämpfung in: Ulrich Schneckener (Hg.) Chancen und Grenzen multilateraler

Terrorismusbekämpfung SWP-Studie 2007/S 14, Juni 2007, 120 Seiten, S.13-28

Scheidges, R. (2010): Zum Richtfest in Berlin neuer Ärger für den BND. Handelsblatt 26 März 2010, Nr. 60, S.18-19

Scheidges, R. (2010a): „Herkules“ versagt im Praxistest. Handelsblatt April 2010, S.2-3.

Scheidges, R. (2010b): Feind hört mit. Handelsblatt Nr. 151/2010, S.1

Scheidges, R. (2010c): Bundesamt misstraut US-Firmen. Handelsblatt 02.12.2010, S.12-13

Scheidges, R., Sigmund, T. (2010): Der Staat darf fast alles. Handelsblatt Nr. 151/2010, S.1

Schenkel, R. (2009): The EU Nuclear Security Programme. Presentation at the IAEA Nuclear Security Programme.

Scheren, M. (2009): Vernetzte Sicherheit- Zusammenarbeit der Inlandsnachrichten- und Sicherheitsdienste in Europa. In: Geheimdienste in Europa. Transformation, Kooperation und Kontrolle VS Verlag für Sozialwissenschaften.

Schlüter, N., Laube, H. (2010): Der RIM-Code. Financial Times Deutschland 03.08.2010, S.8

Schluzki-Haddouti, C. (2005): Pixel für den Staatsanwalt. Financial Times Deutschland 2005, S.35

Schmid, F. (2009): Führungslose Debatte. Financial Times Deutschland 27.04.2009, S.13.

Schmid, G. (2001): Bericht über die Existenz eines globalen Abhörsystems für private und wirtschaftliche Kommunikation (Abhörsystem ECHELON) (2001/2098 (INI).

Schmidt, M. (2005): "Is Putin pursuing a policy of Eurasianism?", Demokratizatsiya, 13 no. 1, Winter 2005, pp87-99

Schmidt, H. (2008): Der gläserne Nutzer. FAZ Nr.17/2008, S.21

Schmidt, P. (2008): Das internationale Engagement in Afghanistan. Strategien, Perspektiven, Konsequenzen. SWP-Studie 2008/S 23, August 2008, 92 S.

Schmidt-Eenboom (1993): Der BND. Die unheimliche Macht im Staate. Econ-Verlag 1993

Schmitt, J (2009): Virtuelle Spürhunde. Der Spiegel 10/2009, S.83

Schneckener, U. (2007a): G 8: Terrorismusbekämpfung in Form von »Club Governance« in: Ulrich Schneckener (Hg.) Chancen und Grenzen multilateraler Terrorismusbekämpfung SWP-Studie 2007/S 14, Juni 2007, 120 Seiten, S.53-62

Schneckener, U. (2007b): Internationale Terrorismusbekämpfung im Spannungsfeld zwischen USA und Vereinten Nationen in: Ulrich Schneckener (Hg.) Chancen und Grenzen multilateraler Terrorismusbekämpfung SWP-Studie 2007/S 14, Juni 2007, 120 Seiten, S.7-12

Schneckener, U. (2007c): Chancen und Grenzen multilateraler Terrorismusbekämpfung in: Ulrich Schneckener (Hg.) Chancen und Grenzen multilateraler Terrorismusbekämpfung SWP-Studie 2007/S 14, Juni 2007, 120 Seiten, S.99-104

Schneider (2007): Religio-politischer Terrorismus als Parasit. S. 125-165 in: T. Kron/M. Reddig. (Hrsg.), Analysen des transnationalen Terrorismus.

Schönert, U. (2009): Augen geradeaus! Stern 113/2009

Schrader, C. (2007): Hundert Bomben und ein nuklearer Winter. Süddeutsche Zeitung Nr. 51/2007, S.20

Schreyer, P. (2010) Ferngelenkte Terroristen? Anmerkungen zum Prozess gegen die Sauerland-Zelle 13.03.2010 http://www.heise.de/tp/r4/artikel/32/32248/1.html

Schröder, R: (2002): Europa, was ist das? Von Richard Schröder, 3. April 2002. http://www.zeit.de/reden/bildung_und_kultur/schroeder_altphilologenverband_200217

Schröder, T. (2008): Was Du siehst, sehe ich auch. Frankfurter Allgemeine Sonntagszeitung Nr.3, S.58

Schröm, O. (1999): Verrat unter Freunden. Die Zeit Nr. 40/1999. S.13

Schrörs, M. (2010): Wir bauen weiter. Financial Times Deutschland vom 14.06.2010, S.26

Schuller, K. (2010): Der Spion, der aus dem Cyberspace kam. In: Frankfurter Allgemeine Sonntagszeitung Nr.51 vom 26.12.2010, S.6.

Schultz, S. (2010): Virenjäger sezieren Sabotage-Software. Spiegel online 01.10.2010, http://www.spiegel.de/netzwelt/netzpolitik/0,1518,720681-2,00.html

Schweizerhof, B. (2001): Von der alltäglichen Anomalie eines schwierigen Verhältnisses. Draußen vor der Tür: Rußland und Europa. In Freitag -Die Ost West-Wochenzeitung Nr.25 vom 15.06.2001, S.1-3. http://www.freitag.de

Serrano, L. (2007): Synthetic biology: promises and challenges. Mol Syst Biol, Vol. 3 (18 December 2007).

Sharp, J.M. (2010) Yemen: Background and U.S. Relations. CRS Report RL34170

Shea, D.A. (2003): CRS Report for Congress: "Critical Infrastructure: Control Systems and the Terrorist Threat" CRS-RL31534 (February 21, 2003).

Singer, J.P. (2009): Nachrichtendienste zwischen innerer und äußerer Sicherheit. In: Geheimdienste in Europa. Transformation, Kooperation und Kontrolle VS Verlag für Sozialwissenschaften.

Singer, P.W. (2010): Der ferngesteuerte Krieg. Spektrum der Wissenschaft Dezember 2010, S.70-79

Sipri (2008): Stockholm International Peace Research Institute (SIPRI) Yearbook 2008 Armaments, disarmament and international security

Smith, H.O., Clyde A. Hutchison, I., Pfannkoch, C., Venter, C. (2003): Generating a synthetic genome by whole genome assembly: X174 bacteriophage from synthetic oligonucleotides. PNAS, December 23, 2003, Vol. 100, no. 26:15440-15445.

Smoltczyk, A. (2006): Volltanken in Malabo. In: Der Spiegel Nr. 35/2006, S.82-101.

Solmssen, P.Y. (2010): Wer Schmiergeld zahlt, schadet dem Geschäft. Handelsblatt 25.August 2010, S.7

Spanlinger A. (2009): Blind gegenüber der islamistischen Gefahr NZZ 5/06.09.2009, S.30

Spanlinger A. (2010): Afghanistan als Hinterhof für seine Nachbarn NZZ 5/06.09.2009, S.7

Spehr, M. (2009): Der grosse Postraub. Frankfurter Allgemeine Sonntagszeitung, 27.09.2009, V10

Spehr, M., Jörn, F. (2010): Geduldsprobe für den mobilen Internetmenschen FAZ 16 März 2010, S.T1-T2

Spiegel (2007): Gentest für Pullover. In: Der Spiegel Nr. 28/2007, S.137.

Spiegel (2010): Atomkraftwerk für Armenien. In: Der Spiegel Nr. 35/2010, S.85.

Spiewak, M. (2009) Vielen Dank für das Gespräch. Die Zeit Nr. 27, S.10.

Springer, M. (2010): Leben in immer gleichen Bahnen. Spektrum der Wissenschaft April 2010, S.22

Standard (2010a): Emirate schränken Blackberry-Nutzung ein. Standard online 02. August 2010, 18:00

Standard (2010b): Zwischenergebnisse der CYBER EUROPE 2010, der ersten gesamteuropäischen Internet-Sicherheitsübung: erfolgreicher 'Internet-Stress-Test' für Europa. Standard online 10. November 2010, 15:33

Stark, H. (2009): Digitale Spionage. Der Spiegel 11/2009, S.33

Steinberg, G. (2009): Terrorismusbekämpfung. In: Deutsche Nah-, Mittelost- und Nordafrikapolitik. Interessen, Strategien, Handlungsoptionen. SWP-Studie 2009/S 15, Mai 2009, S.16-23

Steinberg, G. (2010): Die neuen Internationalisten. Wandel des Terrorismus. in: The European, 22.01.2010 (online-Ausgabe)

Steingart, G. (2006): Weltkrieg um Wohlstand. Wie Macht und Reichtum neu verteilt werden, München, Piper Verlag 2006

Steinmann, T., Tillmann, S. (2010): Agent der neuen Schule. Financial Times Deutschland vom 20.09.2010, S.1

Stirn, A. (2010): Gedränge am Himmel. Süddeutsche Zeitung Nr. 262/2010, S.18

Stokes, G. (2005): Cyber Security Fundamentals: What You Should Know About Protecting Data & Systems Orus Group LLC, Orus Group Cyberwar Institute

Storbeck, J. (2009): Anreiz- und Entwicklungsmöglichkeiten europäischer Intelligencestrukturen. In: Geheimdienste in Europa. Transformation, Kooperation und Kontrolle VS Verlag für Sozialwissenschaften.

Sullivan, M.P., Beittel, J.S. (2009): Mexico-U.S. Relations: Issues for Congress. Congressional Research Service 7-5700 www.crs.gov RL32724

Sutherland, R.G. (2008): Chemical and Biochemical Non-lethal Weapons Political and Technical Aspects. SIPRI Policy Paper Nr. 23, November 2008

SWP (2005): Neue Bundeswehr auf altem Sockel. Wege aus dem Dilemma. SWP-Studie 2005/S 02, January 2005, 29 pages

Symantec (2010): W32.Stuxnet Dossier by Nicolas Falliere, Liam O Murchu, and Eric Chien. Version 1.3. November 2010, 64 S.

SZ (2007): Wir kamen, sahen und versagten. SZ Magazin 24.08.2007, 17-25

SZ (2010): Russland gibt Kirche Eigentum zurück. Süddeutsche Zeitung Nr. 269/2010, S.7

SZ online (2010): Spähangriff per Webcam. In SZ online, Meldung vom 17.07.2010 05:10.

Tauber, A. (2010): Schlag gegen Mafiakonzern N'drangheta. Financial Times Deutschland 14. Mai 2009, S.13

Teidelbaum, L. (2008): MAD in Germany. Der unbekannte Dritte unter den deutschen Geheimdiensten. 20 Ausdruck - IMI-Magazin - April 2008

Thibaut, M., Alich, H. (2010): Paris und London besiegeln Militärkooperation. Handelsblatt Nr.213/2010, S.15

The Economist (2010): Briefing Cyberwar-the war in the fifth domain. The Economist, p. 9 and 22-24.

The Economist (2010): Looking east. The Economist 23 Oct 2010, p.44

Thränert, O. (2005): Nonproliferation. Aus Politik und Zeitgeschichte APuZ 48/2005

Thibaut, M., Alich, H. (2010): Paris und London besiegeln Militärkooperation. Handelsblatt Nr.213/2010, S.15

Thränert, O. (2006): Die nukleare Nichtverbreitungspolitik in der Krise. In: Sicherheitspolitik (2006). Aus Politik und Zeitgeschichte (APuZ 43/2006)

Tibit, B. (1995) Krieg der Zivilisationen. Hoffmann und Campe Verlag 1995

Tibor, D. (1989): Militärgeschichte der BRD. Abriß 1949 bis zur Gegenwart. 544 S., Schriften des Militärgeschichtlichen Instituts der DDR. Berlin.

Tillmann, S. (2010a): Polizisten bleiben im Funkloch. Financial Times Deutschland, 03.03.2010

Tillmann, S. (2010b): Krieg der Rasenmäher. Financial Times Deutschland 2010, 21. Mai 2010, S.13

Tillmann, S. (2010c): Der Spion, der aus der Tochterfirma kam. Financial Times Deutschland 2010, 03. September 2010, S.11

Timmermann, H. (1996): Rußlands Kommunisten zwischen Linksnationalismus und Pragmatismus. Frankfurter Allgemeine Zeitung Nr. 8/96, S.8.

Tinnel, L.S., Saydjari O.S., Farrell D. (2002): Cyberwar Strategy and Tactics. An Analysis of Cyber Goals, Strategies, Tactics, and Techniques. Proceedings of the 2002 IEEE Workshop on Information Assurance. United States Military Academy, West Point, NY June 2002, p.228-233

Tisenhausen, F.v., Muscat, S. (2007): Bund soll China wegen Spionage rüffeln. Financial Times Deutschland 09.02.2007, S.12

Todenhöfer, J. (2009): Der Krieg der Verlierer. Handelsblatt Nr.193/2009, S.6

Tomik, S. (2006): Wenn Kredite verweigert werden und der Bürger nicht weiss, warum. Frankfurter Allgemeine Zeitung Nr. 37, S.5

Truscheit, K. (2007): Kriminalfälle auf Halde. In: Frankfurter Allgemeine Zeitung Nr. 70 vom 23. März 2007,S.9.

Truscheit, K. (2010a): Mit dem Zieh-Fix in die Limousine. Frankfurter Allgemeine Zeitung 19. Mai 2010, S.9

Truscheit, K. (2010b): Eine sichere Burg. Frankfurter Allgemeine Zeitung Nr.254/2010, S.9

Turco, R.P. et al. (1985): Gefechtsführung im Nuklearkrieg. In: Rüstung und Sicherheit, Sepktrum der Wissenschaft Verlag 1985, S.52-65

Uhlmann, P. (2010): Informationsprofis arbeiten enger zusammen. Truppe für Operative Information - Übergabe InfoOp. Stand vom: 01.07.2010 http://www.opinfo.bundeswehr.de/portal/a/opinfo/unsere_l/zopinfo/infoop/uebergabe

Ulfkotte, U. (2001): Wie der Ames-Stamm in den Irak gelangte. In: Frankfurter Allgemeine Zeitung vom 27.Oktober 2001, Nr.250:3.

Umbach, F. (2007): Energiesicherheit und Energieaußenpolitik der EU. Gemeinsame Veranstaltung von SHELL und DGAP, Berlin, 1. Februar 2007. Dr. Frank Umbach, Forschungsinstitut der Deutschen Gesellschaft für Auswärtige Politik (DGAP)

Umland, A. (2004): Kulturhegemoniale Strategien der russischen extremen Rechten: Die Verbindung von faschistischer Ideologie und metapolitischer Taktik im Neoeurasismus des Aleksandr Dugin JA - Österreichische Zeitschrift für Politikwissenschaft PY – 2004, H.4, 437-454

Umland, A. (2006): Postsowjetische Gegeneliten und ihr wachsender Einfluss auf Jugendkultur und Intellektuellendiskurs in Russland: Der Fall Alexander Dugin 1990-2004. Heft 20, September 2006 des Sonderforschungsbereiches 580 „Gesellschaftliche Entwicklungen nach dem Systemumbruch: Diskontinuität, Tradition und Strukturbildung“

Vance, A. (2010): Hackable passwords the norm. New York Times in der SZ von 08 Feb 2010, S.5

Vandystadt, N. (2010): Internal security: EU sets up new general strategy and committee. 25 February 2010

Veser, R. (2010): Expeditionen in das Reich der Ansprüche. Frankfurter Allgemeine Zeitung 04.08.2010, S.3

Vietz, E. (2010): Der Kampf gegen Schmiergeld ist reine Heuchelei. Handelsblatt 10 August 2010, S.20-21

Virilio, P. (2004): Die überbelichtete Stadt. Aus Politik und Zeitgeschichte 44/2004, S.3-4

Vistica, G. (1999): We're in the Middle of a Cyberwar. Newsweek 13.09.1999

von Hardenberg, C. (2010): China provoziert Nachbarstaaten. Financial Times Deutschland 30. August 2010, S.13

von Rohr, M. (2010) Die schwarzen Künste. Der Spiegel 36/2010, S.168-169.

von Ssachno, H. (1993): Der große Krieg der Kontinente. Alptraum Eurasien: Eine gefährliche Ideologie breitet sich in Russland aus. Süddeutsche Zeitung vom 23/24.1.1993.

Wacker, G. (2006): Chinas Aufstieg: Rückkehr der Geopolitik?, Berlin: SWP-Studie S3

Wacker, G. (2007): Shanghaier Organisation für Zusammenarbeit: Wider die „drei üblen Kräfte“ von Terrorismus, Separatismus und Extremismus. in: Ulrich Schneckener (Hg.) Chancen und Grenzen multilateraler Terrorismusbekämpfung SWP-Studie 2007/S 14, Juni 2007, 120 S.

Wacker, G., Kaiser, M. (2008): Nachhaltigkeit auf chinesische Art. Das Konzept der »harmonischen Gesellschaft«. SWP-Studie S 18. Juli 2008

Wälterlin, U. (2010): Australien: Chinesen kaufen Farmen auf. Handelsblatt 18.08.2010, S.17

Wagner, J. (2009): Strahlende Beute. Die Zeit Nr. 36/2009 vom 27.08.2009, S.7

Walsh, J.I. (2009): Security Policy and Intelligence Cooperation in the European Union. Paper prepared for the biennial meeting of the European Union Studies Association, Los Angeles, April 2009.

Waters, R., Menn, J. (2010): Alles unter Kontrolle. Financial Times Deutschland 31.03.2010, S.23

Wefing, H. (2010): Ich sehe was, was Du nicht siehst. Die Zeit 2010, 11 März 2010, S.3

Wegner, H. (2009): Digitales Pearl Harbour. Rheinischer Merkur Nr.37/2009

Wegner, M. (2010): Noch ist China militärisch keine Gefahr für die. Neue Zürcher Zeitung 05.09.2010, S.5

Wehrheim, J. (2004): Städte im Blickpunkt Innerer Sicherheit. Aus Politik und Zeitgeschichte 44/2004, S.21-27

Weisswange, J. P. (2004): Der sicherheitspolitische Entwicklungsprozess der Bundsrepublik Deutschland 1990 - 2002: Neue Orientierungen einer euro-atlantischen Sicherheitskultur. Freiburg (Breisgau), Univ., Diss., 2003.

Welchering, P. (2009): Zwischen Bank und Kunde lauert der dritte Mann. FAZ vom 25. August 2009, Nr. 196, S.T1 Technik und Motor

Welchering, P. (2010a): Bezahlen wir bald mit unserer digitalen Identität? Frankfurter Allgemeine Zeitung 09.02.2010, S.T1

Welchering, P. (2010b): Techniken für die Überholspur im Internet. Frankfurter Allgemeine Zeitung 07.09.2010, S.T2

Welchering, P. (2010c): Honig für die Sicherheitsbehörden. Frankfurter Allgemeine Zeitung 23.11.2010, S.T2

Wellersdorf, D. (1999): Mit Sicherheit. Neue Sicherheitspolitik zwischen gestern und morgen. Bonn. Bundeszentrale für politische Bildung.

Welt online (2010a): Studie: Gläubige Muslime deutlich gewaltbereiter. http://www.welt.de/die-welt/politik/article7933917/Studie-Glaeubige-Muslime-deutlich-gewaltbereiter.html Welt online 07.06.2010

Welt online (2010b): Stuxnet-Wurm: Siemens meldet Hackerangriff auf Industrieanlage. 17. September 2010, 21:59 Uhr

Wendel, T. (2009): Ende des Einschreibens. Financial Times Deutschland, 25.09.2009, S.8

Wergin, C. (2010): Schattenboxen mit Teheran. Welt am Sonntag 6/2010.

Werner, K. (2010): Siemens zieht in den Cyberkrieg. Financial Times Deutschland 21.12.2010, S.7

Wernicke, C. (2010): Der Dritte Mann. Süddeutsche Zeitung Nr. 116, S.9

Werthebach, E. (2004): Deutsche Sicherheitsstrukturen im 21. Jahrhundert. Aus Politik und Zeitgeschichte 44/2004, S.5-13

Westerhoff, N. (2010): Lügen ist Schwerstarbeit fürs Gehirn. Süddeutsche Zeitung Nr. 150/2010, S.18

Wetzling, T. (2007): Intelligence Cooperation: Dimensions, Activities and Actors, 16 S. Issues & Challenges of Intelligence Accountability in Democratic Societies Geneva, 10-12 December 2007

Wiebe, F. (2010): Der deutsche Mittelstand – das ideale Spionageopfer. Handelsblatt Nr.118/2000, S.10

Wiederkehr, S. (2007): Die eurasische Bewegung. Beiträge zur Geschichte Osteuropas. Boehlau Band 39.

Wieduwilt, H. (2009): Auf den Pfaden der Raubkopie. Frankfurter Allgemeine Zeitung Nr. 178/2009, S.15

Wiegel, M. (2009): Von Schwarzafrika an den Golf. FAZ, S.6

Wiele, J. (2007): Social Engineering erkennen. Konradin, Ausgabe 5/2007

WhiteWolf Security (2007): Estonia and Cyberwar – Lessons Learned and Preparing for the Future By White Wolf Security, 3 pages, 6 April 2007

Winckler, L. (2007): US-Geheimdienst kontrolliert Vista. Welt Kompakt vom 11.01.2007

Winkler, W. (2008): Der seltsame Doktor Anthrax. Süddeutsche Zeitung 16./17.08.2008

Winter, M. (2010): Brüssels Mann fürs Geheime. Süddeutsche Zeitung Nr. 294/2010, S.7

Wildstacke, N. (2009): Cyber Defence –Schutzlos in einer vernetzten Welt? Das CERT Bundeswehr Bonn 16.02.2009 Bundesamt für Informationsmanagement und Informationstechnik der Bundeswehr. Präsentation 31 S.

Wilson, C. (2007): Information Operations, Electronic Warfare, and Cyberwar: Capabilities and Related Policy Issues. CRS Report for Congress Order Code RL31787. Updated June 5, 2007

Wilson, C. (2008): CRS Report for Congress: Botnets, Cybercrime, and Cyberterrorism: Vulnerabilities and Policy Issues for Congress Updated January 29, 2008 Clay Wilson, Specialist in Technology and National Security Foreign Affairs, Defense, and Trade Division Order Code RL32114

Wippermann, K.W. (2002): Editorial in: EU-Außenpolitik. Aus Politik und Zeitgeschichte 19-20/2002

Wittershagen, M. (2007): Einfach mal den Mund halten. Frankfurter Allgemeine Sonntagszeitung, Nr. 27, S.V13

Wohlfeil, Stefan (2008): Sicherheit im Internet. Kurs-Version 2. Hagen 2008

WSJ (2004): The Wall Street Journal 06-08 Feb 2004, S.A11: Toll road

Yanov, A. (2001): Liegt Moskau in Europa? In: Die Tageszeitung (taz) Nr.6546 vom 28.05.2001.

Yasmann, V. (1992): "Red Religion: An Ideology of Neo-Messianic Russian Fundamentalism" Demoktratizat: The Journal of Post-Soviet Democratization. Volume 1, No. 2. p. 26

Zank, W. (2008): Stille Vernichtung. In Die Zeit Nr. 48/2008, S.110

Zapf, M. (2009): Brot für den Rest der Welt. Financial Times Deutschland 14. Mai 2009, S.13

Zapf, M. (2010): Furcht vor dem religosen Putsch. Financial Times Deutschland
13. 09.2009, S.12

Zeiner, M. (2010): Amerika Die Supermacht der Schulden. Handelsblatt Nr 66, 07.04.2010, S.4-5

Zekri, S. (2009): Nicht liegt Moskau ferner. Süddeutsche Zeitung Nr. 144/2009, S.3

Zierul, S. (2010): Deutschlands Hoffnung im Pazifik. In: Frankfurter Allgemeine Sonntagszeitung Nr.12 vom 15.08.2010, S.54-55.

Zinkant, K. (2005): Verhaften Sie den genetisch Verdächtigen. In: Frankfurter Allgemeine Sonntagszeitung Nr.3 vom 23.01.2005, S.63.